Enke

kleintier konkret
praxisbuch

# Leitsymptome bei Hamster, Ratte, Maus und Rennmaus

**Diagnostischer Leitfaden und Therapie**

Anja Ewringmann
Barbara Glöckner

206 Abbildungen
 33 Tabellen

Enke Verlag · Stuttgart

Bibliografische Information
der Deutschen Nationalbibliothek

Die Deutsche Nationalbibliothek verzeichnet diese Publikation in der Deutschen Nationalbibliografie; detaillierte bibliografische Daten sind im Internet über http://dnb.d-nb.de abrufbar.

Anschrift der Autorinnen:

Dr. med. vet. Anja Ewringmann
Nuthestraße 5b
14513 Teltow

Dr. med. vet. Barbara Glöckner
Nuthestraße 5a
14513 Teltow

© 2008 Enke Verlag in
MVS Medizinverlage Stuttgart GmbH & Co. KG
Oswald-Hesse-Str. 50, 70469 Stuttgart

Unsere Homepage: www.enke.de

Printed in Germany

Eine Veröffentlichung der Redaktion
der Zeitschrift kleintier konkret
Enke Verlag in
MVS Medizinverlage Stuttgart GmbH & Co. KG

Umschlaggestaltung: Thieme Verlagsgruppe
Satz: medionet Prepress Services Ltd, 10787 Berlin
gesetzt in Adobe InDesign CS2
Druck: Grafisches Centrum Cuno, 39240 Calbe

ISBN 978-3-8304-1063-8    2 3 4 5 6

**Wichtiger Hinweis:** Wie jede Wissenschaft ist die Veterinärmedizin ständigen Entwicklungen unterworfen. Forschung und klinische Erfahrung erweitern unsere Kenntnisse, insbesondere was Behandlung und medikamentöse Therapie anbelangen. Soweit in diesem Werk eine Dosierung oder eine Applikation erwähnt wird, darf der Leser zwar darauf vertrauen, dass Autoren, Herausgeber und Verlag große Sorgfalt darauf verwandt haben, dass diese Angabe dem **Wissensstand bei Fertigstellung des Werkes entspricht.**

Für **Angaben** über Dosierungsanweisungen und Applikationsformen kann vom Verlag jedoch keine Gewähr übernommen werden. **Jeder Benutzer ist angehalten,** durch sorgfältige Prüfung der Beipackzettel der verwendeten Präparate – gegebenenfalls nach Konsultation eines Spezialisten – festzustellen, ob die dort gegebene Empfehlung für Dosierungen oder die Beachtung von Kontraindikationen gegenüber der Angabe in diesem Buch abweicht. Eine solche Prüfung ist besonders wichtig bei selten verwendeten Präparaten oder solchen, die neu auf den Markt gebracht worden sind. Vor der Anwendung bei Tieren, die der Lebensmittelgewinnung dienen, ist auf die in den einzelnen deutschsprachigen Ländern unterschiedlichen Zulassungen und Anwendungsbeschränkungen zu achten. **Jede Dosierung oder Applikation erfolgt auf eigene Gefahr des Benutzers.** Autoren und Verlag appellieren an jeden Benutzer, ihm etwa auffallende Ungenauigkeiten dem Verlag mitzuteilen.

Geschützte **Warennamen** (Warenzeichen ®) werden **nicht immer** besonders kenntlich gemacht. Aus dem Fehlen eines solchen Hinweises kann also nicht geschlossen werden, dass es sich um einen freien Warennamen handelt.

Das Werk, einschließlich aller seiner Teile, ist urheberrechtlich geschützt. Jede Verwendung außerhalb der engen Grenzen des Urheberrechtsgesetzes ist ohne Zustimmung des Verlages unzulässig und strafbar. Das gilt insbesondere für Vervielfältigungen, Übersetzungen, Mikroverfilmungen oder die Einspeicherung und Verarbeitung in elektronischen Systemen.

# Vorwort

Viele kleine Nagetiere zählen längst zu den etablierten Heimtierarten; jedoch ist erst in den letzten Jahren festzustellen, dass sie auch zunehmend als Patienten in der Tierarztpraxis vorgestellt werden. Sicher ist über die Kleinnager bereits vieles aus der Versuchstiermedizin bekannt. Beschäftigt man sich aber intensiver mit diesen kleinen Patienten, so wird schnell klar, dass sich viele der im Labor gewonnenen Erkenntnisse nicht ohne weiteres auf die Heimtierhaltung übertragen lassen. Nicht nur die Umstände der Haltung und die Fütterung sind vollständig anders, sondern auch das Spektrum der Erkrankungen differiert beträchtlich.

Leider werden Kleinnager in der tierärztlichen Praxis oftmals noch immer als „Stiefkinder" behandelt. Dies hat vermutlich verschiedene Gründe. Während des Studiums werden diese Tiere in der Lehre sträflich vernachlässigt. So ist es dann auch nicht verwunderlich, wenn ein Tierarzt ratlos vor einem Hamster oder einer Rennmaus steht, wenn diese bei ihm auf dem Behandlungstisch landen. Hinzu kommt die Vorstellung, dass der Besitzer eines Tieres, das nur einen sehr geringen materiellen Wert hat, wohl kaum bereit sein wird in diagnostische und therapeutische Maßnahmen zu investieren. Die Realität sieht jedoch vielfach anders aus. Die Halter von Kleinnagern sind nicht nur begeistert, wenn sie bemerken, dass ihr Tier ernst genommen und gründlich untersucht wird, sie verlangen auch zunehmend nach weitergehenden Untersuchungen und sind bereit kostspielige Therapien, auch Operationen, durchführen zu lassen.

Dieses Buch soll daher sowohl dem interessierten Kleintierpraktiker als auch Studierenden der Tiermedizin eine kleine Hilfestellung leisten, um Kleinnager und ihre Erkrankungen besser „verstehen" zu können. Neben einem Überblick über die wichtigsten anatomischen und physiologischen Besonderheiten haben wir aus diesem Grund auch die Haltungs- und Fütterungsansprüche recht detailliert beschrieben. Anhand der Leitsymptomatik werden in bewährter Weise die Krankheiten besprochen. Zahlreiche Farbfotos von Befunden der klinischen Allgemeinuntersuchung sollen helfen, Erkrankungen erkennen und richtig diagnostizieren zu können. Zudem möchten wir durch die Darstellung von Röntgen- und Ultraschallbildern, die Bereitstellung von Normwerten und die Beschreibung von Untersuchungstechniken zeigen, dass weiterführende Untersuchungen bei den Kleinnagern nicht nur möglich, sondern auch sehr hilfreich sind.

Ein solches Buchprojekt ist immer nur dann zu realisieren, wenn man tatkräftige Unterstützung erhält. Diese ist uns von verschiedenen Seiten zuteil geworden. Für das Überlassen von Bildmaterial bedanken wir uns insbesondere bei Prof. Eberhard Schein und Dr. Cornelia Heile von Institut für Parasitologie der FU Berlin. Wie auch im Falle der vorherigen Bücher der „Leitsymptom-Reihe", möchten wir uns außerdem herzlich beim Enke Verlag und bei seiner Mitarbeiterin Frau Dr. Ulrike Arnold für die Realisierung dieses Buch-Projektes bedanken.

Teltow, im September 2007

Anja Ewringmann
Barbara Glöckner

# Abkürzungsverzeichnis

GIT = Gastrointestinaltrakt
Sono = Sonographische Untersuchung
US = Untersuchung
UV = Umfangsvermehrung

**Symbole:**
R = Ratte
M = Maus
H = Hamster
RM = Rennmaus

88 = Verweis auf das Medikamentenverzeichnis im Anhang, hier Medikament Nr. 88

① = Verweis auf Kapitel 2.1 Leitsymptom Dyspnoe *Atemnot*

② = Verweis auf Kapitel 2.2 Leitsymptom Durchfall

③ = Verweis auf Kapitel 2.3 Leitsymptom Augenveränderungen

④ = Verweis auf Kapitel 2.4 Leitsymptom Äußerliche Schwellung / Umfangsvermehrung

⑤ = Verweis auf Kapitel 2.5 Leitsymptom Schmerzen und/oder Umfangsvermehrung im Abdomen *Bauch*

⑥ = Verweis auf Kapitel 2.6 Leitsymptom Verschmutzte Anogenitalregion

⑦ = Verweis auf Kapitel 2.7 Leitsymptom Neurologische Ausfallerscheinungen

⑧ = Verweis auf Kapitel 2.8 Leitsymptom Bewegungsstörungen und Lahmheit

⑨ = Verweis auf Kapitel 2.9 Leitsymptom Fell- und/oder Hautveränderungen

⑩ = Verweis auf Kapitel 2.10 Leitsymptom Abmagerung

⑪ = Verweis auf Kapitel 2.11 Unspezifische Symptomatik

⑫ = Verweis auf Kapitel 2.12 Schock

⚠ = Zoonose

# Inhalt

**Vorwort** ... V
**Abkürzungsverzeichnis** ... VI

**1 Allgemeinuntersuchung** ... 1

**1.1 Anamnese** ... 1

**1.1.1 Allgemeines** ... 1
1.1.1.1 Ratte (Rattus norvegicus f. domestica) ... 1
  Haltung ... 1
  Fütterung ... 2
1.1.1.2 Maus (Mus musculus) ... 4
  Haltung ... 4
  Fütterung ... 5
1.1.1.3 Mongolische Wüstenrennmaus (Meriones unguiculatus) ... 6
  Haltung ... 7
  Fütterung ... 8
1.1.1.4 Goldhamster (Mesocricetus auratus) ... 9
  Haltung ... 10
  Fütterung ... 11
1.1.1.5 Zwerghamster ... 12
  Haltung ... 14
  Fütterung ... 15
**1.1.2 Signalement** ... 16
**1.1.3 Allgemeine Anamnese** ... 19
**1.1.4 Spezielle Anamnese** ... 21

**1.2 Klinische Untersuchung** ... 21
**1.2.1 Adspektion** ... 22
1.2.1.1 Allgemeinbefinden ... 23
1.2.1.2 Ernährungszustand ... 23
1.2.1.3 Pflegezustand ... 23
1.2.1.4 Fortbewegung, Bewegungsapparat ... 23
1.2.1.5 Atmung ... 24
1.2.1.6 Schleimhäute ... 24
1.2.1.7 Haut, Haarkleid, Hautanhangsorgane ... 24
1.2.1.8 Augen ... 25
1.2.1.9 Ohren ... 25
1.2.1.10 Nase ... 25
1.2.1.11 Maulhöhle, Zähne, Backentaschen ... 25
**1.2.2 Palpation** ... 26
1.2.2.1 Hautturgor ... 26
1.2.2.2 Körperoberfläche ... 27
1.2.2.3 Abdomen ... 27
**1.2.3 Auskultation** ... 27
1.2.3.1 Herz ... 27
1.2.3.2 Atmungsapparat ... 27

| | | |
|---|---|---|
| 1.2.3.3 | Magen-Darm-Trakt | 28 |
| **1.2.4** | **Körpertemperatur** | 28 |

## 2 Leitsymptome, Diagnostik und Therapie . . . . . . . . . . . . . . . . . . . . . . . 29

| | | |
|---|---|---|
| **2.1** | **Dyspnoe** | 29 |
| **2.1.1** | **Tierartliche Besonderheiten** | 29 |
| **2.1.2** | **Sofortmaßnahmen** | 29 |
| **2.1.3** | **Wichtige Ursachen** | 30 |
| 2.1.3.1 | Übersicht | 31 |
| 2.1.3.2 | Diagnostischer Leitfaden: Dyspnoe | 32 |
| | Besonderes Augenmerk bei der Anamnese | 34 |
| | Besonderes Augenmerk bei der klinischen Untersuchung | 34 |
| | Diagnosesicherung durch weiterführende Untersuchungen | 36 |
| 2.1.3.3 | Erkrankungen | 36 |
| | Viruspneumonie | 36 |
| | Bakterielle Atemwegsinfektion | 37 |
| | Mykoplasmose | 38 |
| | Neoplasien der Lunge | 39 |
| | Lungenblutung | 40 |
| | Herzerkrankungen | 41 |
| | Raumfordernde Prozesse im Abdomen | 43 |
| | Septikämie | 43 |
| | Hitzschlag | 43 |
| | Allergie | 44 |
| **2.2** | **Durchfall** | 45 |
| **2.2.1** | **Tierartliche Besonderheiten** | 45 |
| **2.2.2** | **Sofortmaßnahmen, Therapiegrundsätze** | 47 |
| **2.2.3** | **Wichtige Ursachen** | 48 |
| 2.2.3.1 | Übersicht | 49 |
| 2.2.3.2 | Diagnostischer Leitfaden: Durchfall | 50 |
| | Besonderes Augenmerk bei der Anamnese | 52 |
| | Besonderes Augenmerk bei der klinischen Untersuchung | 52 |
| | Diagnosesicherung durch weiterführende Untersuchungen | 53 |
| 2.2.3.3 | Erkrankungen | 53 |
| | Kokzidiose | 53 |
| | Infektionen mit Flagellaten und Amöben | 54 |
| | Nematodenbefall | 56 |
| | Bandwurmbefall | 58 |
| | Darmmykose | 59 |
| | Salmonellose | 60 |
| | Kolibazillose | 60 |
| | Tyzzer's Disease | 61 |
| | Wet Tail Disease (Proliferative Ileitis) | 61 |
| | Citrobakteriose (Hyperplastische Kolitis) | 62 |
| | Virusenteritis | 63 |
| | Antibiotikaintoxikation | 64 |
| | Zahnerkrankungen | 64 |
| | Fütterungsfehler | 65 |
| | Erkrankungen mit Inappetenz | 65 |
| | Vergiftung | 65 |

## 2.3 Augenveränderungen ... 67

- 2.3.1 Tierärztliche Besonderheiten ... 67
- 2.3.2 Sofortmaßnahmen, Therapiegrundsätze ... 67
- 2.3.3 Wichtige Ursachen ... 68
  - 2.3.3.1 Übersicht ... 69
  - 2.3.3.2 Diagnostischer Leitfaden: Augenveränderungen ... 70
    - Besonderes Augenmerk bei der Anamnese ... 72
    - Besonderes Augenmerk bei der klinischen Untersuchung ... 72
    - Diagnosesicherung durch weiterführende Untersuchungen ... 73
  - 2.3.3.3 Erkrankungen ... 74
    - Konjunktivitis ... 74
    - Keratitis ... 75
    - Uveitis ... 76
    - Glaukom ... 77
    - Exophthalmus, Bulbusprolaps ... 77
    - Katarakt ... 80
    - Chromodacryorrhö („Rote Tränen") ... 81

## 2.4 Äußerliche Schwellung/Umfangsvermehrung ... 83

- 2.4.1 Tierärztliche Besonderheiten ... 83
- 2.4.2 Sofortmaßnahmen, Therapiegrundsätze ... 84
- 2.4.3 Wichtige Ursachen ... 84
  - 2.4.3.1 Übersicht ... 85
  - 2.4.3.2 Diagnostischer Leitfaden: Äußerliche Schwellung/Umfangsvermehrung ... 86
    - Besonderes Augenmerk bei der Anamnese ... 90
    - Besonderes Augenmerk bei der klinischen Untersuchung ... 90
    - Diagnosesicherung durch weiterführende Untersuchungen ... 91
  - 2.4.3.3 Erkrankungen ... 92
    - Weichteilabszesse ... 92
    - Kieferabszesse ... 92
    - Entzündung/Abszess der Backentaschen ... 94
    - Sialodacryoadenitis ... 95
    - Leukose ... 96
    - Papillomatose ... 96
    - Lipome ... 97
    - Neoplasien von Haut und Unterhaut ... 98
    - Neoplasien der Bauchdrüse ... 99
    - Neoplasien der Flankendrüsen ... 100
    - Neoplasien des Gesäuges ... 100
    - Mastitis ... 102
    - Uterusprolaps ... 103
    - Rektumprolaps ... 103
    - Penisprolaps ... 104
    - Orchitis ... 104
    - Hodentumor ... 105
    - Hodentorsion ... 106
    - Kastrationsabszesse ... 107
    - Hämatome ... 107

## 2.5 Schmerzen und/oder Umfangsvermehrung im Abdomen ... 110

- 2.5.1 Tierärztliche Besonderheiten ... 110
- 2.5.2 Sofortmaßnahmen, Therapiegrundsätze ... 110
- 2.5.3 Wichtige Ursachen ... 110

| | | |
|---|---|---|
| 2.5.3.1 | Übersicht | 111 |
| 2.5.3.2 | Diagnostischer Leitfaden: Schmerzen und / oder Umfangsvermehrung im Abdomen | 112 |
| | Besonderes Augenmerk bei der Anamnese | 116 |
| | Besonderes Augenmerk bei der klinischen Untersuchung | 116 |
| | Diagnosesicherung durch weiterführende Untersuchungen | 116 |
| 2.5.3.3 | Erkrankungen | 117 |
| | Tympanie | 117 |
| | Obstipation | 118 |
| | Leberverfettung | 119 |
| | Leberstauung | 120 |
| | Hepatitis | 121 |
| | Neoplasien der Leber | 122 |
| | Leber- und Gallengangzysten | 122 |
| | Nephrotisches Syndrom | 123 |
| | Erkrankungen der Blase | 124 |
| | Erkrankungen der Ovarien | 124 |
| | Erkrankungen der Gebärmutter | 125 |
| | Peritonitis | 127 |
| | Leukose | 128 |
| | Intraabdominale Abszesse | 128 |

## 2.6 Verschmutzte Anogenitalregion ... 130

| | | |
|---|---|---|
| **2.6.1** | **Tierartliche Besonderheiten** | **130** |
| **2.6.2** | **Sofortmaßnahmen, Therapiegrundsätze** | **132** |
| **2.6.3** | **Wichtige Ursachen** | **132** |
| 2.6.3.1 | Übersicht | 133 |
| 2.6.3.2 | Diagnostischer Leitfaden: Verschmutzte Anogenitalregion | 134 |
| | Besonderes Augenmerk bei der Anamnese | 136 |
| | Besonderes Augenmerk bei der klinischen Untersuchung | 136 |
| | Diagnosesicherung durch weiterführende Untersuchungen | 137 |
| 2.6.3.3 | Erkrankungen | 137 |
| | Zystitis | 137 |
| | Urolithiasis | 138 |
| | Trichosomoides-crassicauda-Infektion | 139 |
| | Trächtigkeitsstörungen, Geburtsstörungen | 139 |
| | Endometriale Hyperplasie, Hämometra, Uterustumor | 141 |
| | Endometritis, Pyometra | 142 |
| | Enteritis | 144 |
| | Myiasis (Fliegenmadenbefall) | 144 |

## 2.7 Neurologische Ausfallerscheinungen ... 147

| | | |
|---|---|---|
| **2.7.1** | **Tierartliche Besonderheiten** | **147** |
| **2.7.2** | **Sofortmaßnahmen, Therapiegrundsätze** | **147** |
| **2.7.3** | **Wichtige Ursachen** | **147** |
| 2.7.3.1 | Übersicht | 148 |
| 2.7.3.2 | Diagnostischer Leitfaden: Neurologische Ausfallerscheinungen | 150 |
| | Besonderes Augenmerk bei der Anamnese | 154 |
| | Besonderes Augenmerk bei der klinischen Untersuchung | 154 |
| | Diagnosesicherung durch weiterführende Untersuchungen | 155 |
| 2.7.3.3 | Erkrankungen | 155 |
| | Otitis | 155 |
| | Schädeltrauma | 157 |
| | Hirntumor | 159 |
| | Wirbelsäulentrauma, Rückenmarkläsion | 159 |

|  | Degenerative Erkrankungen der Wirbelsäule | 160 |
|---|---|---|
|  | Beckenfrakturen | 161 |
|  | Lymphozytäre Choriomeningitis (LCM) | 162 |
|  | Theiler-Meningo-Enzephalitis-Virusinfektion (Mäuse-Polio-Enzephalitis) | 163 |
|  | Bakterielle Enzephalitis | 164 |
|  | Hitzschlag | 164 |
|  | Trächtigkeitstoxikose | 165 |
|  | Septikämie | 165 |
|  | Hepatopathie | 166 |
|  | Nephropathie | 166 |
|  | Epilepsie | 167 |
|  | Herzinsuffizienz | 167 |

## 2.8 Bewegungsstörungen und Lahmheit ... 168

**2.8.1 Tierartliche Besonderheiten** ... 168
**2.8.2 Sofortmaßnahmen, Therapiegrundsätze** ... 168
**2.8.3 Wichtige Ursachen** ... 168
2.8.3.1 Übersicht ... 169
2.8.3.2 Diagnostischer Leitfaden: Bewegungsstörungen und Lahmheit ... 170
- Besonderes Augenmerk bei der Anamnese ... 172
- Besonderes Augenmerk bei der klinischen Untersuchung ... 172
- Diagnosesicherung durch weiterführende Untersuchungen ... 173

2.8.3.3 Erkrankungen ... 173
- Frakturen ... 173
- Osteomyelitis ... 175
- Osteodystrophie ... 176
- Weichteiltrauma ... 177
- Infektiöse Polyarthritis ... 177
- Pododermatitis ulcerosa ... 178

## 2.9 Fell- und/oder Hautveränderungen ... 181

**2.9.1 Tierartliche Besonderheiten** ... 181
**2.9.2 Therapiegrundsätze** ... 181
**2.9.3 Wichtige Ursachen** ... 182
2.9.3.1 Übersicht ... 183
2.9.3.2 Diagnostischer Leitfaden: Fell- und/oder Hautveränderungen ... 184
- Besonderes Augenmerk bei der Anamnese ... 188
- Besonderes Augenmerk bei der klinischen Untersuchung ... 188
- Diagnosesicherung durch weiterführende Untersuchungen ... 189

2.9.3.3 Erkrankungen ... 190
- Fellmilben-Befall ... 190
- Haarmilben-Befall ... 191
- Saugmilben-Befall ... 192
- Sarcoptesräude ... 193
- Notoedresräude ... 193
- Psorergates-Befall ... 195
- Demodikose ... 195
- Läusebefall ... 196
- Flohbefall ... 197
- Dermatomykose ... 198
- Bakterielle Dermatitis ... 199
- Ulzerative Dermatitis ... 200
- „Sore Nose" ... 201
- Altersalopezie ... 202

|  |  |  |
|---|---|---:|
|  | Ovarialzysten | 202 |
|  | Leberzysten | 203 |
|  | Hyperadrenokortizismus | 204 |
|  | Trichotillomanie (Barbering) | 204 |
|  | Bissverletzungen | 205 |
|  | Spritzennekrosen | 205 |
|  | Entzündungen der Bauchdrüse | 206 |
|  | Entzündungen der Flankendrüsen | 206 |
|  | „Ring Tail" | 207 |
|  | Abriss der Schwanzhaut | 207 |

## 2.⑩ Abmagerung … 210

| | | |
|---|---|---:|
| 2.10.1 | **Tierartliche Besonderheiten** | 210 |
| 2.10.2 | **Sofortmaßnahmen, Therapiegrundsätze** | 210 |
| 2.10.3 | **Wichtige Ursachen** | 211 |
| 2.10.3.1 | Übersicht | 211 |
| 2.10.3.2 | Diagnostischer Leitfaden: Abmagerung | 212 |
|  | Besonderes Augenmerk bei der Anamnese | 214 |
|  | Besonderes Augenmerk bei der klinischen Untersuchung | 214 |
|  | Diagnosesicherung durch weiterführende Untersuchungen | 215 |
| 2.10.3.3 | Erkrankungen | 216 |
|  | Fütterungsbedingte Gewichtsverluste | 216 |
|  | Stressbedingte Gewichtsverluste | 217 |
|  | Altersbedingte Gewichtsverluste | 217 |
|  | Zahnerkrankungen | 218 |
|  | Herzerkrankungen | 220 |
|  | Chronische Niereninsuffizienz | 220 |
|  | Diabetes mellitus | 221 |
|  | Leukose | 222 |
|  | Rodentiose (Pseudotuberkulose) | 223 |
|  | Tularämie | 224 |
|  | Tyzzer's Disease | 224 |
|  | Leptospirose | 225 |

## 2.⑪ Unspezifische Symptomatik … 226

| | | |
|---|---|---:|
| 2.11.1 | **Allgemeines** | 226 |
| 2.11.2 | **Sofortmaßnahmen, Therapiegrundsätze** | 226 |
| 2.11.3 | **Wichtige Ursachen** | 227 |
| 2.11.4 | **Anamnese** | 228 |
| 2.11.5 | **Klinische Untersuchung** | 229 |
| 2.11.6 | **Weiterführende Untersuchungen** | 231 |

## 2.⑫ Schock … 232

| | | |
|---|---|---:|
| 2.12.1 | **Sofortmaßnahmen** | 232 |
| 2.12.2 | **Therapiegrundsätze** | 232 |

## 3 Weiterführende Untersuchungen … 235

| | | |
|---|---|---:|
| 3.1 | **Blutuntersuchung** | 235 |
| 3.1.1 | **Blutentnahme** | 235 |
| 3.1.2 | **Hämatologie** | 236 |
| 3.1.3 | **Blutchemische Parameter** | 238 |
| 3.1.3.1 | Elektrolyte | 238 |
| 3.1.3.2 | Enzyme | 238 |

| | | |
|---|---|---|
| 3.1.3.3 | Weitere blutchemische Werte | 238 |
| **3.2** | **Harnuntersuchung** | **241** |
| **3.2.1** | **Harngewinnung** | **241** |
| **3.2.2** | **Harnanalyse** | **242** |
| 3.2.2.1 | Makroskopische Untersuchung | 242 |
| 3.2.2.2 | Sensorische Untersuchung | 243 |
| 3.2.2.3 | Chemische Untersuchung | 243 |
| 3.2.2.4 | Physikalische Untersuchung | 244 |
| 3.2.2.5 | Mikroskopische Untersuchung | 244 |
| 3.2.2.6 | Mikrobiologische Untersuchung | 244 |
| **3.3** | **Kotuntersuchung** | **245** |
| **3.4** | **Röntgendiagnostik** | **246** |
| **3.4.1** | **Allgemeines** | **246** |
| **3.4.2** | **Technische Voraussetzungen** | **247** |
| **3.4.3** | **Lagerung und Durchführung** | **247** |
| **3.4.4** | **Interpretation von Röntgenaufnahmen** | **247** |
| 3.4.4.1 | Thorax | 247 |
| | ▪ Herz | 247 |
| | ▪ Trachea | 250 |
| | ▪ Lunge und Gefäße | 250 |
| 3.4.4.2 | Abdomen | 250 |
| | ▪ Leber | 250 |
| | ▪ Magen-Darm-Trakt | 250 |
| | ▪ Nieren | 250 |
| | ▪ Harnblase | 251 |
| | ▪ Uterus | 251 |
| 3.4.4.3 | Schädel | 251 |
| | ▪ Laterolaterale Aufnahme | 253 |
| | ▪ Dorsoventrale Aufnahme | 253 |
| **3.4.5** | **Kontrastmitteluntersuchung** | **253** |
| **3.5** | **Ultraschalldiagnostik** | **253** |
| **3.6** | **Dermatologische Diagnostik** | **254** |
| **3.6.1** | **Parasitologische Untersuchungen** | **254** |
| **3.6.2** | **Mykologische Untersuchungen** | **254** |
| **3.6.3** | **Bakteriologische Untersuchungen** | **255** |
| **3.6.4** | **Histologische Untersuchungen** | **255** |

**Anhang** .................................................... 256

**Medikamentenverzeichnis** ......................... 256

**Abbildungsnachweis** ................................. 265

**Sachverzeichnis** ....................................... 266

# 1 Allgemeinuntersuchung

## 1.1 Anamnese

### 1.1.1 Allgemeines

Um eine aussagekräftige Anamnese erstellen und diese letztlich auch bewerten zu können, ist es erforderlich, die Besonderheiten einer Tierart zu kennen. Bei der allgemeinen Anamnese bezieht sich dies insbesondere auf die jeweiligen Haltungs- und Fütterungsansprüche, denn auch bei Kleinnagern können durch Fehler in diesen Bereichen Erkrankungen begünstigt werden. Bei der speziellen Anamnese kann wiederum nur gezielt nach Verhaltensänderungen gefragt werden, wenn das Normalverhalten der Tierart bekannt ist.

Daher werden die erforderlichen Bedingungen für die wichtigsten in der tierärztlichen Praxis vorkommenden Kleinnagerarten im Folgenden dargestellt.

#### 1.1.1.1 Ratte (Rattus norvegicus f. domestica)

Die Ratte gehört innerhalb der Ordnung der Nagetiere (*Rodentia*) zur Familie der Mäuseartigen (*Muridae*) und innerhalb dieser zur Gattung der eigentlichen Ratten (*Rattus*). Die Wanderratte (*Rattus norvegicus*), von der die als Heimtiere gehaltenen Ratten abstammen, gelangte Ende des 18./Anfang des 19. Jahrhunderts aus dem nördlichen China über Schifffahrtswege nach Europa. Die Hausratte (*Rattus rattus*) ist die zweite bekannte Art dieser Gattung. Sie ist bereits erheblich länger in Europa heimisch als die Wanderratte, wurde jedoch nie domestiziert.

Ursprünglich sind Wanderratten vorwiegend dämmerungs- und nachtaktive Tiere, die sich als Heimtiere jedoch dem Rhythmus ihres Besitzers anpassen.

Bei Ratten werden keine unterschiedlichen Rassen, sondern lediglich Fellvariationen (z.B. Glatthaar, Rex), Farbschläge in vier unterschiedlichen Farbgruppen (Chocolate-Agouti, Pearl, Himalayan, Silver-Grey) und Zeichnungen (besonders bekannt sind Haubenratten und Huskyratten) unterschieden. Zudem gibt es anatomische Varianten wie z. B. die Dumbo-Ratte mit vergrößerten Ohrmuscheln, deren Einordnung noch nicht eindeutig geklärt ist.

### Haltung

Ratten leben in der Natur in großen Sippen zusammen, sodass auch in der Heimtierhaltung immer mindestens zwei Tiere, besser jedoch Kleingruppen von 4–6 Tieren gepflegt werden sollten. Dabei kann es sich sowohl um gleichgeschlechtliche Gruppen als auch um Gruppen von Weibchen und männlichen Kastraten handeln.

Ein Rattenkäfig kann kaum zu groß konzipiert sein. Generell gilt, dass die Grundfläche eines Domizils für ein Paar 100 x 60 cm bei einer Höhe von 90 cm nicht unterschreiten sollte. Der Käfig muss gut strukturiert und mit mehreren Etagen, Kletter- und Versteckmöglichkeiten eingerichtet sein. Etagen und Häuschen sollten aus Holz bestehen, als Klettermöglichkeiten bieten sich neben Ästen auch Röhren (vorzugsweise aus ungiftigen, benagbaren Materialien wie Kork, geflochtenem Heu oder dicker Pappe), Körbe und dicke Seile an. Eine Hängematte als Aussichts- und Ruheplatz wird ebenfalls gerne angenommen. Die Näpfe sollten aus glasiertem Ton bestehen, Wasser wird in einer Trinkflasche angeboten.

Als Einstreu eignet sich handelsübliche Kleintierstreu, die durch Nestbaumaterial wie Heu, ungebleichten Zellstoff u. Ä. ergänzt wird. Auch Zeitungspapier wird gerne als „Spielzeug" und zum Auspolstern des Nestes angenommen. Zusätzliche Beschäftigung bieten „Buddelkisten", die mit Sand und darin versteckten Leckerbissen bestückt zeitweise zur Verfügung gestellt werden können.

Ratten müssen zudem ausreichend Freilauf erhalten. Dieser erfolgt unter Aufsicht in einem „rattensicher" gestalteten Zimmer ohne Zugriff auf Stromkabel oder Giftpflanzen.

Praxistipp

**Vergesellschaftung von Ratten**

Die Vergesellschaftung sollte nach Möglichkeit auf „neutralem" Boden stattfinden, das heißt entweder beim Freilauf, sodass genügend Platz zum Ausweichen vorhanden ist, oder in einem geräumigen Käfig, der zuvor gründlich gereinigt, umstrukturiert und mit neuer Einrichtung versehen wurde. Bleiben die Ratten in dieser Umgebung friedlich und beschnuppern sich neugierig, so kann nach einiger Zeit der Umzug in das dauerhafte Zuhause beginnen bzw. können im Laufe der nächsten Tage nach und nach auch wieder alte, bekannte Einrichtungsgegenstände in den Käfig integriert werden.

Die Vergesellschaftung von Ratten gestaltet sich in der Regel unproblematisch, wenn einige Grundsätze beachtet werden:
- Generell ist zu berücksichtigen, dass bei Ratten kein mit Hund oder Katze vergleichbarer „Welpenschutz" gegenüber sippenfremden Jungtieren besteht, sodass diese nicht einfach in das Revier einer bestehenden Gruppe hineingesetzt werden können.
- Weibchen und kastrierte Böckchen verhalten sich bei einer Vergesellschaftung meist erheblich unproblematischer und friedfertiger untereinander als unkastrierte Böcke.

Grundsätzlich ist es leichter, gleich zwei neue Tiere in eine bestehende Gruppe zu bringen. Zum einen teilt sich das Interesse der Alteingesessenen auf beide auf, sodass nicht ein Einzeltier zu stark bedrängt wird. Zum anderen schließen sich die „Neuzugänge" oftmals zunächst zusammen, sodass sie gleich einen Sozialpartner haben. Gerade wenn junge und alte Ratten vergesellschaftet werden sollen, ergibt sich zusätzlich der Vorteil, dass bei mindestens zwei Jungtieren immer gleich ein geeigneter Spielkamerad vorhanden ist. Der Spieltrieb lässt bei älteren Ratten in der Regel deutlich nach und sie zeigen ein höheres Ruhebedürfnis.

**Fütterung**

Ratten sind Allesfresser, die im Laufe von 24 Stunden viele kleine Mahlzeiten zu sich nehmen, aber auch sehr viel Zeit mit der Nahrungssuche verbringen. In der Heimtierhaltung muss die Fütterung daher nicht nur an die alters-, sondern vor allem auch an die aktivitätsbedingten Bedürfnisse angepasst werden.

Als Grundnahrung dient eine Futtermischung, die aus verschiedenen Getreidearten und Sämereien, ergänzt durch getrocknetes Gemüse und Kräuter, besteht. Stark fetthaltige Samen wie Kürbis- und Sonnenblumenkerne dürfen in dieser Mischung nur in geringen Mengen enthalten sein. Qualitativ hochwertiges Heu muss hingegen ständig zur Verfügung stehen, da es nicht nur als Nist- und Nagematerial angenommen, sondern auch zur Deckung des Rohfaserbedarfes gefressen wird. Ein- bis zweimal täglich sollten die Tiere zudem Frischfutter erhalten. Geeignete Gemüsesorten sind z.B. Mohrrüben, Gurken oder Paprika. Gern werden auch Obstsorten wie Äpfel, Banane, Birne, Melone, Weintraube u. Ä. angenommen. Als Leckerbissen können gelegentlich in kleinen Mengen Mais, Nüsse (in der Schale), gekochte Kartoffeln, Reis oder Nudeln sowie getrocknetes Brot angeboten werden. Durch die Gabe von Ästen von unbehandelten Obstbäumen, Haselnusssträuchern oder Weiden können die Ratten ihr Nagebedürfnis befriedigen.

Ratten benötigen zudem für eine ausgewogene Ernährung tierisches Eiweiß. Um die Versorgung zu sichern, sollten ein- bis zweimal wöchentlich ungezuckerter Quark oder Joghurt, hart gekochtes Ei oder milder Käse angeboten werden. Auch vitaminreich gefütterte Mehlwürmer, Hundekuchen oder Katzentrockenfutter sind geeignet. Der Bedarf ist bei Jungtieren sowie trächtigen und säugenden Muttertieren deutlich höher als bei Ratten in anderen Lebensphasen.

Frisches Wasser muss stets angeboten werden und sollte in einer hygienischen Trinkflasche zur Verfügung stehen.

**Tab. 1.1** Rationsgestaltung für Ratten.

| Futtermittel | Menge/Fütterungsintervall |
|---|---|
| **Mischfutter aus Getreide und Sämereien** | täglich |
| **Heu** | ad libitum |
| **Frischfutter**<br>• Gemüse (z.B. Paprika, Gurke, Karotte, Tomate)<br>• Obst (z.B. Apfel, Birne, Banane, Weintraube, Melone)<br>• Kräuter und Salate (z.B. Petersilie, Dill, Basilikum, Löwenzahn, Rucola, Feldsalat, Chicorée, Radicchio, Endivie) | ein- bis zweimal täglich, abwechslungsreiche Portionen |
| **Eiweißfutter**<br>• z.B. Joghurt, Quark, hart gekochtes Ei, Katzentrockenfutter | ein- bis zweimal wöchentlich, in der Trächtigkeit und Laktation täglich in kleinen Mengen |
| **Leckerbissen**<br>• gekochte Kartoffeln/Reis/Nudeln, Nüsse, hartes Brot, Mais | gelegentlich |
| **Ergänzungen/Nagematerial**<br>• Äste von ungespritzten Bäumen (z.B. Haselnuss, Apfel- oder Birnbaum, Weide) | sollte mehrmals wöchentlich zur Verfügung gestellt und immer neu in die Käfiggestaltung integriert werden |

**Tab. 1.2** Physiologische Daten der Ratte.

| | |
|---|---|
| **Durchschnittliche Lebenserwartung** | 1½ bis 3 Jahre |
| **Durchschnittliches Körpergewicht** | 250–350 g (adult weiblich), 400–550 g (adult männlich) |
| **Körpertemperatur** | 37,5–39,5 °C |
| **Zahnformel** | 1003/1003 |
| **Atemfrequenz** | 70–120 Atemzüge/min |
| **Herzfrequenz** | 250–450 Schläge/min |
| **Geschlechtsreife** | 4.–6. Lebenswoche |
| **Zuchtreife** | 10.–14. Lebenswoche |
| **Brunstzyklus** | 4–5 Tage, ganzjährig polyöstrisch |
| **Brunstdauer** | 10–18 Stunden |
| **Dauer der Trächtigkeit** | 21–24 Tage |
| **Wurfgröße** | 4–16 Jungtiere |
| **Dauer der Säugezeit** | ca. 21 Tage |

### 1.1.1.2 Maus (Mus musculus)

Die Hausmaus gehört innerhalb der Ordnung der Nagetiere (*Rodentia*) zur Familie der Mäuseartigen (*Muridae*) und zur Gattung der echten Mäuse (*Mus*).

Die heute gehaltenen Farbmäuse gehen auf die Hausmaus zurück, die ursprünglich in den Savannen und Steppen Südostasiens, Nordafrikas und Südeuropas vorkam. Als äußerst anpassungsfähige Kulturfolger sind Mäuse mittlerweile weltweit verbreitet.

In ihrem ursprünglichen Lebensraum in Steppengebieten lebten Mäuse in Familiensippen in weit verzweigten unterirdischen Gangsystemen oder in Felsspalten. Die eigentlich nachtaktiven Tiere passen ihren Lebensrhythmus recht flexibel an ihre jeweiligen Haltungsbedingungen an, wobei die Hauptaktivitätszeit meist in den Abend- und Morgenstunden liegt.

Bei Farbmäusen wird nicht nach Rassen unterschieden, es sind jedoch sechs verschiedene Felltypen bekannt (Standard = kurz- und glatthaarig, Satin, Langhaar, Angora, Locken, Rosetten), von denen insbesondere die drei letztgenannten eher selten anzutreffen sind. Jeder dieser Felltypen kann in unterschiedlichen Farbvarianten auftreten. Jede im Zuchtstandard definierte Färbung ist zudem mit einer bestimmten Augenfarbe gekoppelt.

#### Haltung

Mäuse sollten stets mindestens paarweise, idealerweise jedoch in Kleingruppen gehalten werden, wobei die Pflege sowohl von gleich- als auch von gemischtgeschlechtlichen Gruppen möglich ist. Reine Weibchengruppen und Gruppen von Weibchen mit männlichen Kastraten sind besonders unproblematisch. Auch unkastrierte Böckchen können zusammen gehalten werden, jedoch sollten sich dann keine weiblichen Tiere im gleichen Raum befinden, ansonsten kommt es schnell zu Revierstreitigkeiten unter den männlichen Mäusen. Auch ohne Kontakt zu Weibchen und auch, wenn die Böckchen miteinander aufgewachsen sind, kann es gelegentlich plötzlich zu Rangordnungskämpfen kommen, die eine Kastration der gesamten Gruppe erforderlich machen.

> **Praxistipp**
>
> **Vergesellschaftung von Mäusen**
>
> Da Mäuse von Natur aus sehr soziale Tiere sind, verläuft eine Vergesellschaftung in der Regel unproblematisch, wenn einige Grundregeln beachtet werden.
>
> Ein neues Gruppenmitglied sollte nie sofort in den bestehenden Käfig oder das Revier einer etablierten Mäusegruppe gesetzt werden. Vielmehr empfiehlt es sich, die Tiere zunächst auf neutralem Terrain zusammenzusetzen; ausreichend Rückzugsmöglichkeiten sollten gegeben sein. Ist ein solcher neutraler Ort nicht vorhanden, so besteht die Möglichkeit, das Revier der Mäusegruppe gründlich zu reinigen und mit neuen Einrichtungsgegenständen zu versehen, die auch anders als zuvor angeordnet sein sollten. Sowohl die alteingesessenen als auch die neuen Mäuse sind nun mit der Erkundung beschäftigt und lernen sich dabei kennen, ohne dass das Revier bereits fest in Besitz genommen wurde.

*Ist es bei Kämpfen bereits zu ernsthaften Verletzungen der Tiere gekommen, so schafft in der Regel auch eine Kastration keine Abhilfe. Die Mäuse sollten dennoch kastriert und anschließend getrennt voneinander in je eine Gruppe weiblicher Mäuse integriert werden.*

Ein Käfig oder ein Terrarium für zwei Mäuse sollte als absolutes Mindestmaß 60 x 30 x 30 cm aufweisen. Diese Größe ist auch nur dann akzeptabel, wenn der Käfig abwechslungsreich eingerichtet und immer wieder neu gestaltet wird, um den neugierigen und klugen Bewohnern ausreichend Beschäftigung zu bieten und wenn eine regelmäßige Auslaufmöglichkeit vorhanden ist.

*Aquarien sind zur Haltung von Mäusen nicht geeignet, da keine ausreichende Luftzirkulation gewährleistet ist. Es kommt dann schnell zur Anreicherung von ammoniakhaltigen Gasen, die die Atemwege reizen.*

Für die Gruppenhaltung eignen sich sowohl fein verdrahtete Käfige als auch spezielle Nagerterrarien in einer Größe von 80 x 50 x 50 cm, die mit zahlreichen über Leitern, durch Röhren oder über Äste und Seile erreichbare Etagen untergliedert werden sollten. Auch so genannte „Mäusetische" (Abb. 1.1) bieten eine gute Haltungsalternative. Ein Mäusetisch dient als Behausung und Auslauf gleichermaßen und sollte daher eine möglichst große Grundfläche haben. Die Tischbeine sollten nach

**Abb. 1.1** Tisch zur artgerechten Haltung von Farbmäusen.

innen versetzt angebracht sein, um ein Hinabklettern der Mäuse zu verhindern. Um den Tisch mit Einstreu und Nestbaumaterial versehen zu können, hat es sich bewährt, rundum eine Eingrenzung aus Holzleisten anzubringen. Auf dem Tisch können nun mehrere kleine Käfige, zahlreiche Spielzeuge und Versteckmöglichkeiten verteilt werden. Häuschen und Spielzeuge sollten aus Holz, Kork, fester Pappe oder anderen ungiftigen Materialien gefertigt sein. Laufräder müssen eine geschlossene Rückwand und eine geschlossene Lauffläche aufweisen, um Verletzungsgefahren zu verringern.

Auch auf einen ausreichend großen Durchmesser des Rades ist zu achten; das Tier muss mit geradem Rücken darin laufen können.

Als Einstreu eignet sich handelsübliche Heimtierstreu aus Holzspänen, die durch Nage- und Nestbaumaterial wie z.B. Heu, Stroh, Scharpie, ungebleichten Zellstoff und die handelsüblichen Sorten so genannter „Überstreu" mit Blättern, Rindenstückchen u. Ä. ergänzt und aufgewertet werden sollte.

Futter wird in standsicheren, gut zu reinigenden glasierten Tonnäpfen angeboten; Wasser muss stets in einer sauberen Trinkflasche zur Verfügung stehen.

### Fütterung

Zur Ernährung der vorwiegend granivoren Mäuse eignet sich als Grundfutter sowohl im Handel angebotenes spezielles Mischfutter als auch eine selbst zusammengestellte Saatenmischung. Diese sollte als Grundbestandteile eine breite Palette feiner Sämereien und Hirsen enthalten und kann auch aus Waldvogel- oder Kanarienfutter beste-

**Tab. 1.3** Rationsgestaltung für Mäuse.

| Futtermittel | Menge/Fütterungsintervall |
|---|---|
| **Mischfutter aus Sämereien, Trockengemüse, zuckerfreiem Früchtemüsli** | täglich |
| **Heu** | ad libitum |
| **Frischfutter**<br>• Gemüse (z.B. Paprika, Gurke, Karotte, Tomate)<br>• Obst (z.B. Apfel, Beerenfrüchte, Birne, Banane, Weintraube, Melone)<br>• Kräuter und Salate (z.B. Petersilie, Dill, Kamille, Gänseblümchen, Rucola, Feldsalat, Chicorée, Radicchio, Endivie) | ein- bis zweimal täglich, abwechslungsreiche Portionen |
| **Eiweißfutter**<br>• z.B. Joghurt, Quark, getrocknete Insektenmischung für Vögel, hart gekochtes Ei, Katzentrockenfutter | einmal wöchentlich, in der Trächtigkeit und Laktation täglich in kleinen Mengen |
| **Leckerbissen**<br>• Sonnenblumenkerne, hartes Brot, Keimfutter, Rispenhirsen | gelegentlich |
| **Ergänzungen/Nagematerial**<br>• Äste von ungespritzten Bäumen (z.B. Haselnuss, Apfel- oder Birnbaum, Weide) | sollte immer wöchentlich zur Verfügung gestellt werden |

**Tab. 1.4** Physiologische Daten der Maus.

| | |
|---|---|
| **Durchschnittliche Lebenserwartung** | 1½ bis 2 Jahre |
| **Durchschnittliches Körpergewicht** | 20–40 g |
| **Körpertemperatur** | 38,0–39,5 °C |
| **Zahnformel** | 1003/1003 |
| **Atemfrequenz** | 70–220 Atemzüge/min |
| **Herzfrequenz** | 350–600 Schläge/min |
| **Geschlechtsreife** | 4.–6. Lebenswoche |
| **Zuchtreife** | 10.–14. Lebenswoche |
| **Brunstzyklus** | 4–5 Tage, ganzjährig polyöstrisch |
| **Brunstdauer** | 10–14 Stunden |
| **Dauer der Trächtigkeit** | 18–23 Tage |
| **Wurfgröße** | 4–14 Jungtiere |
| **Dauer der Säugezeit** | 21–28 Tage |

hen, aufgewertet durch zuckerfreies Früchtemüsli und getrocknetes Gemüse. Täglich sollte zudem eine abwechslungsreich zusammengestellte Portion an frischem Obst oder Gemüse angeboten werden. Ebenfalls beliebt sind Salate und Kräuter.

Mäuse benötigen für eine ausgewogene Ernährung zusätzlich einen Anteil an tierischem Eiweiß. Dieser kann durch regelmäßige, einmal wöchentliche Gaben von ungezuckertem Joghurt oder Quark, Katzentrockenfutter, hart gekochtem Ei, handelsüblichem Weichvogelfutter (bestehend aus getrockneten Kleininsekten und Kerbtieren) oder Mehlwürmern gedeckt werden. Tragende und säugende Weibchen weisen einen erhöhten Bedarf auf und sollten täglich bis zweitägig kleine Portionen eiweißreichen Futters erhalten.

Als Leckerbissen können zudem gelegentlich in kleinen Portionen Nüsse, Kürbis- und Sonnenblumenkerne, Keimfutter, Rispenhirsen, trockne Nudeln oder hartes Brot angeboten werden. Zur Befriedigung des Nagetriebes eignen sich unbehandelte Äste von Kernobstbäumen, Weide und Haselnusssträuchern sowie Hasel- und Walnüsse in der Schale. Auch Hundekuchen werden meist gerne angenommen.

Heu und getrocknete Kräuter dienen nicht nur als Nestbaumaterial, sondern werden in kleinen Mengen auch zur Deckung des Rohfaserbedarfes gefressen und sollten daher stets vorhanden sein.

Zudem muss den Tieren immer frisches Wasser in einer Trinkflasche zur Verfügung stehen.

### 1.1.1.3 Mongolische Wüstenrennmaus (Meriones unguiculatus)

Die Mongolische Wüstenrennmaus gehört innerhalb der Ordnung der Nagetiere (*Rodentia*) zur Familie der Wühler (*Cricetidae*). Die Unterfamilie der Rennmäuse (*Gerbillinae*) umfasst neben der Gattung der Sand- oder Wüstenrennmäuse (*Meriones*), zu der die Mongolischen Wüstenrennmäuse gehören, auch die Gattung der eigentlichen Rennmäuse (*Gerbillus*). Aus der in den USA üblichen Bezeichnung „Mongolian Gerbil" leitet sich auch die in Deutschland umgangssprachlich häufige Bezeichnung „Gerbil" für die Mongolische Wüstenrennmaus ab, obwohl diese taxonomisch missverständlich ist.

Die Mongolische Wüstenrennmaus ist derzeit die am häufigsten als Heimtier gehaltene Rennmausart. Die Tiere sind ursprünglich in der Mongolei und in Nordost-China in Wüstengebieten, Halbwüsten und Steppen beheimatet. Sie leben in ihrem natürlichen Habitat in festen Revieren in Familiengruppen, die verzweigte unterirdische Bauten bewohnen. Obwohl die Hauptaktivitätszeit in der Dämmerung und in den Nachtstunden liegt, wechseln sich auch tagsüber Ruhe- und Wachphasen ab.

Die Mongolische Wüstenrennmaus tritt bisher nur in einer kurz- und glatthaarigen Form auf. Unterschiedliche Rassen sind nicht vorhanden. Es gibt jedoch zahlreiche Farbschläge, die gezielt gezüchtet werden.

### Haltung

Rennmäuse müssen stets mindestens zu zweit oder auch in einer Kleingruppe gehalten werden. Dabei ist die Pflege von gleichgeschlechtlichen Tieren ebenso möglich wie die gemeinsame Haltung von Weibchen und Böckchen.

Mongolische Wüstenrennmäuse sind Tiere mit einem ausgeprägten Revierverhalten. Jedes Tier, das nicht den Familiengeruch aufweist, wird verjagt oder, falls es keine Flucht- oder Versteckmöglichkeiten gibt, oftmals sogar getötet.

*Es ist zu beachten, dass Rennmäuse den Familiengeruch sehr schnell (innerhalb von Stunden) verlieren, sodass man die Sippe möglichst nie trennen sollte. Wird ein Tier zur Behandlung oder Operation in die Praxis gebracht, empfiehlt es sich, die Familiengruppe mitbringen zu lassen.*

Sollte einmal eine einzelne Rennmaus aus einer Gruppe übrig bleiben oder aus ihrer Familie verjagt werden, so sollte sie auf jeden Fall, trotz des unbestreitbar vorhandenen Aufwandes, wieder vergesellschaftet werden, denn eine Einzelhaltung ist keinesfalls artgerecht.

Für die Haltung von Rennmäusen eignen sich sowohl Nagerterrarien als auch Gitterkäfige, die jedoch eine möglichst hohe Unterschale aufweisen müssen, um ein ständiges Herausgraben der Einstreu zu verhindern. Als absolutes Mindestmaß für eine Behausung von zwei Rennmäusen ist eine Größe von 60 x 40 x 30 cm anzusehen.

*Es ist wichtig, sich bei der Einrichtung des Käfigs oder Terrariums für eine Rennmausgruppe von Anfang an für eine endgültige Käfiggröße zu entscheiden, da es beim Umsetzen einer Sippe von einem kleinen in ein deutlich größeres Domizil zu ausgeprägten Revierstreitigkeiten kommen kann. Die Gruppe zerfällt in rivalisierende Kleingruppen und versucht das Territorium aufzuteilen. Für die unterlegenen Mäuse endet das in der Regel tödlich, wenn nicht rechtzeitig eingegriffen wird.*

#### Praxistipp

**Vergesellschaftung von Mongolischen Wüstenrennmäusen**

Für eine Vergesellschaftung ist ein Käfig mit zwei Abteilen ideal, die durch ein äußerst engmaschiges Gitter voneinander getrennt sind. Beide Abteile werden wie üblich eingestreut, aber nur mit dem Notwendigsten (Häuschen, Futternapf, Trinkflasche) möbliert. Die beiden zu vergesellschaftenden Mäuse werden jeweils in ein Abteil gesetzt; zweimal täglich werden die Abteile getauscht, so dass sich mit der Zeit der Geruch der beiden Tiere vermischt und angleicht. Nach frühestens einer, besser zwei Wochen, werden die beiden Rennmäuse in einer kleinen Transportbox erstmals zusammengesetzt. Bleiben sie nach ausgiebigem Beschnuppern über mehrere Stunden friedlich oder entsteht lediglich ein kurzer „Scheinkampf", bei dem es nicht zu Verletzungen kommt und bei dem ein Tier aufreitet und das andere sich unterwirft, so kann die Vergesellschaftung als geglückt betrachtet werden. Die Mäuse sollten, um den Zusammenhalt zu fördern, nach Möglichkeit noch einen Tag in einer Transportbox oder einem kleinen Käfig verbleiben, ehe sie in ihr endgültiges Domizil umziehen.

Selten gelingt auf diese Art auch eine Vergesellschaftung von zwei Rennmäusen mit einem neuen Tier. Lediglich, wenn es sich bei dem Paar um Jungtiere vor der Geschlechtsreife handelt, ist die Wahrscheinlichkeit, dass die Zusammenführung gelingt etwas höher, da die Jungen noch kein ausgeprägtes Revierverhalten zeigen. Ohne die beschriebene Gewöhnungsphase würde die erwachsene Maus die Jungtiere allerdings sofort angreifen, da es bei Rennmäusen keinen „Welpenschutz" gibt.

Grundsätzlich können jedoch Rennmausjungtiere vor der 8. Lebenswoche in der Regel völlig unproblematisch und ohne lange Gewöhnungszeit mit Gleichaltrigen in einen Käfig gesetzt werden, sodass man sich beim Kauf nach Möglichkeit gleich für eine endgültige Gruppengröße entscheiden sollte.

Der Käfig oder das Terrarium sollte durch verschiedene Etagen strukturiert werden, die z.B. durch Weidenbrücken oder Korkröhren miteinander verbunden werden können. Neben verschiedenen Häuschen und Versteckmöglichkeiten aus Holz oder Ton sollten ein ausreichend großer Sandbadenapf, gefüllt mit Chinchillabadesand aus Attapulgit oder Sepulgit, sowie glasierte Futternäpfe und eine Trinkflasche zur Grundausstattung des Käfigs gehören.

Ein Laufrad wird nicht grundsätzlich als Beschäftigungsmöglichkeit angenommen. Wird es jedoch angeboten, ist auf eine geschlossene Rückwand und Lauffläche sowie insbesondere auf einen ausreichenden Durchmesser (der Rücken darf beim Laufen nicht durchgebogen sein) zu achten.

Als Grundeinstreu eignet sich handelsübliche Heimtierstreu, die durch Nist- und Beschäftigungsmaterial in Form von Heu, Stroh, Scharpie, Rindenstücken, Ästen, Wurzeln, trockenen Blättern, Pappröhren und ungebleichtem Zellstoff ergänzt werden muss.

### Fütterung

Als Grundfutter ist eine Mischung feiner, nicht zu fettreicher Sämereien ideal. Geeignet ist z.B. eine Kombination aus Grassamen mit Wald- oder Kanarienvogelfutter, ergänzt durch Trockengemüse, getrocknete Kräuter und einen geringen Anteil Haferflocken. Sehr fettreiche Komponenten wie Kürbis- und Sonnenblumenkerne sowie Nüsse sollten nur als Leckerbissen gereicht werden und nicht bereits im Grundfutter enthalten sein.

Das tägliche Frischfutter lässt sich ebenfalls vielfältig zusammenstellen. Neben Salaten und Kräutern nehmen Rennmäuse sowohl verschiedene Gemüsesorten als auch Obst gerne an. Gelegentlich kann zudem etwas frisches Keimfutter angeboten werden.

Der Bedarf an tierischem Protein lässt sich leicht über die Gabe von ungesüßtem Quark oder Joghurt, Katzentrockenfutter oder getrocknetem Insektenfutter für Vögel decken. Jeweils eine dieser Komponenten sollte einmal wöchentlich, bei tragenden oder säugenden Weibchen auch mehrmals wöchentlich, gereicht werden. Wenn Lebendfutter (z.B. Mehlwürmer) angeboten wird, so ist darauf zu achten, dieses zur Aufwertung zuvor vitamin-

**Tab. 1.5** Rationsgestaltung für Mongolische Wüstenrennmäuse.

| Futtermittel | Menge/Fütterungsintervall |
|---|---|
| **Mischfutter aus feinen Sämereien und Trockengemüse** | täglich |
| **Heu** | ad libitum |
| **Frischfutter**<br>• Salate und Kräuter (z.B. Petersilie, Löwenzahn, Rucola, Feldsalat, Chicorée)<br>• Gemüse (z.B. Karotte, Paprika, Gurke)<br>• Obst (z.B. Apfel, Beerenfrüchte, Weintraube, Birne) | ein- bis zweimal täglich, abwechslungsreiche Portionen |
| **Eiweißfutter**<br>• z.B. Joghurt, Quark, hart gekochtes Ei, Katzentrockenfutter, Mehlwürmer | ein- bis zweimal wöchentlich, in der Trächtigkeit und Laktation täglich in kleinen Mengen |
| **Leckerbissen**<br>• Sonnenblumenkerne, Nüsse, Keimfutter, Kürbiskerne | gelegentlich |
| **Ergänzungen/Nagematerial**<br>• Äste von ungespritzten Bäumen (z.B. Haselnuss, Apfel- oder Birnbaum, Weide) | sollte immer zur Verfügung stehen |

**Tab. 1.6** Physiologische Daten der Mongolischen Wüstenrennmaus.

| Durchschnittliche Lebenserwartung | 3 bis 4½ Jahre |
|---|---|
| Durchschnittliches Körpergewicht | 65–120 g |
| Körpertemperatur | 37–39 °C |
| Zahnformel | 1003/1003 |
| Atemfrequenz | 70–130 Atemzüge/min |
| Herzfrequenz | 260–450 Schläge/min |
| Geschlechtsreife | 7.–8. Lebenswoche |
| Zuchtreife | 12.–14. Lebenswoche |
| Brunstzyklus | 4–7 Tage, in der Heimtierhaltung ganzjährig polyöstrisch |
| Brunstdauer | 10–14 Stunden |
| Dauer der Trächtigkeit | 22 bis max. 28 Tage, wenn während der Trächtigkeit noch die Jungtiere des vorherigen Wurfes gesäugt werden |
| Wurfgröße | 3–8 Jungtiere |
| Dauer der Säugezeit | 21–28 Tage |

reich zu ernähren oder mit einem Vitamin-Mineralstoff-Gemisch zu bestäuben.

Um den Nagetrieb der Rennmäuse zu befriedigen, sollten zudem regelmäßig Zweige von ungespritzten Obstbäumen oder Weiden in die Käfiggestaltung integriert werden. Heu und Stroh werden nicht nur als Nistmaterial verwendet, sondern dienen ebenfalls der Befriedigung des Nagebedürfnisses und der Deckung des Rohfaserbedarfes, sodass sie stets von guter Qualität sein sollten.

Zudem muss Rennmäusen stets frisches Wasser zur Verfügung stehen, das in einer Trinkflasche angeboten wird.

#### 1.1.1.4 Goldhamster (Mesocricetus auratus)

Der Goldhamster (Abb. 1.2) gehört innerhalb der Familie der Mäuseartigen (*Muridae*) der Unterfamilie der Wühler (*Cricetidae*) und der Gattung der Mittelhamster (*Mesocricetus*) an. Er stammt aus trockenen Steppengebieten im Nordwesten Syriens und lebt ursprünglich als nachtaktiver Einzelgänger in einem unterirdischen, verzweigten Gangsystem.

Auch die heutigen Nachzuchten des Goldhamsters sind primär als Einzelgänger zu betrachten und zu halten. Einigen Zuchtlinien entstammen jedoch heutzutage Hamster, die so friedfertig sein sollen, dass Wurfgeschwister dauerhaft zu zweit gehalten werden können. Diese Hamster fallen zusätzlich

**Abb. 1.2** Goldhamster (*Mesocricetus auratus*)

durch eine besondere Größe auf. In Einzelfällen mag diese Paarhaltung auch möglich sein, aber es sollte immer ein Ersatzkäfig bereitstehen, falls es doch zu Revierstreitigkeiten kommt.

Vom Goldhamster existieren keine unterschiedlichen Rassen, sondern lediglich Fellvarianten (Standard = glatt- und kurzhaarig, Satin, Angora/Teddy, Rex) und unzählige Farbschläge.

### Haltung

Goldhamster sind auch in der Heimtierhaltung rein nachtaktiv; ein ruhiger Käfigstandort ohne Störungen während des Tages ist daher für sie besonders wichtig.

*Wird ein Hamster von seinen Besitzern tagsüber ständig geweckt, so bedeutet das extremen Stress für das Tier und es wird deutlich empfänglicher gegenüber Erkrankungen!*

Im „Hamsterzimmer" sollte außerdem auf gleichmäßige Temperaturen geachtet werden, da eine deutliche Absenkung der Umgebungstemperatur, v. a. in Verbindung mit einer Verkürzung der Tageslichtlängen im Winter, den so genannten „Torpor", eine Art Winterruhe, auslösen kann, bei der stundenweise sämtliche Körperfunktionen und die Körpertemperatur stark herabgesetzt werden.

Goldhamster sollten prinzipiell einzeln gehalten werden. Nur selten ist es möglich, zwei Geschwistertiere oder ein von klein auf aneinander gewöhntes Pärchen dauerhaft harmonisch zu zweit zu halten.

Obwohl der Goldhamster ein Einzelgänger ist, bedeutet dies nicht, dass ein kleinerer Käfig für ihn ausreichen würde als für die in Gruppen gehaltenen Tierarten. Goldhamster besetzen in der Natur sehr große Reviere, sodass ein Käfig kaum zu groß gewählt werden kann, aber die Mindestmaße von 80 x 50 x 50 cm nicht unterschreiten darf. Um den Bedürfnissen des Tieres, das sowohl gerne gräbt als auch ein geschickter Kletterer ist, gerecht zu werden, eignet sich entweder ein geräumiger Gitterkäfig mit einer möglichst hohen Unterschale oder auch eine selbst gebaute Kombination aus einem Aquarium mit einem aufgesetzten Käfiggitter. Der Gitteranteil sollte mit mehreren Etagen strukturiert werden, die mittels Leitern, Röhren, Ästen oder Weidenbrücken miteinander verbunden werden können. Zur Einrichtung gehören neben Futternäpfen und einer Trinkflasche ein Häuschen und mehrere Versteckmöglichkeiten aus Holz, Kork oder Ton sowie ein einseitig geschlossenes, aus Holz oder Metall bestehendes und sicher angebrachtes Laufrad mit einem ausreichenden Durchmesser, sodass das Tier sich darin mit gerader Wirbelsäule bewegen kann.

*Praxistipp*

### Vergesellschaftung von Goldhamstern

In Einzelfällen, z.B. zu Zuchtzwecken, kommt es vor, dass zwei Goldhamster für kurze Zeit miteinander vergesellschaftet werden sollen. Da es auch bei vorsichtiger Herangehensweise zu blutigen Auseinandersetzungen kommen kann, darf die Zusammenführung nur unter Aufsicht geschehen und es muss immer ein eingerichteter Zweitkäfig als Ausweichquartier bereitstehen.

Ob das weibliche das männliche Tier akzeptiert, hängt maßgeblich vom Zyklusstand ab. Weibchen werden ca. alle 5 Tage brünstig. Dies ist einerseits erkennbar am deutlich ausgeprägten Stellreflex, der ausgelöst wird, wenn man über den Lendenwirbelbereich streicht. Ein anderer Indikator ist das zu dieser Zeit sehr intensiv riechende, trübe Vaginalsekret, das nicht mit Eiter verwechselt werden darf.

Setzt man nun das Weibchen in das Revier des männlichen Tieres, wird es ausgiebig beschnuppert und das Männchen wird bald mit Begattungsversuchen beginnen, die vom brünstigen Weibchen in der Regel toleriert werden. Spätestens am nächsten Morgen werden beide Tiere wieder „getrennte Wege" gehen und bald mit Revierstreitigkeiten beginnen, sodass sie wieder in unterschiedliche Käfige verbracht werden müssen.

Ist die Brunst noch nicht ausgeprägt genug oder bereits dabei abzuklingen, verbeißt das Weibchen den Partner oftmals. Die Hamster müssen dann sofort getrennt und sollten erst in der nächsten Brunst erneut zusammengeführt werden.

Ein mit Chinchillasand gefüllter Badenapf wird von vielen Hamstern gerne angenommen; einige Tiere nutzen ihn jedoch auch als Toilette, sodass der Sand täglich überprüft und ggf. gewechselt werden muss. Eine „Buddelkiste" mit hitzesterilisierter Erde ist bei ausreichendem Platz ebenfalls eine beliebte Einrichtungskomponente, die ggf. auch nur stundenweise oder während des Auslaufes angeboten werden kann.

Als Einstreu ist handelsübliche Kleintierstreu geeignet, die mit so genannter „Überstreu" aus verschiedenen Komponenten wie Rindenmulch, Aststücken, getrockneten Blättern oder trockenen Kräutern variiert werden kann. Als Nistmaterial werden Heu, Stroh, Scharpie und ungebleichter Zellstoff angeboten.

*Von der Verwendung von „Hamsterwatte" ist aufgrund des hohen Unfallrisikos unbedingt abzusehen. Selbst bei voll verdaulicher Hamsterwatte, die keinen Schaden im Magen-Darm-Trakt verursachen und damit „ungefährlich" sein soll, kommt es immer wieder zu Abschnürungen von Zehen oder ganzen Gliedmaßen, so dass diese amputiert werden müssen.*

### Fütterung

Der Goldhamster ernährt sich vorwiegend granivor, d.h. seine Grundfuttermischung sollte aus verschiedenen Getreidesorten und Sämereien bestehen, die durch Erbsenflocken, Johannisbrot, getrocknete Kräuter und getrocknetes Gemüse ergänzt werden. Zudem werden inzwischen auch pelletierte Alleinfutter für Hamster angeboten, um eine Selektion der fetthaltigeren Bestandteile der Futtermischungen zu verhindern. Nach eigenen Erfahrungen akzeptieren die Tiere dieses Futter jedoch individuell sehr unterschiedlich.

Frischfutter sollte täglich, und zwar aufgrund der Nachtaktivität des Hamsters ausschließlich abends gereicht werden. Hier haben sich Salate und Kräuter ebenso bewährt wie Gemüse und verschiedene Obstsorten.

Der Bedarf an tierischem Protein variiert in Abhängigkeit von der jeweiligen Lebenssituation. Üblicherweise ist es ausreichend, dem Hamster einmal wöchentlich eiweißreiche Nahrung anzubieten. Trächtige und säugende Tiere erhalten mehrmals wöchentlich proteinhaltiges Futter in Form von Joghurt, Quark oder hart gekochtem Ei. Alternativ ist es auch möglich, einen geringen Anteil an Katzentrockenfutter unter das Grundfutter zu mischen oder gelegentlich lebende Futtertiere wie Mehlwürmer oder Heimchen anzubieten. Diese sollten durch vitaminreiche Fütterung oder Behandlung mit vitamin- und mineralstoffhaltigen Präparaten aufgewertet werden.

**Tab. 1.7** Rationsgestaltung für Goldhamster.

| Futtermittel | Menge/Fütterungsintervall |
|---|---|
| **Mischfutter aus Getreide, Sämereien, Trockengemüse und -kräutern** | täglich |
| **Heu** | ad libitum |
| **Frischfutter**<br>• Salate und Kräuter (z.B. Petersilie, Löwenzahn, Feldsalat, Endivie, Chicorée)<br>• Gemüse (z.B. Karotte, Mais, Paprika, Gurke)<br>• Obst (z.B. Apfel, Erdbeere, Weintraube, Birne) | einmal täglich (abends), abwechslungsreiche Portionen |
| **Eiweißfutter**<br>• z.B. Joghurt, Quark, Mehlwürmer, Heimchen, Katzentrockenfutter | ein- bis zweimal wöchentlich, in der Trächtigkeit und Laktation täglich in kleinen Mengen |
| **Leckerbissen**<br>• Sonnenblumenkerne, Nüsse in der Schale, Kürbiskerne | gelegentlich |
| **Ergänzungen/Nagematerial**<br>• Äste von ungespritzten Bäumen (z.B. Haselnuss, Apfel- oder Birnbaum, Weide) | sollte mehrmals wöchentlich zur Verfügung gestellt werden |

**Tab. 1.8** Physiologische Daten des Goldhamsters.

| | |
|---|---|
| Durchschnittliche Lebenserwartung | 2–3 Jahre |
| Durchschnittliches Körpergewicht | 90–160 g (adult weiblich), 80–150 g (adult männlich) |
| Körpertemperatur | 37,5–39 °C |
| Zahnformel | 1003/1003 |
| Atemfrequenz | 50–120 Atemzüge/min |
| Herzfrequenz | 250–470 Schläge/min |
| Geschlechtsreife | 6.–8. Lebenswoche |
| Zuchtreife | 10.–12. Lebenswoche |
| Brunstzyklus | 4–5 Tage |
| Brunstdauer | 8–10 Stunden |
| Dauer der Trächtigkeit | 15–18 Tage |
| Wurfgröße | 3–10 Jungtiere |
| Dauer der Säugezeit | 20–25 Tage |

Besondere Leckerbissen sind beispielsweise Nüsse in der Schale sowie Kürbis- und Sonnenblumenkerne. Sie sollten aufgrund ihres hohen Fettgehaltes jedoch nur gelegentlich und in kleinen Mengen verfüttert werden.

Heu guter Qualität ist zum einen unverzichtbares Nistmaterial, deckt aber zum anderen auch den Rohfaserbedarf des Hamsters und muss deshalb immer zur Verfügung stehen.

Zur zusätzlichen Befriedigung des Nagetriebes werden zudem Haselnuss-, Weiden- und ungespritzte Obstbaumzweige gern akzeptiert.

Frisches Wasser in einer Trinkflasche muss immer vorhanden sein.

### 1.1.1.5 Zwerghamster

Unter den zahlreichen Zwerghamsterarten haben derzeit vier eine besondere Beliebtheit erreicht. Am häufigsten wird der Dshungarische Zwerghamster gehalten, aber auch der Campbell-Zwerghamster wird oft gepflegt. Roborowski-Zwerghamster und Chinesische Streifenhamster werden im Vergleich zwar seltener, aber doch regelmäßig in der tierärztlichen Praxis vorgestellt.

Alle Zwerghamster gehören wie die Goldhamster innerhalb der Familie der Mäuseartigen (*Muridae*) zur Unterfamilie der Wühler (*Cricetidae*). Die Gattung *Phodopus* bezeichnet die kurzschwänzigen oder echten Zwerghamster, die Gattung *Cricetulus* die langschwänzigen oder grauen Zwerghamster.

Alle Zwerghamster sind zwar vorwiegend dämmerungs- und nachtaktiv, zeigen aber auch tagsüber immer wieder Aktivitätsphasen, die sich mit Ruhezeiten abwechseln.

■ **Dshungarischer Zwerghamster (*Phodopus sungorus*)**

Dshungarische Zwerghamster (Abb. 1.3) stammen aus Ost-Kasachstan und Teilen Sibiriens, wo sie in Grassteppengebieten leben. Sie sind dort einzeln oder seltener auch paarweise anzutreffen. In der Heimtierhaltung ist neben der Einzelhaltung daher auch die Pflege als Paar häufig problemlos, wobei sich männliche Partner oder ein gemischt-

**Abb. 1.3** Dshungarischer Zwerghamster (*Phodopus sungorus*).

**Abb. 1.4** Roborowski-Zwerghamster (*Phodopus roborovskii*).

geschlechtliches Paar oftmals dauerhafter verstehen als Weibchen.

Der Dshungarische Zwerghamster kommt lediglich in wenigen unterschiedlichen Farbschlägen vor, denen stets das Fellmuster der Wildform (Aalstrich, Dreibogenlinie) zugrunde liegt. Eine Besonderheit sind die so genannten „Winter-Whites". Hier handelt es sich um wildfarbene Hamster, die sich bei abnehmender Tageslichtlänge im Herbst ganz oder teilweise umfärben und dann ein hellgrau-weißes Fell zeigen. Bei steigender Tageslichtlänge zum Ende des Winters wechseln sie wieder zum dünneren, vollständig wildfarbenen Sommerfell. Diese Umfärbung wurde inzwischen auch gelegentlich bei saphirfarbenen Dshungaren beobachtet.

### Campbell-Zwerghamster (*Phodopus campbelli*)

Von Campbell-Zwerghamstern nahm man lange Zeit an, dass es sich aufgrund zahlreicher Ähnlichkeiten lediglich um eine Unterart des Dshungarischen Zwerghamsters handeln würde. Inzwischen haben die „Campbells" jedoch Artstatus erhalten. Sie leben in der Natur vorwiegend in den Sandsteppen der Mongolei, dem Nordosten Chinas sowie Teilen der Mandschurei und Sibiriens.

Campbell-Zwerghamster sind sehr sozial und leben in ihrer natürlichen Umgebung in der Regel paarweise zusammen. In der Heimtierhaltung ist, je nach Charakter der einzelnen Tiere, oftmals durchaus eine Gruppenhaltung möglich.

Im Gegensatz zum Dshungarischen Zwerghamster zeigt der Campbell eine wesentlich größere Palette an Farbvarianten, die nahezu alle auch gescheckt, also von der Musterung der Wildform abweichend, auftreten können. Zusätzlich ist neben der Fellqualität der Wildform auch Satin als Fellvariante bekannt.

### Roborowski-Zwerghamster (*Phodopus roborovskii*)

Beim Roborowski-Zwerghamster (Abb. 1.4) handelt es sich um die kleinste bekannte Zwerghamsterart. Er lebt vorwiegend in der Mongolei, ist aber auch in Teilen Sibiriens und Nordchinas anzutreffen.

Die Tiere besitzen ein ausgeprägtes Sozialverhalten und können in der Regel problemlos als Paar oder Familiengruppe gepflegt werden. Die Integration familienfremder Tiere in eine Gruppe ist jedoch nur höchst selten erfolgreich.

Roborowski-Zwerghamster kommen überwiegend in ihrer Wildfarbe vor. Es existiert bisher lediglich eine gering von dieser Färbung abweichende Farbvariante, bei der zusätzliche bzw. größere weiße Abzeichen im Gesicht vorhanden sind.

### Chinesischer Streifenhamster (*Cricetulus griseus*)

Der Chinesische Streifenhamster (Abb. 1.5) stammt aus dem Nordosten Chinas. Er lebt einzelgängerisch und kann auch in der Heimtierhaltung auf-

## 1.1 Anamnese

**Abb. 1.5** Chinesischer Streifenhamster (*Cricetulus griseus*).

grund seiner Aggressivität gegenüber Artgenossen keinesfalls vergesellschaftet werden.

Bisher ist lediglich ein von der Wildfarbe abweichender Farbschlag (weiß) des Chinesischen Streifenhamsters bekannt. Varianten der Fellqualität kommen derzeit noch nicht vor.

### Haltung

Mit Ausnahme des Chinesischen Streifenhamsters ist bei den hier besprochenen Zwerghamstern häufig eine Paar- oder Gruppenhaltung möglich. Dies ist jedoch immer vom Charakter der einzelnen Tiere abhängig. Auch in lange bestehenden Gruppen können plötzlich Unverträglichkeiten vorkommen, so dass stets ein Ausweichquartier vorhanden sein sollte.

*Versuche, in eine bestehende Gruppe oder zu einem harmonierenden Paar einen Neuling zu integrieren, sind nicht ratsam. Dies könnte dazu führen, dass auch unter den alteingesessenen Tieren Rangordnungskämpfe auftreten und die Hamster getrennt werden müssen.*

**Praxistipp**

**Vergesellschaftung von Zwerghamstern**

Bleibt ein „Einzelhamster" übrig, so kann eine Vergesellschaftung versucht werden. Besonders unproblematisch ist die Zusammenführung eines jungen Weibchens zu einem älteren Männchen. Bleibt ein älteres Weibchen zurück, so darf jedoch auf keinen Fall einfach ein Männchen dazu gesetzt werden, da das Weibchen sein Revier heftig verteidigen würde. In diesem Fall kann, genau wie bei der Vergesellschaf-

tung von zwei erwachsenen Tieren, eine Gewöhnung durch einen „Trennkäfig" versucht werden.

Hierzu werden die Hamster in einen Käfig oder ein Terrarium gesetzt, das durch ein sehr engmaschiges Gitter in zwei Abteile unterteilt ist. Die Tiere können sich nun durch Beschnuppern kennenlernen und nehmen durch einen regelmäßigen Wechsel der Abteile langsam einen gemeinsamen Geruch an. Nach 10–14 Tagen können sie erstmals gemeinsam unter Aufsicht entweder in ein für beide fremdes Revier gebracht werden oder ihnen wird durch Entfernen des Trenngitters der gesamte Käfig zur Verfügung gestellt.

Gerade bei älteren Zwerghamstern gibt es immer wieder Tiere, die keinen neuen Partner akzeptieren. Daher sollte sicherheitshalber immer für einen zusätzlichen Käfig zur getrennten Unterbringung gesorgt sein.

Die Haltung von Zwerghamstern kann in Gitterkäfigen mit hoher Unterschale und geringem Gitterabstand (sog. „Mäuseverdrahtung") oder in einem Nagerterrarium erfolgen. Sowohl für die Einzelhaltung als auch in der Paar- oder Gruppenhaltung sollte die Größe des Domizils 60 x 30 x 40

**Abb. 1.6** Artgerecht eingerichteter Käfig für Zwerghamster.

cm keinesfalls unterschreiten, wobei eine größere Grundfläche immer zu bevorzugen ist.

Entgegen dem weit verbreiteten Vorurteil, dass insbesondere Dshungarische Zwerghamster aufgrund des Fells unter ihren Pfoten nicht in der Lage wären zu klettern, sind sowohl diese als auch Campbells und Chinesische Streifenhamster meist begeisterte Kletterer. Lediglich die Roborowski-Zwerghamster scheinen eine größere Grundfläche den Klettermöglichkeiten vorzuziehen. Bei ihnen erscheint daher der Einbau einer zusätzlichen Etage im Käfig ausreichend, während bei den anderen Zwerghamsterarten mehrere Ebenen eingeplant werden sollten, die über Leitern, Röhren, Brücken oder Äste erreichbar sind. Den Hamstern sollten stets mehrere Häuschen und Versteckmöglichkeiten zu Verfügung stehen (Abb. 1.6). Ideale Materialien sind dabei Ton, Holz und Kork. Auch Pappröhren werden gern zum Nagen und Verstecken angenommen.

Ein Laufrad wird ebenfalls sehr gern genutzt. Es muss einen ausreichenden Durchmesser aufweisen und achsseitig sowie an der Lauffläche geschlossen sein. Weiterer wichtiger Bestandteil der Einrichtung ist ein großer Sandbadenapf, der mit Chinchillasand aus Tonmineralien (Attapulgit, Sepulgit) zur Fellpflege gefüllt wird. Zudem müssen getrennte Näpfe für Körner- und Frischfutter sowie eine Trinkflasche zur Verfügung stehen.

Handelsübliche Heimtierstreu ist auch für Zwerghamster gut geeignet, wobei insbesondere für Roborowski-Zwerghamster auch eine Haltung auf Sand möglich ist. Zusätzlich sollten bei allen Zwerghamsterarten Heu, ungebleichter Zellstoff, Scharpie und Streuergänzungen aus trockenen Laubblättern etc. angeboten werden. „Hamsterwatte" ist auch für Zwerghamster grundsätzlich abzulehnen.

*Ebenso wie beim Goldhamster kann es auch bei Zwerghamstern zu einer Art „Winterstarre", dem so genannten Torpor, kommen, wenn die Umgebungstemperaturen absinken.*

Der Käfig sollte daher an einem Standort mit gleichmäßigen klimatischen Bedingungen aufgestellt werden.

### Fütterung

Die Grundnahrung der hier besprochenen Zwerghamster besteht aus einer Mischung feiner Sämereien, die zum einen fertig aus dem Handel bezogen, zum anderen aber auch selbst zusammengemischt werden kann. Als Grundlage kann hier

**Tab. 1.9** Rationsgestaltung für Zwerghamster.

| Futtermittel | Menge/Fütterungsintervall |
|---|---|
| **Mischfutter aus feinen Sämereien und Trockengemüse** | täglich |
| **Heu** | ad libitum |
| **Frischfutter**<br>• Gemüse (z.B. Karotte, Gurke)<br>• Obst (z.B. Apfel, Beerenfrüchte, Weintraube, Birne)<br>• Kräuter und Salate (z.B. Petersilie, Löwenzahn, Eisbergsalat, Feldsalat, Chicorée) | einmal täglich, abwechslungsreiche Portion |
| **Eiweißfutter**<br>• z.B. getrocknete Insektenmischung für Vögel, Katzentrockenfutter, Joghurt, Quark, Mehlwürmer | ein- bis zweimal wöchentlich, in der Trächtigkeit und Laktation täglich in kleinen Mengen. Kann auch als Mischung mit dem Grundfutter verabreicht werden. |
| **Leckerbissen**<br>• Sonnenblumenkerne, Kürbiskerne, Nüsse | gelegentlich |
| **Ergänzungen/Nagematerial**<br>• Äste von ungespritzten Bäumen (z.B. Haselnuss, Apfel- oder Birnbaum, Weide) | sollte immer vorhanden sein |

**Tab. 1.10** Physiologische Daten der Zwerghamster.

|  | Dshungarischer/ Campbell-Zwerghamster | Roborowski-Zwerghamster | Chinesischer Streifenhamster |
|---|---|---|---|
| **Durchschnittliche Lebenserwartung** | 2 bis 3 Jahre | 1½ bis 2 Jahre | 1½ bis 3 Jahre |
| **Durchschnittliches Körpergewicht** | 30–50 g | 20–30 g | 30–45 g |
| **Körpertemperatur** | 37,5–39,0 °C | 37,5–39,0 °C | 37,5–39,0 °C |
| **Zahnformel** | 1003/1003 | 1003/1003 | 1003/1003 |
| **Atemfrequenz** | 90–120 Atemzüge/min | 90–120 Atemzüge/min | 90–120 Atemzüge/min |
| **Herzfrequenz** | 500–560 Schläge/min | 500–560 Schläge/min | 500–560 Schläge/min |
| **Geschlechtsreife** | 5.–6. Lebenswoche | 6.–8. Lebenswoche | 4. Lebenswoche |
| **Zuchtreife** | 12. Lebenswoche | 16.–20. Lebenswoche | 8.–10. Lebenswoche |
| **Brunstzyklus** | 4 Tage, saisonal polyöstrisch | 4 Tage, saisonal polyöstrisch | 4–5 Tage, saisonal polyöstrisch |
| **Brunstdauer** | 12 Stunden | 12 Stunden | 12 Stunden |
| **Dauer der Trächtigkeit** | 18–22 Tage | 19–22 Tage | 20–22 Tage |
| **Wurfgröße** | 3–10 Jungtiere | 2–7 Jungtiere | 2–12 Jungtiere |
| **Dauer der Säugezeit** | 15–21 Tage | 15–21 Tage | 15–21 Tage |

z.B. Waldvogel- oder Kanarienfutter ohne Rübsen dienen. Neben Grassamen und kleinen Mengen Getreidekörnern ergänzen getrocknete Gemüse und Kräuter die Grundration.

Frische Salate, Kräuter, Gemüse und Obst bieten eine breite Auswahl für die tägliche Frischfutterportion. Der Bedarf an tierischem Protein wird über eine Beimischung von feinem Katzentrockenfutter oder Weichvogelfutter aus getrockneten Insekten erreicht. Ebenso kann aber ungesüßter Quark oder Joghurt angeboten werden; auch Mehlwürmer werden meist gern angenommen. Während trächtige und säugende Zwerghamster mehrmals wöchentlich eiweißhaltiges Futter erhalten müssen, ist es in anderen Lebensphasen ausreichend, einmal in der Woche tierisches Eiweiß zu ergänzen.

Als besondere Leckerbissen sind z.B. Nüsse sowie Kürbis- und Sonnenblumenkerne zu nennen, die aufgrund ihres hohen Fettgehaltes nicht täglich gegeben werden sollten. Heu wird in geringen Mengen zur Deckung des Rohfaserbedarfes gefressen; der Hauptanteil dient jedoch dem Nestbau. Zur Befriedigung des Nagetriebes können außerdem Zweige angeboten werden. Frisches Wasser muss immer zur Verfügung stehen.

## 1.1.2 Signalement

- Rasse
- Alter
- Geschlecht
- Gewicht

Prädispositionen für Krankheiten, die auf unterschiedliche „Rassen" oder **Farbschläge** der Kleinnager zurückgeführt werden können, sind bisher nicht bekannt. Allerdings scheinen Goldhamster mit Satinfell oftmals besonders empfindlich und kurzlebig zu sein. Einen wissenschaftlich belegten

Zusammenhang zwischen der Fellqualität und der Immunkompetenz gibt es bisher jedoch noch nicht.

Das **Alter** des Tieres muss anamnestisch besonders berücksichtigt werden. Aufgrund der kurzen Lebensdauer der hier vorgestellten Kleinnager sind Ratten, Mäuse, Goldhamster und Zwerghamster bereits ab einem Alter von anderthalb Jahren, Rennmäuse ab einem Alter von drei Jahren als Senioren zu betrachten. Uteruserkrankungen bei Hamstern und Ratten sowie Umfangsvermehrungen der Bauchdrüse bei Zwerghamstern und Rennmäusen sind nur zwei von zahlreichen Erkrankungen, die im Alter gehäuft auftreten. Auch Herz-Kreislauf-Erkrankungen sind bei älteren Kleinnagern nicht selten, obschon sie nur schwer exakt zu diagnostizieren und damit auch zu therapieren sind.

Das **Geschlecht** neu zugekaufter Tiere sollte immer überprüft werden (Abb. 1.7.–1.10), um zum einen Rangordnungskämpfe bei falscher Vergesellschaftung und zum anderen eine unerwünschte Vermehrung vermeiden zu können. Bei nachgezogenen Tieren sollte der Wurf bereits rechtzeitig vor Erreichen der Geschlechtsreife getrennt werden. Eine entsprechende Beratung der Besitzer ist wichtig, da viele Laien den genauen Zeitpunkt der sehr früh eintretenden Fortpflanzungsfähigkeit nicht kennen und es bei der hohen Vermehrungsrate der Kleinnager ansonsten rasch zu einem explosionsartigen Anstieg der Population kommt.

Grundsätzlich muss das **Gewicht** des Kleinnagerpatienten bei jeder Untersuchung kontrolliert und dokumentiert werden. Voraussetzung hierfür ist eine digitale Waage, die in 1-g-Schritten zuverlässig misst. Zum einen geben Gewichtszunahmen oder -verluste Hinweise auf den Verlauf des Krankheitsgeschehens, zum anderen ist die Kenntnis des exakten Gewichts die Voraussetzung für eine genaue Dosierung der Medikamente. Bei dem geringen Gewicht einer Farbmaus oder eines Zwerghamsters kann ein grobes Schätzen und eine daraus resultierende zu hohe oder zu geringe Dosierung bereits im 0,01-ml-Bereich zu unangenehmen Folgen für den Patienten führen.

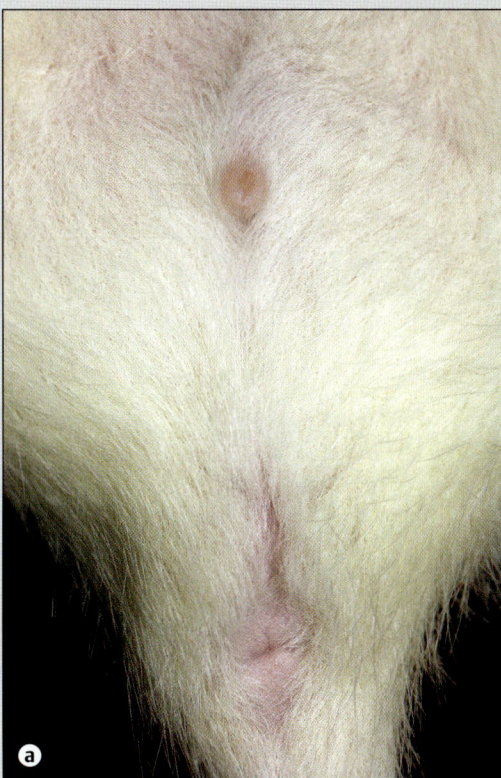

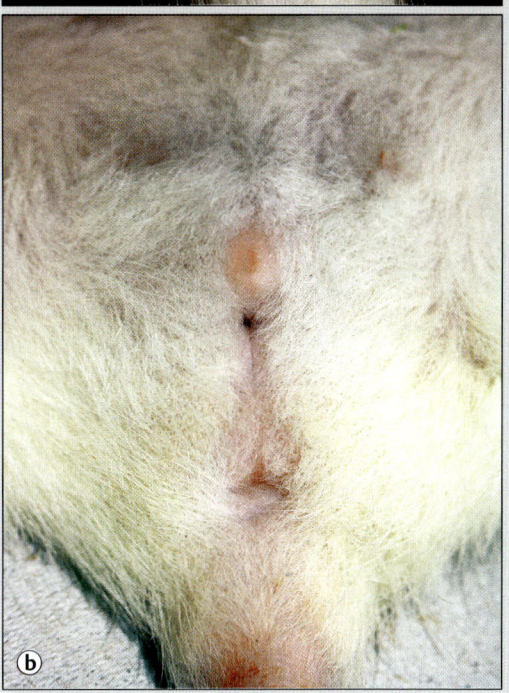

**Abb. 1.7**
a Ratte, männlich.
b Ratte, weiblich.

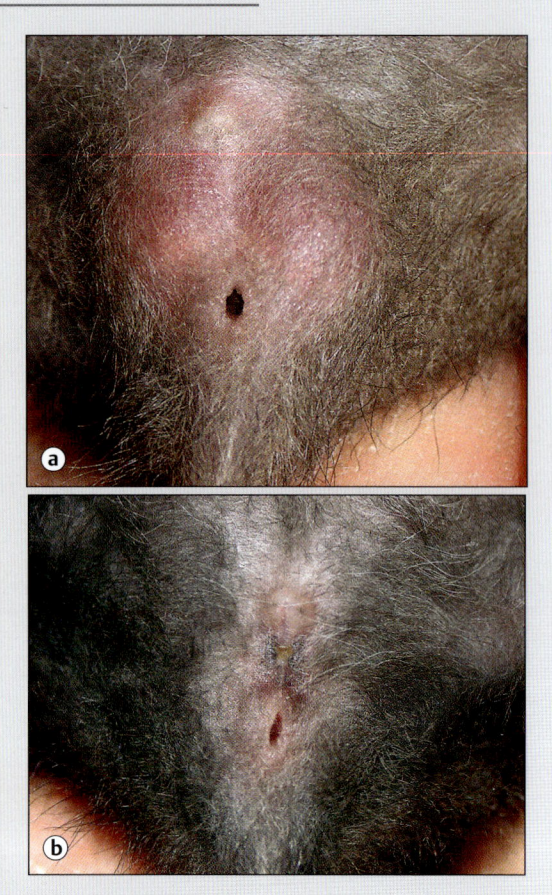

**Abb. 1.8**
a Goldhamster, männlich.
b Goldhamster, weiblich.

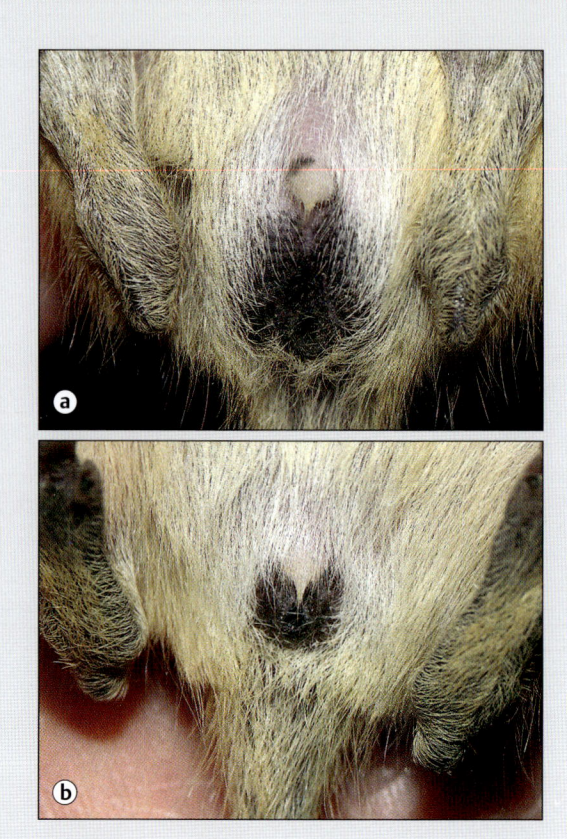

**Abb. 1.9**
a Rennmaus, männlich.
b Rennmaus, weiblich.

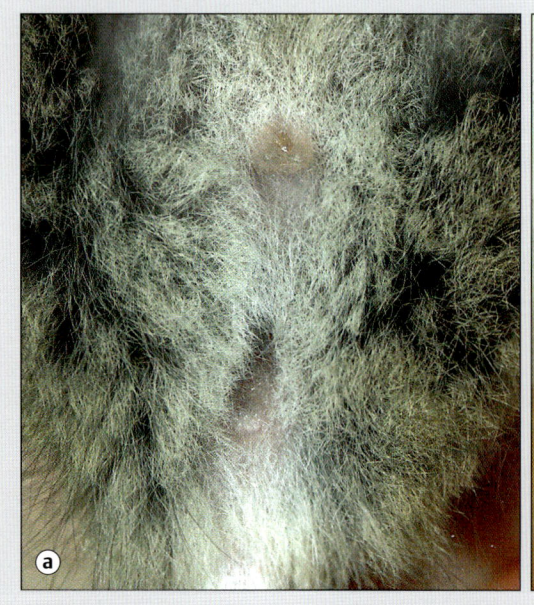

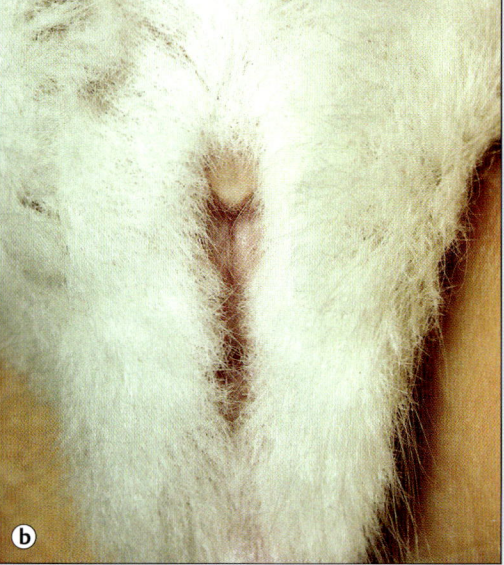

**Abb. 1.10**
a Farbmaus, männlich.
b Farbmaus, weiblich.

## 1.1.3 Allgemeine Anamnese

- Herkunft
- Haltung
- Fütterung
- Wasserversorgung
- Frühere Erkrankungen

Die **Herkunft** des Patienten kann besonders bei Neuzugängen im Bestand wichtige Hinweise liefern, da insbesondere bei Tieren aus kommerziellen Zuchten überdurchschnittlich häufig Endo- und Ektoparasitosen anzutreffen sind. Auch treten z.B. Mykoplasmosen bei jungen Ratten und Mäusen aus Großzuchten vergleichsweise häufiger auf als bei Jungtieren aus einer Hobbyzucht, bei der der Züchter die Elternteile und ihren Gesundheitszustand genau kennt und beobachtet.

Auch aus den genauen **Haltungsbedingungen** des Kleinnagers können sich Anhaltspunkte für die Ätiologie oder auch die Therapie einer Erkrankung ergeben. Berücksichtigt werden sollten vor allem die folgenden Punkte:
- Wird das Tier einzeln gehalten oder lebt es mit einem oder mehreren Artgenossen zusammen? Während beim Goldhamster die Gemeinschaftshaltung als starker psychischer Stress und häufiger Grund für Verletzungen anzusehen ist, wären Rennmäuse, Farbmäuse und Ratten bei Einzelhaltung in einer extremen psychischen Stresssituation, die durch Immunsuppression auch physische Erkrankungen nach sich ziehen kann.
- Wie groß ist der Käfig? Hat in letzter Zeit ein Umzug in einen größeren Käfig stattgefunden? Letzteres kann z.B. bei Rennmäusen und bei Zwerghamstern zu Revierstreitigkeiten mit Bissverletzungen führen, da auch eine bereits lange Zeit bestehende, stabile und friedliche Gruppe in einem neuen, größeren Revier in rivalisierende Kleingruppen zerfallen kann. Zu kleine Käfige sind jedoch noch erheblich häufiger zu finden und können ein Faktor für Adipositas, Verhaltensstörungen und Streitigkeiten mit Artgenossen sein. Insbesondere bei Rennmäusen und Zwerghamstern sollte Wert auf eine große Grundfläche des Käfigs oder Terrariums gelegt werden. Bei Ratten, Mäusen und Hamstern ist zudem auf eine ausreichende Höhe mit Klettermöglichkeiten zu achten.
- Wie ist der Käfig eingerichtet?
  - Sind ausreichend Klettermöglichkeiten (außer bei Rennmäusen und Roborowski-Zwerghamstern), die Grundfläche vergrößernde Etagen und Beschäftigungsmöglichkeiten (Nage- und Nistmaterial) vorhanden? Unstrukturierte Käfige können zu Langeweile und Verhaltensstörungen führen.
  - Gibt es genug Schlaf- und Versteckmöglichkeiten? Ist dies nicht der Fall, so können die Tiere bei Streitigkeiten nicht ausweichen und es kann bei Kämpfen zu ernsten Verletzungen kommen.
  - Steht insbesondere Rennmäusen und Zwerghamstern geeigneter Badesand zur Verfügung? Andernfalls weisen diese meist ein fettiges und ungepflegtes Fell auf.
  - Sind alle Einrichtungsgegenstände aus natürlichen Materialien wie Holz, Ton und Kork? Plastik wird benagt, sodass scharfe Kanten entstehen, an denen sich die Nager verletzen können. Zudem können spitze Kunststoffbestandteile in den Verdauungstrakt gelangen.
  - Sind die Schlafhäuschen nach unten offen? In geschlossenen Behausungen kann Luftfeuchtigkeit nicht entweichen bzw. von der Einstreu aufgenommen werden. Durch das stickige Klima werden dann Atemwegserkrankungen begünstigt. Aus diesem Grund sind Plastikhäuschen grundsätzlich abzulehnen, da sie im Gegensatz zu Naturmaterialien nicht atmungsaktiv sind.
  - Wie ist das Laufrad beschaffen? Ein zu geringer Durchmesser führt auf Dauer zu Verkrümmungen der Wirbelsäule oder zur Bildung von Spondylarthrosen und Bandscheibenschäden. Ist das Rad achsseitig nicht geschlossen, so können sich die Tiere Gliedmaßen oder Schwänze einklemmen. Ist die Lauffläche nicht geschlossen, so kann auch dies zu Verletzungen von Zehen und Beinen führen. Insbesondere angenagte Plastiklaufräder bergen ein hohes Verletzungsrisiko, da sie äußerst scharfkantig sind.

*Praxistipp*

Um die Sicherheit eines Metalllaufrades mit „Laufstreben" zu erhöhen, können durch diese breite Jutebänder geflochten werden, sodass dadurch eine geschlossene Lauffläche entsteht.

- Wo ist der Käfig aufgestellt? Durch direkte Sonneneinstrahlung und große Hitzeeinwirkung werden Erkrankungen ebenso begünstigt wie durch Standorte mit Zugluft. Fallen bei Hamstern die Raumtemperaturen auf ca. 10 °C, so fallen sie in eine Art „Winterstarre", die leicht mit einem gestörten Allgemeinzustand verwechselt werden kann. Insbesondere die nachtaktiven Hamster benötigen am Tage ihre Ruhe. Ein Standort in einem lauten Raum bedeutet für die Tiere dauerhaften Stress. Bei eher tagaktiven Nagern muss ein ausreichender Tageslichteinfall gewährleistet sein.
- Bestehen Freilaufmöglichkeiten? Dies ist wünschenswert, um dem Bewegungsdrang der Tiere Rechnung zu tragen. Es besteht jedoch auch erhöhte Unfallgefahr durch Stürze oder ein Benagen von Stromkabeln oder Giftpflanzen.
- Leben noch andere Tiere im Haushalt? Von anderen Haustieren können durchaus in Einzelfällen Ektoparasiten auf Kleinnager übertragen werden. In unzureichend gesicherten Käfigen kann es zu Verletzungen der Tiere durch Hunde, Katzen oder auch Papageien kommen.

Die **Fütterung** muss ebenfalls ausführlich erfragt werden. Der Tierhalter sollte die genaue Ration inklusive aller „Zusatzfutter" mitteilen. Ebenfalls berücksichtigt werden sollten die Lagerung des Futters und die Regelmäßigkeit der Mahlzeiten.
- Die Fütterungszeiten sind vor allem beim Goldhamster wichtig. Dieser sollte seine Ration, insbesondere was Komponenten wie Grünfutter oder Joghurt und Quark betrifft, stets abends zu Beginn seiner Aktivitätszeit erhalten, um eine optimale Qualität der Nahrung zu gewährleisten.
- Kleinnager müssen stets Futter zur Verfügung haben, das während der Aktivitätsphasen immer wieder in kleinen Mengen aufgenommen werden kann. Fastenzeiten führen aufgrund der hohen Stoffwechselraten schnell zu Energiedefiziten und nachfolgend zu Entgleisungen des Stoffwechsels.
- Mangelnde Frische des Futters und eine ungeeignete Zusammensetzung der Ration lassen nicht nur einen Rückschluss auf Verdauungsstörungen zu. Auch Mangelerscheinungen können durch einseitig zusammengesetzte oder überlagerte Körnermischungen entstehen.
- Steht ausreichend Nagematerial bereit? Hier leisten z.B. frische Kernobst-, Haselnuss- oder Weidenzweige gute Dienste. Mangel an benagbarem Material führt zu Langeweile und Verhaltensstörungen sowie zu übermäßigem Wachstum der Schneidezähne.
- Enthält die Ration einen dem Alter und der Lebenssituation (Trächtigkeit/Säugezeit) angepassten Proteinanteil? Ist dies nicht gewährleistet, so kann es z.B. zum Kannibalismus oder bei säugenden Muttertieren zu starker Auszehrung kommen. Bei Jungtieren können z.B. Schäden am Skelett oder an den Gelenken die Folge sein.
- Zuletzt benötigen auch die überwiegend granivoren Kleinnager einen gewissen Rohfaseranteil in ihrer Nahrung, um Verdauungsstörungen zu vermeiden. Heu sollte deshalb, auch wegen seiner idealen Nutzung als Nistmaterial, immer in sehr guter Qualität angeboten werden.

Steht den Tieren stets frisches **Trinkwasser** zur Verfügung? Dieses sollte optimalerweise in einer Nippeltränke angeboten werden, da Wasserschalen meist rasch zugescharrt und verschmutzt werden. Leben die Tiere in größeren Gruppen zusammen oder ist der Käfig sehr geräumig und mit vielen Etagen ausgestattet, so ist das Anbringen mehrerer Wassertränken sinnvoll.

Nicht zuletzt ist es wichtig, nach **vorangegangenen Erkrankungen**, nicht nur des zur Untersuchung vorgestellten Patienten, sondern auch seiner Partnertiere zu fragen. Dabei sollte immer auch ein zeitlicher Zusammenhang mit etwaigen Neuzugängen überprüft werden. Diese können Keime oder Parasiten in den Bestand eingeschleppt haben. Auch kann es durch Eingliederung neuer Tiere zu Stress in der Gruppe gekommen sein, wodurch Immunsuppressionen und Krankheitsgeschehen begünstigt wurden. Sind in der Sippe bereits Todesfälle eingetreten, so müssen auch diese Erkrankungen bezüglich ihrer Symptomatik und ihres Verlaufes besprochen werden.

## 1.1.4 Spezielle Anamnese

- Art und Dauer der Symptome
- Futter- und Wasseraufnahmeverhalten
- Kot- und Harnabsatzverhalten
- Vorbehandlungen

Bei der Beschreibung der **Art der Symptome** sollte stets besonderer Wert auf Details gelegt und gezielt nachgefragt werden. Viele Tiere verhalten sich durch die Stresssituation in der Praxis anders als in gewohnter Umgebung oder der Patient wird außerhalb seiner normalen Aktivitätszeiten vorgestellt (z.B. Goldhamster). Dadurch ist die Beurteilung des Verhaltens und des Allgemeinbefindens durch den Tierarzt oft schwierig. Die Beobachtungen des Besitzers sind dann als besonders wichtig einzuschätzen. Von großer Bedeutung ist auch die **Dauer** der beobachteten Veränderungen. Sind die Symptome zwischenzeitig auch bei anderen Gruppenmitgliedern aufgefallen? Haben sie sich im Laufe der Zeit verändert (verbessert/verschlechtert?) Sind bestimmte Veränderungen erst später hinzugekommen?

Auch die zuverlässige Beschreibung des **Fressverhaltens** ist anamnestisch äußerst wichtig. Selektive und reduzierte Futteraufnahme können einen Hinweis auf ein eingeschränktes Allgemeinbefinden geben und sollten stets Anlass zu einer gründlichen Allgemeinuntersuchung sein. Gerade bei Tierarten, die in Gruppen leben, ist es jedoch oftmals auch für sehr aufmerksame Besitzer schwer festzustellen, welches Tier wie viel frisst. Häufig kann daher nur ausgesagt werden, ob sich der Patient für das Futter interessiert, übermäßig häufig bei der Futteraufnahme beobachtet werden kann oder sich zu den üblichen Fütterungszeiten zurückzieht.

*Halter von Kleinnagern sollten angehalten werden, ihre Tiere möglichst einmal wöchentlich zu wiegen. Diese Aufzeichnungen lassen in Kombination mit den Beobachtungen des Besitzers meist gute Rückschlüsse auf die Nahrungsaufnahme der Tiere zu.*

Ähnliche Schwierigkeiten ergeben sich bei der Frage nach dem **Trinkverhalten**. Eine Polydipsie, die Hinweise auf eine chronische Nierenerkrankung oder einen Diabetes mellitus liefern kann, fällt hierbei deutlich eher auf als eine Verminderung der Wasseraufnahme. Beides muss zudem immer im Zusammenhang mit der aktuell verabreichten Art und Menge des Frischfutters betrachtet werden.

Die Frage nach dem **Kot- und Harnabsatzverhalten** kann weitere Hinweise auf eine Erkrankung liefern. Bleibt ein Tier z.B. in seinem Kot sitzen oder ist urinverschmiert, so weist dies auf ein hochgradig gestörtes Allgemeinbefinden hin. Schmerzhaftigkeit beim Kot- oder Harnabsatz wird häufig durch ein starkes Pressen bei gesträubtem Fell und halb geschlossenen Augen deutlich; eventuell sind leise fiepende Schmerzäußerungen zu hören.

Zuletzt sind im Rahmen einer vollständigen Anamneseerhebung die bereits erfolgten **Vorbehandlungen** zu erfragen. Hierbei geht es nicht nur um Behandlungen und Medikationen in anderen Tierarztpraxen, sondern auch um alle Maßnahmen, die der Tierhalter bereits selber durchgeführt hat.

## 1.2 Klinische Untersuchung

Bei der klinischen Untersuchung ist zu bedenken, dass diese in einer absoluten Stresssituation für den Patienten stattfindet. Das betroffene Tier wurde unter Umständen außerhalb seiner physiologischen Aktivitätszeit aus seiner gewohnten Umgebung herausgenommen und von seinen Partnertieren getrennt. Die Fahrt zum Tierarzt und die Wartezeit in einer unruhigen Umgebung mit fremden Geräuschen und Gerüchen tragen bei vielen Kleinsäugern ebenfalls zu einem veränderten Verhalten bei, das sich entweder durch übersteigerte Aktivität oder aber durch extreme Zurückhaltung äußert und damit eventuell Krankheitssymptome überdecken kann. Diese Aspekte sind bei der Interpretation der Untersuchungsergebnisse zu berücksichtigen und zeigen noch einmal den Stellenwert einer ausführlichen Anamnese.

Die klinische Untersuchung selbst sollte idealerweise in einem ruhigen Raum stattfinden, in dem gleichzeitig keine anderen Tierarten behandelt werden. Auch die Stimmlage und die Bewegungen der untersuchenden Personen müssen gleichmäßig ruhig sein.

Kleinnager werden nicht immer in einer leicht zugänglichen Transportbox, sondern oftmals in einem eingerichteten Transportkäfig in die Praxis gebracht. Das Herausfangen sollte nach Entfernen der Versteckmöglichkeiten zügig, aber behutsam erfolgen. Ein wildes Jagen kann zu einem Schockgeschehen führen. Vielfach hat sich bei Mäusen, Hamstern und Rennmäusen bewährt, eine kleine Papprolle bereitzulegen. Die Tiere klettern oft bereitwillig in dieses vermeintliche Versteck und können dann mit der Rolle herausgehoben werden. Ohne solche Hilfsgegenstände erfolgt das sichere Herausnehmen von zahmen Kleinnagern meist von unten in der hohlen Hand. Bei Mäusen ist auch das Fassen und Herausheben am Schwanzansatz möglich und Ratten können mit einer Hand von unten um den Brustkorb umfasst und mit der zweiten in der hinteren Körperhälfte unterstützt werden.

Die Untersuchung geschieht überwiegend in der Hand der Hilfsperson. Sollte das erkrankte Tier, z.B. zur Beurteilung seines Bewegungsablaufes, auf dem Tisch untersucht werden müssen, sind rutschfeste Auflagen sinnvoll. Ein glatter, kalter Tisch löst in der Regel Angst und einen Fluchtreflex aus.

Sehr unruhige oder bissige Tiere müssen zusätzlich fixiert werden. Dies gilt auch für den Fall, dass eine Injektion oder eine schmerzhafte Untersuchung ansteht, bei der die Reaktion des Patienten nicht abgeschätzt werden kann. Bei Ratten und Mäusen wird dann mit einer Hand das Nackenfell gegriffen, mit der anderen die Schwanzbasis fixiert, und das Tier wird leicht gestreckt. Bei Ratten kann alternativ auch mit einer Hand der Hals umgriffen werden (Abb. 1.11).

*Rennmäuse dürfen niemals am Schwanz und möglichst auch nicht am Schwanzansatz ergriffen werden, da die Schwanzhaut sich leicht löst und ganz oder teilweise abgestoßen wird.*

Rennmäuse und auch Hamster werden daher zwar auch im Nackenfell erfasst, aber gleichzeitig bleibt der Körper des Tieres in der hohlen Hand des Helfenden fixiert (Abb. 1.12).

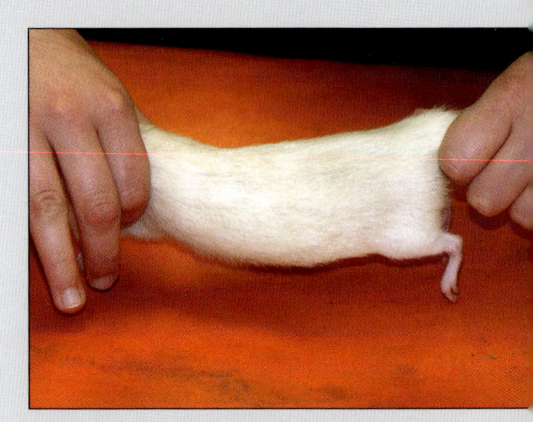

**Abb. 1.11** Fixation einer Ratte zur subkutanen Injektion.

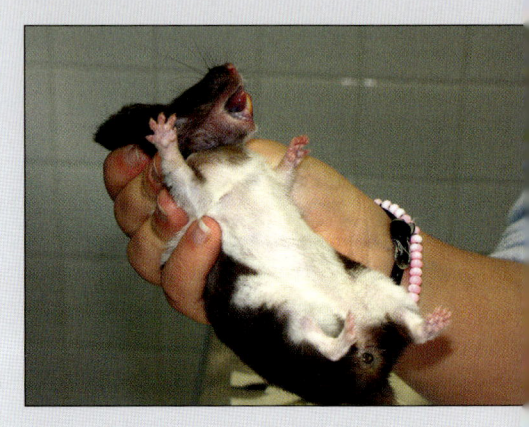

**Abb. 1.12** Fixation eines Hamsters im Nackenfell.

## 1.2.1 Adspektion

- Allgemeinbefinden
- Ernährungszustand
- Pflegezustand
- Fortbewegung, Bewegungsapparat
- Atmung
- Schleimhäute
- Haut und Haarkleid
- Augen
- Ohren
- Nase
- Maulhöhle, Zähne und Backentaschen

#### 1.2.1.1 Allgemeinbefinden

Die Adspektion des Patienten beginnt mit der Beurteilung des Allgemeinbefindens. Ein gesunder Kleinnager sollte an seiner Umgebung interessiert sein und auf sie reagieren. Solche Reaktionen fallen sehr unterschiedlich aus und richten sich stark nach der jeweiligen Haltungsform. Tiere, die den Umgang mit ihren Besitzern gewöhnt sind und Freilaufmöglichkeiten erhalten, stehen einer fremden Umgebung und dem Untersuchenden oft sehr aufgeschlossen und neugierig gegenüber. Nager, die ohne nennenswerte Eingriffe in ihrer Familiengruppe leben, versuchen in der Praxis dagegen eher zu flüchten oder sich zu verstecken.

Beim nachtaktiven Goldhamster ist zu berücksichtigen, dass ein Praxisbesuch in der Regel während der üblichen Ruhezeiten des Tieres stattfindet. Oftmals erfordert es einige Zeit, den Patienten zur Untersuchung behutsam zu wecken. Die anderen Kleinsäugerarten, bei denen sich Aktiv- und Ruhephasen abwechseln, sollten spätestens bei Ansprache oder vorsichtigem Berühren wach sein.

*Absolute Teilnahmslosigkeit ist in jedem Fall als eine Störung des Allgemeinbefindens zu beurteilen, muss unter Umständen jedoch von einer Schreckstarre differenziert werden.*

#### 1.2.1.2 Ernährungszustand

Eine exakte rein adspektorische Beurteilung des Ernährungszustandes ist bei Kleinsäugern schwierig, da die Tiere bei gestörtem Allgemeinbefinden oft zusammengekauert und mit gesträubtem Fell in einer Ecke sitzen. Eine Abmagerung ist dann erst durch Palpation, bei der herausstehende Dornfortsätze der Wirbelsäule, Beckenknochen und Rippen gefunden werden, festzustellen. Bei adipösen Tieren sind die erwähnten Knochenpunkte schlecht oder nicht zu ertasten.

#### 1.2.1.3 Pflegezustand

Bei der Beurteilung des Pflegezustandes des Patienten ist auf sauberes, trockenes Fell, kurze Krallen und saubere Pfoten zu achten. Während diese Kriterien grobe Rückschlüsse auf die Haltungsbedingungen zulassen, sprechen andere für ein reduziertes Putzverhalten und damit für ein schlechtes Befinden. Hierbei geht es insbesondere um Verschmutzungen im Anogenitalbereich und um rötliche Verklebungen um Augen und Nase durch das Sekret der Harder'schen Drüsen, das nicht beim Putzen im Fell verteilt wurde. Glanzloses, struppiges oder auch fettig aussehendes Fell kann einerseits auf unzureichende Haltungsbedingungen (fehlendes Sandbad, Bad mit Vogel- statt Chinchillasand) hinweisen, aber auch Anzeichen für mangelnde Körperpflege bei schlechtem Allgemeinbefinden sein.

#### 1.2.1.4 Fortbewegung, Bewegungsapparat

Es ist oftmals schwierig, die physiologische Fortbewegung eines Kleinsäugers unter Praxisbedingungen zu beurteilen, da sich das Tier auf dem Tisch oft entweder gar nicht bewegt oder versucht, hektisch zu flüchten. Bei ausreichender Größe des Transportkäfigs können jedoch die Einrichtungsgegenstände ausgeräumt werden, um dann die tierartspezifischen Bewegungen und die Belastung der Gliedmaßen innerhalb des Käfigs zu beurteilen.

*Bei nach oben offenen Transportboxen ist dabei zu bedenken, dass manche Kleinnager ein ausgeprägtes Sprungvermögen besitzen und in Panik versuchen könnten zu flüchten. Die Box muss daher abgeschirmt werden, um Unfälle zu vermeiden.*

Kleinnager können mit ihren Vorderpfoten sehr gut greifen. Um diese Funktion zu überprüfen, kann ein Leckerbissen gereicht werden, der unter Stressbedingungen jedoch oft verweigert wird. Mäuse und Ratten klettern häufig auf ihren Besitzern herum, sodass hierbei die Fähigkeit zum Greifen überprüft werden kann. Andernfalls muss der Besitzer anamnestisch gezielt nach seinen Beobachtungen befragt werden.

Fällt bei einem Hamster auf, dass nur einseitig eine Backentasche deutlich gefüllt ist, so sollte die Vorderpfote dieser Seite besonders genau inspiziert werden. Durch Bewegungseinschränkungen des Beines kann ein Unvermögen resultieren, die Backentasche zu entleeren.

*Generell gilt auch beim Kleinnager, dass eine Bewegungsstörung nicht zwangsläufig auf eine Erkrankung des Bewegungsapparates zurückzuführen ist. Oft werden insbesondere ältere Tiere wegen einer Schwäche der Hinterhand vorgestellt. Diese kann natürlich aus Erkrankungen der Wirbelsäule oder der Gliedmaßen resultieren. Häufigere Ursachen sind jedoch abdominale Erkrankungen, die mit Schmerzen einhergehen, oder Krankheiten des Herz-Kreislauf-Systems!*

### 1.2.1.5 Atmung

Obwohl die Atmung bei Kleinsäugern durchweg deutlich hochfrequenter ist als bei größeren Tierarten, sollen die Atemzüge doch eine Gleichmäßigkeit und Ruhe erkennen lassen. Unphysiologisch sind stets eine flache Atmung, die auf Schmerzen oder einen Schock hindeutet oder eine abdominal betonte Atmung, die bei verschiedenen infektiösen Veränderungen oder auch einer Herz- oder Tumorerkrankung mit Thoraxerguss auftreten kann.

*Eine Maulatmung ist stets als absolutes Alarmsignal zu werten, da diese nur bei hochgradiger Dyspnoe zu beobachten ist!*

### 1.2.1.6 Schleimhäute

Die Schleimhäute des Mauls und der Konjunktiven sollten beim Kleinnager hellrosa, feucht, glatt, glänzend und frei von Auflagerungen sein. Sie erscheinen im Falle eines Schockgeschehens oder einer Anämie blass bis porzellanfarben. Ist die Sauerstoffversorgung des Körpers nicht mehr gewährleistet, stellen sich die Schleimhäute bläulich dar.

*Weist ein Kleinnager zyanotische Schleimhäute auf, ist dies immer als Notfall anzusehen. Eine Versorgung im Sauerstoffkäfig und eine möglichst rasche, aber schonende Abklärung der Ursache sind umgehend einzuleiten.*

Eine deutliche Rötung der Schleimhäute ist überwiegend auf ein entzündliches Geschehen zurückzuführen. Erkrankungen der Leber können in Einzelfällen einen Ikterus hervorrufen.

Bei schwach pigmentierten Kleinnagern (z.B. Albinoratten und -mäuse) werden Farbveränderungen nicht nur an den Schleimhäuten, sondern meist auch deutlich an der Haut, insbesondere an den Ohren und Pfoten, sichtbar (Abb. 1.13).

### 1.2.1.7 Haut, Haarkleid, Hautanhangsorgane

Vom Aussehen der Haut und des Fells sowie der Lokalisation und der Art der Veränderungen lassen sich zahlreiche Rückschlüsse auf den Pflege- und Allgemeinzustand des Tieres sowie auf verschiedene Erkrankungen ziehen. Bei der Adspektion sollte daher die gesamte Körperoberfläche bei guter Beleuchtung sorgfältig betrachtet werden. Die Haut kann nur dann ausreichend beurteilt werden, wenn auch das Fell an verschiedenen Stellen gescheitelt und gegen den Strich aufgestellt wird. Bei Rennmäusen und Hamstern ist auch besonderes Augenmerk auf die Bauch- bzw. Flankendrüsen zu legen, die besonders bei älteren Tieren häufig Veränderungen aufweisen.

Idealerweise sollte die Haut elastisch und ohne Auflagerungen sein. Das Fell sollte sich geschlossen und, je nach rassetypischer Fellqualität, glatt anliegend und glänzend darstellen.

Glanzloses und fettiges Fell weist einerseits als unspezifisches Symptom auf mangelndes Putzverhalten durch ein gestörtes Allgemeinbefinden hin, andererseits kann aber auch eine fehlerhafte Haltung oder Fütterung ursächlich sein.

Trockene, dezent schuppige Haut kann auf ernährungsbedingte Mängel hindeuten, die zu hinterfragen sind. Aber auch Parasitosen müssen ursäch-

**Abb. 1.13** Albinomaus mit Anämie und Ikterus: Die Haut ist blass mit einem dezenten Gelbstich.

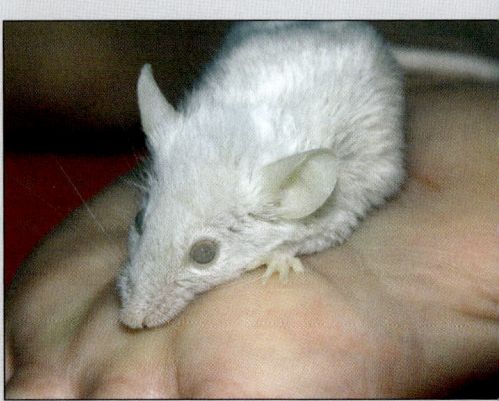

lich berücksichtigt und abgeklärt werden. Großschuppige Veränderungen sind dagegen häufig bei Dermatomykosen zu finden. Krustige und schorfige Auflagerungen können auf Parasitosen oder Bissverletzungen zurückzuführen sein. Sie treten jedoch auch bei internistischen Problemen auf, wie z.B. bei polyzystischen Leberveränderungen des Hamsters.

Verklebungen des Fells weisen, je nach Lokalisation, auf verschiedene Erkrankungen hin. Rötliche Verschmutzungen um Augen und Nase sind nur äußerst selten auf Blutungen zurückzuführen. Vielmehr handelt es sich in der Regel um Sekret der Harder'schen Drüsen, das aufgrund von Allgemeinstörungen nicht beim Putzen über das Fell verteilt wurde. Verklebungen des Fells im Anogenitalbereich können auf Krankheiten der Harnwege sowie des Geschlechts- oder Magen-Darm-Traktes hinweisen. Feuchte Haare in Bereich von Maul, Kinn und Hals sind oft Anzeichen für Veränderungen der Maulhöhle oder der Zähne, bei Hamstern auch der Backentaschen. Bei Erkrankungen des Respirationstrakts sind Fellverklebungen nicht nur im Bereich von Nase und Augen zu finden, sondern auch an der Medialfläche der Vorderbeine.

### 1.2.1.8 Augen

Zunächst werden die Augen vergleichend betrachtet. So wird überprüft, ob ein Auge stärker hervorsteht als das andere, was auf eine retrobulbäre Veränderung hinweist. Auch einseitige Veränderungen der Augenstrukturen fallen so besser auf. Danach erfolgt eine gründliche Untersuchung der Lidbindehäute und aller anderen Strukturen. Hierbei sind nicht nur Anzeichen für eine Konjunktivitis zu beachten, sondern auch weißlicher Tränenfluss, der auf eine Entzündung des Tränen-Nasen-Kanals hindeutet, oder rötlich-klebriger Ausfluss. Letzteres Sekret stammt aus den Harder'schen Drüsen im medialen Augenwinkel. Rötliche Verklebungen im Bereich beider Augen deuten eher auf ein vermindertes Putzverhalten bei reduziertem Allgemeinbefinden hin. Einseitige Veränderungen sprechen für eine entzündliche Erkrankung des Auges mit vermehrter Sekretproduktion.

Bei der Untersuchung des Auges selbst wird vor allem die Kornea auf Trübungen oder Verletzungen untersucht sowie die vordere Augenkammer, die Iris und die Linse beurteilt. Eine Untersuchung des Augenhintergrundes ist meist nicht möglich.

### 1.2.1.9 Ohren

Einrisse und andere Verletzungen der Ohrmuschel deuten auf Rangordnungskämpfe hin; hier sollte anamnestisch nachgehakt werden. Befinden sich Kratzverletzungen auf der Ohrmuschel oder hält der Patient den Kopf leicht zur Seite geneigt, so können dies Hinweise auf eine Entzündung des äußeren Gehörganges oder, in höhergradigen Fällen mit Gleichgewichtsstörungen, Indizien auf Veränderungen des Mittel- oder Innenohres sein.

Der äußere Gehörgang ist stets gründlich mit einem in der Größe angepassten Trichter otoskopisch zu beurteilen. Auflagerungen im Gehörgang, Flüssigkeit in der Tiefe oder eine Vorwölbung des Trommelfells sind stets pathologisch.

### 1.2.1.10 Nase

Beide Nasenöffnungen sollten gleich weit geöffnet, frei von Auflagerungen, sauber und trocken sein. Die bereits oben erwähnten rötlichen Krusten, die bei Kleinnagerpatienten häufig festzustellen sind, dürfen nicht pauschal mit Blutungen aus der Nase, die sehr selten vorkommen, erklärt werden. Meist handelt es sich um angetrocknetes Sekret der Harder'schen Drüsen, was als unspezifischer Hinweis auf ein reduziertes Allgemeinbefinden zu werten ist. Schleimiges, gelbliches oder weißliches Sekret ist jedoch stets auf eine infektiöse Erkrankung des Respirationstraktes zurückzuführen, während wässriger Nasenausfluss auch allergische Ursachen haben kann.

Die Nasengänge der Kleinnager können aufgrund ihrer Feinheit nicht eingesehen werden.

### 1.2.1.11 Maulhöhle, Zähne, Backentaschen

Fehlstellungen der schnell nachwachsenden Incisivi kommen relativ häufig vor und haben gravierende Auswirkungen auf die Nahrungsaufnahme,

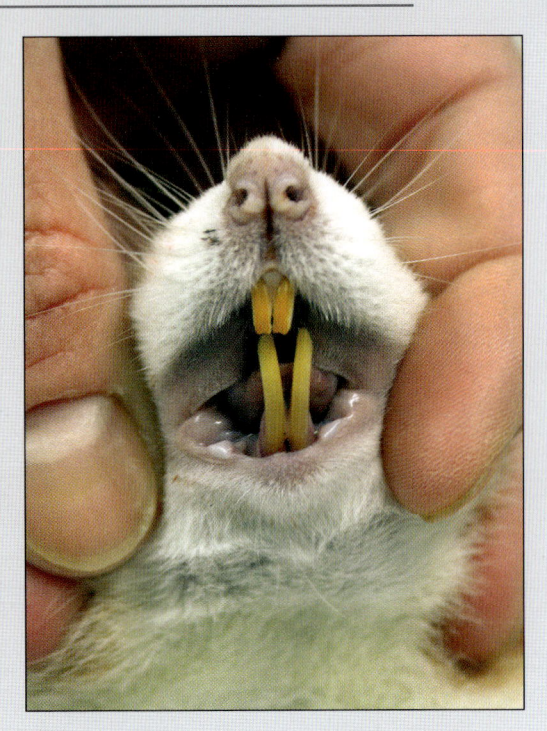

**Abb. 1.14** Adspektion der Incisivi bei einer Ratte.

auch nicht nach. Erkrankungen sind daher deutlich seltener zu beobachten als bei Kaninchen und Meerschweinchenverwandten. Die Adspektion von Zähnen und Maulschleimhaut erfolgt mit Hilfe eines Otoskops mit feinem Trichter. Ein Öffnen des Mauls kann bei Ratten mit einem auch für Degus geeigneten Maulspreizer erfolgen, bei den kleineren Nagern hat sich ein feiner arretierbarer Lidspreizer bewährt.

Kleinnager besitzen keine Prämolaren, sondern lediglich drei Molare pro Quadrant. Diese sind im Oberkiefer leicht nach buccal, im Unterkiefer leicht nach lingual geneigt. Bei der Adspektion der Maulhöhle wird auf Verletzungen, Entzündungen und Auflagerungen der Schleimhäute geachtet. Bezüglich der Zähne ist auf Vollständigkeit, Festigkeit und Verfärbungen sowie auf eitrige Sekretion aus den Alveolen zu achten.

Bei Hamstern sind zusätzlich die Backentaschen zu untersuchen, die sich je nach Hamsterart und Füllungszustand von den Maulwinkeln bis in den Schulterbereich ausdehnen können. Es handelt sich hierbei um Ausstülpungen der Maulschleimhaut, die mit keratinisiertem Epithel ausgekleidet sind. Beide Backentaschen müssen nicht nur stets von außen auf ihren Füllungszustand überprüft, sondern auch mit einem Otoskop ausgeleuchtet werden, um Entzündungen, verklebten und fauligen Inhalt oder unverdauliche Partikel erkennen zu können.

sodass die Zähne regelmäßig kontrolliert werden sollten. Zur Beurteilung der Schneidezähne werden die Lippen zur Seite gezogen (Abb. 1.14). Bei bissigen Tieren ist es ratsam, einen kleinen Zungenspatel oder ähnliche Hilfsgegenstände zu verwenden.

Die vier Incisivi, die die einzigen lebenslang wachsenden Zähne des Kleinnagers sind, sollten ein Längenverhältnis von 1 : 2–3 (Oberkiefer : Unterkiefer) aufweisen und gelblich-orange gefärbt sein. Sie sollten tierartspezifisch angeschliffen sein und dürfen keine Rillenbildung aufweisen. Die unteren Schneidezähne sind, insbesondere bei der Ratte, auffallend gegeneinander beweglich, da die Unterkiefersymphyse in der Regel lebenslang nur bindegewebig verbunden bleibt. Bei Ratten und Mäusen befindet sich direkt hinter den Incisivi eine wulstige Einziehung der Wangenschleimhaut. Diese soll verhindern, dass beim Nagen ungenießbare Materialien in die Maulhöhle gelangen und abgeschluckt werden können.

Die Backenzähne der Kleinnager sind als echte Wurzelzähne ausgebildet und wachsen somit

## 1.2.2 Palpation

- Hautturgor
- Körperoberfläche
- Abdomen

### 1.2.2.1 Hautturgor

Der Hydratationsgrad wird beim Kleinnager wie bei den anderen Kleinsäugerarten durch kurzes Anheben einer Hautfalte überprüft. Physiologisch sollte die Falte unmittelbar verstreichen; geschieht dies nur zögerlich, so ist von einer Exsikkose auszugehen. Die Menge der zu substituierenden Flüssigkeit muss bei derart kleinen Patienten sehr genau berechnet werden, wobei der Grad der Dehydratation ebenso berücksichtigt werden muss wie das genaue Körpergewicht des Tieres.

### 1.2.2.2 Körperoberfläche

Die Palpation der Körperoberfläche beginnt am Kopf und wird beidseits vergleichend bis zum Schwanz durchgeführt. Hierbei ist sehr ruhig aber zielstrebig vorzugehen, denn in der Regel bleibt der Patient nur kurze Zeit relativ reglos und der Palpation zugänglich sitzen.

Bei der Palpation wird auf eine Gleichmäßigkeit der Körperoberflächentemperatur genauso geachtet wie auf Art, Größe und Lokalisation von Schwellungen, Verletzungen und schmerzhaften Arealen.

### 1.2.2.3 Abdomen

Das Abdomen sollte von kranial nach kaudal gründlich und vorsichtig mit den Fingerspitzen durchgetastet werden. Dabei ist zunächst auf Schmerzen oder Anspannungen zu achten. Bei deutlich umfangsvermehrtem Abdomen kann durch vorsichtige Perkussion mit einem Finger beurteilt werden, ob sich vermehrte Gasansammlungen oder eher Flüssigkeit im Bauchraum befinden.

*Ist das Abdomen prall und schmerzhaft, muss bedacht werden, dass weiteres Durchtasten zu einer Verstärkung von Schmerzzuständen mit nachfolgendem Schock führen könnte. Daher sollte in diesem Fall eine weitere Abklärung durch Röntgen- oder Ultraschalluntersuchung bevorzugt werden.*

Bei der Palpation wird auf Umfangsvermehrungen und deren Organzugehörigkeit geachtet sowie auf die Schmerzhaftigkeit und Beschaffenheit einzelner Organe. Auch können der Füllungszustand der Blase sowie der Darminhalt (Gas, Flüssigkeit, geformter Kot) beurteilt werden.

Bei älteren, weiblichen Kleinnagern sollte stets versucht werden, den im ventrokaudalen Abdomen befindlichen Uterus aufzufinden und diesen vorsichtig zu massieren. So kann bei latenten Gebärmuttervereiterungen oftmals ein Vaginalausfluss induziert werden.

## 1.2.3 Auskultation

- Herz
- Atmungsapparat
- Magen-Darm-Trakt

*Für die Auskultation von Kleinnagern hat sich die Verwendung von Phonendoskopen aus der Säuglingsmedizin bewährt.*

### 1.2.3.1 Herz

Bei der Auskultation des Herzens wird auf die Regelmäßigkeit und Abgesetztheit der Herztöne geachtet. Erscheinen die Herztöne gedämpft, kann dies auf einen Thoraxerguss, einen Perikarderguss oder, erheblich seltener, auf Lungentumoren zurückzuführen sein. Eine röntgenologische Abklärung sollte je nach Zustand des Patienten kurzfristig erfolgen.

Aufgrund der sehr hohen physiologischen Herzfrequenz sind Herzgeräusche nur schwer zu diagnostizieren und eine exakte Beurteilung der Schlagzahl ist nicht möglich.

### 1.2.3.2 Atmungsapparat

Kleinnager werden häufig mit Krankheiten des Respirationstraktes vorgestellt, wobei insbesondere Mykoplasmenerkrankungen von Ratten und Mäusen eine große Rolle spielen. Hier sind bei der Auskultation oftmals bereits ohne Phonendoskop zu hörende, typisch knackende, knarrende oder schnatternde Atemgeräusche festzustellen. Knisternde Geräusche weisen auf ein Lungenemphysem hin. Bei bakteriellen Pneumonien und Bronchitiden fallen meist reibende oder rasselnde Atemgeräusche auf. Hochgradig feuchte, fiepende Geräusche sind oft bei allergischen Geschehen zu finden. Liegen Lungentumore oder Thoraxergüsse vor, bleibt die Auskultation der Lunge trotz massiver Dyspnoe oft unauffällig. Eine Dämpfung der

Herztöne kann dann jedoch Anhaltspunkte für die Art der Erkrankung liefern.

### 1.2.3.3 Magen-Darm-Trakt

Die Auskultation des Magen-Darm-Traktes spielt beim Kleinnager nur eine untergeordnete Rolle. Physiologisch sind meist leise Gluckergeräusche festzustellen, die bei Obstipationen zum Erliegen kommen und bei Enteritiden verstärkt auftreten.

## 1.2.4 Körpertemperatur

Die rektale Messung der Körperinnentemperatur beim Kleinnager ist selbst bei der Ratte nur mit feinen Messsonden möglich und muss nicht routinemäßig durchgeführt werden. Eine erhöhte Körpertemperatur in den Bereich von 40 °C wird häufig als Fieber interpretiert, ist meist jedoch lediglich auf Stress zurückzuführen. Aussagekräftig ist dagegen eine Untertemperatur. Sie tritt nur in einem bereits schlechten Allgemeinzustand auf und lässt den weiteren Verlauf einer Erkrankung prognostisch vorsichtig bis ungünstig erscheinen. Temperaturmessungen sollten daher stets vorgenommen werden, wenn das Allgemeinbefinden reduziert ist und bei der Palpation eine verminderte Körperoberflächentemperatur auffällt.

# 2 Leitsymptome, Diagnostik und Therapie

## 2.1 Dyspnoe

Atembeschwerden können mit folgenden Symptomen einhergehen:
- Nasen- und Augenausfluss
- Verklebungen des Fells um Nase und Augen sowie an den Medialflächen der Vorderbeine
- Atemgeräuschen
- Änderungen von Atemfrequenz und -tiefe
- verstärkter, pumpender Flankenatmung
- Atmung mit geöffnetem Maul
- blassen oder zyanotischen Schleimhäuten
- Schocksymptomatik

Die Atmung wird überwiegend durch Kontraktionen des Zwerchfells initiiert. Bei Narkosezwischenfällen mit Atemstillstand kann die Aktivität des Diaphragmas mechanisch nachgeahmt werden (siehe Sofortmaßnahmen).

### 2.1.1 Tierartliche Besonderheiten

Die Lunge der Kleinnager weist auf der linken Seite nur einen Lappen auf. Die rechte Lunge ist in einen kranialen, medialen, kaudalen und akzessorischen Lappen gegliedert.

Bei allen Kleinnagern enden die letzten Rippenpaare frei und sind nicht mit dem Rippenbogen verbunden (Abb. 2.1). Dadurch ergibt sich eine erhöhte Beweglichkeit, die eine ausgeprägte Brustatmung ermöglicht.

### 2.1.2 Sofortmaßnahmen

1. Freihalten der Atemwege, Erleichterung der Atmung
   - Schleim aus der Maulhöhle entfernen
   - Brust-Bauch-Lage
2. Sicherung der Sauerstoffzufuhr
   - Sauerstoffbox
   - Narkosemaske
3. Kreislaufstabilisierung
   - Prednisolon [72] (z. B. Solu Decortin®), 10 mg/kg
   - Etilefrin [46], 0,5–1 mg/kg i.m.
4. Infusionen (Vollelektrolytlösung [84]), 20–40 ml/kg i.p., s.c.
5. ggf. Furosemid [47] (bei Verdacht auf Herzinsuffizienz, Lungenödem), 5 mg/kg i.m.
6. Tier in ruhigen, abgedunkelten Raum verbringen
7. Temperaturkontrolle

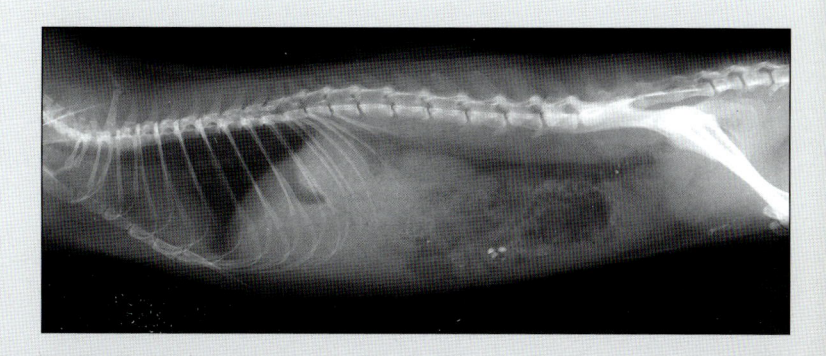

Abb. 2.1 Übersichtsaufnahme: Bei allen Kleinnagern enden die letzten Rippen frei.

Unabhängig von der Ursache der Atemnot müssen zunächst die Atmungs- und Herz-Kreislauf-Funktionen des Patienten gesichert werden. Das Tier wird zunächst in eine Position verbracht, die das Atmen erleichtert. Am besten geeignet ist dazu die Brust-Bauch-Lage, bei der der Kopf etwas hochgelagert wird. Eine Sauerstoffzufuhr erfolgt über eine Narkosemaske. Alternativ kann der Patient in eine kleine, abgedichtete Transportbox verbracht werden, in die der Sauerstoff eingeleitet wird.

Der Kreislauf wird mit Hilfe von Infusionen und schnell wirkenden Prednisolon-Präparaten stabilisiert. Bei Verdacht auf eine kardiale Ursache der Atemnot muss das Tier umgehend hoch dosiert entwässert werden.

Um Stress für den Patienten zu vermeiden, wird er an einen ruhigen, möglichst abgedunkelten Ort gebracht. Alternativ kann die Sauerstoffbox mit einem Handtuch verhängt werden. Regelmäßige Temperaturkontrollen sind erforderlich, um auf Hypothermien reagieren zu können.

*Praxistipp*

**Maßnahmen bei Atemstillstand**

Kommt es zum Atemstillstand (z. B. während einer Narkose), so kann die Zwerchfellaktivität durch „Schwenken" des Tieres um seine Querachse angeregt werden. Durch Absenken der vorderen und Anheben der hinteren Körperhälfte wird durch die Abdominalorgane Druck auf das Diaphragma ausgeübt. Wird dagegen die hintere Körperhälfte abgesenkt und die vordere angehoben, so entsteht ein Zug auf das Zwerchfell.

Bringt das „Schwenken" keinen Erfolg, so wird eine Mund-zu-Nase-Beatmung eingeleitet. Dabei wird der Kopf des Tieres in Brust-Bauch-Lage überstreckt und Atemluft über die Nase eingeleitet. Um zusätzlich die Herzaktivität zu unterstützen, wird der Brustkorb des Patienten mit zwei Fingern umfasst und vier- bis fünfmal vorsichtig komprimiert. Beide Maßnahmen werden abwechselnd eingesetzt.

## 2.1.3 Wichtige Ursachen

Die mit Abstand am häufigsten vorkommende Ursache für respiratorische Probleme bei Ratten ist die **Mykoplasmose**. Diese kommt, wenn auch weniger häufig, bei Mäusen ebenfalls vor. Bei diesen, ebenso wie bei Hamstern und Rennmäusen, stehen jedoch **bakterielle Atemwegsinfektionen** im Vordergrund. **Viruspneumonien** sind in der Heimtierhaltung selten und nur für Ratten, Mäuse und Hamster bekannt.

Bei allen Kleinnagern führen **Herzerkrankungen** häufig zu Dyspnoe. Gleiches gilt für **Septikämien**, die ihren Ausgang besonders häufig von Infektionen der Gebärmutter und des Atmungstraktes nehmen.

Weitere Ursachen für Atemnot können **raumfordernde abdominale Prozesse** sein. Durch Druck auf das Zwerchfell wird die Lungenaktivität behindert. **Lungenblutungen** entstehen durch unterschiedliche Arten von Traumata. Durch Haltungsfehler kann im Sommer zudem ein **Hitzschlag** hervorgerufen werden und mit Dyspnoe einhergehen. Als weitere, mit den Haltungsbedingungen assoziierte Erkrankungen sind **Allergien** auf Einstreumaterial, die sich besonders in Form katarrhalischer Rhinitiden äußern, zu nennen. **Neoplasien der Lunge** kommen bei Kleinnagern vergleichsweise selten vor. Es handelt sich nahezu immer um Metastasen, die von einem anderen Primärtumor ausgehen.

## 2.1.3.1 Übersicht

**Tab. 2.1** Wichtige Ursachen für Dyspnoe.

| Ursache | Bedeutung | Bemerkungen, siehe auch Leitsymptom |
|---|---|---|
| Bakterielle Atemwegsinfektion | +++ | |
| Mykoplasmose | +++ | R, M |
| Herzerkrankungen | ++ | 7, 10 |
| Septikämie | ++ | 7 |
| Raumfordernde abdominale Prozesse | + | 5 |
| Neoplasien der Lunge | + | keine Primärtumoren, nur Metastasen |
| Lungenblutung | + | |
| Hitzschlag | + | 7 |
| Allergie | + | |
| Viruspneumonie | + | R, M, H |

## 2.1.3.2 Diagnostischer Leitfaden: Dyspnoe

## Anamnese

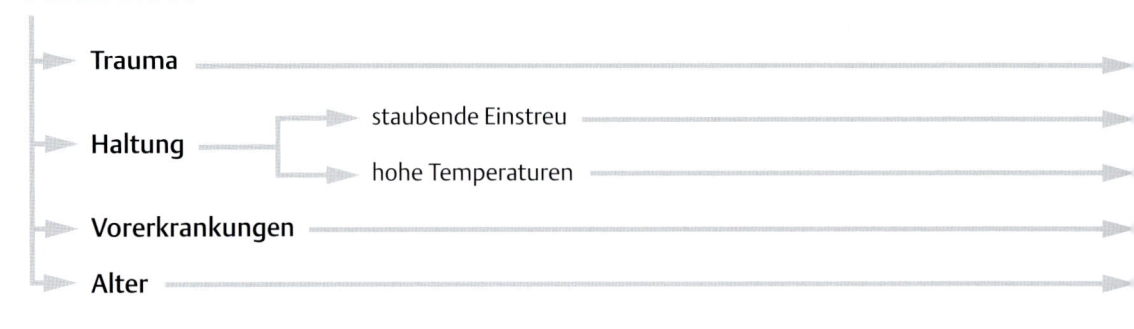

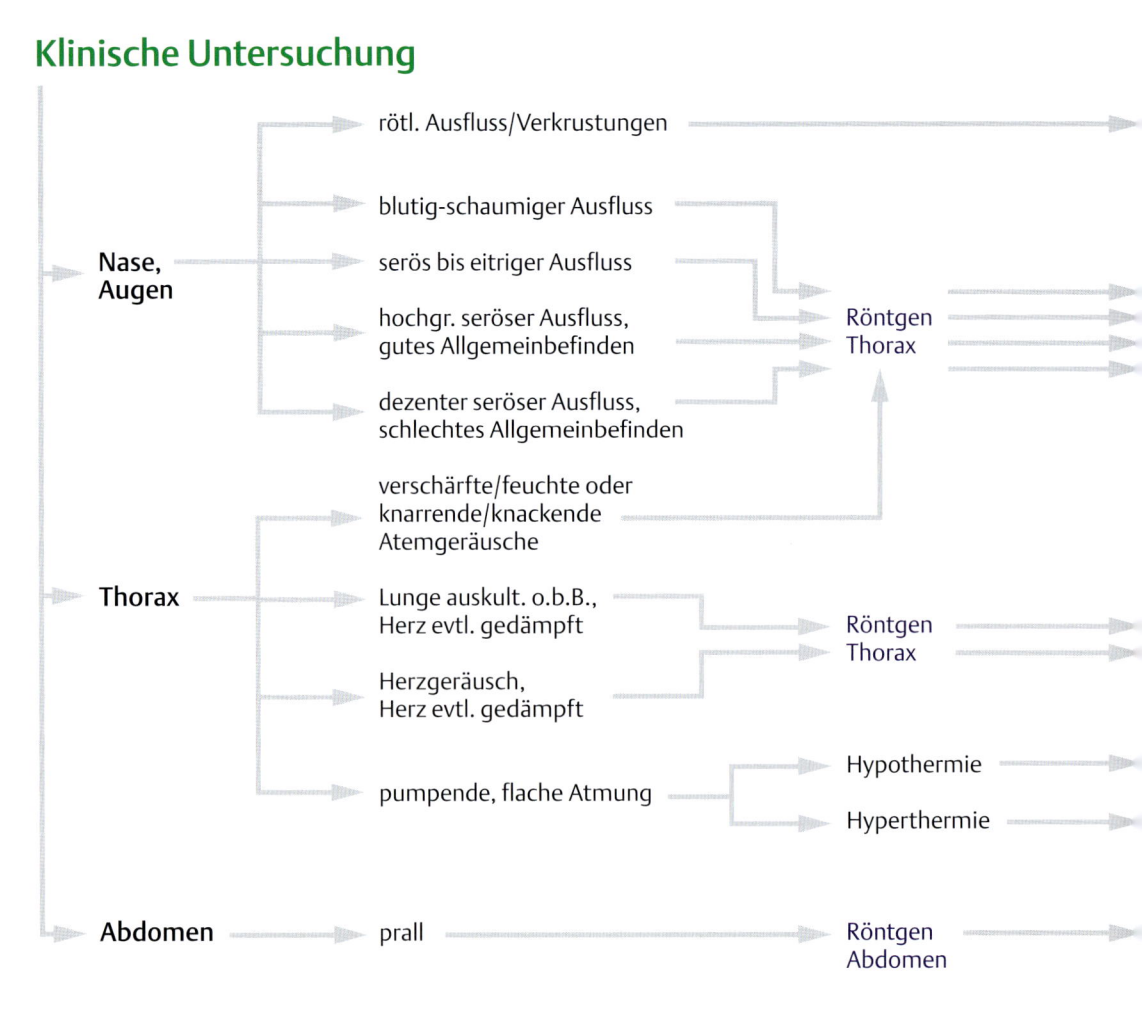

- Trauma
- Haltung
  - staubende Einstreu
  - hohe Temperaturen
- Vorerkrankungen
- Alter

## Klinische Untersuchung

- Nase, Augen
  - rötl. Ausfluss/Verkrustungen
  - blutig-schaumiger Ausfluss
  - serös bis eitriger Ausfluss
  - hochgr. seröser Ausfluss, gutes Allgemeinbefinden → Röntgen Thorax
  - dezenter seröser Ausfluss, schlechtes Allgemeinbefinden
- Thorax
  - verschärfte/feuchte oder knarrende/knackende Atemgeräusche
  - Lunge auskult. o.b.B., Herz evtl. gedämpft → Röntgen Thorax
  - Herzgeräusch, Herz evtl. gedämpft
  - pumpende, flache Atmung
    - Hypothermie
    - Hyperthermie
- Abdomen
  - prall → Röntgen Abdomen

# Dyspnoe

| | | |
|---|---|---|
| | Lungenblutung? | S. 40 |
| | Allergie? | S. 44 |
| | Hitzschlag? | S. 43 |
| | Septikämie? | S. 43 |
| | Lungentumor? | S. 39 |

| | | | |
|---|---|---|---|
| Sekret der Harder'schen Drüsen | | Hinweis auf reduziertes Allgemeinbefinden | S. 81 |
| diffus fleckige, unscharf begrenzte Lungenareale | | Lungenblutung | S. 40 |
| Thoraxverschattung | bakt. US | bakterielle Atemwegsinfektion | S. 37 |
| | | Mykoplasmose | S. 38 |
| massive Flüssigkeitsansammlungen in den Bronchien | | Allergie | S. 44 |
| evtl. dezent verstärkte bronchiale Zeichnung | | Viruspneumonie | S. 36 |
| einzelne/multiple Rundschatten | | Lungentumor | S. 39 |
| Kardiomegalie, Gefäßstauung, Thoraxverschattung, Hepatomegalie | | Herzerkrankung | S. 41 |
| z.B. Kot-, Harn- oder Blut-US | | Septikämie | S. 43 |
| | | Hitzschlag | S. 43 |
| homogene Verschattung | | Leberzysten | S. 43 |
| röntgendichte Verschattung | | abdominaler Tumor | S. 43 |
| Magen-Darm-Trakt gashaltig | | Tympanie | S. 43 |

### Besonderes Augenmerk bei der Anamnese

Eine unausgewogene **Fütterung** kann generell Erkrankungsausbrüche fördern. Plötzliche Futterumstellungen können Tympanien (S. 43) nach sich ziehen, die sekundär zu einer Beeinträchtigung der Atmung führen, da der ausgedehnte Darmtrakt auf das Zwerchfell drückt.

Die **Haltungsbedingungen** können bezüglich verschiedener Erkrankungen von Interesse sein. Dabei gilt ganz allgemein, dass suboptimale Bedingungen eine Immunsuppression hervorrufen und damit einen Ausbruch von Krankheiten fördern können. Der Standort von Käfig oder Terrarium kann Auskunft über mögliche übermäßige Wärmeeinwirkung bei Verdacht auf Hitzschlag (S. 43) geben (z. B. Standort am Sonnenfenster). Wird eine Allergie (S. 44) vermutet, so muss die Art der Einstreu überprüft werden. Bei infektiösen Erkrankungen (S. 36 ff) ist besonders von Interesse, ob neue Tiere in den Bestand gekommen sind. Diese können latente Infektionsträger sein und die bereits vorhandenen Tiere anstecken. Genauso gut kann jedoch bereits seit längerer Zeit eine Infektion im ursprünglichen Bestand vorhanden sein. Neu hinzukommende Tiere, die mit dem Erreger bisher nicht in Kontakt gekommen sind, können dann akut erkranken.

Durch **Traumata** können Lungenblutungen (S. 40) ausgelöst werden. Zu entsprechenden Unfällen kann es einerseits beim Freilauf kommen, andererseits können die Tiere auch in hohen Käfigen abstürzen.

Das **Allgemeinbefinden** des Tieres und der **Verlauf der Symptome** sind von erheblichem Interesse, um eine Erkrankung besser einordnen zu können. Während bei Allergien (S. 44) trotz deutlich feuchter Atemgeräusche und serösem Augen- und Nasenausfluss der Allgemeinzustand meist weitgehend unbeeinträchtigt ist, sind die Tiere bei deutlich weniger ausgeprägter Symptomatik im Rahmen einer Viruspneumonie (S. 36) abgeschlagen und inappetent. Bei Herzerkrankungen (S. 41) geht aus der Anamnese meist hervor, dass das Tier bereits vor Einsetzen der Atemsymptomatik weniger agil war. Die Mykoplasmose (S. 38) nimmt in der Regel einen schleichenden Verlauf. Zunächst wird vom Besitzer gelegentliches Niesen bemerkt, das sich jedoch mit der Zeit intensiviert. Es treten dann deutlich wahrnehmbare Atemgeräusche auf. Das Allgemeinbefinden ist lange Zeit nur wenig beeinträchtigt. Bakterielle Atemwegsinfektionen (S. 37) führen dagegen meist recht schnell zu einer Beeinträchtigung des Allgemeinzustandes.

### Besonderes Augenmerk bei der klinischen Untersuchung

Bei Patienten, die mit Atemnot vorgestellt werden, steht zunächst natürlich die Untersuchung des Respirationstraktes im Vordergrund. Es muss jedoch bedacht werden, dass auch andere Erkrankungen mit Dyspnoe einhergehen können, sodass stets eine vollständige klinische Untersuchung durchgeführt werden muss.

### Besteht Schocksymptomatik?

Ein Schock ist gekennzeichnet durch Seiten- oder Brust-Bauch-Lage, blasse oder zyanotische Schleimhäute und eine frequente, flache oder pumpende Atmung. Oft besteht Untertemperatur.

*Liegen Schocksymptome vor, so müssen umgehend lebensrettende Sofortmaßnahmen eingeleitet werden. Erst nach Stabilisierung des Patienten darf eine weitere Diagnostik durchgeführt werden.*

Es ist zu beachten, dass ein Schock infolge einer Atemnot entstehen kann. Er kann aber auch durch eine andere Grunderkrankung hervorgerufen werden, sodass die bestehende Dyspnoe nur sekundär auftritt.

### Sind Atemgeräusche vorhanden?

*Bei der Auskultation ist zu beachten, dass auch gesunde Kleinnager immer dezente inspiratorische sowie exspiratorische Atemgeräusche aufweisen. Zudem können durch Schleimansammlungen nasale Atemgeräusche entstehen, die sich bei der Auskultation auf die Lunge fortpflanzen können, aber nicht mit Lungengeräuschen verwechselt werden dürfen!*

Die Mykoplasmose (S. 38) geht meist mit deutlichen knarrenden oder knackenden Atemgeräuschen einher, die bereits ohne Stethoskop wahrnehmbar sind. Bei bakteriellen Atemwegsinfektionen (S. 37), bei denen sich seröses bis eitriges Sekret in der Nase oder den tieferen Atemwegen befindet, lassen sich auskultatorisch deutlich verschärfte Atemgeräusche durch Flüssigkeitsbewegungen hören. Diese bestehen zwar auch bei Allergien (S. 44), sind allerdings meist noch wesentlich kräftiger ausgebildet. Bei einer Atemnot durch Lungenblutung (S. 40) lassen sich zumindest auskultatorisch verschärfte Atemgeräusche wahrnehmen, wenn das Blut bei der Atmung in den Bronchien bewegt wird. Viruspneumonien (S. 36) sind meist nur mit dezenten Reibegeräuschen auf der Lunge vergesellschaftet. Bei Herzerkrankungen (S. 41) kann in den meisten Fällen auch bei der Auskultation keine verschärfte Atmung nachgewiesen werden, da ausgeprägte Lungenödeme bei den Kleinnagern eher die Ausnahme sind. Als auffälliger Befund wird eher eine deutliche Dämpfung der Herztöne durch Thoraxerguss festgestellt. Auch bei den relativ selten vorkommenden Neoplasien der Lunge (S. 39) fehlen trotz hochgradiger Atemnot Atemgeräusche und die Herzaktionen können durch Tumore, die sich über dem Auskultationsfeld befinden, gedämpft sein. Liegen raumfordernde abdominale Prozesse (S. 43) vor, so gibt die Auskultation der Lunge keine auffälligen Befunde. Auch die Herztöne sind klar und deutlich zu hören. Eine Atemnot im Rahmen einer Septikämie (S. 43) geht ebenfalls ohne Atemgeräusche einher, es sei denn, die Ursache der Erkrankung ist eine Atemwegsinfektion. Auch eine Dyspnoe bei Hitzschlag (S. 43) verläuft meist ohne auskultatorische Befunde der Lunge; es kann jedoch ein Geräusch aufgrund eines Lungenödems bestehen.

### Besteht Augen- oder Nasenausfluss?

Bakterielle Atemwegsinfektionen (S. 37) gehen fast immer mit deutlichem serösem bis mukopurulentem Augen- und Nasenausfluss einher. Auch im Rahmen von Allergien (S. 44) sind Augen und Nase feucht, das Sekret hat jedoch stets einen rein serösen Charakter. Lungenblutungen (S. 40) führen zu blutigem oder blutig-schaumigem Auswurf. Bei Viruspneumonien (S. 36) ist in der Regel nur ein dezenter seröser Nasen- und Augenausfluss zu beobachten. Im Gegensatz zu allergischen Erkrankungen zeigen die Tiere jedoch ein deutlich gestörtes Allgemeinbefinden. Die Mykoplasmose (S. 38) geht trotz ausgeprägter Atemgeräusche nur selten mit Ausfluss einher. Eine solche Symptomatik wird erst durch eine weitere bakterielle Sekundärinfektion hervorgerufen. Bei Neoplasien der Lunge (S. 39) fehlt Ausfluss vollständig. Gleiches gilt für die meisten Formen der Herzerkrankungen (S. 41), sofern kein Lungenödem vorliegt. In solchen Fällen kann seröser Nasenausfluss auftreten.

*Bei jeder der genannten Erkrankungen kann ein vermehrter rötlicher Augen- und Nasenausfluss vorhanden sein. Es handelt sich um das Sekret der Harder'schen Drüsen, das aufgrund eines reduzierten Putzverhaltens nicht im Fell verteilt wird. Dieses Sekret darf nicht mit Blut verwechselt werden, und es lässt auch keinen Rückschluss auf eine spezifische Erkrankung zu!*

### Liegt ein anderes Leitsymptom vor?

Ein pralles, aufgetriebenes Abdomen (❺) kann Hinweis auf einen raumfordernden abdominalen Prozess (S. 43) sein, der durch Druck auf das Zwerchfell zu Atemnot führt. Durch vorsichtige Palpation wird dann versucht, die Ursache genauer zu ermitteln.

*Dabei muss äußerst behutsam vorgegangen werden, da durch Druck Schmerzen verursacht werden können, sodass ein Schockzustand ausgelöst oder verstärkt werden kann.*

Als Auslöser für ein pralles Abdomen mit Dyspnoe kommen verschiedene Erkrankungen infrage, insbesondere Tympanien (S. 43) und Neoplasien sowie bei Hamstern zystische Leberveränderungen (S. 43).

*Besteht eine Tympanie, so ist zu bedenken, dass diese nicht nur Ursache, sondern auch Folge einer Atemnot sein kann, wenn die Tiere gehäuft Luft abgeschluckt haben.*

Es ist zudem nach Symptomen einer Krankheit zu suchen, die eine Septikämie (S. 43) ausgelöst haben kann. So weist beispielsweise eine kotverschmierte Anogenitalregion auf eine Durchfallerkrankung (❷) hin. Bestehen Verschmutzungen mit Urin, so kann dies Hinweis auf eine primäre Zystitis (S. 137) sein. Eitriger Vaginalausfluss (❻) deutet auf eine Pyometra (S. 142) hin, die als eine der häufigsten Ursachen für Septikämien (S. 43) bei Kleinnagern anzusehen ist.

### Diagnosesicherung durch weiterführende Untersuchungen

**Röntgenaufnahmen des Thorax** werden angefertigt, um das Ausmaß einer infektiösen Lungenerkrankung (S. 36 ff) oder von Flüssigkeitsansammlungen bei Allergien (S. 44) ermitteln zu können. Zudem können Neoplasien der Lunge (S. 39) sowie Kardiomegalien im Rahmen einer Herzerkrankung (S. 41) diagnostiziert werden. Auch die Bestimmung der Lokalisation einer Lungenblutung (S. 40) ist möglich.

**Röntgenaufnahmen** oder **Ultraschalluntersuchungen des Abdomens** sind erforderlich, wenn der Verdacht besteht, dass raumfordernde abdominale Prozesse (S. 43) eine Atemnot auslösen.

**Bakteriologische Untersuchungen** des Nasensekretes können bei bakteriellen Infektionen (S. 37) eingeleitet werden. Die Ergebnisse sind jedoch oft nicht aussagekräftig, da die Proben erheblich mit Hautkeimen kontaminiert sind. Das eigentliche Erregerreservoir befindet sich in den Nasenhöhlen und tieferen Atemwegen und ist einer Probenentnahme am lebenden Tier nicht zugänglich.

**Sektionen** und **histopathologische Untersuchungen** sollten in Erwägung gezogen werden, wenn ein Bestandsproblem besteht. Infektiöse Atemwegserkrankungen wie z. B. Viruspneumonien (S. 36) können am lebenden Tier oft nicht sicher diagnostiziert werden. Bei bakteriellen Infektionen (S. 37) und der Mykoplasmose (S. 38) kann eine postmortale Erregerisolierung helfen, die übrigen Tiere des Bestandes gezielt behandeln zu können.

### 2.1.3.3 Erkrankungen

#### Viruspneumonie R M H A

*Besonders bei Labortieren vorkommende Erkrankung.*

#### Ätiologie & Pathogenese

Viruspneumonien werden bei Ratten, Hamstern und Mäusen durch das *Sendai-Virus* verursacht, das den Parainfluenzaviren zugeordnet wird. Die Infektion kommt besonders in Laborzuchten vor, spielt in der Heimtierhaltung aber nur eine untergeordnete Rolle. Eine Virusübertragung erfolgt durch direkten Kontakt, in geringerem Maße auch über Aerosole. Der Erreger siedelt sich auf den Schleimhäuten des Respirationstraktes an und führt dort zu ulzerativen und nekrotisierenden Veränderungen.

Eine weitere Virusinfektion, die mit respiratorischen Symptomen vergesellschaftet sein kann, ist die Lymphozytäre Choriomeningitis, die durch ein *Arenavirus* hervorgerufen wird und bei Hamstern und Mäusen vorkommt. Der Erreger befindet sich in allen Körperausscheidungen, es besteht aber auch die Möglichkeit einer intrauterinen Infektion.

*Der Erreger der LCM ist humanpathogen!*

#### Klinik

Von klinischen Symptomen sind vor allem Tiere im Absetzalter betroffen. Es entstehen unspezifische Anzeichen wie gesträubtes Haarkleid und Gewichtsverluste bzw. verzögertes Wachstum. Hinzu kommen Symptome einer Rhinitis mit Niesen und verklebten Augen. Im weiteren Verlauf kommt es zu zunehmender Dyspnoe mit Flankenatmung. Durch bakterielle Sekundärinfektion kann der ursprünglich seröse Augen- und Nasenausfluss einen eitrigen Charakter annehmen.

#### Diagnose

Eine Diagnose am lebenden Tier ist unter Praxisbedingungen nicht möglich. Bei verendeten Tieren kann das Virus aus der Lunge isoliert werden.

Bei der Sendaivirusinfektion sind bei der histopathologischen Untersuchung fokale ulzerative Läsionen der Nasenschleimhaut zu finden. Ähnliche, meist ausgeprägtere Veränderungen zeigen sich in tiefen Anteilen der Trachea. In der Lunge sind vorwiegend epitheliale Nekrosen auffällig, die auf die größeren Bronchien beschränkt sind.

Die LCM ist durch Mikronekrosen und ausgeprägte lymphozytäre Infiltrationen gekennzeichnet, die sich überwiegend in den Meningen, aber auch in vielen anderen Organen finden.

### Therapie & Prognose

Eine spezifische Therapie ist bei keiner der beiden Infektionen möglich. Erkrankte Tiere können zur Vermeidung von Sekundärinfektionen antibiotisch abgeschirmt und allgemein unterstützend mit Infusionen versorgt werden. Die Prognose bei beiden Virusinfektionen ist jedoch als eher ungünstig zu beurteilen, da die Mortalitätsraten hoch sind.

### Bakterielle Atemwegsinfektion

*Häufigste Ursache für Dyspnoe bei Mäusen, Hamstern und Rennmäusen.*

### Ätiologie & Pathogenese

Bakterielle Erkrankungen des Respirationstraktes werden besonders durch *Pasteurella pneumotropica*, *Bordetella bronchiseptica*, *Streptococcus* sp. und *Staphylococcus* sp. hervorgerufen. Eine Infektion erfolgt durch direkten Kontakt und über Aerosole. Begünstigend für den Ausbruch einer Infektion sind Stressfaktoren sowie unzureichende Haltungsbedingungen, wobei sich besonders eine zu geringe Luftfeuchtigkeit oder unzureichende Haltungshygiene mit Anreicherung von ammoniakhaltigen Gasen negativ auswirkt.

Bakterielle Infektionen des Respirationstraktes sind bei Hamstern, Farb- und Rennmäusen die häufigste Ursache für Atemprobleme. Sie spielen auch bei Ratten eine große Rolle; bei dieser Tierart stehen jedoch Mykoplasmen-Erkrankungen zahlenmäßig im Vordergrund.

### Klinik

Die Symptome reichen von Rhinitiden bis hin zu Bronchopneumonien (Abb. 2.2). Diese sind begleitet von serösem bis mukopurulentem Augen- und Nasenausfluss (Abb. 2.3 und 2.4) sowie Atemnot, die durch verstärkte Flankenatmung, in schweren Fällen durch Maulatmung gekennzeichnet ist.

### Diagnose

Bereits das klinische Bild mit eitrigem Augen- und Nasenausfluss lässt den Verdacht auf eine bakterielle Infektion zu. Eine Erregerisolierung am lebenden Tier ist in der Regel jedoch nicht möglich, da die Nasengänge der Kleinnager einer Tupferprobenentnahme nicht zugänglich sind.

Röntgenaufnahmen des Thorax können Aufschluss über das Ausmaß der Lungenbeteiligung geben (Abb. 2.5).

**Abb. 2.2** Lunge und Herz eines Goldhamsters. Die Lunge ist infolge einer Pneumonie fleckig verändert.

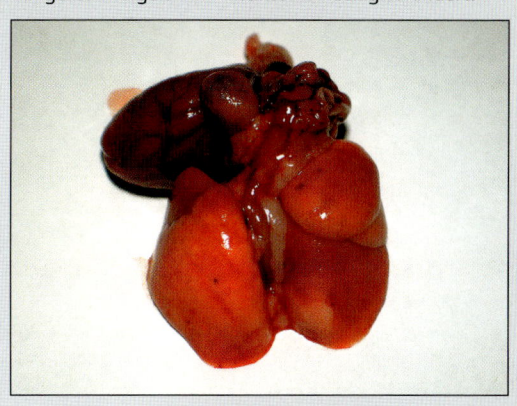

**Abb. 2.3** Verklebtes Auge bei Atemwegsinfektion eines Dshungarischen Zwerghamsters.

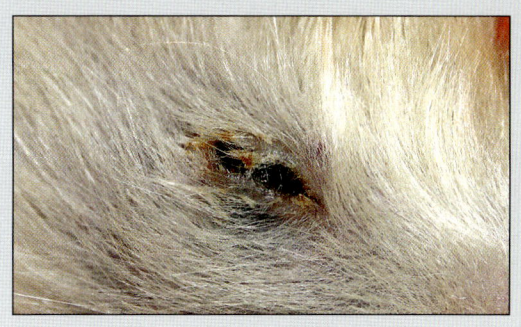

**Abb. 2.4** Eitrige Rhinitis bei einem Goldhamster.

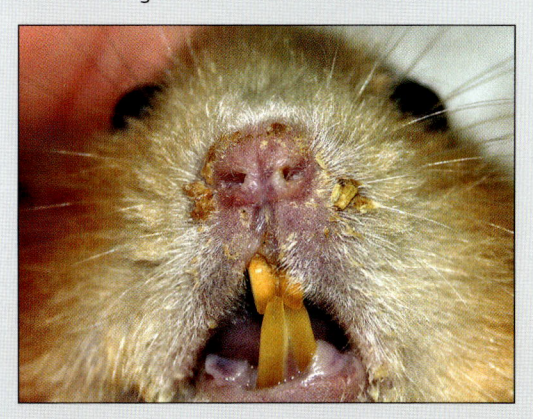

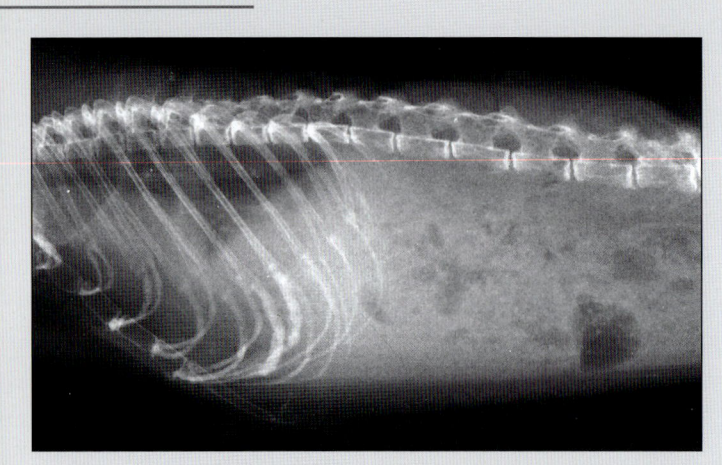

**Abb. 2.5** Pneumonie bei einer Rennmaus. Die Lunge ist deutlich verschattet, die Herzkontur daher nur schlecht abgrenzbar.

### Therapie & Prognose

Zunächst sollten Verklebungen der Nasenlöcher (z. B. mit einem feuchten Wattestäbchen) beseitigt werden, um ein besseres Atmen zu ermöglichen. Die Tiere erhalten ein Breitbandantibiotikum (z. B. Enrofloxacin 5 , Chloramphenicol 2 ) und Mykolytika (z. B. Acetylcystein 39 ). Auch Inhalationen mit Kamille können helfen, Schleim in den Atemwegen zu lösen. Bei ausgeprägter Dyspnoe mit Inappetenz erfolgt eine allgemein stabilisierende Behandlung mit Infusionen 84 , Glukose 82 und Vitaminsubstitution. Um die Nahrungsaufnahme zu erleichtern, sollte den Tieren ein auch zur Zwangsernährung geeigneter Brei angeboten werden. Eine Zwangsfütterung darf nur sehr vorsichtig erfolgen, da eine erhöhte Gefahr einer Aspirationspneumonie besteht.

### Mykoplasmose R M

*Häufigste respiratorische Erkrankung bei Ratten.*

### Ätiologie & Pathogenese

Der Erreger der Mykoplasmose bei Ratten und Mäusen ist *Mycoplasma pulmonis*. Eine Übertragung erfolgt durch direkten Kontakt, über Aerosole, beim Deckakt und intrauterin von der Mutter auf die Jungtiere. Auch eine Infektion über belebte und unbelebte Vektoren ist möglich.

Der Erreger besiedelt einerseits die Schleimhäute des Atmungstraktes und führt dadurch zu respiratorischen Symptomen. Andererseits kann aber auch eine Ansiedlung im Genitaltrakt erfolgen, sodass Aborte und Unfruchtbarkeit resultieren.

Eine Infektion verläuft meist zunächst latent. Symptome entstehen bei herabgesetztem Immunstatus, durch Reizung der Atemwege und durch sekundäre Infektionen mit anderen Erregern, zu denen besonders *Pasteurella pneumotropica, Bordetella bronchiseptica, Corynebacterium kutscheri* und *Streptococcus pneumoniae* zählen.

### Klinik

Bei jungen Tieren mit intaktem Immunsystem verläuft die Infektion meist symptomlos. Eine klinische Erkrankung wird meist erst bei Tieren ab einem Alter von 1 bis 1,5 Jahren beobachtet. Es kommt zunächst zu gelegentlichem Niesen, das sich progressiv intensiviert. Durch Erregeransiedlung in tieferen Bereichen des Respirationstraktes entstehen Bronchopneumonien, die mit deutlich hörbaren knarrenden oder knackenden Atemgeräuschen und deutlich pumpender Flankenatmung einhergehen. Nasen- und Augenausfluss fehlen meist, können durch bakterielle Sekundärinfektion jedoch hinzutreten. Das Allgemeinbefinden der Tiere verschlechtert sich zusehends. Aufgrund der Atemnot ist eine Nahrungsaufnahme immer weniger möglich und es kommt zu fortschreitender Abmagerung.

Komplikationen können durch Erregerabsiedlung in andere Organe beobachtet werden. So werden durch *Mycoplasma pulmonis* auch Otitiden (S. 155) und Arthritiden sowie Genitalinfektionen mit Aborten (S. 139) und Unfruchtbarkeit ausgelöst.

### Diagnose

Röntgenuntersuchungen zeigen das Ausmaß der Lungenveränderungen (Abb. 2.6). Eine exakte Diagnosesicherung am lebenden Tier ist in der Regel nicht möglich, da der Erreger im Bereich der Nasenhöhlen und der tieferen Atemwege lokalisiert ist, die einer Tupferprobenentnahme nicht zugänglich sind. Muss ein Patient aus einem Bestand euthanasiert werden, so sollten jedoch aus den genannten Lokalisationen Proben entnommen und zur Untersuchung eingesandt werden, damit eine gezielte Behandlung der verbliebenen Partnertiere möglich wird.

### Therapie & Prognose

Es besteht keine Möglichkeit der Erregerelimination. Lediglich die Symptome der Erkrankung können zurückgedrängt werden.

Nur wenige Wirkstoffe sind gegen Mykoplasmen wirksam. Eingesetzt werden können Enrofloxacin [5], Marbofloxacin [9], Doxycyclin [4], Erythromycin [6] und Tetrazykline [12]. Die Wirksamkeit dieser Chemotherapeutika ist je nach beteiligtem Mykoplasmenstamm jedoch sehr unterschiedlich. Aufgrund der fehlenden Möglichkeit einer Erregerisolierung, muss die Wirksamkeit daher ausprobiert werden. Diese Problematik sollte vor Therapiebeginn dem Besitzer geschildert werden. Kommt es nicht innerhalb weniger Tage zu einer deutlichen Besserung der Symptome, so wird das Antibiotikum umgestellt.

Unterstützend erhalten die Tiere ein Mukolytikum und einen Paramunitätsinducer. Zudem können Inhalationen mit Kamille durchgeführt werden, um Schleim in den Atemwegen zu lösen.

**Therapie der Mykoplasmose:**
- Antibiotikum
  - Enrofloxacin [5] (Baytril®), 1 x tägl. 10 mg/kg s.c., p.o.
  - Marbofloxacin [9] (Marbocyl®), 1 x tägl. 4 mg/kg s.c., p.o.
  - Erythromycin [6] (Infectomycin®), 2 x tägl. 10 mg/kg p.o.
  - Oxyetrazyklin [10] (Terramycin LA®), 1 x tägl. 10–20 mg/kg s.c.
  - Doxycyclin [4] (Doxycyclin-ratiopharm®), 1 x tägl. 5–10 mg/kg s.c.
- Mukolytikum
  - Acetylcystein [39] (NAC-ratiopharm®), 2 x tägl. 3 mg/kg p.o., s.c.
  - Bromhexin [40] (Bisolvon®), 2 x tägl. 0,5 mg/kg p.o.
- Inhalation mit Kamille
- Paramunitätsinducer [115]

### Neoplasien der Lunge

*Metastasenbildungen, ausgehend von anderen Primärtumoren. Bei Kleinnagern relativ selten vorkommend.*

### Ätiologie & Pathogenese

Lungentumoren kommen bei Kleinnagern relativ selten vor. Es handelt sich um Metastasierungen, ausgehend von anderen Primärtumoren. Als solche kommen besonders Adenokarzinome des Gesäuges und Fibrosarkome infrage.

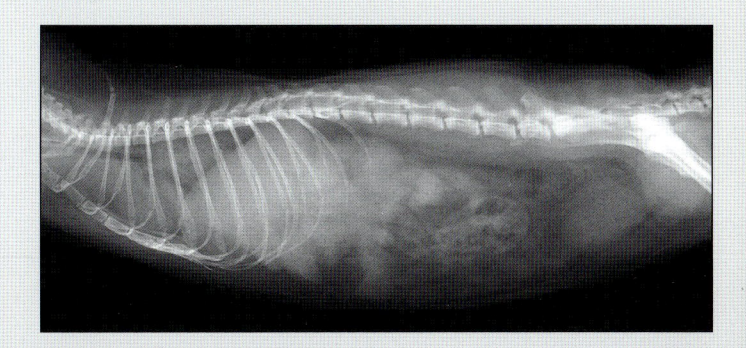

**Abb. 2.6** Ratte mit Mykoplasmose: Die Lunge ist flächig verschattet.

### Klinik

Es kommt zu Atemnot unterschiedlicher Ausprägung, die ohne erkennbare Atemgeräusche einhergeht. In fortgeschrittenen Fällen weisen die Tiere Maulatmung auf.

### Diagnose

Meist lässt sich bei der klinischen Untersuchung bereits ein Primärtumor erkennen, der hinter einer bestehenden Dyspnoe ein neoplastisches Geschehen vermuten lässt. Bei der Auskultation sind trotz massiver Dyspnoe keine verschärften Atemgeräusche wahrnehmbar. Die Herztöne können gedämpft sein, wenn die Tumore über dem Auskultationsfeld liegen. Eine sichere Diagnose lässt sich durch eine Röntgenuntersuchung stellen, bei der sich die Neoplasien als röntgendichte Rundschatten nachweisen lassen (Abb. 2.7).

### Therapie & Prognose

Eine Behandlung ist nicht möglich, die Prognose ist infaust. Betroffene Tiere sollten schnellstmöglich euthanasiert werden.

Praxistipp

**Euthanasie von Kleinnagern**

Die schonendste Methode einer Euthanasie bei Kleinnagern ist der Einsatz von Pentobarbital [112] (Narcoren®, Eutha 77®). Dieses kann, ohne zu brennen, mit einer feinen Kanüle intraperitoneal appliziert werden und wird dann schnell aus dem Bauchraum resorbiert. Bei den kleinen Tieren mit ihren hohen Stoffwechselraten kann das Barbiturat aber auch subkutan verabreicht werden. Die Wirkung tritt dann etwas verzögert aber dennoch zuverlässig ein.

*Der intraperitoneale oder subkutane Einsatz von T61® stellt einen Verstoß gegen das Tierschutzgesetz dar. Das Präparat darf lediglich nach vorausgegangener tiefer Narkose streng intrakardial appliziert werden!*

## Lungenblutung

*Durch Traumata verursachte Ruptur von Lungengefäßen.*

### Ätiologie & Pathogenese

Als Ursachen von Lungenblutungen kommen verschiedene Arten von Traumata infrage. Zu ihnen zählen Stürze aus größerer Höhe, versehentliche Fußtritte oder ein Einklemmen in Türen beim Freilauf, die zu einer Ruptur von Lungengefäßen führen können.

### Klinik

Rupturieren große Lungengefäße, so kommt es meist innerhalb kürzester Zeit zum Erstickungstod, wobei dem Tier Blut aus Nase und Maul läuft. Auch bei einer Traumatisierung kleinerer Gefäße entsteht schnell eine massive Dyspnoe, bei der

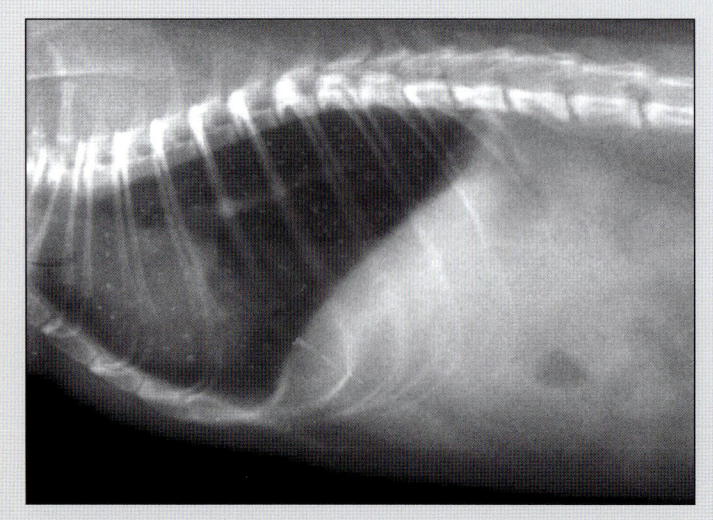

**Abb. 2.7** Lungentumoren bei einer Ratte: Die gesamte Lunge ist mit feinen röntgendichten Rundschatten durchsetzt.

Blut oder blutiger Schaum aus den Nasenlöchern austritt. Die Tiere geraten schnell in eine lebensbedrohliche Schocksymptomatik.

### Diagnose

Bereits die Anamnese und das klinische Bild lassen den Verdacht auf eine Lungenblutung zu. Ähnlich stellen sich jedoch auch Schädeltraumata (S. 157) dar, die differenzialdiagnostisch durch Röntgenaufnahmen abgegrenzt werden müssen. Durch das Anfertigen von Thoraxaufnahmen im dorsoventralen Strahlengang sollte festgestellt werden, welche Lungenseite von Blutungen betroffen ist.

### Therapie & Prognose

Zunächst werden allgemein stabilisierende Maßnahmen (Flüssigkeitssubstitution, Kreislaufstabilisierung) eingeleitet und das Tier erhält Sauerstoff. Befindet sich der Patient in Seitenlage, so sollte er so gelagert werden, dass die von der Blutung betroffene Lungenseite unten liegt. So wird ein Vermischen von Luft und Blut besser verhindert. In jedem Fall muss ein Antibiotikum verabreicht werden, um sekundäre bakterielle Infektionen zu verhindern, und die Applikation eines Analgetikums ist unerlässlich.

## Herzerkrankungen

*Meist altersbedingte Erkrankungen, die bei Kleinnagern häufig mit Dyspnoe einhergehen.*

### Ätiologie & Pathogenese

Herzerkrankungen werden insbesondere bei älteren Kleinnagern beobachtet und beruhen vermutlich auf altersbedingten Veränderungen von Herzmuskel und Herzklappen. Da die kleinen Nager auch gehäuft unter infektiösen respiratorischen Erkrankungen leiden, ist auch ein sekundärer Übergriff solcher Infektionen auf die Herzklappen sowie die Entstehung eines Cor pulmonale nicht auszuschließen. Bei Jungtieren mit Herzproblemen muss von einer kongenitalen Erkrankung ausgegangen werden.

### Klinik

Oft werden Herzerkrankungen bei Kleinnagern in Form von Atembeschwerden sichtbar. Die Tiere weisen eine pumpende Flankenatmung auf und sitzen mit gesträubtem Fell in einer Käfigecke. In hochgradigen Fällen wird Maulatmung beobachtet. Die Tiere sind aufgrund der Dyspnoe inappetent, werden schnell exsikkotisch und magern ab.

Abmagerung (❿) kann aber auch das einzige unspezifische Symptom einer kardialen Erkrankung sein. Zudem führen Herzinsuffizienzen auch zu Symptomen wie Ataxien, Anfallsgeschehen und Paresen, sodass eine neurologische Erkrankung (❼) vorgetäuscht werden kann.

### Diagnose

Bereits die Anamnese kann zu dem Verdacht einer Herzerkrankung führen. Bei genauer Nachfrage berichten die Besitzer häufig, dass das Tier schon einige Zeit vor dem Auftreten respiratorischer Symptome weniger mobil war. Dies äußert sich oft in verlängerten Ruhezeiten und verminderter Grabeaktivität. Bei Hamstern und Mäusen fällt auf, dass die Tiere ihr Laufrad nicht mehr so intensiv frequentieren oder es gänzlich meiden.

Die klinische Diagnose einer Herzerkrankung ist bei Kleinnagern nicht einfach zu stellen, da Untersuchungsmethoden wie die Elektrokardiographie und die Echokardiographie mit praxisüblichen Geräten nicht durchführbar sind. Bei der Auskultation ist die Diagnose eines Herzgeräusches aufgrund der hohen Herzfrequenz nicht immer möglich. Bei Tieren mit ausgeprägter Dyspnoe kann auskultatorisch jedoch häufig eine deutliche Dämpfung der Herztöne festgestellt werden, die auf einen Thorax- oder Perikarderguss zurückzuführen ist. Auch Ödemgeräusche auf der Lunge lassen sich bei der Auskultation diagnostizieren.

Röntgenologisch kann eine Vergrößerung des Herzschattens gefunden werden (Abb. 2.8). Oft sind die Konturen des Herzens nicht klar abgrenzbar. Als Anzeichen einer Stauungssituation findet sich eine Hepatomegalie, eventuell stellt sich auch eine verbreiterte Vena cava dar.

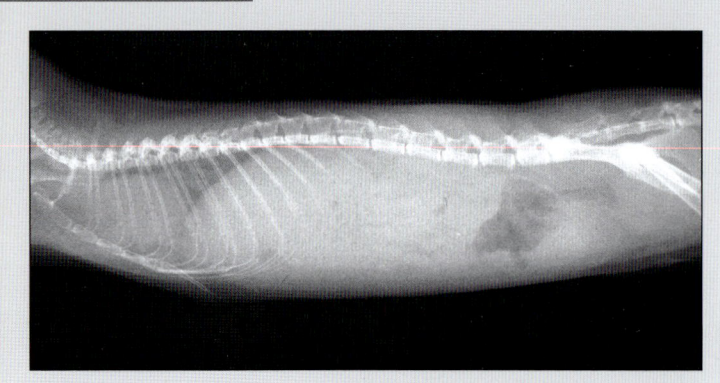

**Abb. 2.8** Kardiomegalie und Thoraxverschattung bei einer Farbmaus.

### Therapie & Prognose

Die Prognose ist immer als äußerst vorsichtig anzusehen, da Herzerkrankungen fast immer erst in fortgeschrittenen Stadien diagnostiziert werden können.

Als erste Maßnahme erfolgt eine Entwässerung mit Furosemid [47]. Oftmals ergibt sich allein hierdurch bei Patienten mit Thorax- oder Perikarderguss eine massive Verbesserung der Symptome und sehr positive Stabilisierung des Befindens. Aufgrund der hohen Stoffwechselaktivität der kleinen Tiere sollte das Medikament zumindest in den ersten Tagen der Behandlung stets zweimal täglich appliziert werden.

Bei vielen Kleinnagern ist eine Dauertherapie mit einem Diuretikum ausreichend, um den Zustand der Tiere noch über lange Zeit stabil zu halten. Zur besseren Anwendung von Furosemid durch den Besitzer eignet sich Injektionslösung, die oral verabreicht werden kann. Sie muss bei leichten Tieren gegebenenfalls mit isotoner Kochsalzlösung verdünnt werden.

Ist eine Behandlung mit Furosemid nicht ausreichend, um ein zufriedenstellendes Allgemeinbefinden herzustellen, so können auch bei Kleinnagern ACE-Hemmer eingesetzt werden. Diese sind recht risikolos auch ohne weiterführende Diagnostik anwendbar und führen zu einer deutlichen Entlastung des Herzens bei Klappeninsuffizienzen, tachykarden Arrhythmien und dilatativen Kardiomyopathien. Da diese Präparate jedoch auch eine blutdrucksenkende Wirkung besitzen, muss der Behandlungsbeginn über einige Tage mit halber Dosierung einschleichend erfolgen.

Die meisten ACE-Hemmer sind ausschließlich in Tablettenform verfügbar, sodass sich bei Kleinnagern das Problem der exakten Dosierung stellt. Es hat sich bewährt, Tabletten zu zermörsern, in Wasser aufzulösen und dann täglich fraktioniert einzugeben. Besser geeignet ist das flüssige Präparat Prilium® [48], das allerdings nur begrenzte Zeit haltbar ist, sodass stets der Großteil des Medikamentes verworfen werden muss und so hohe Kosten für den Tierbesitzer verursacht werden.

Eine generelle Verbesserung der Durchblutung, insbesondere bei älteren Patienten, ist durch die Gabe des Geriatrikums Propentophyllin [49] (Karsivan®) zu erzielen, das auch ergänzend zu ACE-Hemmern und/oder Furosemid eingesetzt werden kann.

*Digitalispräparate sollten bei Kleinnagern nicht eingesetzt werden. Solche Medikamente dürfen nur nach exakter Diagnose einer Herzerkrankung gezielt angewendet werden. Diese ist bei den kleinen Nagern in der Regel jedoch nicht möglich.*

Generell muss mit dem Besitzer besprochen werden, dass es sich stets um eine Dauertherapie handelt, die die Herzerkrankung nicht heilen, sondern im günstigsten Fall Symptome vermindern und die Herzfunktion stabil halten kann. Wichtig ist auch in diesem Gespräch darauf hinzuweisen, dass nur eine zuverlässige, zeitlich regelmäßige Medikamentengabe einen Behandlungserfolg verspricht.

Unterstützend müssen die Haltungsbedingungen optimiert, insbesondere Stressfaktoren reduziert werden, um das Allgemeinbefinden des betroffenen Tieres zu verbessern.

## 2.1 Dyspnoe

**Bei Kleinsäugern einsetzbare Herzmedikamente:**

- Diuretika
  - Furosemid [47] (Dimazon®), 1–2 x tägl.
    1–5 mg/kg s.c., p.o.
- ACE-Hemmer
  - Enalapril [45] (Enacard®), 1 x tägl.
    0,5–1 mg/kg p.o.
  - Imidaprilhydrochlorid [48] (Prilium®), 1 x tägl.
    0,125–0,25 mg/kg p.o.
  - Ramipril [50] (Vasotop®), 1 x tägl.
    0,125 mg/kg p.o.
- Xanthinderivate
  - Propentophyllin [49] (Karsivan®), 1–2 x tägl.
    25 mg/kg p.o.

### Raumfordernde Prozesse im Abdomen

*Erkrankungen unterschiedlicher Ursache, die durch Druck auf das Zwerchfell zu Atemnot führen können.*

#### Ätiologie & Pathogenese

Raumfordernde abdominale Prozesse können durch Druck auf das Zwerchfell zu einer Einschränkung der Lungen- und Herz-Kreislauf-Funktionen führen. Als Ursachen kommen Tympanien des Gastrointestinaltraktes, Neoplasien von Abdominalorganen oder, bei Hamstern und Rennmäusen, eine polyzystische Leberveränderung vor.

#### Klinik

Die Tiere leiden unter Atemnot unterschiedlichen Ausmaßes, ohne dass auskultatorisch verschärfte Atemgeräusche wahrnehmbar sind. Im Vordergrund der Symptomatik steht jedoch in der Regel eine Umfangsvermehrung des Abdomens ([5]).

#### Diagnose

Eine Verdachtsdiagnose kann bereits aufgrund des aufgetriebenen Abdomens gestellt werden. Durch Röntgenaufnahmen und/oder sonographische Untersuchungen kann die genaue Ursache ermittelt werden.

#### Therapie & Prognose

Prognose und Behandlung richten sich nach der jeweiligen Erkrankung ([5]).

### Septikämie

*Häufige, aus bakteriellen Infektionen hervorgehende Erkrankung.*

#### Ätiologie & Pathogenese

Septikämien nehmen bei Kleinnagern ihren Ausgang besonders häufig von eitrigen Gebärmutterentzündungen oder bakteriellen Infektionen der Atemwege.

#### Klinik

Die Tiere werden zunehmend matt und weisen häufig eitrig verklebte Augen auf. Die Nahrungsaufnahme wird eingestellt. Oft ist eine pumpende Flankenatmung zu beobachten, und die Tiere geraten in einen Schockzustand mit Seitenlage.

#### Diagnose

Eine Verdachtsdiagnose muss anhand des klinischen Bildes gestellt werden. Eitriger Augen- und Nasenausfluss, eitriger Vaginalausfluss oder Durchfall können Anzeichen einer Primärerkrankung sein, die in eine Septikämie mündet.

#### Therapie & Prognose

Die Prognose ist immer äußerst vorsichtig zu stellen. Meist kommt eine Behandlung zu spät, wenn die Tiere vorgestellt werden. Es muss umgehend ein Antibiotikum verabreicht werden. Besonders gut eignen sich Marbocyl® [9] oder Baytril® [5], die in verdünnter Form auch gut intraperitoneal verabreicht und so schneller resorbiert werden können. Die Tiere erhalten zusätzlich Infusionen [84] mit Glukosezusatz [82].

### Hitzschlag

*Durch Haltungsfehler in den Sommermonaten ausgelöste Erkrankung*

#### Ätiologie & Pathogenese

Die Kleinnager verfügen nicht über Schweißdrüsen und sind daher sehr hitzeempfindlich. Zu einem Hitzschlag kann es besonders dann kommen, wenn Käfige oder Terrarien im Sommer an einem Sonnenfenster stehen. Begünstigend wirkt zudem Plastikinventar, in dem sich die Hitze staut. Auch Transporte im Auto bei hohen Temperaturen können einen Hitzschlag auslösen, insbesondere, wenn die Tiere in den handelsüblichen, kleinen Plastikboxen transportiert werden.

Anhaltend hohe Temperaturen führen zu peripherer Vasodilatation und letztlich zum Kreislaufkollaps. Bei einem Anstieg der Körpertemperatur auf Werte über 41 °C werden die Gefäßendothelien geschädigt, sodass es zu disseminierter intravasaler Gerinnung und Proteindenaturierung mit Nekrosenbildung in den Organen kommt.

### Klinik

Die Tiere werden zunächst unruhig und versuchen der Wärme zu entkommen. Im weiteren Verlauf kommt es zu Apathie, Gleichgewichtsstörungen und Muskelschwäche. Der Zustand mündet schließlich in ein Schockgeschehen mit Seitenlage, blassen Schleimhäuten, Dyspnoe und Bewusstseinstrübungen.

### Diagnose

Die Diagnose ergibt sich anhand der Anamnese und der klinischen Untersuchung, bei der massive Hyperthermien nachgewiesen werden können.

### Therapie & Prognose

Die Prognose ist immer als vorsichtig zu beurteilen, insbesondere, wenn die Tiere bereits im Schock vorgestellt werden. Selbst nach scheinbarer Erholung kann es noch Tage später zu verzögertem Organversagen kommen.

Die Tiere werden in kühle, feuchte Handtücher gewickelt und erhalten kühle Infusionen mit Vollelektrolytlösung (84), die intraperitoneal verabreicht werden. Zudem wird eine antibiotische Behandlung eingeleitet, da Ischämien der Organe und Hyperthermien Infektionen und nachfolgende Septikämien begünstigen. Außerdem muss eine sofortige Zufuhr von Sauerstoff erfolgen.

## Allergie

*Bei Kleinnagern gelegentlich durch staubende Einstreu ausgelöste Reaktionen.*

### Ätiologie & Pathogenese

Gelegentlich werden allergische Reaktionen, die den Atmungstrakt betreffen, durch staubendes Einstreumaterial hervorgerufen, wobei besonders die handelsüblichen Holzspäne eine Rolle spielen.

### Klinik

Die Tiere leiden meist unter einer katarrhalischen Rhinitis mit serösem Augen- und Nasenausfluss und deutlich feuchtem, nasalem Atemgeräusch. Das Allgemeinbefinden ist in der Regel ungestört.

### Diagnose

Eine Verdachtsdiagnose kann anhand des klinischen Bildes gestellt werden. Auffällig ist besonders, dass die Tiere trotz zum Teil lauter Atemgeräusche und rasselnder Auskultationsbefunde keinen nennenswert reduzierten Allgemeinzustand aufweisen. Verbessern sich die Symptome unter einer antibiotischen Behandlung nicht, so verdichtet sich der Verdacht auf eine Allergie.

### Therapie & Prognose

Bei betroffenen Tieren sollte die handelsübliche Einstreu entfernt und durch Zeitungspapier und Zellstoff ersetzt werden. Um den Kleinnagern dennoch ausreichend Grabeaktivität zu ermöglichen, können auch Hanfstreu oder Holzgranulat als Einstreumaterialien verwendet werden. Zudem kann eine Kiste mit hitzesterilisierter Erde aufgestellt werden. Eine initiale Behandlung mit Prednisolon (72) kann versucht werden. Allerdings sind oft sehr hohe Dosierungen von 10 mg/kg erforderlich, um die Symptome zu dämpfen, sodass dann eine zusätzliche antibiotische Abschirmung sinnvoll ist.

## 2.2 Durchfall

Enteritiden können mit verschiedenen Begleitsymptomen einhergehen:
- kotverschmutzte oder nasse Anogenitalregion
- aufgetriebenes, schmerzhaftes Abdomen
- Rektumprolaps
- Apathie und Inappetenz
- Exsikkose

### 2.2.1 Tierartliche Besonderheiten

Die **Zähne** von Ratten, Mäusen, Hamstern und Rennmäusen weisen die Zahnformel 1003/1003 auf. Die Backenzähne sind als Wurzelzähne ausgebildet. Die Incisivi haben dagegen offene Wurzelkanäle und wachsen lebenslang nach. Sie besitzen eine gelblich-orange Färbung und sind nur an ihrer Vorderseite mit Schmelz überzogen. Die unteren Schneidezähne stehen hinter den oberen. Das Verhältnis der sichtbaren Schneidezahnanteile von Ober- zu Unterkiefer beträgt etwa 1 : 3 (Abb. 2.9–2.12). Die Symphysen des Unterkiefers sind bei den Kleinnagern nicht knöchern, sondern nur bindegewebig verbunden. Daher sind die Unterkieferincisivi gegeneinander leicht beweglich.

*Diese Beweglichkeit darf nicht als Lockerung der Zähne oder Symphysenfraktur fehlgedeutet werden!*

Als Besonderheit beim Hamster sind die **Backentaschen** ausgebildet, die eine Ausstülpung der Backenschleimhaut darstellen (Abb. 2.13). Sie reichen vom Maulwinkel bis in den Schulterbereich und sind mit derber Schleimhaut ausgekleidet, die mit kleinen Borsten besetzt ist. Die Backentaschen dienen als Nahrungsspeicher und werden durch Reiben mit den Vorderbeinen entleert.

Der **Magen** von Ratten, Mäusen und Rennmäusen ist einhöhlig, durch eine Falte jedoch in zwei Schleimhautbereiche gegliedert. Hamster besitzen einen zweihöhligen Magen. Er ist durch eine Verengung zwischen der großen und der kleinen Kurvatur in einen Vormagen und einen Drüsenmagen gegliedert (Abb. 2.14). Der Vormagen ist mikrobiell

**Abb. 2.10** Physiologische Schneidezähne einer Farbmaus.

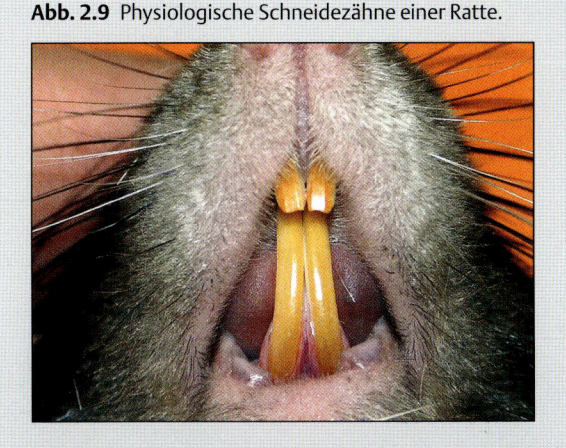

**Abb. 2.9** Physiologische Schneidezähne einer Ratte.

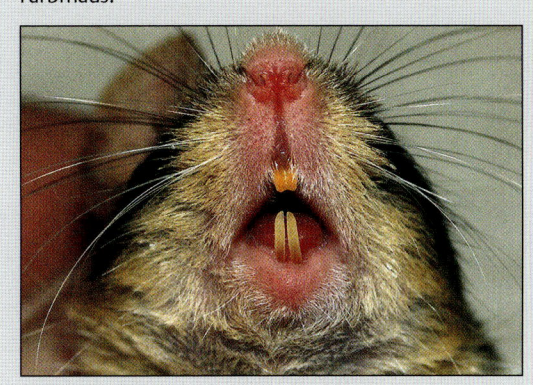

**Abb. 2.11** Physiologische Schneidezähne eines Goldhamsters.

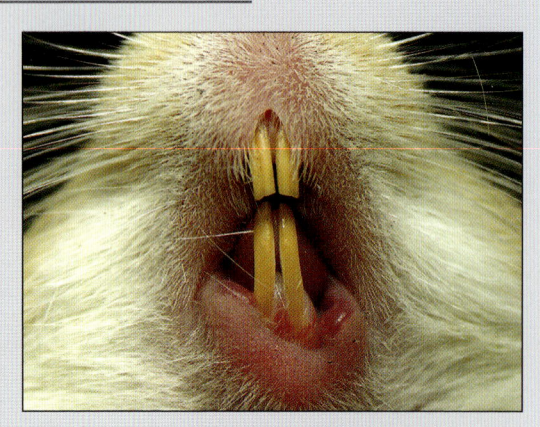

**Abb. 2.12** Physiologische Schneidezähne einer Rennmaus.

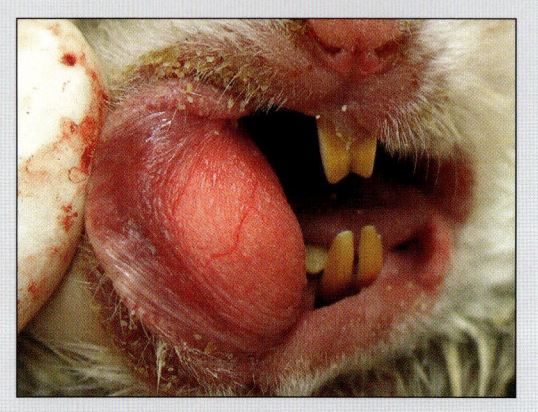

**Abb. 2.13** Physiologische Schleimhaut der Backentasche eines Goldhamsters.

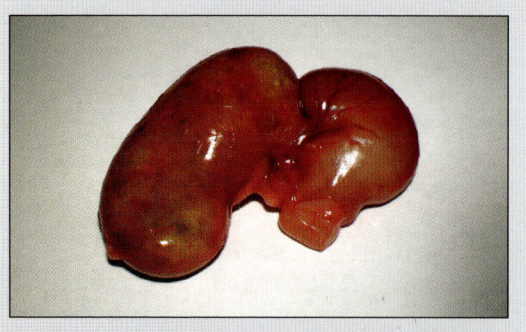

**Abb. 2.14** Magen eines Goldhamsters: Vor- und Drüsenmagen sind durch eine Einschnürung deutlich voneinander getrennt.

dichter besiedelt als der Drüsenmagen und in ihm finden einige prägastrische Fermentationen statt.

*Aufgrund der anatomischen Verhältnisse des Magens sind Kleinnager nicht in der Lage zu erbrechen. Sie sollten daher vor Narkosen auch nicht fasten; andernfalls kommt es schnell zu Stoffwechselentgleisungen.*

Der **Dünndarm** der Kleinnager ist prinzipiell wie der anderer Monogastrier aufgebaut. Das Jejunum stellt den längsten Anteil dar und nimmt das rechte ventrale Abdomen ein.

Das **Zäkum** ist relativ voluminös, jedoch deutlich kleiner als bei Kaninchen und Meerschweinchenverwandten. Es liegt im linken, kaudalen Abdomen. Es weist bei der Ratte, im Gegensatz zu den anderen Kleinnagern, keine Septen auf. Zäkum und Kolon dienen als Gärkammer, in der das im Dünndarm nicht verdaute Futter einem mikrobiellen Abbau unterzogen wird. Dabei fallen flüchtige Fettsäuren an, die als Energiequelle dienen. Die Fähigkeit zum Abbau von Rohfaser ist bei Kleinnagern nur gering. In der Futterration darf ein Rohfaseranteil von 10 % nicht überschritten werden.

Die mikrobielle **Darmflora** besteht vorwiegend aus grampositiven Bakterien, wobei *Bacteroides* sp. und *Lactobacillus* sp. überwiegen.

*Es dürfen daher bei Kleinnagern keine Antibiotika mit vorwiegend oder ausschließlich grampositivem Wirkungsspektrum eingesetzt werden.*

Hamster und Rennmäuse betreiben gelegentlich **Koprophagie**, um ihren Vitamin-B-Bedarf zu ergänzen. In größerem Ausmaß sowie bei Ratten und Mäusen wird eine Koprophagie nur dann beobachtet, wenn aufgrund einer fehlerhaften Rationszusammensetzung Mangelzustände entstehen.

## 2.2.2 Sofortmaßnahmen, Therapiegrundsätze

1. Flüssigkeitsersatz:
   - Infusionen (Vollelektrolytlösung [84], z. B. Jonosteril®), 60–100 ml/kg/d s.c., i.p.
   - Glukose [82], 1–2 x tägl. bis zu 500 mg/kg s.c., i.p.
2. Stabilisierung der Darmflora: Probiotika [38] (z. B. Bene-Bac®)
3. Vitaminsubstitution: v. a. Vitamin B [76]
4. ggf. Antitympanika [35] (z. B. Sab simplex®), mehrmals tägl. 0,5–1 ml/kg p.o.
5. ggf. Metoclopramid [36] (MCP-ratiopharm®), 2–3 x tägl. 1–5 mg/kg p.o., s.c.
6. ggf. Analgetika, z. B.
   - Metamizol [101] (Novalgin®), 2–3 x tägl. 10–20 mg/kg p.o., s.c.
   - Carprofen [99] (Rimadyl®), 1 x tägl. 5 mg/kg s.c.
7. ggf. Antibiotika, z. B.
   - Chloramphenicol [2] (Chloromycetin® Palmitat), 2 x tägl. 50 mg/kg p.o.
   - Sulfadoxin/Trimethoprim [11] (Cotrim K-ratiopharm®), 2 x tägl. 40/8 mg/kg p.o.
8. ggf. Zwangsernährung [113]

Die Behandlung einer Durchfallerkrankung lässt sich grundsätzlich in zwei Komplexe untergliedern:

**Ätiologische Therapie:** ein Behandlungserfolg ist nur gewährleistet, wenn die Ursache der Erkrankung abgeschaltet wird. Die ätiologische Therapie beinhaltet, je nach Erkrankung, eine Behandlung mit Antibiotika, Antiparasitika oder Antimykotika. Gegebenenfalls muss eine Futterumstellung durchgeführt werden. Überlange Incisivi sind zu korrigieren.

*Bei parasitären Infektionen müssen alle Partnertiere in die Behandlung einbezogen werden!*

**Symptomatische Therapie:** Bei Durchfallerkrankungen muss zudem eine symptomatische Behandlung durchgeführt werden:
- Infusionen dienen der Stabilisierung des Flüssigkeits- und Elektrolythaushaltes. Den Vollelektrolytlösungen [84] wird bei inappetenten Patienten außerdem Glukose [82] zugesetzt. Durch diese Nährstoffzufuhr soll ein überstürzter Abbau von Fettreserven verhindert werden.
- Bei Tympanien, oder auch zu deren Prävention, erhalten die Patienten mehrmals täglich, ggf. stündlich, Antitympanika (z. B. Sab simplex® [35]).
- Zusätzlich wird, ebenfalls bei bestehender Tympanie, Metoclopramid [36] verabreicht, um die orthograde Darmperistaltik anzuregen und dadurch Gase aus dem Magen-Darm-Trakt zu eliminieren.
- Die Tiere erhalten weiterhin Probiotika (z. B. Bene-Bac® Gel [38]) oder Kotsuspensionen gesunder Artgenossen, um die Darmflora zu stabilisieren.
- Da die bakterielle Vitaminsynthese bei Durchfallerkrankungen gestört ist, sollte v. a. Vitamin B [76] substituiert werden.
- Bei kolikartigen Bauchschmerzen, die meist durch tympanische Zustände verursacht werden, erhalten die Patienten Analgetika.

*Spasmolytika sollten nicht verwendet werden! Sie senken die Darmmotorik und begünstigen dadurch eine weitere Aufgasung.*

Bei Erkrankungen des Magen-Darm-Traktes kommt es schnell zu Instabilitäten der physiologischen Mikroflora, zur Schädigung der Darmschleimhaut und zur übermäßigen Ansammlung unerwünschter Stoffwechselprodukte im Darm. Die Resorptions- und Aufschlussvorgänge sind herabgesetzt. Eine diesen Verhältnissen angepasste **Fütterung** ist daher extrem wichtig.
- Aufgeschlossene Getreide (Haferflocken, Zwieback) dienen als schnelle Energielieferanten und sollten bei den überwiegend granivoren Kleinnagern den größten Teil der Ration stellen.
- Möhren und Gemüse liefern leicht aber langsam fermentierbare Kohlenhydrate in Form von Zellulose und Pektinen. Aus ihnen entstehen flüchtige Fettsäuren, die eine ausreichende Schleimhauternährung sicherstellen.
- Bananen bilden einen gelähnlichen Film aus, der sich schützend auf die Schleimhautoberfläche legt.
- Kleien (v. a. Haferkleie) binden laxierend wirkende Gallensäuren.

## 2.2.3 Wichtige Ursachen

Durchfallerkrankungen kommen bei Kleinnagern, verglichen mit Kaninchen und den Meerschweinchenverwandten, nur relativ selten vor. Am häufigsten sind Jungtiere im Säuglings- und Absetzalter betroffen, bei denen sowohl das Immunsystem als auch die physiologische Darmflora noch nicht ausreichend stabil ausgebildet sind.

Ein Parasitenbefall liegt bei Kleinnagern sehr häufig vor, führt aber nur in wenigen Fällen auch zu klinisch manifester Diarrhö. Neben Protozoeninfektionen mit Trichomonaden, Amöben, Giardien und Hexamiten, spielt gelegentlich die Kokzidiose, die durch Eimerien und Kryptosporidien hervorgerufen werden kann, eine Rolle. Als klinisch relevante Helminthosen sind insbesondere die Oxyuridose sowie auch die Hymenolepidose zu nennen.

Auch bakterielle Infektionen können Durchfälle auslösen. Alle Kleinnager können an der Tyzzer's Disease, der Salmonellose und der Kolibazillose erkranken. Bei Hamstern und Rennmäusen spielt zudem die Wet Tail Disease und bei Mäusen die Citrobakteriose eine Rolle.

Virusenteritiden werden bei Ratten und Mäusen im Säuglingsalter beobachtet. Darmmykosen sind stets als sekundäre Infektionen anzusehen und treten nur bei deutlich gestörter Darmflora auf.

Durch den Einsatz ungeeigneter Chemotherapeutika können Antibiotikaintoxikationen ausgelöst werden. Auch Vergiftungen können Durchfälle verursachen, kommen bei Kleinnagern aber nur in Ausnahmefällen vor.

Eine weitere Ursache für Verdauungsstörungen ist eine extrem einseitige Rationszusammensetzung. Diese muss jedoch nicht zwangsläufig aus Fütterungsfehlern resultieren. Zahnerkrankungen bewirken meist eine Selektion weicher Nahrungsmittel, sodass die tatsächlich aufgenommene Ration erheblich von der angebotenen abweichen kann. Erkrankungen, die mit reduzierter Fresslust einhergehen, haben einen ähnlichen Effekt, da sich die Patienten nur besonders schmackhafte Futterbestandteile aussuchen.

## 2.2.3.1 Übersicht

**Tab. 2.2** Wichtige Ursachen für Durchfall.

| Ursache | Bedeutung | Bemerkungen, siehe auch Leitsymptom |
|---|---|---|
| Trichomoniasis, Amöbiasis, Hexamitiasis, Giardiasis | +++ | v. a. bei supprimiertem Immunsystem und instabiler Darmflora |
| Nematodenbefall<br>• Oxyuren<br>• Peitschenwürmer<br>• Dünndarmnematoden | <br>+++<br>(+)<br>(+) | <br><br>R, M<br>R, M |
| Kolibazillose | +++ | |
| Wet Tail Disease | +++ | H, RM, v. a. bei Tieren im Absetzalter |
| Tyzzer's Disease | ++ | v. a. bei Tieren im Absetzalter, ⑤ |
| Kokzidiose<br>• *Eimeria* sp.<br>• *Cryptosporidium* sp. | <br>+<br>+ | <br>R, M<br> |
| Bandwurmbefall<br>• Hymenolepidose<br>• *Cataenotaenia* sp. | <br>+<br>(+) | <br>Humanpathogenität!<br> |
| Darmmykose | + | nur Sekundärinfektion bei gestörter Darmflora |
| Salmonellose | + | Humanpathogenität! |
| Citrobakteriose | + | M |
| Virusenteritis | + | R, M, bei säugenden Jungtieren |
| Antibiotikaintoxikation | + | |
| Zahnerkrankungen | + | ⑩ |
| Fütterungsfehler | + | |
| Erkrankungen mit Inappetenz | + | |
| Vergiftung | (+) | |

## 2.2.3.2 Diagnostischer Leitfaden: Durchfall

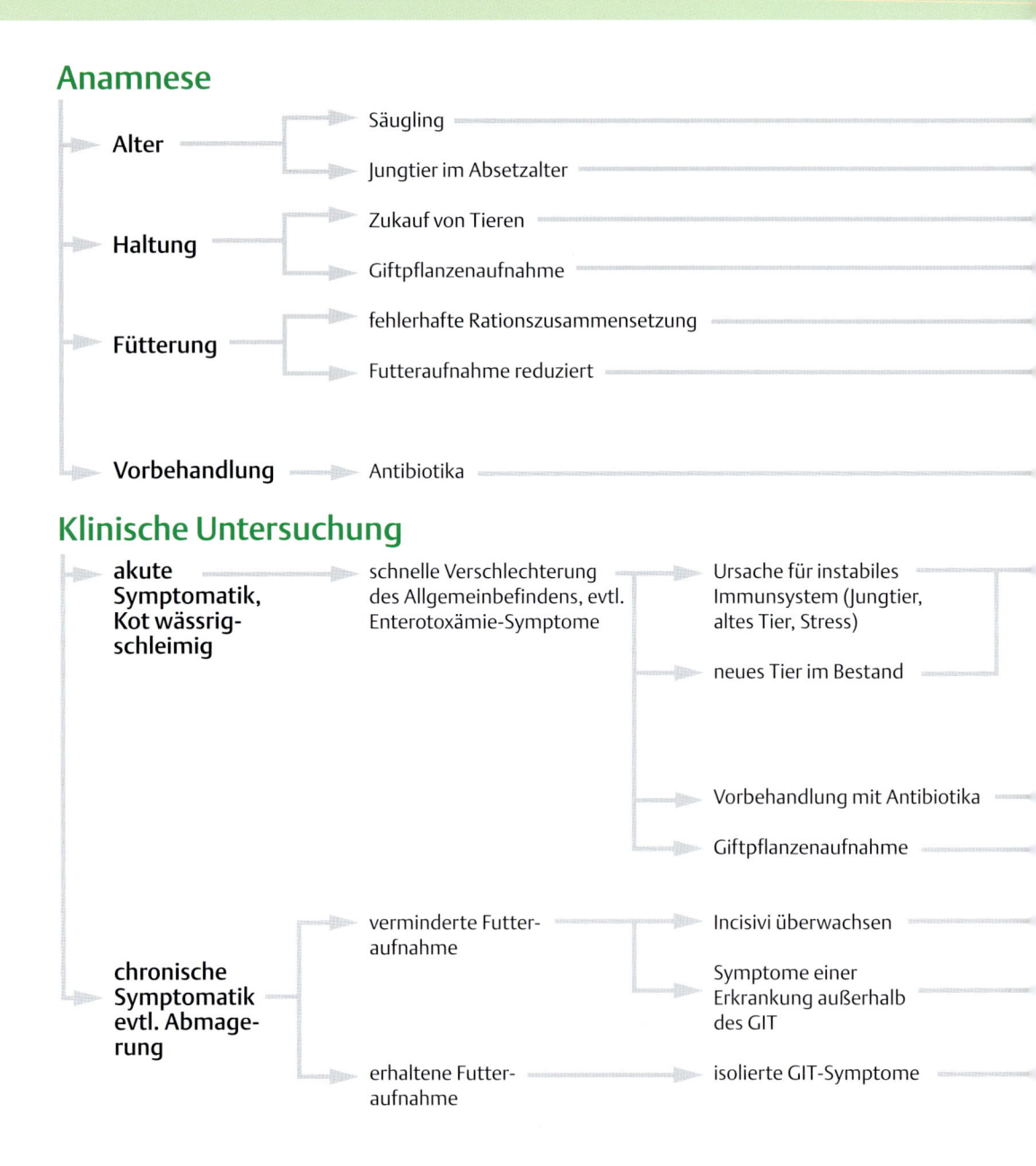

## Anamnese

- Alter
  - Säugling
  - Jungtier im Absetzalter
- Haltung
  - Zukauf von Tieren
  - Giftpflanzenaufnahme
- Fütterung
  - fehlerhafte Rationszusammensetzung
  - Futteraufnahme reduziert
- Vorbehandlung
  - Antibiotika

## Klinische Untersuchung

- akute Symptomatik, Kot wässrig-schleimig
  - schnelle Verschlechterung des Allgemeinbefindens, evtl. Enterotoxämie-Symptome
    - Ursache für instabiles Immunsystem (Jungtier, altes Tier, Stress)
    - neues Tier im Bestand
    - Vorbehandlung mit Antibiotika
    - Giftpflanzenaufnahme
- chronische Symptomatik evtl. Abmagerung
  - verminderte Futteraufnahme
    - Incisivi überwachsen
    - Symptome einer Erkrankung außerhalb des GIT
  - erhaltene Futteraufnahme
    - isolierte GIT-Symptome

## 2 Durchfall

| | | |
|---|---|---|
| Virusenteritis? | → | S. 63 |
| Infektionskrankheit? | → | S. 53 ff |
| Vergiftung? | → | S. 65 |
| Fütterungsfehler? | → | S. 65 |
| Zahnerkrankung? | → | S. 64 |
| Allgemeinerkrankung mit Inappetenz? | → | S. 65 |
| Antibiotikaintoxikation? | → | S. 64 |

bakt. US
- Salmonellose — S. 60
- Tyzzer's Disease — S. 61
- **M** Citrobakteriose — S. 62
- Kolibazillose — S. 60
- **H RM** Wet Tail Disease — S. 61

- Antibiotikaintoxikation
- Vergiftung

bakt. US
- sek. bakterielle Enteritis — S. 60

Nativpräparat
- sek. Darmmykose — S. 59

- Zahnerkrankung
- Erkrankung mit Inappetenz

Parasitose?

Nativpräparat/ gefärbter Kotausstrich
- Befall mit Amöben und Flagellaten — S. 54

Flotation
- Nematodenbefall — S. 56
- Bandwurmbefall — S. 58
- Kokzidiose — S. 53

Fütterungsanamnese
- Fütterungsfehler — S. 65

### Besonderes Augenmerk bei der Anamnese

**Alter:** Sowohl junge als auch sehr alte Kleinnager verfügen oftmals nicht über ein gut ausgebildetes Immunsystem, sodass sie empfänglicher für Infektionen sind. Bei Jungtieren kommt hinzu, dass ihre Darmflora noch nicht stabil ausgebildet ist. Auch hierdurch wird ein Auftreten von Infektionskrankheiten im Gastrointestinaltrakt begünstigt. So sind Hamster und Rennmäuse im Absetzalter besonders häufig von der Wet Tail Disease (S. 61) betroffen. Virusenteritiden (S. 63) werden bei säugenden Jungtieren von Ratte und Maus beobachtet.

**Haltungsbedingungen:** Neu in einen Bestand aufgenommene Tiere können Erkrankungen, insbesondere Parasitosen (S. 53 ff) oder bakterielle Infektionen (S. 60 ff), übertragen haben. Ein ähnlicher Effekt entsteht, wenn Kontakt zu Wildnagern möglich ist. Suboptimale Haltungsbedingungen können zudem durch Stress zu einer Immunsuppression führen und dadurch Krankheiten begünstigen.

**Fütterung:** Fütterungsfehler (S. 65) sind bei Kleinnagern nur selten direkt für Enteritiden verantwortlich. Durch eine unausgewogene Fütterung kann jedoch eine Immunschwäche hervorgerufen werden, sodass solche Tiere empfänglicher für Infektionen sind.

**Symptome:** Neben den Symptomen der Durchfallerkrankung (Kotfarbe, Kotkonsistenz, Dauer der Symptome) sollten auch weitere Krankheitsanzeichen erfragt werden wie z. B. eine reduzierte Futteraufnahme oder eine eingeschränkte Mobilität des Tieres. Störungen des Allgemeinbefindens treten bei fast allen akut verlaufenden Gastroenteritiden auf, insbesondere bei der Wet Tail Disease (S. 61) oder der Tyzzer's Disease (S. 61).

**Vorbehandlung:** Aufgrund einer tierärztlichen Vorbehandlung können bestimmte Erkrankungen möglicherweise ausgeschlossen werden, so beispielsweise eine Helminthose, wenn das Tier bereits adäquate Medikamente erhalten hat. Eine Vorbehandlung ist aber auch dann von Interesse, wenn der Verdacht auf eine Antibiotikaintoxikation (S. 64) besteht.

### Besonderes Augenmerk bei der klinischen Untersuchung

#### Liegen Störungen des Allgemeinbefindens vor?

Insbesondere bei akuten wässrig-schleimigen Durchfällen sollten zunächst die Herz-Kreislauf-Situation und der Hautturgor überprüft werden. Kleinnager mit ihren hohen Stoffwechselraten geraten durch Flüssigkeitsverluste bei Enteritiden besonders schnell in einen Zustand lebensbedrohlicher Dehydrierung.

*Bei Schocksymptomatik und deutlicher Exsikkose sollten umgehend adäquate Sofortmaßnahmen eingeleitet werden. Erst anschließend erfolgt eine weitere Diagnostik.*

#### Welche Veränderungen bestehen im Verdauungstrakt?

Bereits durch vorsichtige Palpation des Abdomens können Veränderungen des Gastrointestinaltraktes erkannt werden. Enteritiden gehen in der Regel mit vermehrten Flüssigkeitsansammlungen im Darm einher. Auskultatorisch sind verstärkte Verdauungsgeräusche zu hören. Insbesondere bei Infektionen mit Flagellaten und Amöben (S. 54) ist das Abdomen durch Gasansammlungen im Verdauungskanal oft angespannt.

Die Anogenitalregion ist bei dünnflüssigen Durchfällen meist deutlich verschmutzt. Bei starkem Pressreiz besteht zudem die Gefahr eines Rektumprolapses (S. 103), der als absolute Notfallsituation anzusehen ist.

#### Bestehen Zahnprobleme?

Stets sollten die Schneidezähne auf Vollständigkeit, Festigkeit und Länge überprüft werden. Zahnerkrankungen können, da die Tiere oft nur bestimmte Futtermittel selektieren, Verdauungsstörungen zur Folge haben.

#### Liegt ein Fliegenmadenbefall vor?

Auch bei ausschließlich in der Wohnung gehaltenen Kleinnagern kann es in den Sommermonaten zu einer Myiasis (S. 144) kommen. Bei Durchfallerkrankungen sollte das Fell des Patienten daher stets sorgfältig nach Fliegenmaden abgesucht werden.

### Diagnosesicherung durch weiterführende Untersuchungen

**Kotuntersuchungen** sind das wichtigste diagnostische Hilfsmittel, um die Ursache einer Enteritis zu ermitteln. Sie sind aber auch erforderlich, um sekundäre Auswirkungen auf die Darmflora diagnostizieren zu können. Oft können bereits in Nativpräparaten Flagellaten (S. 54) und Hefen (S. 59) nachgewiesen werden. Zum Nachweis von Nematoden (S. 56), Bandwürmern (S. 58) und Kokzidien (S. 53) ist die Flotationsmethode geeignet. Oxyuren (S. 56) können zudem mit Hilfe eines Tesa-Abklatsch-Präparates der Analregion diagnostiziert werden. Um vegetative Stadien und Zysten von Protozoen besser finden zu können, ist die Färbung von Kotausstrichen anzuraten. Eine sichere Diagnose von Giardien (S. 54) ist durch serologische Kotuntersuchungen möglich. Insbesondere bei akuten wässrigen Durchfällen empfiehlt sich eine bakteriologische Untersuchung des Kotes.

**Röntgenaufnahmen** des Abdomens dienen v. a. dazu, eine Tympanie sowie deren Ausmaß und Lokalisation zu ermitteln. Bestehen Veränderungen der Zähne, so können unter Umständen auch Röntgenaufnahmen des Schädels erforderlich werden, um Knochenbeteiligungen erkennen zu können.

Die Dauerstadien der Parasiten, die Oozysten, werden mit dem Kot ausgeschieden. Sie sind äußerst resistent und bleiben in der Außenwelt über mehrere Monate infektionsfähig. Eine Infektion anderer Kleinnager erfolgt peroral über kontaminiertes Futter. Im neuen Wirtstier vermehren sich die Parasiten in der Darmschleimhaut.

### Klinik

Die Infektion verläuft meist latent. Es erkranken vorwiegend Jungtiere an wässrig-schleimigen Durchfällen, sodass es zu schneller Dehydratation mit Todesfällen kommen kann. Daneben werden unspezifische Symptome wie Apathie, Inappetenz und Gewichtsverluste beobachtet. Durch bakterielle Sekundärinfektionen besteht die Gefahr einer Septikämie.

### Diagnose

Bei klinisch manifester Erkrankung können Kokzidienoozysten meist bereits nativ im Kotausstrich nachgewiesen werden. Eine Anreicherung erfolgt durch das Flotationsverfahren. Oozysten von Eimeria- und Kryptosporidien-Arten sind morphologisch ähnlich. Eimeria-Oozysten sind mit etwa 20 x 30 µm (Abb. 2.15) jedoch deutlich größer als die der Kryptosporidien mit ca. 6 x 8 µm (Abb. 2.16).

Da die Oozysten nicht regelmäßig ausgeschieden werden, kann eine Untersuchung falsch negativ verlaufen. Bei begründetem Verdacht auf einen Kokzidienbefall sollten daher Sammelkotproben von mehreren Tagen untersucht werden.

## 2.2.3.3 Erkrankungen

### Kokzidiose

*In der Heimtierhaltung nur selten vorkommende Parasitose.*

#### Ätiologie & Pathogenese

Kokzidiosen, spielen in der Heimtierhaltung nur eine untergeordnete Rolle. Eimeria-Arten kommen nur bei Ratten (z. B. *E. contorta, E. nieschulzi, E. separata*) und Mäusen (z. B. *E. falciformis, E. ferrisi, E. hansonorum*) vor. *Cryptosporidium muris* ist dagegen bei allen Kleinnagern zu finden.

**Abb. 2.15** Sporulierte (a) und unsporulierte Eimeria-Oozyste (b) aus einer Ratte.

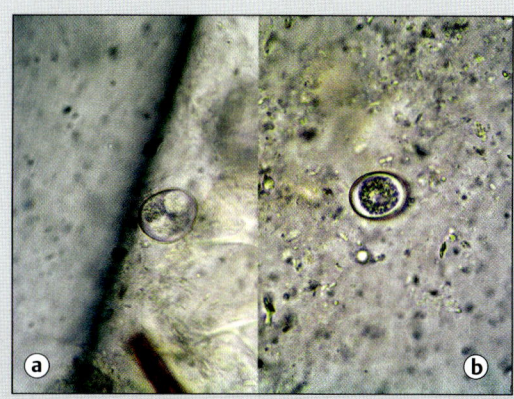

**Abb. 2.16** Kryptosporidien-Oozysten

### Therapie & Prognose

Die Prognose ist bei klinisch manifester Kokzidiose immer vorsichtig zu stellen, insbesondere, wenn die Tiere nicht mehr selbständig fressen. Solche Patienten müssen intensiv versorgt werden.

Mittel der Wahl zur Behandlung der Kokzidiose ist Toltrazuril (24) (Baycox®). Die Behandlung erfolgt zweimal über drei Tage mit einer zwischengeschalteten dreitägigen Behandlungspause.

Zudem muss bei klinisch manifester Kokzidiose eine unterstützende Durchfalltherapie mit Infusionen (84), Glukose (82) und Vitaminsubstitution (76) durchgeführt werden. Die Darmflora wird stabilisiert und die Tiere werden zwangsgefüttert. Zudem sollten die Patienten antibiotisch abgeschirmt werden, um Enterotoxämien entgegenzuwirken.

Nach jedem Behandlungsintervall müssen Käfig und Einrichtungsgegenstände gründlich gereinigt werden, um Reinfektionen zu verhindern. Holzinventar sollte am Ende der Behandlung möglichst vollständig entsorgt werden.

> **Therapie der Kokzidiose:**
> - Toltrazuril (24) (Baycox®), 1 x tägl. 10 mg/kg p.o. Behandlungsschema 3d–3d Pause–3d
> - ggf. Antibiotikum
> - ggf. Antimykotikum
> - allgemein unterstützende Durchfalltherapie

## Infektionen mit Flagellaten und Amöben

*Infektionen mit verschiedenen Protozoen, die nur bei Immunsuppression oder Störungen des Darmmilieus zu klinischen Erkrankungen führen.*

### Ätiologie & Pathogenese

Bei den Kleinnagern kommen verschiedene Protozoen vor. Zu ihnen gehören bei Ratten, Farbmäusen und Rennmäusen *Giardia muris*, *Spironucleus* (*Hexamita*) *muris*, *Tritrichomonas muris* und *Entamoeba muris*. Bei Hamstern konnten *Giardia muris*, *Giardia mesocricetus*, *Spironucleus muris*, *Entamoeba* sp. und *Trichomonas* sp. nachgewiesen werden.

Die Protozoen sind fakultativ pathogen. Sie parasitieren im Dünn- bzw. Dickdarm, in der Regel ohne dass es zu klinischen Erscheinungen kommt. Eine massive Parasitenvermehrung kann jedoch bei Immunsuppression oder Veränderungen des Darmmilieus (durch andere parasitäre oder bakterielle Infektionen) erfolgen. Es kommt dann zu katarrhalischen Entzündungen der Darmschleimhaut, die auch mit Zottenatrophien einhergehen können.

### Klinik

Bei massivem Befall kommt es zu schmierigen bis flüssigen Durchfällen, die von Tympanien mit angespanntem, aufgetriebenem Abdomen begleitet sind. Die Tiere weisen eine kotverschmierte Anogenitalregion auf. Als weitere Symptome sind struppiges, glanzloses Fell, Apathie, Inappetenz und Exsikkosen zu beobachten. Jungtiere bleiben im Wachstum zurück.

### Diagnose

Im Kot finden sich meist vorwiegend die infektiösen Zystenstadien der Protozoen. Bei klinisch manifester Durchfallerkrankung können jedoch auch oft die vegetativen Stadien (Trophozoiten) nativ im Kotausstrich nachgewiesen werden. Eine bessere Darstellung mit einfachen Färbemethoden (z. B. nach Giemsa) ist möglich.

*Giardia* sp. weisen eine Größe von etwa 10 x 20 μm auf. Die vegetativen Stadien haben eine Rübenform und besitzen zwei Kerne (Abb. 2.17). Die Protozoen sind mit vier Geißelpaaren ausgestattet. Die im Kot ausgeschiedenen Zysten haben vier Kerne. Ein mikroskopischer Giardiennachweis verläuft oft falsch negativ. Eine serologische Kotuntersuchung ist meist aussagekräftiger, wegen der oft nur geringen Mengen zu gewinnenden Kotes jedoch nicht immer durchführbar.

*Spironucleus* sp. (*Hexamita* sp.) weisen eine ähnliche Morphologie wie Giardien auf. Sie sind birnenförmig, haben vier Geißelpaare und eine Größe von etwa 6 x 12 µm. Die beiden Kerne liegen unmittelbar hintereinander (Abb. 2.18).

*Trichomonas* sp. sind etwa 10 x 15–25 µm groß. Der Zellkern liegt in unmittelbarer Nähe des apikalen Pols. Die Parasiten haben 4–6 Geißeln, von denen eine als Schleppgeißel ausgebildet ist und entlang einer undulierenden Membran verläuft (Abb. 2.19 und 2.20).

*Entamoeba* sp. haben Größen von etwa 10–30 µm. Die vegetativen Stadien (Trophozoiten) sind einkernig mit rundlicher bis ovaler Form und enthalten in ihrem Zytoplasma Nahrungsvakuolen. Die Zysten sind rund mit ein bis vier Kernen.

### Therapie & Prognose

Die Behandlung erfolgt mit Metronidazol [8] über 5–7 Tage. Auch Fenbendazol [15] ist meist gut wirksam und wird ebenfalls über etwa eine Woche angewendet.

Zudem sollten die Tiere bei massivem Flagellatenbefall ein Antibiotikum (z. B. Enrofloxacin [5]) erhalten, da von einer schweren Störung der physiologischen Darmflora und der Gefahr einer Enterotoxämie ausgegangen werden muss. Besteht zusätzlich eine Darmmykose, so kommt auch Nystatin [31] zum Einsatz. Es wird zudem eine allgemein unterstützende Durchfalltherapie eingeleitet.

**Abb. 2.18** *Hexamita muris*

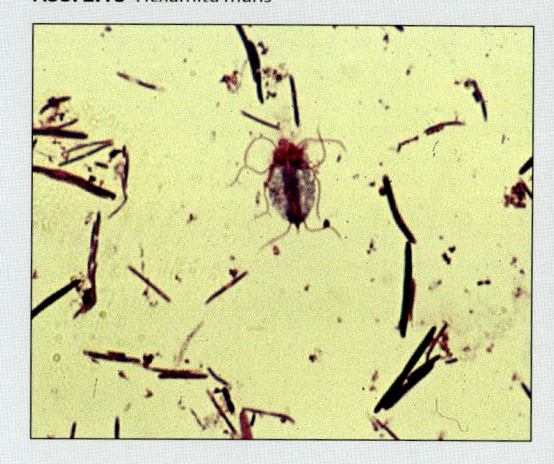

**Abb. 2.19** Vegetative Form von *Trichomonas* sp. (Goldhamster).

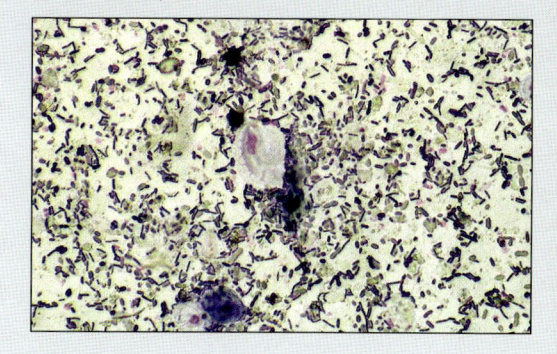

**Abb. 2.20** Pseudozyste von *Trichomonas* sp. (Goldhamster).

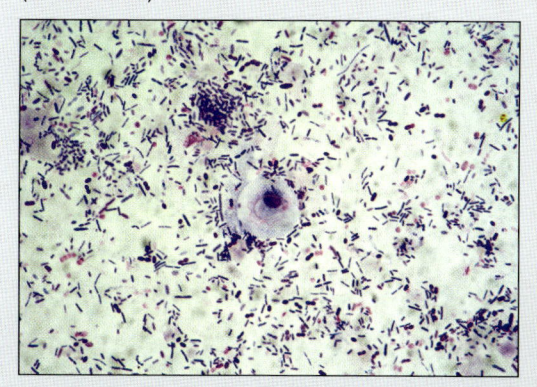

**Abb. 2.17** *Giardia muris*

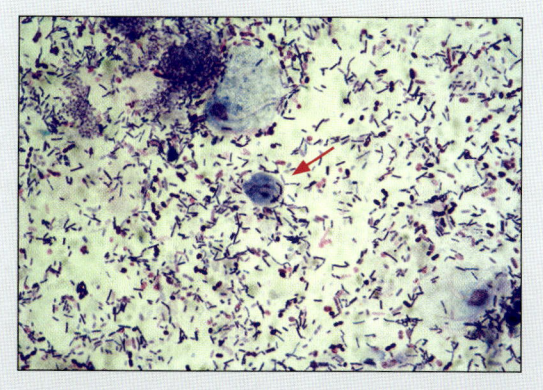

Diese beinhaltet die Applikation von Vollelektrolytlösungen (84), Glukose (82) und B-Vitaminen (76). Die Darmflora wird mit Laktobazillus-Präparaten (38) stabilisiert. Bei inappetenten Patienten wird umgehend mit einer Zwangsfütterung begonnen. Um die meist zusätzlich bestehenden Tympanien einzudämmen, erhalten die Tiere mehrmals täglich Sab simplex® (35). Da es durch die Aufgasungen oft zu kolikartigen Bauchschmerzen kommt, sollte ein Analgetikum (z. B. Metacam® (100)) verabreicht werden.

Es muss zudem eine gründliche Reinigung von Käfig und Inventar erfolgen, da die Protozoenzysten in der Außenwelt äußerst widerstandsfähig sind. Schlecht zu reinigende Einrichtungsgegenstände aus Holz sollten entsorgt werden.

> **Therapie des Flagellatenbefalls:**
> - Metronidazol (8) (Flagyl®), 2 x tägl. 10–20 mg/kg p.o. über 5–7 d oder
> - Fenbendazol (15) (Panacur®), 1 x tägl. 20 mg/kg p.o. über 5 d
> - ggf. Antibiotikum
> - ggf. Antimykotikum
> - allgemein unterstützende Durchfalltherapie

### Nematodenbefall

*Häufige Infektion bei Kleinnagern, die nur selten zu klinischen Symptomen führt.*

#### Ätiologie & Pathogenese

Ein Befall mit Nematoden ist bei Kleinnagern weit verbreitet; nur in seltenen Fällen werden jedoch klinische Symptome ausgelöst.

Am häufigsten kommen die Oxyuren (Pfriemenschwänze) *Syphacia obvelata*, *Syphacia muris* und *Aspiculurus tetraptera* vor, seltener findet sich *Heterakis spumosa*. Hamster können zudem unter einem Befall mit *Syphacia mesocriceti* leiden. Die Parasiten leben im Dickdarm der Kleinnager. Die Wurmweibchen legen ihre Eier im Analbereich und der Perianalregion ab. Eine Infektion mit den Würmern kann auf verschiedenen Wegen erfolgen. Die Eier können vom Wirtstier direkt vom Anus oral aufgenommen werden, Tiere können sich aber auch über kontaminiertes Futter anstecken. Die aus den Eiern schlüpfenden Larven wandern zudem über den Anus wieder in den Darm ein und entwickeln sich dort weiter.

Bei Ratten und Mäusen kann manchmal der Peitschenwurm *Trichuris muris* gefunden werden, der in der Schleimhaut des Blinddarms parasitiert. Im Dünndarm beider Tierarten kommen weiterhin gelegentlich *Nippostrongylus muris* (= *N. brasiliensis*), *Nematospiroides dubius* sowie *Strongyloides ratti* vor.

Im Kot von Hamstern können unter Umständen Eier des Haarwurms *Trichosomoides nasalis* nachgewiesen werden. Diese Nematodenart ist nur als Darmpassant zu werten. Sie parasitiert in den Nasenhöhlen, wo sie die Schleimhäute besiedelt und ist nicht an der Entstehung von Durchfallerkrankungen beteiligt.

#### Klinik

Meist bleibt ein Oxyurenbefall symptomlos. Bei hohen Befallsraten können jedoch Durchfälle unterschiedlicher Qualität auftreten. Durch massiven Pressreiz besteht die Gefahr eines Rektumprolapses (S. 103). Typisches Symptom ist außerdem ein ausgeprägter analer Juckreiz, der die Tiere in Einzelfällen zur Automutilation veranlassen kann. Als unspezifische Anzeichen werden Abmagerung bzw. bei Jungtieren ein verzögertes Wachstum beobachtet.

Auch *Trichuris muris*, *Nippostrongylus muris*, *Nematospiroides dubius* und *Strongyloides ratti* verursachen nur bei starkem Befall Durchfallerkrankungen. Eine Infektion mit *Trichosomoides nasalis* kann in Einzelfällen zu Rhinitissymptomen führen.

#### Diagnose

Die Diagnose der Nematoden erfolgt mit Hilfe der Flotationsmethode. Bei starkem Befall ist ein Nachweis meist auch bereits in nativen Kotausstrichen möglich. Oxyuren können zudem mit Hilfe eines Tesa-Abklatsches aus der Analregion nachgewiesen werden.

Die Eier von *Syphacia* sp. (Abb. 2.21 u. 2.22) weisen eine ovoid-asymmetrische Form auf, wobei eine Seite abgeflacht erscheint. *Syphacia obvelata* ist

**Abb. 2.21** Ei von *Syphacia obvelata*.

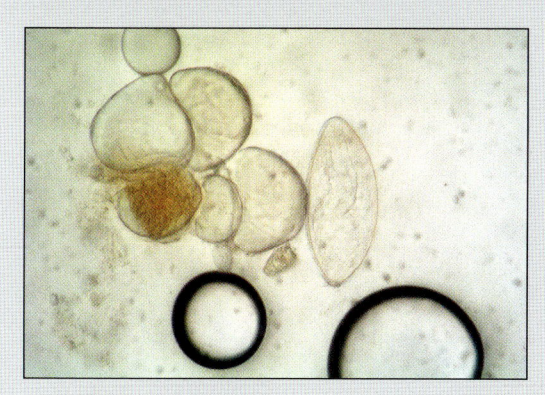

**Abb. 2.22** Ei von *Syphacia muris*.

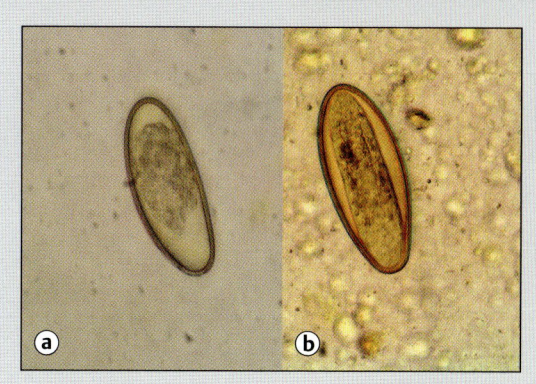

**Abb. 2.23** Ei von *Aspiculurus tetraptera* mit Morula (a) und Embryo (b).

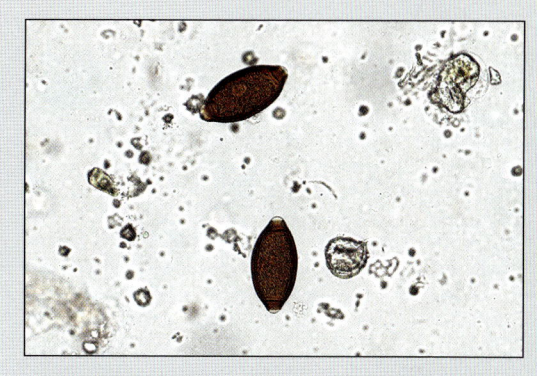

**Abb. 2.24** Ei von *Trichuris muris*.

**Abb. 2.25** Ei von *Trichosomoides nasalis* mit Larve.

mit etwa 50 x 140 µm deutlich größer als *Syphacia muris* (ca. 30 x 80 µm).

Die Eier von *Aspiculurus teraptera* sind dagegen symmetrisch ellipsoid mit einer Größe von durchschnittlich 40 x 80 µm. Sie enthalten zunächst eine Morula, aus der innerhalb weniger Stunden ein „wurstförmiger" Embryo entsteht (Abb. 2.23).

*Heterakis spumosa* bildet mittelgroße, ellipsoide Eier (ca. 45 x 60 µm) mit flachen Seitenwänden. Diese besitzen ein dicke, glatte Schale und einen granulösen Inhalt.

*Trichuris muris* besitzt schlanke, zitronenförmige Eier mit deutlich vorgewölbten Polpfropfen (Abb. 2.24) und einer Größe von ca. 35 x 70 µm.

*Strongyloides ratti* hat larvenhaltige Eier mit dünner Schale und einer Größe von etwa 35 x 60 µm.

*Nematospiroides dubius* besitzt ovoide Eier mit dünner Schale und einer Größe von ca. 40 x 65 µm, die eine Morula enthalten. Die Eier von *Nippostrongylus muris* haben ein sehr ähnliches Aussehen, sind mit 30 x 60 µm aber etwas schmaler.

Eier von *Trichosomoides nasalis* haben eine plumpe, zitronenförmige Gestalt mit Polpfropfen und können sowohl eine Morula als auch eine Larve enthalten (Abb. 2.25).

### Therapie & Prognose

Eine Behandlung kann mit Fenbendazol [15], Febantel [14] oder Mebendazol [19] erfolgen. Eine Therapie mit Ivermectin [18] kann ebenfalls versucht werden, ist aber meist weniger erfolgreich.

Bei manifesten Durchfällen muss zudem eine allgemein unterstützende Durchfallbehandlung eingeleitet werden. Eine gründliche Reinigung von Käfig und Inventar ist unerlässlich, um Oxyureneier zu beseitigen. Schlecht zu reinigende Einrichtungsgegenstände aus Holz sollten beseitigt werden.

**Therapie des Nematodenbefalls:**
- Fenbendazol [15] (Panacur®), 1 x tägl. 20 mg/kg p.o. über 5 d oder
- Mebendazol [19] (Telmin®), 1 x tägl. 20 mg/kg p.o. über 3–5 d oder
- Febantel [14] (Rintal®), 1 x tägl. 10 mg/kg p.o. über 3 d oder
- Ivermectin [18] (Ivomec®), 0,3–0,5 (–1) mg/kg s.c., Wiederholung nach 5–7 d
- ggf. allgemein unterstützende Durchfalltherapie

### Bandwurmbefall ⚠

*Häufige Parasitose, die nur selten zu klinischer Erkrankung führt.*

### Ätiologie & Pathogenese

Als Bandwürmer kommen bei allen Kleinnagern *Hymenolepis nana* (= *H. fraterna*, Zwergbandwurm) und *Hymenolepis diminuta* (Rattenbandwurm) vor. Beide Bandwürmer parasitieren im Dünndarm. Die Infektion mit *H. nana* verläuft entweder direkt durch die orale Aufnahme von Eiern oder aber indirekt mit Insekten als Zwischenwirten. *H. diminuta* entwickelt sich nur indirekt, wobei verschiedene Insekten und Käfer als Zwischenwirte fungieren.

Bei Ratten und Mäusen findet sich zudem *Hymenolepis microstoma*, der in den Gallengängen und im Dünndarm parasitiert. Seine Entwicklung verläuft mit Käferlarven als Zwischenwirten.

*Sowohl Hymenolepis nana als auch Hymenolepis diminuta sind humanpathogen!*

Als weitere Zestoden können bei Kleinnagern gelegentlich *Cataenotaenia* sp. nachgewiesen werden, die nicht wirtsspezifisch sind und deren Entwicklung sich ebenfalls über Zwischenwirte vollzieht.

### Klinik

Eine Infektion mit Bandwürmern bleibt meist symptomlos. Bei massivem Befall kommt es zu Durchfällen mit Gewichtsverlust bzw. bei Jungtieren zu vermindertem Wachstum. Auch Obstipationen mit Darmverschluss sind möglich.

### Diagnose

Die Zestoden-Eier können mit Hilfe des Flotationsverfahrens nachgewiesen werden. Das Ei von *Hymenolepis nana* weist eine rundliche bis leicht ovale Form auf und ist mit ca. 45 x 50 µm recht klein (Abb. 2.26). Eier von *Hymenolepis diminuta* sind mit etwa 70 x 60–80 µm etwas größer

**Abb. 2.26** Ei von *Hymenolepis nana*.

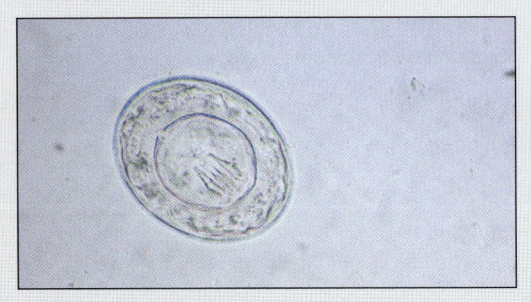

**Abb. 2.27** Ei von *Hymenolepis diminuta*.

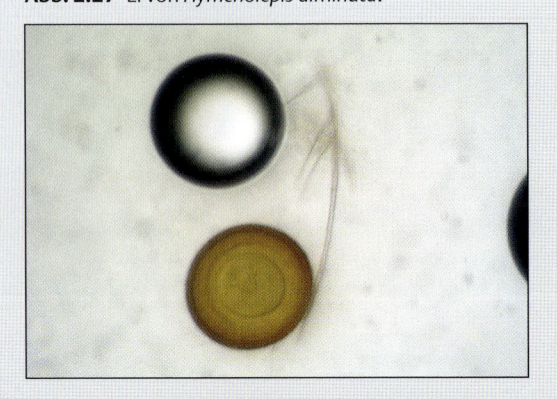

(Abb. 2.27). *Cataenotaenia*-sp.-Eier sind rund mit einem Durchmesser von 40–50 μm.

### Therapie & Prognose

Die Behandlung erfolgt mit Praziquantel (21) (Droncit®), das zweimalig im Abstand von 14 Tagen oral oder subkutan verabreicht wird. Fenbendazol (15) ist in einer Dosierung von 50 mg/kg ebenfalls gegen Bandwürmer wirksam. Es sollte über 5 Tage verabreicht und die Behandlung nach 14 Tagen wiederholt werden.

*Aufgrund der Humanpathogenität sollte eine Behandlung bei Hymenolepidose auch dann erfolgen, wenn der Bandwurmbefall keine klinischen Symptome hervorruft und nur als Zufallsbefund erhoben wird. Dies gilt insbesondere für Ratten, die meist in engem Kontakt mit ihrem Besitzer leben.*

### Humanpathogenität

Beim Menschen kommt es überwiegend zu Infektionen mit *Hymenolepis nana*, da sich dieser Parasit ohne Zwischenwirte vermehren kann. Neben Durchfällen werden Leib- und Kopfschmerzen sowie neurologische Symptome beobachtet.

## Darmmykose

*Durch Instabilitäten der Darmflora verursachte Sekundärinfektionen.*

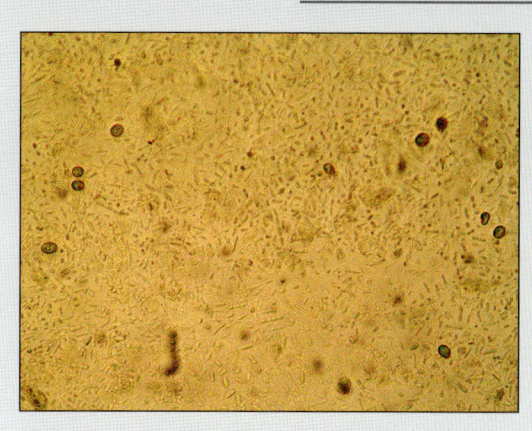

**Abb. 2.28** *Candida* sp. im Nativausstrich.

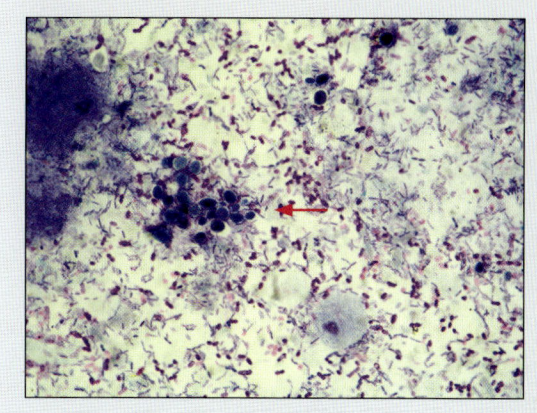

**Abb. 2.29** *Candida* sp. im gefärbten Kotausstrich (Haema-Schnellfärbung).

### Ätiologie & Pathogenese

Darmmykosen kommen bei Kleinnagern nur relativ selten vor. Pilze können sich nur dann vermehren, wenn das Darmmilieu gestört ist. Es werden dann überwiegend *Candida* sp. im Darm nachgewiesen.

### Klinik

Es bestehen meist massive Durchfälle, die jedoch nicht durch die Hefen, sondern durch andere Primärursachen (Parasitosen, bakterielle Infektionen) mit nachfolgenden schweren Störungen der Darmflora hervorgerufen werden.

### Diagnose

Die Hefen können im ungefärbten Kotausstrich als kugelige, teils sprossende Gebilde nachgewiesen werden (Abb. 2.28). Sie sind zudem mit einfachen Färbemethoden anzufärben (Abb. 2.29). Finden sich im Nativausstrich keine Anhaltspunkte für die Ursache einer Instabilität der Darmflora (z. B. Nachweis von Protozoen), so sollte Kot zusätzlich im Flotationsverfahren untersucht werden, um Helminthosen diagnostizieren zu können. Zudem ist eine bakteriologische Kotuntersuchung anzuraten.

### Therapie & Prognose

Die Behandlung eines Hefebefalls erfolgt mit Nystatin (31). Andere Grunderkrankungen, z. B. Parasitosen oder bakterielle Infektionen, müssen natürlich gleichzeitig behandelt werden, andernfalls kommt es nach Beendigung der antimykotischen Therapie schnell wieder zu einer Vermehrung der Hefepilze.

### Salmonellose ⚠

*Bakterielle Infektion, die vorwiegend immungeschwächte Tiere betrifft*

#### Ätiologie & Pathogenese

Erreger von Salmonellosen bei Kleinnagern sind *Salmonella enteritidis* und *Salmonella typhimurium*. Die Erregerübertragung erfolgt auf fäkal-oralem Weg. Die Infektion verläuft meist latent, wobei die Keime jedoch regelmäßig ausgeschieden werden. Erkrankungen werden überwiegend bei Tieren mit supprimiertem Immunsystem beobachtet.

#### Klinik

Bei klinischer Manifestation können sowohl akute als auch chronische Verlaufsformen beobachtet werden. Chronische Durchfälle gehen mit struppigem Haarkleid und Abmagerung einher. Bei akutem Verlauf entsteht meist eine wässrig-schleimige Diarrhö, die schnell zur Exsikkose führt. Auch Septikämien sind möglich.

#### Diagnose

Eine sichere Diagnose kann nur durch eine bakteriologische Untersuchung gestellt werden. In jedem Fall sollten auch parasitologische Untersuchungen eingeleitet werden, um Primärerkrankungen, die für ein verändertes Darmmilieu verantwortlich sind, diagnostizieren zu können.

#### Therapie & Prognose

In jedem Fall muss der Besitzer über die Humanpathogenität aufgeklärt werden. Die Therapie erfolgt mit einem Antibiotikum nach Antibiogramm. Auch eine Behandlung der Partnertiere sollte erwogen werden, da sie symptomlose Keimausscheider sein können. Der Behandlungserfolg sollte aufgrund der Humanpathogenität des Erregers durch wiederholte bakteriologische Untersuchungen kontrolliert werden.

Bei manifestem Durchfall muss eine allgemein unterstützende Behandlung zusätzlich eingeleitet werden.

#### Humanpathogenität

Salmonellen können auch beim Menschen Durchfallerkrankungen verursachen. Insbesondere bei Kindern und älteren Menschen mit geschwächtem Immunsystem kann es zu lebensbedrohlicher wässriger Diarrhö mit nachfolgender Septikämie und Todesfolge kommen.

### Kolibazillose

*Sekundäre Infektion bei primärer Instabilität der Darmflora.*

#### Ätiologie & Pathogenese

*Escherichia coli* kann sich im Darm von Kleinnagern nur dann vermehren, wenn das physiologische Darmmilieu gestört ist. Ursachen hierfür können beispielsweise Fütterungsfehler, Parasitosen oder eine Applikation ungeeigneter Antibiotika sein.

#### Klinik

Es entstehen meist akute wässrige Durchfälle, die schnell zur Dehydrierung führen. Die Tiere sitzen mit gesträubtem Fell in einer Käfigecke, fressen nicht und werden zunehmend apathisch. Durch fortschreitende Exsikkose und Enterotoxämien kommt es gehäuft zu Todesfällen.

#### Diagnose

Eine Diagnose erfolgt durch bakteriologische Kotuntersuchung. Zusätzlich muss anhand der Fütterungsanamnese sowie auch parasitologischer Untersuchungen eine Ursache für die Instabilität der Darmflora ermittelt werden.

#### Therapie & Prognose

Die Prognose einer akuten Koli-Enteritis ist immer vorsichtig zu beurteilen. Neben einer antibiotischen Behandlung (z. B. mit Enrofloxacin ⑤, Marbofloxacin ⑨) muss in jedem Fall auch eine allgemein unterstützende Therapie durchgeführt werden.

### Tyzzer's Disease

*Durch Immunsuppression begünstigte Erkrankung, die besonders bei Tieren im Absetzalter entsteht.*

#### Ätiologie & Pathogenese

Der Erreger der Tyzzer'schen Erkrankung ist *Clostridium piliforme* (= *Bacillus piliformis*). Die Übertragung erfolgt auf fäkal-oralem Weg über kontaminiertes Futter und verschmutzte Einstreu. Eine Erkrankung wird durch immunsupprimierende Faktoren begünstigt. Es erkranken besonders oft Jungtiere im Absetzalter (meist 3–7 Wochen).

Nach Aufnahme des Erregers erfolgt zunächst die Ansiedlung im Darmtrakt (v. a. Zäkum und Ileum) und von dort aus eine Ausbreitung über die Pfortader in die Leber. Es kann weiterhin zu einer Bakteriämie kommen, aus der myokardiale Läsionen sowie eine Enzephalitis mit schneller Todesfolge resultieren.

#### Klinik

Es kann zu perakuten Verlaufsformen mit plötzlichen Todesfällen kommen. Akute Verlaufsformen sind durch schwere wässrige Durchfälle mit Apathie, Inappetenz und Dehydratation gekennzeichnet, die meist innerhalb von ein bis zwei Tagen zum Tod führen. Ein verzögerter Verlauf geht mit unspezifischen Symptomen wie Abmagerung, verminderter Kondition und struppigem Haarkleid einher und wird v. a. durch die Schädigung der Leber (S. 121) hervorgerufen.

Insbesondere bei Rennmäusen, die ohnehin besonders empfänglich für *Clostridium piliforme* sind, können neurologische Symptome (**7**) aufgrund einer Enzephalitis auftreten.

#### Diagnose

Eine sichere Diagnosestellung am lebenden Tier ist in der Regel nicht möglich, da der Erreger intrazellulär vorkommt und in zellfreien Medien nicht angezüchtet werden kann. Im Todesfall sollte, sofern noch weitere Tiere vorhanden sind, eine Sektion eingeleitet werden. Hierbei fallen Blutungen, Ödembildungen und Ulzerationen der Darmschleimhaut, besonders in Ileum, Zäkum und Kolon auf. Die Leber weist makroskopisch massive Schwellungen und diffuse Fleckungen auf. Histologisch lassen sich in ihr multiple Nekroseherde nachweisen.

#### Therapie & Prognose

Zur Behandlung der Tyzzer's Disease werden Tetrazykline **12** und Chloramphenicol **2** empfohlen. Ein Behandlungserfolg ist jedoch stets fraglich, wenn es bereits zu klinischen Symptomen gekommen ist, da mit irreversiblen Leberschädigungen zu rechnen ist. Soll eine Behandlung dennoch versucht werden, so müssen intensive unterstützende Maßnahmen (Infusionen **84** mit Glukosezusatz **82**, Vitaminsubstitution, Zwangsfütterung **113**, Stabilisierung der Darmflora mit Laktobazillus-Präparaten **38**) ergriffen werden. Es ist außerdem sinnvoll, alle Partnertiere in eine antibiotische Behandlung einzubeziehen, um bei ihnen ein Fortschreiten bzw. einen Ausbruch der Erkrankung verhindern zu können. Dabei ist allerdings zu bedenken, dass auch durch länger anhaltende antibiotische Behandlung in der Regel keine Erregereliminierung erreicht werden kann. Es ist daher davon abzuraten, neue Tiere in den Bestand einzugliedern.

Neben einer Behandlung der Tiere muss eine gründliche Reinigung der Umgebung erfolgen. Sporen von *Clostridium piliforme* sind extrem stabil und können bei Raumtemperatur mehr als ein Jahr überleben. Sie sind zudem extrem resistent gegenüber vielen Desinfektionsmitteln. Holzinventar oder andere schlecht zu reinigende Gegenstände aus dem Käfig sollten entsorgt werden. Anderes Inventar sowie die Käfige oder Terrarien selber können mit 0,3%igem Natriumhypochlorid desinfiziert werden.

### Wet Tail Disease (Proliferative Ileitis) H RM

*Infektionskrankheit, die besonders bei Jungtieren nach dem Absetzen auftritt.*

#### Ätiologie & Pathogenese

Der Erreger der Wet Tail Disease ist *Lawsonia intracellularis*, ein intrazellulär lebendes Bakterium. Der Keim wird mit kontaminiertem Futter oder über kotverschmutzte Einstreu oral aufgenommen. Erkrankungsfälle werden durch Immunsuppression begünstigt. Es erkranken besonders Jungtiere nach dem Absetzen.

Die Erkrankung kann durch weitere bakterielle Sekundärinfektionen, z. B. mit *Escherichia coli*, verkompliziert werden.

### Klinik

Es entstehen akute gelblich-schleimige bis blutigwässrige Durchfälle, sodass das Fell von Anogenitalregion und Schwanz durchnässt wird (Abb. 2.30). Durch ständigen Pressreiz kann es zum Rektumprolaps (S. 103) kommen. Die schnelle Dehydratation führt oft innerhalb von 24 bis 48 Stunden zum Tod. Bei protrahierterem Verlauf bekommen die Tiere ein struppiges Fell und magern schnell ab. Todesfälle treten verspätet aufgrund einer Peritonitis oder eines Ileus auf.

### Diagnose

Bereits im Rahmen der klinischen Untersuchung fallen bei der Abdomenpalpation deutlich verdickte Darmschlingen auf. Eine Erregerisolierung am lebenden Tier ist nicht möglich.

Stammt ein verstorbenes Tier aus einem Bestand, sollte eine Sektion erwogen werden. Typisch für die proliferative Ileitis ist eine massive Verdickung und Hyperämisierung der Ileumschleimhaut, die zudem ulzerierende Veränderungen aufweist. Die Mesenteriallymphknoten sind erheblich vergrößert.

**Abb. 2.30** Wet Tail Disease bei einem Goldhamster.

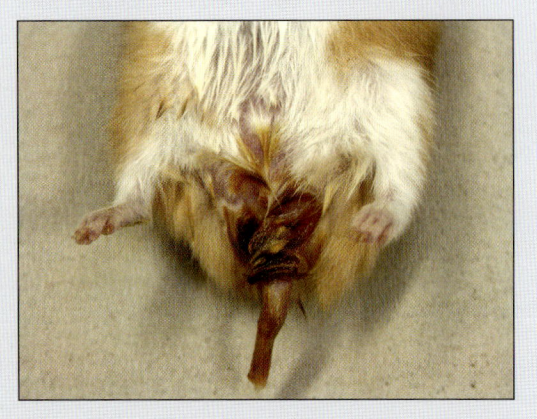

### Therapie & Prognose

Aufgrund des akuten Krankheitsverlaufes bleibt eine Behandlung oft erfolglos. Sie sollte dennoch versucht werden, da es immer wieder Fälle gibt, in denen die Tiere die Erkrankung überleben.

Die Patienten erhalten ein Antibiotikum, das auch intrazelluläre Wirksstoffspiegel aufbauen kann, wie Chloramphenicol ❷, Enrofloxacin ❺ oder Marbofloxacin ❾. Zudem werden mehrfach täglich Vollelektrolytinfusionen ㊷ mit Glukosezusatz ㊶ verabreicht. Weiterhin müssen B-Vitamine ㊱ substituiert und die Tiere zwangsgefüttert werden. Um sekundäre Tympanien zu verhindern, sollte mehrmals täglich ein Antitympanikum (Sab simplex® ㉟) eingegeben werden. Zudem hat es sich bewährt, die Tiere mit einem Analgetikum zu versorgen. In Fällen mit starkem Pressreiz kann auch ein Spasmoanalgetikum (Buscopan compositum® ㉞) gegeben werden, um einen Rektumprolaps zu verhindern.

### Citrobakteriose (Hyperplastische Kolitis) Ⓜ

*Bei Mäusen jeden Alters vorkommende bakterielle Infektion.*

### Ätiologie & Pathogenese

Das zu den Enterobacteriaceae gehörende Bakterium *Citrobacter freundii* verursacht bei Mäusen eine hyperplastische Kolitis. Der Erreger wird auf fäkal-oralem Weg übertragen. Erkrankungssymptome treten frühestens ab dem 4. Tag post infectionem auf und erreichen 2–3 Wochen nach der Infektion ihren Höhepunkt.

Der Ausbruch einer klinischen Symptomatik wird durch Immunsuppression begünstigt. Grundsätzlich sind Mäuse jeden Alters empfänglich für eine Infektion. Todesfälle sind jedoch besonders bei Tieren im Säuglings- und Absetzalter zu beobachten. Bei ihnen kommt es gehäuft zu bakteriellen Sekundärinfektionen sowie zu Schleimhautnekrosen im Dickdarm, sodass Enterotoxämien begünstigt werden.

### Klinik

Es kommt zu Durchfällen unterschiedlicher Ausprägung. In schweren Fällen kann ein Rektumprolaps (S. 103) auftreten. Weitere Symptome sind unspezifisch: gesträubtes Fell, Fortbewegung mit aufgekrümmtem Rücken, Apathie sowie Inappetenz mit Abmagerung und Exsikkose.

### Diagnose

Bei der Abdomenpalpation können unter Umständen bereits deutlich verdickte Dickdarmwände auffallen. Eine sichere Diagnose kann aber nur mit Hilfe einer mikrobiologischen Untersuchung gestellt werden. Bei der pathologischen Untersuchung fallen massive Hyperplasien der Mukosa des Kolons auf.

### Therapie & Prognose

Fortgeschrittene Erkrankungsstadien mit drastisch reduziertem Allgemeinbefinden sind prognostisch immer vorsichtig zu bewerten, insbesondere, wenn ein Rektumprolaps besteht.

Die Tiere werden mit einem Antibiotikum behandelt, das eine gute Wirksamkeit gegenüber Enterobacteriaceae aufweist (z. B. Enrofloxacin [5], Marbofloxacin [9]), und erhalten zudem eine allgemein unterstützende Durchfalltherapie mit Infusionen [84], Glukosezusatz [82] und Vitaminsubstitution. Die Darmflora wird mit Laktobazillus-Präparaten [38] stabilisiert. Inappetente Tiere müssen zwangsgefüttert werden. Das Immunsystem kann mit Hilfe von Paramunitätsinducern (z. B. Zylexis®  [115]) unterstützt werden.

## Virusenteritis R M

*Bei säugenden Jungtieren vorkommende Erkrankung.*

### Ätiologie & Pathogenese

Rota- und Reoviren kommen sowohl bei Ratten als auch bei Mäusen als Durchfallerreger vor. Die Virusausscheidung erfolgt mit dem Kot, eine Infektion peroral mit kontaminiertem Futter und Wasser sowie auch mit der Milch. Es erkranken vorwiegend Welpen im Alter von ein bis drei Wochen.

Im Verlauf einer Infektion wird das Zottenepithel des Dünndarms fast vollständig zerstört, sodass ein Malabsorptionssyndrom entsteht und schnelle Dehydrierungen mit Todesfolge resultieren.

Bei Mäusen kann zudem eine Infektion mit einem Coronavirus (*murines Hepatitisvirus*, MHV) Durchfälle auslösen. Auch hier erkranken überwiegend säugende Jungtiere, bei denen es zu Mortalitätsraten von bis zu 100 % kommen kann. Ältere Tiere zeigen dagegen einen milden oder inapparenten Infektionsverlauf. Abhängig vom Virusstamm und der Resistenzlage des infizierten Tieres kann es durch das Virus zu Enteritiden, akuten Hepatitiden, Enzephalomyelitis oder respiratorischen Symptomen kommen. Zudem entsteht eine Immunsuppression, da sich die Viren in Makrophagen vermehren und somit zu einer Zerstörung der Lymphgewebe führen.

### Klinik

Virusenteritiden gehen typischerweise mit akuten gelblich-schleimigen bis wässrigen Durchfällen einher, die schnell zur Dehydratation der Jungtiere führen.

Bei Infektionen mit dem murinen Hepatitisvirus können, abhängig von der Virulenz des Erregers und der Immunitätslage der Jungtiere, zusätzlich weitere Symptome wie Konjunktivitis und zentralnervöse Störungen auftreten.

### Diagnose

Eine exakte Diagnose kann unter Praxisbedingungen nicht erfolgen, da ein Nachweis von Serumantikörpern erforderlich wäre. Die Verdachtsdiagnose stützt sich daher auf das klinische Bild.

### Therapie & Prognose

Die Prognose bei milden Verlaufsformen von Rota- und Reovirusinfektionen ist als recht gut zu bewerten, da sich die Welpen oft innerhalb weniger Tage erholen.

Eine spezifische Behandlung ist nicht möglich. Eine unterstützende Therapie wird v. a. mit Infusionen [84] mit Glukosezusatz [82] durchgeführt. Auch Vitamine können substituiert werden.

Zudem sollte der After der Jungtiere regelmäßig mit feuchten, weichen Tüchern gereinigt werden. Andernfalls besteht die Gefahr von Verklebungen, sodass sekundär eine Koprostase entsteht.

Coronavirusinfektionen verlaufen meist tödlich. Auch hier kann lediglich eine allgemein unterstützende Behandlung versucht werden.

### Antibiotikaintoxikation

*Durch Applikation ungeeigneter Antibiotika ausgelöste Durchfälle.*

#### Ätiologie & Pathogenese

Kleinnager haben eine vorwiegend grampositive Darmflora. Durch Applikation von Antibiotika mit vorwiegend oder ausschließlich grampositivem Wirkungsspektrum (z. B. Penicilline, Cephalosporine) kann es zu Instabilitäten kommen. Es besteht die Gefahr einer Vermehrung gramnegativer Infektionserreger und einer Entstehung von lebensbedrohlichen Durchfällen.

#### Klinik

Es kommt zu schleimigen bis wässrigen Durchfällen bei deutlich reduziertem Allgemeinbefinden.

#### Diagnose

Geht aus der Anamnese hervor, dass das Tier bereits antibiotisch behandelt wird und erst seit diesem Zeitpunkt Durchfall zu beobachten ist, so muss das genaue Behandlungsregime in Erfahrung gebracht werden. Zusätzlich sollten dennoch Kotuntersuchungen durchgeführt werden, um Infektionen differenzialdiagnostisch ausschließen zu können.

#### Therapie & Prognose

Ist es durch ein Antibiotikum bereits zu wässrigem Durchfall mit Störungen des Allgemeinbefindens gekommen, so ist das Tier als Intensivpatient zu behandeln. Das Antibiotikum muss abgesetzt und durch ein geeignetes ersetzt werden. Keinesfalls darf eine antibiotische Abschirmung ausbleiben, da sich andernfalls gramnegative Keime stetig weiter vermehren und eine Enterotoxämie resultiert.

Unterstützend werden Infusionen [84] mit Glukosezusatz [82] und B-Vitamine [76] appliziert. Die Darmflora muss stabilisiert und das Tier zwangsgefüttert werden.

### Zahnerkrankungen

*Bei Kleinnagern selten zu Verdauungsstörungen führende Erkrankungen.*

#### Ätiologie & Pathogenese

Zahnerkrankungen kommen bei Kleinnagern vergleichsweise selten vor. Sie beschränken sich in der Regel auf die Incisivi, da nur sie offene Wurzelkanäle besitzen und ständig nachwachsen. Durch Traumata oder altersbedingte Veränderungen kann es zu Fehlstellungen kommen, die eine regelgerechte Abnutzung der Schneidezähne verhindern (Abb. 2.31).

#### Klinik

Im Vordergrund einer Zahnerkrankung bei Kleinnagern steht für gewöhnlich eine Abmagerung (❿). Diese kann jedoch, da die Tiere nur noch besonders weiche Futtermittel aufnehmen, von einer schmierigen Kotkonsistenz begleitet sein.

#### Diagnose

Die Diagnose ergibt sich bereits anhand der klinischen Untersuchung. Es sollten zusätzlich Kotuntersuchungen eingeleitet werden, um sekun-

**Abb. 2.31** Fehlstellung der Incisivi bei einer Rennmau

däre Veränderungen (z. B. starke Vermehrung von Protozoen oder Hefen) diagnostizieren zu können.

### Therapie & Prognose

Die Schneidezähne werden auf eine physiologische Länge gekürzt. Sekundäre Darmerkrankungen müssen behandelt werden.

### Fütterungsfehler

*Nur in Einzelfällen Ursache für Durchfälle bei Kleinnagern.*

### Ätiologie & Pathogenese

Durchfälle werden bei Kleinnagern nur durch schwerwiegende Fütterungsfehler ausgelöst. Als Verursacher kommen drastisch erhöhte Fettgehalte der Nahrung infrage. Diese können durch übermäßige Fütterung von Nüssen und Sonnenblumenkernen erreicht werden. Auch zuckerhaltige „Leckerli" wie z. B. Joghurtdrops oder gezuckertes Müsli können Fehlgärungen und Instabilitäten der Darmflora auslösen.

### Klinik

Es tritt meist eine weichere Kotkonsistenz auf, zum Teil auch schmierige Durchfälle. Das Allgemeinbefinden der Tiere ist meist ungestört.

### Diagnose

Die Diagnose ergibt sich aus einer detaillierten Fütterungsanamnese. Zusätzlich müssen Kotuntersuchungen eingeleitet werden, um sekundäre Infektionen mit Protozoen oder Hefen diagnostizieren zu können.

### Therapie & Prognose

In erster Linie muss eine Korrektur des Fütterungsregimes erfolgen. In vielen Fällen reguliert sich die Darmflora dann selbständig, ohne dass therapeutisch eingegriffen werden muss. Bei übermäßigem Nachweis von Protozoen oder Hefen im Kotausstrich sollten diese jedoch behandelt und die Darmflora zusätzlich mit Probiotika ⓜ38 stabilisiert werden.

### Erkrankungen mit Inappetenz

*Durch Instabilitäten des Darmmilieus verursachte sekundäre Durchfallerkrankungen.*

### Ätiologie & Pathogenese

Jede Erkrankung mit Inappetenz kann sekundär zu Veränderungen des Darmmilieus und zu Störungen der Darmmotorik führen. Durch Vermehrung von Protozoen oder pathogenen Bakterien kann es zu Durchfällen kommen.

### Klinik

Es treten meist schmierige Durchfälle auf. Im Vordergrund stehen jedoch in der Regel Symptome der Primärerkrankung mit gestörtem Allgemeinbefinden.

### Diagnose

Durch klinische Allgemeinuntersuchung sowie gegebenenfalls weiterführende Untersuchungen muss v. a. die Ursache der Inappetenz ermittelt werden. Zusätzlich sollten Kotausstriche im Nativpräparat untersucht werden, um sekundäre Kotveränderungen (z. B. übermäßige Vermehrung von Hefen oder Protozoen) diagnostizieren zu können.

### Therapie & Prognose

Eine Behandlung zielt vor allem auf die Ursache für eine Inappetenz ab. Daneben sollten jedoch auch sekundäre Darmveränderungen therapiert und die Darmflora mit Laktobazillus-Präparaten ⓜ38 stabilisiert werden. Zudem ist unverzüglich eine Zwangsfütterung einzuleiten.

### Vergiftung

*Bei Kleinnagern äußerst selten vorkommende Durchfallursache.*

### Ätiologie & Pathogenese

Vergiftungen sind bei Kleinnagern die absolute Ausnahme, da sie, abgesehen von Ratten, in der Regel kaum oder keinen Freilauf erhalten. Beim Freilauf sind Vergiftungen gelegentlich durch ein Anknabbern von Zimmerpflanzen möglich.

### Klinik

Meist stehen unspezifische Symptome wie Durchfälle, Apathie und Inappetenz im Vordergrund.

### Diagnose

Eine sichere Diagnose kann nur dann gestellt werden, wenn das Anfressen von Pflanzen vom Besitzer beobachtet wurde.

### Therapie & Prognose

Es wird eine unterstützende Durchfallbehandlung durchgeführt. Bei schwerer Diarrhö sollte zudem eine antibiotische Abschirmung erfolgen. Diuretika (47) können helfen, Toxine schneller aus dem Körper zu entfernen. Bei relativ frisch erfolgter Giftaufnahme kann auch Aktivkohle (32) gegeben werden.

# 2.3 Augenveränderungen

Augenveränderungen können bei isolierten Augenerkrankungen aber auch als Anzeichen von Allgemeininfektionen beobachtet werden.

Verschiedene Symptome können auftreten:
- Augenausfluss (serös, eitrig oder „blutig")
- Verklebungen der Augen
- Trübungen des Auges
- Blepharospasmus
- Buphthalmus/Exophthalmus
- Schwellung von Lidern, Konjunktiven oder Drüsengewebe
- Störungen des Allgemeinbefindens

## 2.3.1 Tierartliche Besonderheiten

Ratte, Maus, Rennmaus, Gold- und Zwerghamster sind Nesthocker; sie werden mit geschlossenen Augen geboren, die sich tierartspezifisch erst zwischen dem zehnten und sechzehnten Lebenstag öffnen.

Das Sehvermögen der Kleinnager ist im Vergleich zu ihren sonstigen Sinnesleistungen weniger bemerkenswert ausgeprägt. Die Linse erscheint nahezu kugelförmig und ist nur in geringem Maße zu Akkomodation fähig. Die Gefäße auf der holangiotischen Retina sind speichenförmig angeordnet; der Sehnervenkopf liegt in deren Zentrum. Aufgrund der ursprünglichen Dämmerungs- und Nachtaktivität sind Stäbchen, insbesondere bei den Hamstern, das vorherrschende Sinnesepithel auf der Retina, um auch geringen Lichteinfall optimal nutzen zu können.

Das Gesichtsfeld der Kleinnager umfasst durch die seitlich liegenden Augen nahezu 360°; lediglich direkt vor der Nase befindet sich ein „blinder Fleck", der aber durch die empfindlichen Tasthaare und den sehr guten Geruchssinn so abgedeckt wird, dass er keine Einschränkung bedeutet.

Kleinnager besitzen als zusätzliche Tränendrüsen die **Harder'schen Drüsen**. Sie liegen hinter dem Auge und nehmen einen großen Teil der Orbita ein. Die Drüsen entleeren sich über einen einzelnen Ausführungsgang, der im Bereich des medialen Augenwinkels auf der Innenseite der Nickhaut mündet. Sie produzieren ein stark porphyrinhaltiges, fettiges, rötliches Sekret, das nicht nur dem Befeuchten der Kornea, sondern auch als Mediator für Pheromone dient. Es wird zudem von den Tieren zur Fellpflege beim Putzen auf dem Körper verteilt. Bei Hypersekretion oder mangelndem Putzverhalten kann dieses Sekret zu einer Verfärbung um die Augen und im Bereich der Nasenöffnungen führen. Diese so genannte Chromodakryorrhö wird von den Tierbesitzern oftmals als blutiger Augenausfluss oder Nasenbluten fehlinterpretiert. Da Prophyrine unter UV-Licht fluoreszieren, kann mit Hilfe der Wood-Lampe jedoch leicht eine eindeutige Unterscheidung zu einer Blutung erfolgen.

## 2.3.2 Sofortmaßnahmen, Therapiegrundsätze

Bei hoch schmerzhaften Zuständen sowie bei allen Veränderungen, die den Verlust des Auges zur Folge haben können, muss sofort eine Notfallbehandlung eingeleitet werden.

1. systemische Gabe eines Analgetikums, z. B.
   - Carprofen [99] (Rimadyl®), 1 x tägl. 5 mg/kg s.c.
   - Meloxicam [100] (Metacam®), initial 0,3 mg/kg, danach 1 x tägl. 0,15 mg/kg s.c., p.o.
2. bei Kornealäsionen
   - antibiotische Augentropfen /-gele (z. B. Floxal® [61], Refobacin® [58])
   - reepithelisierende Präparate (z. B. Regepithel® [65], Actihaemyl® Augengel [59])
3. bei Exophthalmus
   - Röntgen des Schädels in zwei Ebenen, um die Ursache abzuklären und bei guter Prognose kurzfristig therapieren zu können
   - Bulbus feucht halten (z. B. Thilo Tears Gel® [53], reepithelisierende Präparate, s. o.)

> **4** bei gleichzeitiger Allgemeininfektion
> - systemische Applikation eines Antibiotikums (nach Möglichkeit auf den Wirkstoff des verordneten Augenpräparates abgestimmt, z. B. Floxal AT® **61** plus Baytril® **5** oder Marbocyl® **9** )

Obwohl viele Kleinnager als Fluchttiere so lange wie möglich versuchen, sich Schmerzen nicht anmerken zu lassen, ist doch von einer erheblichen Beeinträchtigung des Allgemeinbefindens z. B. bei einer Uveitis, Keratitis oder einem Exophthalmus auszugehen, so dass die **systemische Applikation eines Analgetikums** auch beim Kleinnager zu den Sofortmaßnahmen gehört. Nachdem danach umgehend die Erkrankungsursache abgeklärt wurde, ist eine zielgerichtete Therapie einzuleiten.

Bei Verdacht auf eine infektiös bedingte Erkrankung eines oder mehrerer Bereiche des Auges sind zunächst **antibiotikahaltige Präparate lokal** anzuwenden. Nach Möglichkeit sind diese Ophthalmika mindestens dreimal, besser fünfmal täglich zu applizieren. Bei den nachtaktiven Goldhamstern sollte jedoch zusätzlicher Stress durch häufiges Wecken vermieden werden, sodass hier in der Regel nur eine dreimalige Verabreichung zuverlässig zu bewerkstelligen ist.

Handelt es sich bei der Veränderung des Auges um nur ein Symptom im Rahmen einer Allgemeininfektion oder ist die Erkrankung des Auges weit fortgeschritten, so ist zusätzlich eine **systemische Antibiose** mit einem idealerweise auf das Augenpräparat abgestimmten Wirkstoff einzuleiten. Dies ist z. B. möglich in der Wirkstoffgruppe der Chinolone, der Tetrazykline oder für Chloramphenicol.

Bei allen nichtinfektiös bedingten Veränderungen, die ebenfalls mit Entzündungsreaktionen oder Schwellungen einhergehen, z. B. nach einem Trauma, ist der **lokale Einsatz von Glukokortikoiden** sinnvoll. Zunächst muss jedoch durch einen Fluorescein-Test überprüft werden, ob die Kornea intakt ist, um die Entstehung tiefer, iatrogen bedingter Ulzera auszuschließen.

*Die Applikation von Augentropfen und Augengelen ist der Verabreichung von Salben vorzuziehen.*

Zum Ersten verteilen die Kleinnager fettige Salben beim Putzen im gesamten Kopfbereich im Fell, sodass dort Badesand oder Streubestandteile kleben bleiben und zu weiteren Irritationen führen können. Zum Zweiten können Salbengrundlagen Überempfindlichkeitsreaktionen hervorrufen, die mit starkem Tränenfluss und deutlichen Lidschwellungen einhergehen. Zuletzt besteht die Gefahr, dass fettige, zähe Präparate die Tränenpunkte verkleben, was zu weiteren Komplikationen führen kann. Als Nachteil von Augentropfen ist jedoch zu erwähnen, dass diese vergleichsweise häufig appliziert werden müssen, da stets nur ein kurzer Kontakt des Wirkstoffes mit den Konjunktiven und der Kornea besteht. Augengele scheinen die meisten Vorteile zu bieten, sind jedoch nicht in jeder Wirkstoffkombination verfügbar.

## 2.3.3 Wichtige Ursachen

Kleinnager werden recht häufig mit dem Vorbericht einer Augenerkrankung in der Praxis vorgestellt.

In einer Vielzahl der Fälle sind die Veränderungen jedoch nur ein **Symptom einer anderen Grunderkrankung**. Beidseitig eitrig verklebte Augen werden besonders oft bei bakteriellen Atemwegserkrankungen oder bei Pyometra beobachtet. Rötlicher Augenausfluss, die so genannte Chromodacryorrhö, entsteht dadurch, dass das rote Sekret der Harder'schen Drüsen aufgrund eines reduzierten Putzverhaltens nicht wie üblich im Fell verteilt wird. Ursache hierfür können sowohl Stresssituationen als auch Allgemeinerkrankungen sein. Zudem sind verschiedene okuläre Symptome auch im Rahmen einer Sialodacryoadenitis typisch. Hier sind neben Augenausfluss und Korneatrübungen auch Katarakte und sekundär nach Synechien entstehende Glaukome häufig. Eine weitere Ursache für tränende Augen können Zahnerkrankungen sein. Eine Entzündung oder Fehlstellung im Bereich der apikalen Spitzen der oberen Incisivi kann für eine vollständige oder teilweise Verlegung des Tränen-Nasen-Kanals verantwortlich sein, auch hier ist der resultierende Augenausfluss lediglich ein Symptom für eine nicht direkt dem Auge zugehörige Veränderung.

Natürlich kommen bei den Kleinnagern aber auch **primäre Augenerkrankungen** vor. Augenausfluss wird insbesondere bei **Konjunktivitiden** oder **Keratitiden** beobachtet, bei denen durch infektiöse oder traumatische Ursachen eine übermäßige Tränenproduktion induziert wird. Ein großer Teil des Tränensekrets entstammt der Harder'schen Drüse und ist sehr reich an Porphyrinen, sodass es rot-braun erscheint und vom Tierbesitzer oftmals mit Blut verwechselt wird.

Trübungen der Kornea bei **Keratitis** entstehen meist infolge von Verletzungen, die eine Entzündung und Ödematisierung des Hornhautepithels nach sich ziehen. Sowohl Fremdkörper (Heubestandteile, Körnchen vom Badesand) als auch Biss- oder Kratzverletzungen können hier ursächlich sein. **Glaukome**, die mit Korneaödemen einhergehen, sind bei Kleinnagern nur relativ selten zu finden. Es handelt sich dann in der Regel um Sekundärglaukome bei **Uveitis**. Durch Eintrocknen der Kornea bei **Exophthalmus** oder **Bulbusprolaps** entstehen ebenfalls deutliche Trübungen des Auges.

Trübungen der Linse treten vor allem altersbedingt auf; erbliche Veränderungen oder endokrine Erkrankungen wie z. B. **Diabetes mellitus** (S. 221) können hier jedoch ebenfalls zugrunde liegen.

### 2.3.3.1 Übersicht

**Tab. 2.3** Wichtige Ursachen für Augenausfluss.

| Ursachen | Bedeutung | siehe auch Leitsymptom, Bemerkungen |
|---|---|---|
| Chromodacryorrhö | +++ | keine eigenständige Erkrankung, nur als Symptom zu bewerten. |
| Konjunktivitis | +++ | |
| Keratitis | ++ | |
| Uveitis | + | |
| Exophthalmus | + | meist durch retrobulbären Abszess |
| Bulbusprolaps | + | besonders oft bei Hamstern |

**Tab. 2.4** Wichtige Ursachen für Augentrübung.

| Ursachen | Bedeutung | siehe auch Leitsymptom, Bemerkungen |
|---|---|---|
| Keratitis | +++ | |
| Uveitis | + | |
| Exophthalmus | + | v. a. durch retrobulbären Abszess |
| Bulbusprolaps | + | |

## 2.3.3.2 Diagnostischer Leitfaden: Augenveränderungen

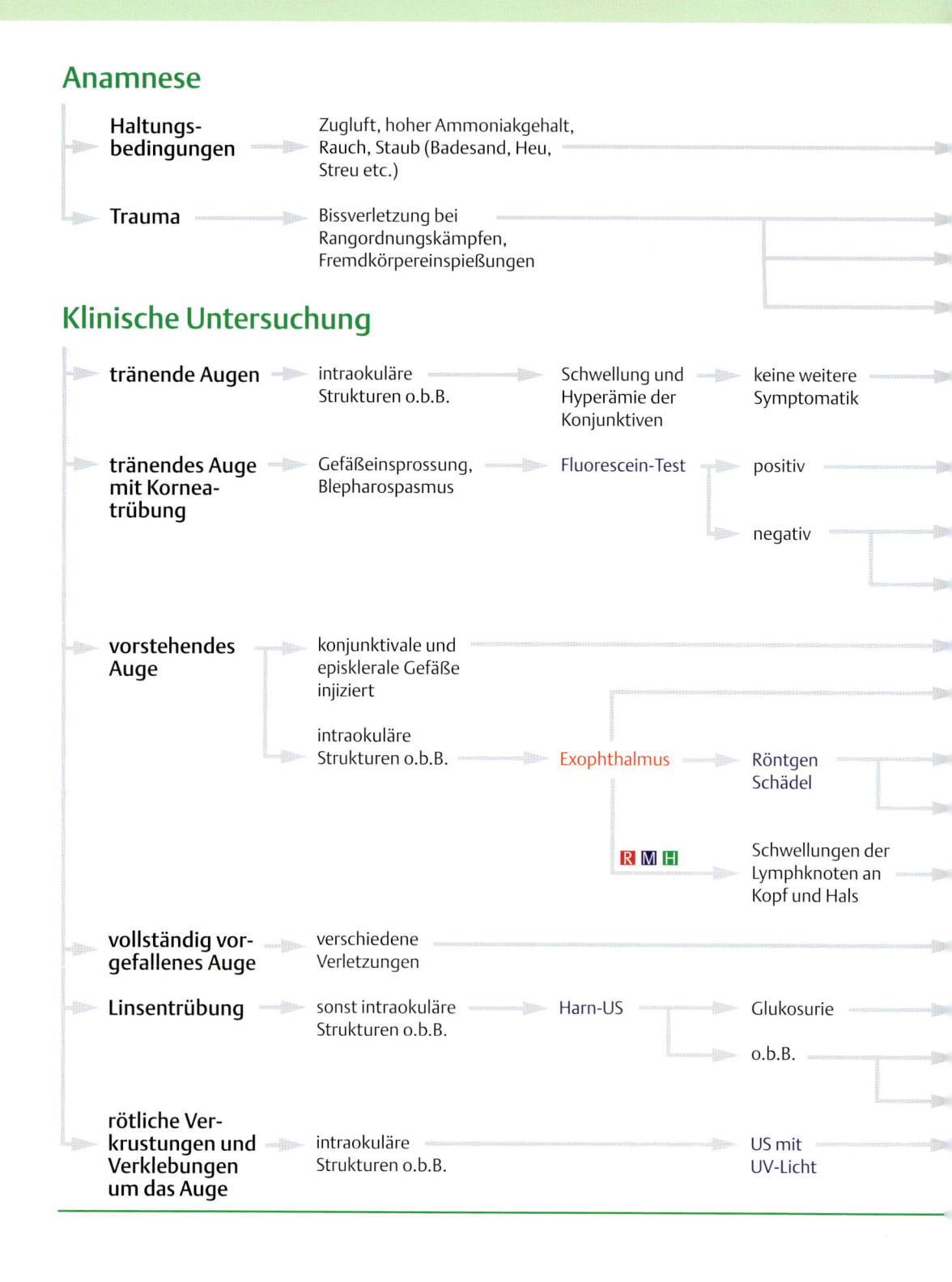

## Anamnese

- **Haltungsbedingungen** → Zugluft, hoher Ammoniakgehalt, Rauch, Staub (Badesand, Heu, Streu etc.)
- **Trauma** → Bissverletzung bei Rangordnungskämpfen, Fremdkörpereinspießungen

## Klinische Untersuchung

- **tränende Augen** → intraokuläre Strukturen o.b.B. → Schwellung und Hyperämie der Konjunktiven → keine weitere Symptomatik

- **tränendes Auge mit Korneatrübung** → Gefäßeinsprossung, Blepharospasmus → **Fluorescein-Test** → positiv
  - → negativ

- **vorstehendes Auge** 
  - → konjunktivale und episklerale Gefäße injiziert
  - → intraokuläre Strukturen o.b.B. → **Exophthalmus** → Röntgen Schädel
    - R M H → Schwellungen der Lymphknoten an Kopf und Hals

- **vollständig vorgefallenes Auge** → verschiedene Verletzungen

- **Linsentrübung** → sonst intraokuläre Strukturen o.b.B. → Harn-US → Glukosurie
  - → o.b.B.

- **rötliche Verkrustungen und Verklebungen um das Auge** → intraokuläre Strukturen o.b.B. → US mit UV-Licht

## 3 Augenveränderungen

| | | | |
|---|---|---|---|
| | Konjunktivitis? | | S. 74 |
| | Keratitis? | | S. 75 |
| | Bulbusprolaps | | S. 77 |
| | Konjunktivitis | | S. 74 |
| | Keratitis mit Kornealäsion | | S. 75 |
| | Keratitis | | S. 75 |
| konjunktivale und episklerale Gefäße injiziert → IOD herabgesetzt | Uveitis | | S. 76 |
| → IOD erhöht | Glaukom | | S. 77 |
| | | | S. 77 |
| Zähne o.b.B. | retrobulbärer Tumor | | S. 77 |
| Fistelkanäle im Oberkieferknochen | retrobulbärer Abszess | | S. 77 |
| | Sialodacryoadenitis | | S. 95 |
| | Bulbusprolaps | | S. 77 |
| ggf. Blut-US | Diabetes mellitus | | S. 80, S. 221 |
| Alttier | senile Katarakt | | S. 80 |
| Jungtier, adultes Tier | erbliche Katarakt | | S. 80 |
| Fluoreszenz | Chromodacryorrhö | | S. 81 |

### Besonderes Augenmerk bei der Anamnese

**Haltungsbedingungen:** Mechanische Reizungen z. B. durch Badesand oder staubige, feine Einstreupartikel können sowohl Verletzungen der Kornea (S. 75) als auch eine Konjunktivitis (S. 74) verursachen. Eine ebenfalls sehr stark reizende Wirkung auf die Lidbindehäute haben Ammoniakdämpfe. Sie entstehen in höherer Konzentration bei mangelnder Käfighygiene oder in kürzester Zeit in den Häuschen der Hamster, die die unangenehme Angewohnheit haben, ihr Schlafhaus auch zum Urinabsatz zu nutzen. Je nach Käfigstandort ist Zugluft ebenfalls als mögliche Ursache für eine Lidbindehautreizung zu berücksichtigen.

Da bis auf den Gold- und den Chinesischen Zwerghamster alle hier beschriebenen Tierarten paarweise oder in der Gruppe gehalten werden können, sind auch Verletzungen der Lider oder der Hornhaut nach Rangordnungskämpfen gelegentlich zu beobachten.

**Futteraufnahmeverhalten:** Ist der betroffene Nager in der Lage, das Körnerfutter problemlos zu entspelzen? Werden harte Nahrungsbestandteile verschmäht und weiche Dinge bevorzugt? Verliert der Patient Gewicht? Bei diesen Veränderungen kann eine Zahnerkrankung (S. 218) ursächlich sein. Bei den Kleinnagern sind hierbei insbesondere die Incisivi zu beachten, da nur diese ein lebenslanges Wachstum aufweisen. Eine Wurzelentzündung der Backenzähne ist vergleichsweise selten festzustellen. Einschränkungen der Futteraufnahme können jedoch auch Folge einer Allgemeinerkrankung sein, die mit Verklebungen der Augen oder Chromodacryorrhö (S. 81) einhergeht.

Polyphagie kann ein Symptom für einen Diabetes mellitus (S. 221) sein, insbesondere wenn der Patient trotz gesteigerter Futteraufnahme Gewicht verliert.

**Trinkverhalten:** Polydipsie, v. a. bei gleichzeitiger Polyphagie, ist ebenfalls als Hinweis auf einen Diabetes mellitus (S. 221) zu werten.

**Weitere Symptome:** Insbesondere bei beidseitig vorliegenden Augenveränderungen besteht der Verdacht auf eine andere Grunderkrankung. In solchen Fällen muss besonders sorgfältig auf weitere Symptome eingegangen werden. So kann z. B. eine Schwäche der Hinterbeine oder ein vorsichtiges Laufen mit aufgekrümmtem Rücken Hinweis auf eine Pyometra (S. 142) sein.

Weiterhin sollte die **Dauer der Symptome** abgeklärt werden sowie die Frage, ob bereits andere Mitglieder der Tiergruppe ähnliche Veränderungen zeigen oder in letzter Zeit gezeigt haben.

### Besonderes Augenmerk bei der klinischen Untersuchung

*Veränderungen der Augen müssen nicht auf primäre Augenerkrankungen zurückzuführen sein. Insbesondere Augenausfluss mit Harder'schem Drüsensekret und beidseitig eitrig verklebte Augen weisen meist auf eine in einem anderen Organsystem lokalisierte Grunderkrankung mit deutlicher Beeinträchtigung des Allgemeinbefindens hin. Daher ist auch bei „Augenpatienten" stets eine gründliche und vollständige klinische Untersuchung durchzuführen.*

Die eigentliche Augenuntersuchung umfasst zunächst die Beurteilung der Augenlider im Hinblick auf Schwellungen oder Zusammenhangstrennungen. Sollten die Lider verklebt sein, so können sie vorsichtig gesäubert und die Verklebungen mit körperwarmer physiologischer Kochsalzlösung oder einem speziellen Augenreiniger gelöst werden. Die weitere Untersuchung der okulären Strukturen erfolgt mit einem Ophthalmoskop oder einer Spaltlampe. Besteht der Verdacht auf eine Verletzung der Kornea, so ist deren Ausmaß und Tiefe mit Hilfe des Fluorescein-Tests zu prüfen. Soll ein Buphthalmus von einem Exopthalmus abgegrenzt werden, so wird der intraokuläre Druck mit einem Tono-Pen® bestimmt, sofern es die Größe des Patientenauges zulässt.

### Liegen Hinweise auf eine Zahnerkrankung vor?

Bei tränenden Augen, insbesondere wenn gleichzeitig ein Exophthalmus (S. 77) vorliegt oder Schwellungen im Oberkieferbereich zu ertasten sind, sollte eine besonders gründliche Untersuchung der Maulhöhle erfolgen. Hierbei ist auf Zahnverluste oder lockere, verfärbte Zähne zu achten. Aufgrund ihres lebenslangen Wachstums und der Neigung zu apikalem Wachstum bei Fehlstellungen, ist den Incisivi besondere Aufmerksamkeit zu widmen. Durch Verlegung oder Zerstörung des Tränen-Nasen-Kanals können auch sie ursächlich für eine scheinbare Augenerkrankung sein.

### ▪ Liegen Veränderungen der Backentaschen der Hamster vor?

Beim Hamster sind die Backentaschen sorgfältig zu palpieren und mit einem schmalen Otoskoptrichter zu inspizieren. Ein Exophthalmus (S. 77) oder tränende Augen rühren bei diesen Tieren nicht selten daher, dass sich ein Futterbestandteil durchgespießt und einen fremdkörperinduzierten Abszess hervorgerufen hat.

### ▪ Bestehen weitere Symptome?

Zahlreiche Erkrankungen des Respirationstraktes sind mit Augenausfluss vergesellschaftet. Typisch sind gleichzeitiger Nasenausfluss und Niesen bei Erkrankungen der oberen Atemwege oder Allergien (S. 44). Rasselnde oder reibende Lungengeräusche lassen sich bei Auskultation im Rahmen von Bronchitiden (S. 36) oder Pneumonien (S. 36) feststellen.

Treten okuläre Symptome, insbesondere bei Jungtieren von wenigen Wochen, gleichzeitig mit Schwellungen im Kopf- und Halsbereich auf, ist an eine Sialodacryoadenitis (S. 95) zu denken.

Verklebte Augen, hervorgerufen durch eine übermäßige Produktion an Sekret der Harder'schen Drüse bei gleichzeitig reduziertem Putzverhalten, sind bei sehr unterschiedlichen Krankheiten ein Hinweis auf das schlechte Allgemeinbefinden des betroffenen Tieres; als Beispiele hierfür sind Pyometra (S. 142), Wet Tail Disease (S. 61), Herzerkrankungen (S. 41) und viele mehr zu nennen.

### ▪ Zeigt der Patient Anzeichen von Schmerzen?

Symptome für Schmerzen sind neben Apathie und Inappetenz ein Zurückziehen aus der Gruppe sowie ein zusammengekauertes Sitzen mit gesträubtem Fell. Diese Schmerzanzeichen sind z. B. bei Glaukomen (S. 77), Exophthalmus (S. 77), Bulbusprolaps (S. 77) oder auch entzündlichen Veränderungen wie Uveitis (S. 76) oder Keratitis (S. 75) zu beob-

achten. Trotzdem ist es oftmals erstaunlich, mit welch hochgradigen Veränderungen manche Kleinnager noch ihren üblichen Aktivitäten nachgehen. Hier ist stets zu bedenken, dass es sich um Tiere handelt, die in der Natur das schwächste Glied in der Nahrungskette sind und für die es überlebenswichtig ist, so lange wie möglich unauffällig zu erscheinen. Bei den genannten Erkrankungen sollte daher keinesfalls auf eine Schmerzmedikation verzichtet werden.

### ▪ Diagnosesicherung durch weiterführende Untersuchungen

Bei allen Veränderungen, bei denen ein Verdacht auf Zahnerkrankungen (S. 218) besteht, müssen Röntgenaufnahmen des Schädels in zwei Ebenen angefertigt werden. Dies ist insbesondere unverzichtbar, wenn ein Exophthalmus (S. 77) vorliegt.

Die Entnahme einer Tupferprobe zur bakteriologischen Untersuchung ist bei therapieresistenten eitrigen Entzündungen anzuraten. Es muss jedoch berücksichtigt werden, dass falsch negative Ergebnisse möglich sind, da Keime im ausfließenden Sekret nicht mehr in ausreichender Menge anzüchtbar sein können. Wichtig ist, dass die antibiotische Behandlung während der Untersuchungsdauer in jedem Fall fortgeführt wird.

Hat der Patient eine Katarakt (S. 80) entwickelt, so ist als Grundursache stets die Möglichkeit eines Diabetes mellitus (S. 221) zu überprüfen. Dies kann zunächst durch eine Harnuntersuchung auf Glukose geschehen. Ist diese negativ, kann ein Diabetes mellitus mit hoher Sicherheit ausgeschlossen werden. Liegt auch bei einer Kontrollprobe wiederholt eine Glukosurie vor, so kann die Diagnose durch eine Blutuntersuchung abgesichert werden.

## 2.3.3.3 Erkrankungen

### Konjunktivitis

*Häufige Erkrankung bei Kleinnagern, die durch Zugluft, mechanische Reize, Allergien oder infektiöse Faktoren hervorgerufen werden kann.*

#### Ätiologie & Pathogenese

Entzündungen der Lidbindehäute können auf vielfältige Grundursachen zurückzuführen sein, besonders häufig sind dabei **nichtinfektiöse Faktoren:** Durch ungünstige Käfigstandorte können die Tiere Zugluft ausgesetzt sein. Ammoniakgase reizen die Schleimhäute. Solche Probleme entstehen bei mangelnder Haltungshygiene, insbesondere in schlecht belüfteten Terrarien oder Aquarien. Problematisch können allerdings auch Häuschen aus Plastik sein, in denen der Luftaustausch nur unzureichend ist. Konjunktivitiden entstehen zudem aufgrund mechanischer Reizungen durch Badesand oder feine Splitter von Einstreuspänen. Auch allergische Reaktionen auf Heustaub können vorkommen und gehen oftmals mit häufigem Niesen einher. Durch intensives Scharren und Grabeaktivitäten der meisten Kleinnager sind Reizungen leicht möglich.

**Infektiöse Konjunktivitiden** entstehen selten isoliert. Sie kommen meist im Rahmen einer Allgemeinerkankung wie z. B. der Mykoplasmose (S. 38), der LCM (S. 36) oder der Sialodacryoadenitis (S. 95) vor. Bei allen hier besprochenen Kleinnagern können zudem häufig im Rahmen von Erkrankungen des Respirationstraktes oder nach Bissverletzungen *Pasteurella* sp., *Pseudomonas* sp. oder *Streptococcus* sp. aus dem eitrigen Augensekret isoliert werden.

#### Klinik

Typische Symptome einer Lidbindehautentzündung sind Rötung und Schwellung der Konjunktiven, vergesellschaftet mit serösem bis purulentem Augenausfluss (Abb. 2.32). Auch die Lider können in die Entzündung mit einbezogen sein (Abb. 2.33). Blepharospasmus oder Verklebungen der Augen durch eine gesteigerte Produktion des Sekrets der Harder'schen Drüse sind möglich.

Das Allgemeinbefinden ist bei isolierter Augenerkrankung meist nur wenig, im Rahmen von Allgemeininfektionen jedoch oft hochgradig gestört.

#### Diagnose

Das klinische Bild ist in der Regel eindeutig. Zu beachten sind sämtliche Begleitsymptome sowie die genaue Anamnese, um auf die Ursache schließen und hier mit der Therapie ansetzen zu können.

**Abb. 2.32** Einseitige, hochgradig eitrige Konjunktivitis bei einem Dshungarischen Zwerghamster.

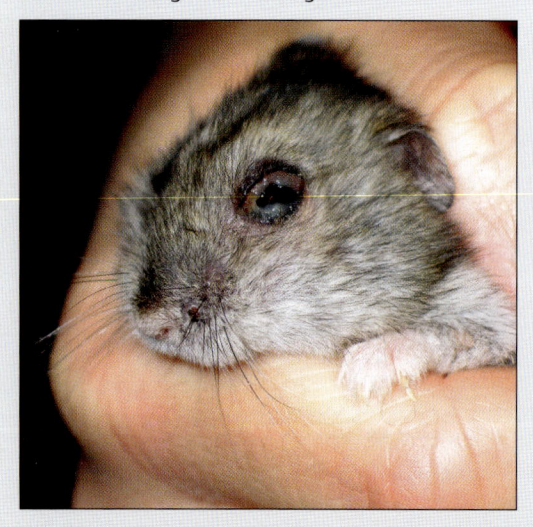

**Abb. 2.33** Eitrige Konjunktivitis mit massiver Lidschwellung bei einem Dshungarischen Zwerghamster.

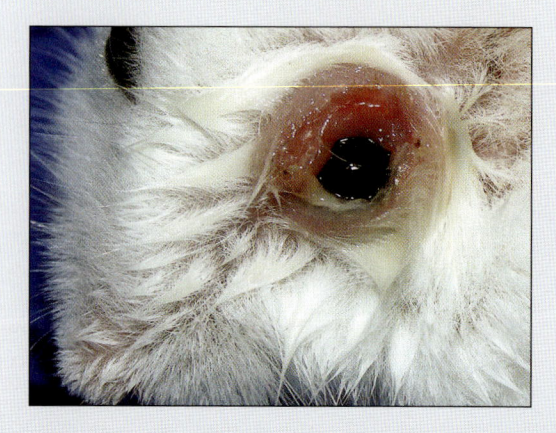

## Therapie

Die Behandlung einer Konjunktivitis ist abhängig von ihrer Ursache. Oftmals kann eine Optimierung des Käfigstandortes oder der Käfighygiene in Kombination mit mild beruhigenden Augentropfen (z. B. EuphraVet®) bereits Abhilfe schaffen. Liegt eine allergische Reaktion zugrunde, so sind bei intakter Kornea kurzfristig kortisonhaltige Augentropfen anzuwenden; gleichzeitig muss das Allergen, meist Heustaub oder harzige Einstreuspäne, entdeckt und z. B. durch Wechsel der Einstreukomponenten entfernt werden. Kortisonhaltige Augentropfen sind in Kombination mit einem antibiotischen Wirkstoff kurzfristig bei sehr starken Schwellungen der Konjunktiven, z. B. nach Bissverletzungen, anzuwenden. Auch hier ist es unerlässlich, zunächst die Unversehrtheit der Kornea mittels des Fluoresceintests zu überprüfen.

*Liegt eine Kornealäsion vor, so dürfen keinesfalls kortisonhaltige Mono- oder Kombipräparate angewendet werden, um die Entstehung tiefer Hornhautulzera zu vermeiden!*

Infektiös bedingte Konjunktividen müssen mit breit wirksamen antibiotischen Augentropfen oder -gelen behandelt werden. Handelt es sich um Entzündungen im Rahmen einer Allgemeininfektion, so ist es sinnvoll, das systemisch verabreichte Antibiotikum und den Wirkstoff des Augenpräparates aufeinander abzustimmen (z. B. Floxal® Augentropfen 61 und Baytril® 5 oder Marbocyl® 9 zur systemischen Gabe).

> **Therapie der Konjunktivitis:**
> - ggf. Optimierung der Haltung
> - verletzungsbedingte Konjunktivitis:
>   - antibiotikahaltige Augenpräparate (z. B. Floxal® AT 61 ), 2–4 x tägl.
>   - bei Schwellungen und negativem Fluorescein-Test zusätzlich kortikoidhaltige Augenpräparate oder Kombinationspräparate, die ein Kortikoid und ein Antibiotikum enthalten (z. B. DexaPolyspektran® AT 66 ), 3 x tägl.
> - allergisch bedingte Konjunktivitis:
>   - bei negativem Fluorescein-Test kortikoidhaltige Augenpräparate (z. B. Dexagel® 55 oder Dexa EDO® Augentropfen 55 ), 3 x tägl.

> - infektiös bedingte Konjunktivitis:
>   - antibiotikahaltige Augenpräparate mit breitem Wirkungsspektrum (z. B. Floxal® AT 61 , Fucithalmic-Vet Gel® 57 ), 2–4 x tägl.
>   - bei Therapieresistenz: Einleitung einer mikrobiologischen Untersuchung
> - bei Allgemeininfektionen gleichzeitig systemische Antibiose

## Keratitis

*Meist durch Verletzungen verursachte Entzündung der Kornea.*

### Ätiologie & Pathogenese

Keratitiden entstehen meist verletzungsbedingt; dabei kann ein Fremdkörper (Badesandkörner, Heubestandteile, Futterspelzen) ebenso ursächlich sein wie eine Biss- oder Kratzverletzung im Rahmen von Auseinandersetzungen innerhalb der Gruppe. Eine langandauernde eitrige Konjunktivitis kann ebenfalls eine Entzündung der Hornhaut hervorrufen.

Bei Ratten, Mäusen und Hamstern treten Keratitiden zudem in Zusammenhang mit der Sialodacryoadenitis (S. 95) auf.

### Klinik

Im Bereich der Hornhautverletzung ist meist eine Eintrübung (Korneaödem) sichtbar, die sich innerhalb kurzer Zeit nach der Noxe einstellt und sich

**Abb. 2.34** Keratitis mit Korneaperforation und Irisprolaps bei einer Ratte. Die Kornea weist ein hochgradiges Ödem auf.

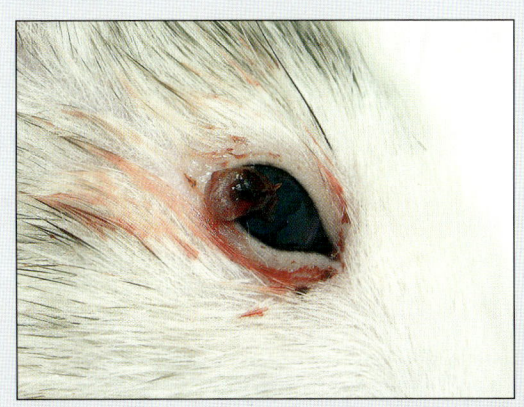

unbehandelt langsam ausbreitet. Handelt es sich um eine ältere Verletzung, sind z. T. bereits Gefäßeinsprossungen als Reaktion des Körpers nachzuweisen. Durch spitze Traumata kann es zudem zur Korneaperforation kommen (Abb. 2.34).

Insbesondere flächige oder tiefe Defekte sind oft hoch schmerzhaft und gehen mit Blepharospasmus, gesteigerter Tränenproduktion und Photophobie einher.

### Diagnose

Die Diagnose ergibt sich bereits aus der Untersuchung mit einem Ophthalmoskop oder einer Spaltlampe. Mit Hilfe der sich in jedem Falle anschließenden Flourescein-Probe lassen sich die Größe und die Tiefe der Verletzung einordnen.

### Therapie

Zunächst muss gesichert sein, dass sich keinerlei Fremdkörperreste mehr in der Verletzung befinden. Ist die Wunde sauber, so werden zum einen reepithelisierungsfördernde Augenpäparate (z. B. Corneregel® Augengel 56 , Actihaemyl® Augengel 59 , Vitagel® Augengel 64 , Regepithel® 65 ), zum anderen antibiotikahaltige Formulierungen mit breitem Wirkungsspektrum eingesetzt (z. B. Fucithalmic-Vet® Augengel 57 , Floxal® Augentropfen 61 ).

Sind bereits eitrige Einschmelzungen in der Hornhaut festzustellen, so muss zusätzlich eine systemische Antibiose eingeleitet werden.

Aufgrund der Schmerzhaftigkeit einer Keratitis ist zumindest initial stets die Verabreichung eines Analgetikums (z. B. Metacam® 100 oder Rimadyl® 99 ) angezeigt.

> **Therapie der Keratitis:**
> - lokale Antibiose mit breitem Wirkspektrum (z. B. Floxal® 61 ), 3–4 x tägl.
> - reepithelisierende Salben (z. B. Regepithel® AS 65 , Actihaemyl® Augengel 59 ), 3 x tägl.
> - ggf. systemische Antibiose (z. B. Baytril® 5 , 1 x tägl. 10 mg/kg)
> - ggf. systemische Gabe von Analgetika (z. B. Metacam® 100 ), 1 x tägl. 0,15 mg/kg s.c., p. o.

### Uveitis

*Entzündung der verschiedenen Abschnitte der mittleren Augenhaut (Chorioidea, Corpus ciliare, Iris) infolge von Infektionen oder Traumata.*

### Ätiologie & Pathogenese

Eine Uveitis ist bei Kleinnagern eher selten festzustellen. Insgesamt kommt dabei eine Panuveitis häufiger vor als eine Entzündung einzelner Abschnitte der Uvea. Ursächlich können vor allem perforierende oder massive stumpfe Traumata sein; in der Folge liegen einseitige Veränderungen vor. Ist eine Uveitis beidseitig manifest, so ist von einem Zusammenhang mit einer hochgradigen Allgemeininfektion auszugehen. Hier ist insbesondere bei Ratten, aber auch bei Mäusen und Hamstern, das Sialodacryoadenitis-Virus (S. 95) als mögliche Ursache zu berücksichtigen.

### Klinik

Eine Uveitis ist stets hoch schmerzhaft, sodass das erkrankte Tier oftmals apathisch erscheint und sich aufgrund der Photophobie in eine dunkle Käfigecke isoliert zurückzieht. Durch das bei schlechtem Befinden eingeschränkte Putzverhalten und die gleichzeitig erhöhte Sekretion der Harder'schen Drüse ist das betroffene Auge meist verklebt und wird geschlossen gehalten. Werden die Verklebungen vorsichtig gelöst, um das Auge zu beurteilen, fallen in der Regel ein ausgeprägtes Kornea- und Bindehautödem sowie eine Injektion der episkleralen Gefäße auf. Zwar erfolgt aufgrund der Entzündung des Ziliarkörpers nur noch eine geringe Kammerwasserbildung. Es kann jedoch durch Synechien oder Fibrinablagerungen im Kammerwinkel trotzdem zu einer Kammerwasserabflussstörung und daraus resultierend zur Entwicklung eines Sekundärglaukoms kommen.

### Diagnose

Die Diagnose erfolgt im Rahmen einer vollständigen Augenuntersuchung. Liegt ein Glaukomverdacht vor, so kann je nach Größe des Patienten der intraokuläre Druck mittels eines Tono-Pen® ermittelt werden. Ein Fluorescein-Test sollte grundsätzlich erfolgen, um die Unversehrtheit der Kornea zu überprüfen.

### Therapie

Die therapeutischen Maßnahmen richten sich nach der Ursache und der Ausprägung der Uveitis. Grundsätzlich sollte als erste Maßnahme ein systemisches Analgetikum verabreicht werden (z. B. Metacam® 100 ), um die Schmerzen zu lindern. Ist die Uveitis infektiös bedingt, so sind breit wirksame antibiotische Augenpräparate zu verordnen, die idealerweise in ihrem Wirkstoff auf die systemische Antibiose abgestimmt werden. Bei traumatisch bedingter Uveitis kommen bei intakter Kornea kortikoidhaltige Augentropfen (z. B. Ultracortenol® 63 ) zum Einsatz. Weist die Hornhaut eine Läsion auf, darf keinesfalls ein Kortikoid verordnet werden. Vielmehr ist in diesen Fällen auch bei einer traumatisch bedingten Entzündung ein antibiotikahaltiges Präparat, ergänzt durch reepithelisierende Tropfen oder ein entsprechendes Gel, zu applizieren.

> **Therapie der Uveitis:**
> - Gabe eines systemisch wirkenden Analgetikums (z. B. Metacam® 100 )
> - bei infektös bedingter oder mit Korneadefekt einhergehender Uveitis:
>   – antibiotikahaltige Augentropfen (z. B. Floxal® 61 , Gloveticol® 54 )
>   – reepithelisierende Augenpräparate (z. B. Actihaemyl Augengel® 59 , Corneregel® Augengel 56 )
> - bei traumatisch bedingter Uveitis mit intakter Kornea:
>   – prednisolonacetathaltige Augentropfen (z. B. Ultracortenol® 63 )

## Glaukom

*Erhöhter Augeninnendruck, meist sekundär durch Verlegung des Kammerwinkels.*

### Ätiologie & Pathogenese

Glaukome treten bei den Kleinnagern sehr selten auf. Primärglaukome sind nicht bekannt; Sekundärglaukome können gelegentlich nach Uveitiden entstehen. In diesen Fällen wird durch entzündliche Verklebungen mit der Kornea oder Fibrinablagerungen der Kammerwinkel verlegt, sodass das Kammerwasser nicht mehr oder nur noch ungenügend abfließen kann.

### Klinik

Der Augapfel erscheint prall und hervorgetreten, meist liegt eine Mydriasis vor. Der Lidschluss kann in vielen Fällen nicht mehr vollständig erfolgen, sodass durch Austrocknung Läsionen auf der Kornea und Korneaödeme entstehen. Aufgrund der hohen Schmerzhaftigkeit erscheint der betroffene Kleinnager apathisch und zieht sich oftmals mit gesträubtem Fell zusammengekauert zurück.

### Diagnose & Therapie

Die Diagnose ergibt sich aus dem klinischen Bild und dem Nachweis der Erhöhung des intraokulären Druckes mit Hilfe eines Tono-Pen®.

Zur Linderung der Schmerzen muss umgehend ein Analgetikum appliziert werden. Eine medikamentelle Therapie des Glaukoms selbst ist nicht möglich, sodass kurzfristig eine Enukleation erfolgen sollte.

## Exophthalmus, Bulbusprolaps

*Hervortreten des Bulbus aus der Orbita unterschiedlicher Ursache.*

### Ätiologie & Pathogenese

Einem einseitigen Exophthalmus liegen in der Regel retrobulbäre Prozesse zugrunde, die den Bulbus teilweise aus der Orbita hervortreten lassen. Dies können Abszesse z. B. nach Fremdkörpereinspießungen durch die Maulhöhle oder bei den Hamstern häufiger durch die Backentasche sein; seltener liegen auch Zahnwurzelabszesse zugrunde. Neben den ebenfalls nur gelegentlich auftretenden retrobulbären Tumoren sind zudem entzündliche Prozesse der intraorbital liegenden Tränendrüsen, z. B. bei Ratten, Mäusen und Hamstern im Rahmen einer Sialodacryoadenitis (S. 95), zu berücksichtigen. Ein Hinweis wäre hier ein beidseitiges Hervortreten der Bulbi, während die zuvor beschriebenen Veränderungen in der Regel nur einseitig vorhanden sind.

## 2.3 Augenveränderungen

**Abb. 2.35** Beidseitiger Exophthalmus bei einer Rennmaus mit hochgradiger Störung des Allgemeinbefindens.

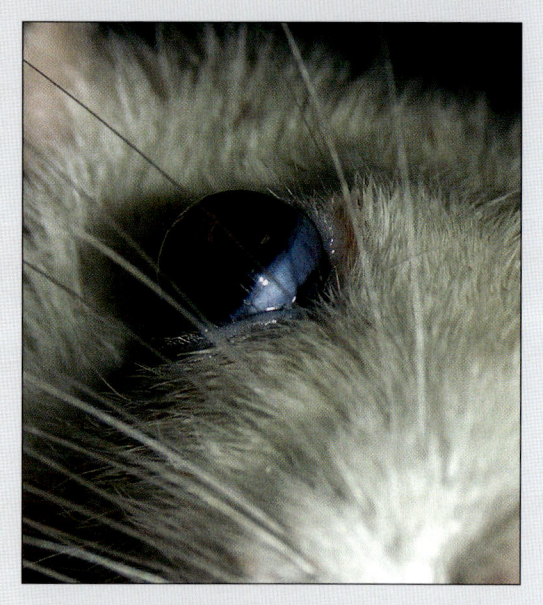

**Abb. 2.36** Stressbedingter Exophthalmus bei einer Ratte. Der Bulbus ist in seinen Strukturen völlig unverändert.

**Abb. 2.37** Einseitiger Bulbusprolaps nach Augenverletzung bei einem Goldhamster.

Bei Tieren mit höchstgradig gestörtem Allgemeinbefinden und schlechter Kreislaufsituation kann oft ein beidseitiger Exophthalmus beobachtet werden (Abb. 2.35). Dieser kommt (ebenso wie während einer Narkose) durch eine Erschlaffung der Augenmuskulatur zustande. Hält dieser Zustand längere Zeit an, so trocknet der Augapfel ein. Beidseitiger Exophthalmus kann aber auch bei gesunden Kleinnagern kurzfristig in Stresssituationen beobachtet (Abb. 2.36) werden. In solchen Fällen ist die Ursache ein Anschwellen des retrobulbären Venensinus bzw. -plexus.

Ein Bulbusprolaps tritt erheblich seltener auf. Diese Veränderung, bei der der Augapfel vollständig aus der Orbita vorgelagert ist (Abb. 2.37), kann z. B. die Folge heftiger Revierkämpfe und Bissverletzungen sein, aber auch Verletzungen an spitzen Einrichtungsgegenständen kommen ursächlich infrage. Auch bei fehlerhaftem Handling kann es zu einem kurzfristigen, dann aber meist reversiblen Bulbusprolaps kommen.

### Klinik

Ein Exophthalmus tritt in der Regel einseitig auf und entwickelt sich je nach Wachstumsgeschwindigkeit der retrobulbären Prozesse. Der Augapfel mit seinen verschiedenen Strukturen bleibt zunächst unbeeinträchtigt. Allerdings ist meist ein vermehrter Tränenfluss zu beobachten. Zu Veränderungen kommt es erst, wenn durch das Hervortreten des Bulbus kein vollständiger Lidschluss mehr möglich ist. Infolge dessen trocknet die Kornea partiell ein und wird durchlässig für Infektionserreger, sodass eine Panophthalmie entsteht.

Bei einem im Rahmen eines Rangordnungskampfes entstandenen Bulbusprolaps liegen meist tiefgreifende Verletzungen des Auges und Schwellungen der umliegenden Gewebe vor. Der Augapfel ist vollständig aus der Orbita vorgetreten.

Sowohl ein partieller Exophthalmus als auch ein Bulbusprolaps sind hoch schmerzhafte Geschehen; die betroffenen Patienten wirken apathisch, fressen oftmals schlecht und ziehen sich zurück.

### Diagnose

Das klinische Bild ist in der Regel eindeutig. Durch eine gründliche Augenuntersuchung muss das Ausmaß der Beteiligung der okulären Strukturen erfasst werden. Bei beginnendem Exophthalmus kann durch die Messung des intraokulären Druckes mit dem Tono-Pen® ein Glaukom differenzialdiagnostisch abgegrenzt werden.

Im Rahmen der Allgemeinuntersuchung wird insbesondere auf Symptome wie Niesen, Nasenausfluss, Schwellung der Halslymphknoten oder Dyspnoe geachtet, die auf eine Infektion mit dem Sialodacryoadenitis-Virus (S. 95) hinweisen, das vor allem bei Ratten unter vier Wochen zu massiven Erkrankungserscheinungen führt.

Zudem muss die Exploration der Maulhöhle besonders sorgfältig erfolgen. Zu beachten sind fehlende, lockere oder verfärbte Zähne, Eiteraustritt aus den Alveolen oder Hinweise auf Fremdkörperfisteln. Bei Hamstern sind die Backentaschen genau zu inspizieren. Falls sie zum Zeitpunkt der Untersuchung gefüllt sein sollten, sind sie vorsichtig zu entleeren, damit die Schleimhaut vollständig betrachtet werden kann. Auch hier ist auf eitriges Sekret, eingespießte Fremdkörper oder Fisteln zu achten.

Stets sollten Röntgenaufnahmen des Schädels in zwei Ebenen angefertigt werden, um eine Beteiligung der Zähne oder knöcherner Strukturen definitiv beurteilen zu können.

### Therapie & Prognose

Die Therapie richtet sich nach der Ursache der Veränderung:

Bei einer Sialodacryoadenitis stehen die symptomatische Therapie der möglichen Lungenaffektionen, immunstimulierende Maßnahmen (z. B. Applikation von Zylexis® 115) und der Schutz der Kornea durch befeuchtende (z. B. ThiloTears-Gel® 53) oder reepithelisierungsfördernde Augenpräparate (z. B. Actihaemyl®-Gel 59) im Vordergrund. Durch kurzfristige Umstrukturierungen des Käfigs wird zudem die Verletzungsgefahr zu mildern versucht.

Retrobulbäre Prozesse erfordern eine Bulbusexstirpation, wenn aufgrund der Röntgenaufnahmen von einer so geringen Knochenbeteiligung auszugehen ist, dass Ausheilungsaussichten bestehen. Bei Abszessen müssen sämtliche verursachenden Zähne extrahiert oder evtl. durch die Maulhöhle oder die Backentaschen gespießte Fremdkörper vollständig entfernt werden und eine ausführliche Wundtoilette erfolgen. Bei den deutlich selteneren retrobulbären Tumoren muss darauf geachtet werden, das veränderte Gewebe vollständig zu entnehmen. Sowohl im Zusammenhang mit entzündlichen als auch neoplastischen Prozessen hinter dem Auge ist im Zuge der Bulsbusexstirpation auch auf eine Entfernung der Reste der intraorbitalen Tränendrüse bzw. Harder'schen Drüse zu achten.

Ein vollständiger Bulbusprolaps nach Rangordnungskämpfen erfordert ebenfalls meist eine Enukleation, da die in der Regel weitreichenden Veränderungen der Kornea und die Schwellungen des umliegenden, meist durch im Speichel enthaltene Keime infizierten Gewebes eine kurzfristige vollständige Rückverlagerung und Behandlung der geschädigten Strukturen verhindern.

Nach der Entfernung des Bulbus erfolgt eine gründliche Wundtoilette der Orbita mit antiseptischen Spüllösungen (z. B. Lavasept® 95). Vor dem Verschluss der Wundhöhle, der möglichst mit Knopfheften erfolgen sollte, um bei entzündlichen Prozessen jederzeit einen Zugang zur Wundspülung schaffen zu können, hat sich eine lokale antibiotische Versorgung der Wundhöhle bewährt. Gut geeignet sind hierfür Präparate, die neben einem antibiotischen auch einen lokalanästhetischen Wirkstoff enthalten (z. B. Leukase-Kegel® 90).

Neben einem systemisch wirkenden Analgetikum (z. B. Metacam® 100) muss das betroffene Tier zudem mit einem Breitspektrumantibiotikum versorgt werden. Bei der Wahl des Präparates ist auf eine gute Knochengängigkeit zu achten (z. B. Baytril® 5, Marbocyl® 9). Lag ein retrobulbärer Abszess vor, so ist parallel zur initialen Antibiotikagabe eine mikrobiologische Untersuchung einzuleiten, um die Behandlung ggf. nach Antibiogramm umzustellen zu können.

Die Prognose ist sehr unterschiedlich einzuordnen: Bei einer Sialodacryoadenitis ist sie in der Regel als gut einzuschätzen, wenn es gelingt, die hervorgetretenen Augen bis zur Genesung vor Verletzungen zu schützen und es nicht parallel zur Ausbildung einer hochgradigen Pneumonie kommt. Liegt ein retrobulbärer Abszess vor, so ist die Prognose, je nach Ausmaß der Beteiligung des umliegenden Knochengewebes, vorsichtig bis ungünstig einzustufen. Die seltenen retrobulbären Tumoren sind meist maligne und die Rezidiv- und Metastasengefahr ist hoch, sodass die Prognose stets eher ungünstig ist.

**Therapie bei Exophthalmus:**
- bei Sialodacryoadenitis:
  - Schutz der Kornea durch befeuchtende oder reepithelisierungsfördernde Augenpräparate (z. B. Thilo Tears® [53], Corneregel® [56], Actihaemyl Augengel® [59])
  - Umstrukturierung des Käfigs für die Dauer der Erkrankung, um Verletzungen der Augen zu vermeiden
  - Paramunitätsinducer (z. B. Zylexis® [115], Petmun® [117])
  - symptomatische Behandlung der weiteren Erkrankungsanzeichen
- bei retrobulbärem Abszess:
  - Bulbusexstirpation
  - Extraktion beteiligter Zähne/Entfernung von Fremdkörpern aus Alveolen oder den Backentaschen
  - Wundtoilette mit Spülungen (z. B. Lavasept® [95]) und lokaler Versorgung mit antibiotischen (z. B. Leukase-Kegel® [90]) oder enzymhaltigen Präparaten (z. B. Nekrolyt® [87])
  - Analgetikum (z. B. Metacam® [100]), 1 x tägl. 0,15 mg/kg s.c./p.o.
  - knochengängiges Antibiotikum mit breitem Wirkungsspektrum (z. B. Baytril® [5], 1 x tägl. 10 mg/kg s.c./p.o. Marbocyl® [9], 1 x tägl. 4 mg/kg s.c./p.o.)

### Katarakt

*Ein grauer Star kann altersbedingt, erblich oder im Zusammenhang mit einem Diabetes mellitus auftreten.*

■ **Ätiologie & Pathogenese**

Linsentrübungen treten bei allen Kleinnagern regelmäßig auf; besonders häufig sind dabei senile Katarakte. Diese entstehen durch Sklerosen und degenerative Veränderungen, die im Alter die Linsenkapsel und auch den Linsenkern betreffen können. Ebenfalls häufig ist die Ausbildung einer metabolisch bedingten Linsentrübung im Rahmen eines Diabetes mellitus, während erblich bedingte Katarakte nur gelegentlich auftreten und vor allem für die Ratte beschrieben wurden.

■ **Klinik**

Linsentrübungen können ein- oder beidseitig entstehen und unterschiedlich stark ausgeprägt sein (Abb. 2.38). Bei seniler oder erblich bedingter Katarakt sind in der Regel keine weiteren Symptome zu beobachten. Ist ein Diabetes mellitus die Grundursache für die Augenveränderung, so fallen oftmals Polydipsie, Polyurie und häufig gleichzeitige Gewichtsabnahmen auf.

■ **Diagnose**

Die Diagnose wird aufgrund des klinischen Bildes und ausführlicher anamnestischer Informationen (weitere Symptome, Alter des Patienten etc.) gestellt. Besteht der Verdacht auf einen Diabetes mellitus, so erhärtet der Glukosenachweis in einer Harnprobe die Verdachtsdiagnose. Gegebenenfalls kann diese anschließend durch den Nachweis einer Hyperglykämie bestätigt werden.

**Abb. 2.38** Senile Katarakt bei einer Rennmaus.

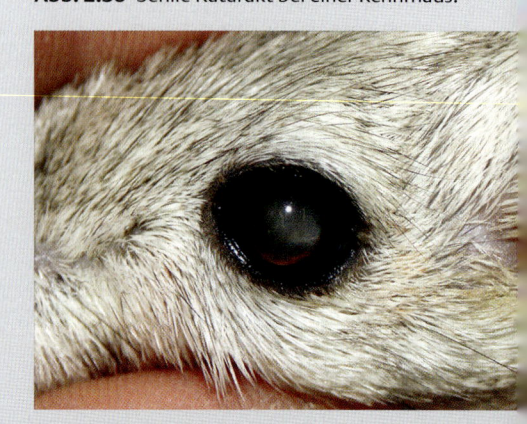

### Therapie

Es gibt keine Therapiemöglichkeiten. Ist die Ausbildung der Veränderung auf einen Diabetes mellitus zurückzuführen, so ist die Fütterung des betroffenen Tieres ausführlich mit dem Besitzer zu besprechen. Auf zuckerhaltige Leckerbissen sollte konsequent verzichtet und auch frisches Obst in der Ration gegen Salate und Gemüse ausgetauscht werden.

## Chromodacryorrhö („Rote Tränen")

*„Rote Tränen" aufgrund einer übermäßigen Sekretion der Harder'schen Drüse unterschiedlicher Ursache.*

### Ätiologie & Klinik

Als Chromodacryorrhö bezeichnet man die Ablagerung von Harder'schem Drüsensekret um die Augen. Die Harder'schen Drüsen, die hinter dem Bulbus von Kleinnagern lokalisiert sind, produzieren ein porphyrinhaltiges, rotes Sekret, das normalerweise beim Putzen im Fell verteilt wird. Die Produktion des Drüsensekretes kann bei Erkrankungen des Auges, in Stresssituationen oder auch bei der Sialodacryoadenitis (S. 95) erhöht sein. Es kann aber auch durch Alter, Stress oder Krankheiten zu verminderter Putzaktivität kommen, sodass sich das Sekret im Augenbereich ablagert und zudem vermehrt über die Tränen-Nasen-Kanäle in die Nase abläuft.

Rötliche Verkrustungen finden sich zunächst v. a. im Bereich des medialen Augenwinkels, können aber bis zur „Brillenbildung" fortschreiten (Abb. 2.39a und b). Auch an der Nase sowie teilweise an der Medialfläche der Vorderbeine befinden sich ähnliche Krusten (Abb. 2.40). Bei Rennmäusen kann durch Krustenbildungen an der Nase das Bild der „Sore Nose" (S. 201) entstehen.

*Eine Chromodacryorrhö ist nicht als eigenständige Erkrankung anzusehen, sondern weist lediglich darauf hin, dass das Wohlbefinden des Patienten gestört ist und nach der Grunderkrankung gesucht werden sollte.*

### Diagnose & Therapie

Kleinnager mit Chromodacryorrhö werden oftmals wegen „blutiger Tränen" vorgestellt. Blutiger

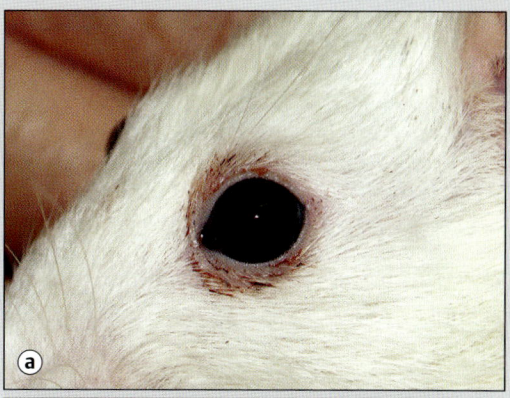

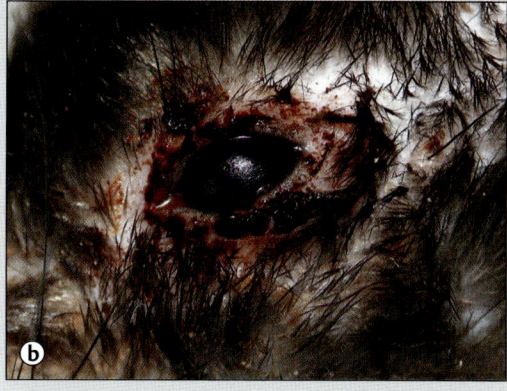

**Abb. 2.39**
**a** Chromodacryorrhö mit dezenter Brillenbildung bei einer Ratte.
**b** Chromodacryorrhö mit massiver Krustenbildung bei einer Ratte.

**Abb. 2.40** Rötliche Krustenbildung um die Nase durch Ablagerungen von Sekret der Harder'schen Drüsen (Rennmaus).

Augenausfluss tritt allerdings nur in Ausnahmefällen auf.

*Sollten auch in der Praxis Zweifel daran bestehen, ob es sich um Harder'sches Drüsensekret oder getrocknete Blutspuren handelt, so kann eine Unterscheidung leicht und eindeutig mit Hilfe der Wood'schen Lampe erfolgen. Das stark porphyrinhaltige Drüsensekret fluoresziert unter UV-Licht leuchtend rot.*

Die Diagnose der zugrunde liegenden Erkrankung stützt sich auf die Anamnese und eine gründliche Allgemeinuntersuchung. Die Therapie richtet sich nach der Grunderkrankung.

## 2.4 Äußerliche Schwellung/ Umfangsvermehrung

Kleinnager werden gehäuft mit Umfangsvermehrungen vorgestellt. Diese können grob eingeteilt werden in:
- kutane und subkutane Schwellungen/ Umfangsvermehrungen
- anogenitale Veränderungen

### 2.4.1 Tierartliche Besonderheiten

Das Drüsengewebe des **Gesäuges** ist bei den Kleinnagern weit ausgedehnt. Es reicht kaudal bis in den Perianalbereich und kranial bis zur Vorderbrust. Seitlich kann es sich bis in die Kniefaltenregion bzw. bis zu den Achseln und in den Schulterbereich, bei Ratten auch bis in die Nackenregion, erstrecken.

Farbmäuse weisen fünf, Ratten fünf bis sechs, Rennmäuse vier und Hamster sechs Zitzenpaare auf.

*Männliche Kleinnager besitzen keine Zitzen!*

Die **Hoden** der Kleinnager sind sehr prominent. Sie liegen in einem ausladenden, dünn behaarten Skrotum (Abb. 2.41) und werden von einem ausgeprägten Fettkörper umlagert.

*Der Fettkörper muss bei der Kastration möglichst vollständig entfernt werden. Andernfalls entstehen leicht Abszesse aufgrund von Fettgewebsnekrosen.*

Bei Hamstern unterliegt die Hodengröße jahreszeitlichen Schwankungen, wenn die Tiere natürlichen Tageszeitlängen und Temperaturen ausgesetzt sind. Die Hoden erscheinen dann in der Fortpflanzungszeit vom Frühjahr bis in den Herbst besonders prominent.

Der Hodenabstieg erfolgt bei den Kleinnagern mit etwa drei bis vier Wochen. Der Leistenspalt bleibt jedoch sehr weit, sodass die Hoden jederzeit in die Bauchhöhle aufgezogen werden können.

*Hochgezogene Hoden dürfen auf Röntgenaufnahmen nicht als abdominaler Tumor fehlgedeutet werden!*

Der **Penis** weist bei allen Kleinnagern einen Penisknochen auf (Abb. 2.42).

**Abb. 2.41** Skrotum einer Rennmaus.

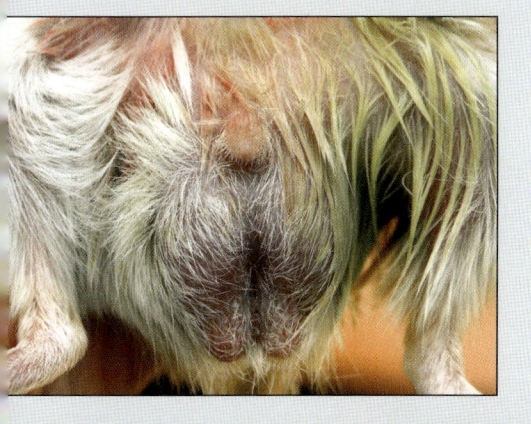

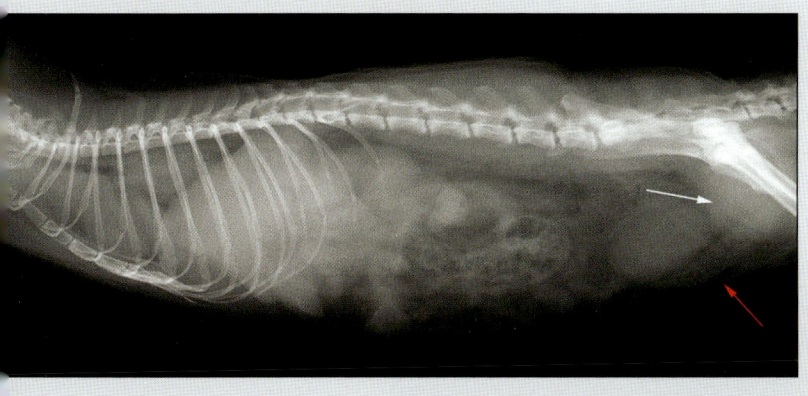

**Abb. 2.42** Röntgenbild einer männlichen Ratte: Penisknochen (roter Pfeil), Hoden (weißer Pfeil).

## 2.4.2 Sofortmaßnahmen, Therapiegrundsätze

Subkutane und kutane Schwellungen und Umfangsvermehrungen stellen in der Regel keine lebensbedrohliche Notfallsituation dar. Liegen den Veränderungen infektiöse Ursachen zugrunde, so muss jedoch zügig eine systemische antibiotische Therapie, meist kombiniert mit einer analgetischen Behandlung, eingeleitet werden. Je nach Allgemeinzustand des Patienten müssen zudem allgemein stabilisierende Maßnahmen durchgeführt werden.

Bestehen neoplastische Veränderungen, so sollte ein chirurgischer Eingriff möglichst schnell erfolgen, wenn der Tumor nach Besitzerangaben schnell gewachsen ist, Ulzerationen aufweist oder die Bewegungsfreiheit des Tieres einschränkt.

Bei Veränderungen im Anogenitalbereich müssen in vielen Fällen umgehend Sofortmaßnahmen eingeleitet werden.

**1** Stabilisierung des Allgemeinzustandes
- Infusionen mit Vollelektrolytlösung [84], 40 ml/kg s.c. und ggf. Glukosezusatz [82], 500 mg/kg s.c.
- Analgetikum (z. B. Novalgin® [101], 20 mg/kg s.c.)

**2** Bei Rektumprolaps
- Reposition in Allgemeinanästhesie
- Spasmolytikum (z. B. Buscopan® [34], 0,5–1 mg/kg s.c.)
- Antibiotikum (z. B. Borgal® [11], 1 x tägl. 40/8 mg/kg s.c.)
- Kotuntersuchung, um Ursache einer Enteritis zu ermitteln

**3** Bei Uterusprolaps
- Ovariohysterektomie
- Antibiotikum (z. B. Baytril® [5], 1 x tägl. 10 mg/kg s.c.)

**4** Bei Penisprolaps
- Kühlung und Reinigung des Penis
- Antibiotikum (z. B. Chloromycetin Palmitat® [2], 2 x tägl. 10 mg/kg p.o.)
- Kortikoid bei starker Ödematisierung

**5** Bei einseitiger Orchitis
- Kastration
- Antibiotikum (z. B. Marbocyl® [9], 1 x tägl. 4 mg/kg s.c., p.o.)

**6** Bei Hodentorsion
- Kastration

## 2.4.3 Wichtige Ursachen

Die meisten äußerlich sichtbaren Umfangsvermehrungen bei Kleinnagern gehen auf neoplastische Veränderungen zurück. Insbesondere Neoplasien des Gesäuges spielen eine große Rolle. Sie kommen vor allem bei Ratten und Mäusen vor, wobei die Mammatumoren der Ratte in den meisten Fällen gutartig, die der Farbmäuse in den meisten Fällen maligne sind. Fast ebenso häufig werden Tumoren der Haut und Unterhaut beobachtet. Bei Zwerghamstern und Rennmäusen kann es zu Entartungen der ventral gelegenen Bauchdrüse, bei Hamstern zu neoplastischen Veränderungen der Flankendrüsen kommen. Seltenere Neoplasien sind Lipome, virusinduzierte Papillome und Hodentumoren sowie eine Vergrößerung der oberflächlichen Körperlymphknoten im Rahmen der Leukose.

Bakterielle Infektionen können zu Weichteilabszessen in unterschiedlichsten Lokalisationen sowie bei Hamstern zu Abszedierungen der Backentaschen führen. Als spezielle Virusinfektion bei Ratte, Hamster und Maus ist die Sialodacryoadenitis zu nennen, bei der Schwellungen der Speicheldrüsen, der Tränendrüsen und der Halslymphknoten beobachtet werden.

Auch Veränderungen im Anogenitalbereich treten gelegentlich auf. Durch starken Pressreiz bei Enteritis kann ein Rektumprolaps induziert werden. Ein Vorfall der Gebärmutter steht meist im Zusammenhang mit Geburtsstörungen oder Neoplasien der Metra. Die Hoden können im Sinne eines Hodentumors, einer Orchitis oder einer Hodentorsion verändert sein. Im Anschluss an Kastrationen männlicher Tiere können aufgrund von Fettgewebsnekrosen oder einer Unverträglichkeit des Nahtmaterials Kastrationsabszesse ausgelöst werden. Verletzungen führen gelegentlich zu einem Penisprolaps.

## 2.4.3.1 Übersicht

**Tab. 2.5** Wichtige Ursachen für kutane und subkutane Umfangsvermehrungen.

| Ursache | Bedeutung | Bemerkungen, siehe auch Leitsymptom |
|---|---|---|
| Neoplasien des Gesäuges | +++ | |
| Neoplasien der Haut und Unterhaut | +++ | |
| Weichteilabszess | ++ | |
| Entzündung/Abszess der Backentaschen | ++ | H |
| Neoplasien der Bauchdrüse | ++ | Zwerg-H, RM |
| Neoplasien der Flankendrüsen | + | H |
| Papillome | + | |
| Lipome | + | |
| Leukose | + | ❺ |
| Hämatome | + | |
| Mastitis | (+) | |
| Sialodacryoadenitis | (+) | R, M, H, ❸ |
| Kieferabszess | (+) | |

**Tab. 2.6** Wichtige Ursachen für Umfangsvermehrungen im Anogenitalbereich.

| Ursache | Bedeutung | Bemerkungen, siehe auch Leitsymptom |
|---|---|---|
| Rektumprolaps | + | meist bei infektiöser Enteritis |
| Penisprolaps | + | |
| Uterusprolaps | + | v. a. bei Uterustumor oder Geburtsstörungen |
| Kastrationsabszess | + | v. a. durch Fettgewebsnekrosen oder Reaktionen auf Nahtmaterial |
| Orchitis | (+) | |
| Hodentumor | (+) | |
| Hodentorsion | (+) | |

## 2.4.3.2 Diagnostischer Leitfaden: Äußerliche Schwellung/Umfangsvermehrung

## Anamnese

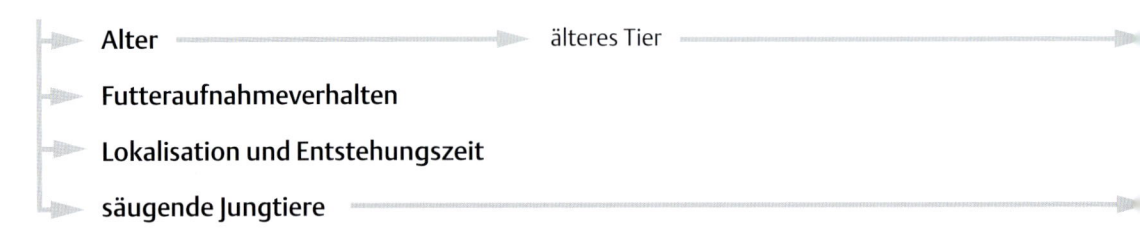

- **Alter** → älteres Tier
- **Futteraufnahmeverhalten**
- **Lokalisation und Entstehungszeit**
- **säugende Jungtiere**

## Klinische Untersuchung

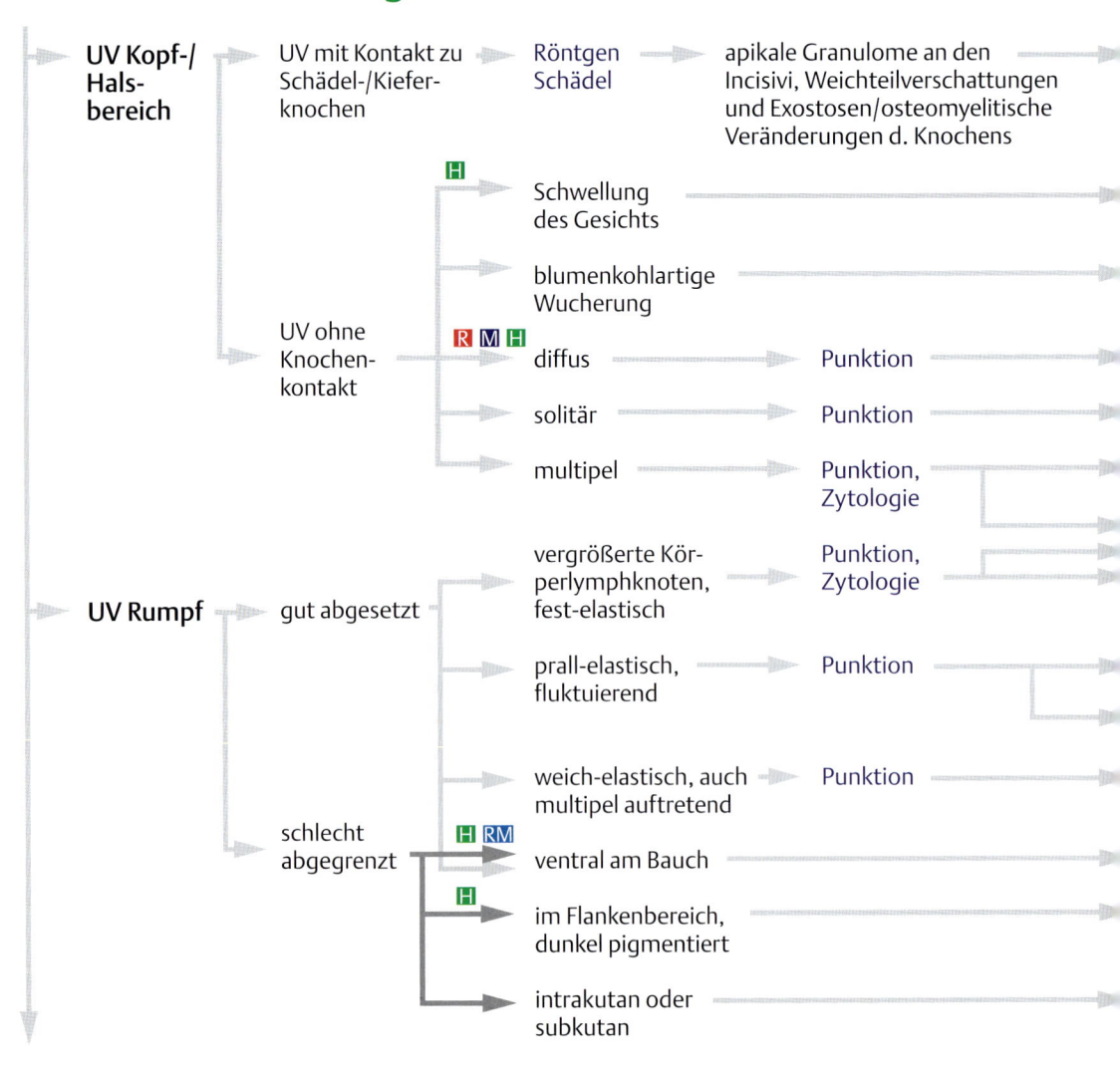

- **UV Kopf-/Halsbereich**
  - UV mit Kontakt zu Schädel-/Kieferknochen → Röntgen Schädel → apikale Granulome an den Incisivi, Weichteilverschattungen und Exostosen/osteomyelitische Veränderungen d. Knochens
  - UV ohne Knochenkontakt
    - [H] Schwellung des Gesichts
    - blumenkohlartige Wucherung
    - [R][M][H] diffus → Punktion
    - solitär → Punktion
    - multipel → Punktion, Zytologie
- **UV Rumpf**
  - gut abgesetzt
    - vergrößerte Körperlymphknoten, fest-elastisch → Punktion, Zytologie
    - prall-elastisch, fluktuierend → Punktion
    - weich-elastisch, auch multipel auftretend → Punktion
  - schlecht abgegrenzt
    - [H][RM] ventral am Bauch
    - [H] im Flankenbereich, dunkel pigmentiert
    - intrakutan oder subkutan

# 4 Äußerliche Schwellung/Umfangsvermehrung

| | | |
|---|---|---|
| | Tumorerkrankung? | S. 97 ff |
| | Mastitis? | S. 102 |
| | Kieferabszess | S. 92 |
| | Abszess der Backentasche | S. 94 |
| | Papillom | S. 96 |
| serös-wässriges Sekret | Sialodacryoadenitis | S. 95 |
| eitriges Sekret | Weichteilabszess | S. 92 |
| entartete Lymphozyten, mitosereich | Leukose | S. 96 |
| physiologisches Lymphknotengewebe, Fett | Befund bei Adipositas | S. 97 |
| eitriges Sekret | Weichteilabszess | S. 92 |
| Blut | Hämatom | S. 107 |
| Fettzellen | Lipom | S. 97 |
| | Tumor d. Bauchdrüse | S. 99 |
| | Tumor d. Flankendrüse | S. 100 |
| | Tumor d. Haut/Unterhaut | S. 98 |

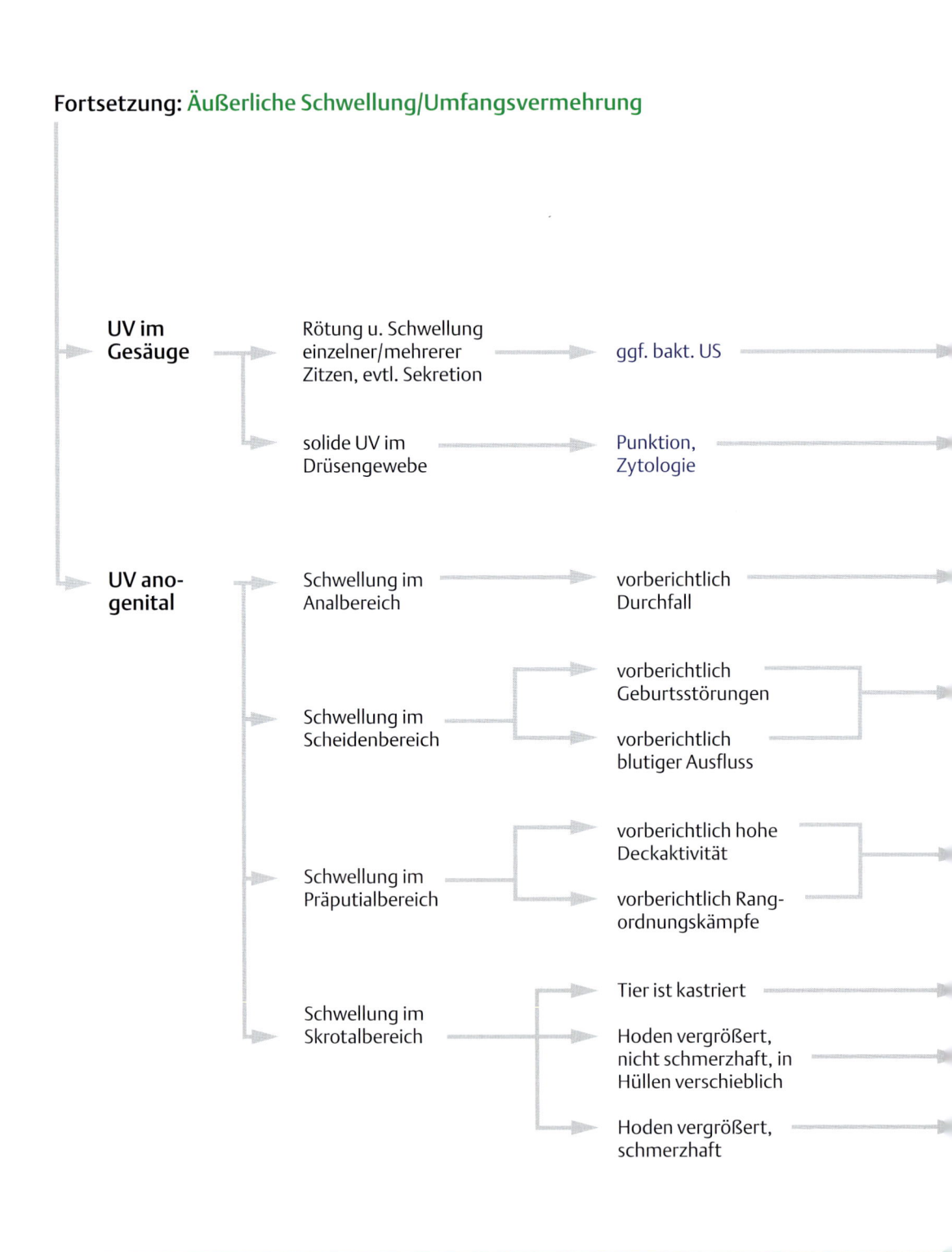

**Fortsetzung:** Äußerliche Schwellung/Umfangsvermehrung

- **UV im Gesäuge**
  - Rötung u. Schwellung einzelner/mehrerer Zitzen, evtl. Sekretion → ggf. bakt. US
  - solide UV im Drüsengewebe → Punktion, Zytologie

- **UV anogenital**
  - Schwellung im Analbereich → vorberichtlich Durchfall
  - Schwellung im Scheidenbereich
    - → vorberichtlich Geburtsstörungen
    - → vorberichtlich blutiger Ausfluss
  - Schwellung im Präputialbereich
    - → vorberichtlich hohe Deckaktivität
    - → vorberichtlich Rangordnungskämpfe
  - Schwellung im Skrotalbereich
    - → Tier ist kastriert
    - → Hoden vergrößert, nicht schmerzhaft, in Hüllen verschieblich
    - → Hoden vergrößert, schmerzhaft

## 2.4 Äußerliche Schwellung/Umfangsvermehrung

|  |  | Mastitis | S. 102 |
| Eiter |  | Gesäugeabszess | S. 102 |
| Zellen des Drüsengewebes |  | Mammatumor | S. 100 |
|  |  | Rektumprolaps | S. 103 |
|  |  | Uterusprolaps | S. 103 |
|  |  | Penisprolaps | S. 104 |
| Punktion | Eiter | Kastrationsabszess | S. 107 |
|  |  | Hodentumor | S. 105 |
| nicht in Hüllen verschieblich |  | Orchitis | S. 104 |
| in Hüllen verschieblich |  | Hodentorsion | S. 106 |

### Besonderes Augenmerk bei der Anamnese

**Haltungsbedingungen:** Bissverletzungen im Rahmen von Rangordnungskämpfen können zu Weichteilabszessen (S. 92), Penisprolaps (S. 104) und Hodenverletzungen mit nachfolgender Orchitis (S. 104) führen. In diesem Zusammenhang muss die Gruppenzusammensetzung erfragt werden. Eine Eingliederung neuer Tiere sowie auch der Tod eines ranghohen Tieres können zu Instabilitäten in der Rangordnung und damit zu Streitigkeiten führen. Auch die Strukturierung und Einrichtung des Käfigs ist von Interesse. Beißereien werden gehäuft beobachtet, wenn nicht ausreichend Rückzugs- und Versteckmöglichkeiten zur Verfügung stehen. Weiterhin kann auch der „Umzug" in einen anderen Käfig oder ein fremdes Terrarium Probleme bereiten. In einer unbekannten Umgebung versuchen die Tiere oftmals, auch eine neue Rangordnung aufzubauen.

**Allgemeinbefinden:** Ein reduzierter Allgemeinzustand geht meist mit einer eingeschränkten Futteraufnahme einher. Solche Veränderungen sind bei Erkrankungen zu erwarten, die direkt das Fressverhalten beeinträchtigen wie bei Abszessen der Backentaschen (S. 94) beim Hamster oder bei Kieferabszessen (S. 92). Sie werden aber auch bei infektiösen Krankheiten wie der Leukose (S. 96) oder einer Enteritis mit Rektumprolaps (S. 103) sowie bei schmerzhaften Zuständen, z. B. einem Uterusprolaps (S. 103), einer Hodentorsion (S. 106) oder einer Orchitis (S. 104) beobachtet.

**Sonstige Symptome:** Schleichende Gewichtsverluste werden insbesondere bei der Leukose (S. 96) gesehen. Maligne Neoplasien der Haut (S. 98) oder Mammatumoren (S. 100) können in die Lunge metastasieren und zu verminderter Kondition sowie zu Atembeschwerden (❶) führen.

### Besonderes Augenmerk bei der klinischen Untersuchung

Bei oberflächlichen Umfangsvermehrungen sind die Adspektion und insbesondere die Palpation wichtige Hilfsmittel, um zu einer Diagnose zu gelangen. Die gesamte Körperoberfläche des Tieres sollte abgetastet werden. Schwellungen und Umfangsvermehrungen werden bezüglich ihrer Größe, Konsistenz, Oberflächenbeschaffenheit, Schmerzhaftigkeit, Temperatur und Abgrenzbarkeit gegenüber dem umliegenden Gewebe beurteilt.

### Wo ist die Umfangsvermehrung lokalisiert und wie ist ihre Konsistenz?

Umfangsvermehrungen im **Kopf- und Halsbereich** können ihren Ursprung in verschiedenen Erkrankungen nehmen. Gelegentlich werden Kieferabszesse (S. 92) beobachtet, die von den bei den Kleinnagern ständig nachwachsenden Schneidezähnen ausgehen können. Diese Veränderungen sitzen meist ventral am Unterkiefer und haben eine harte bis leicht fluktuierende Konsistenz. Bei Hamstern müssen differenzialdiagnostisch Abszesse der Backentaschen (S. 94) abgegrenzt werden. Diese können sich von der Wange bis hin zu den Schultern erstrecken und auch um den Unterkiefer herum ziehen. Im Rahmen einer Leukose (S. 96) kann es bei den Kleinnagern in seltenen Fällen zu einer Schwellung der Halslymphknoten kommen. Diese sind dann palpatorisch deutlich vergrößert und von derber Konsistenz. Insbesondere bei Ratten, aber auch bei Mäusen und Hamstern ist hier eine Sialodacryoadenitis (S. 95) abzugrenzen. Bei dieser Erkrankung kommt es zu diffusen Schwellungen im Halsbereich durch Vergrößerung von Lymphknoten und Speicheldrüsen. Während die Lymphknoten dann eine prall-elastische Konsistenz aufweisen, fühlen sich die Speicheldrüsen weicher und fluktuierend an. Auch Lipome (S. 97) können sich bei Ratten im Halsbereich ansiedeln. Sie sind meist weich und können oft nicht klar vom umgebenden Gewebe abgegrenzt werden. Zudem können bei allen Tierarten Weichteilabszesse (S. 92) an Kopf oder Hals auftreten. Diese sind in frühen Stadien oft recht hart, entwickeln jedoch eine zunehmend prall-fluktuierende Konsistenz.

Auch im **Rumpfbereich** und am **Gesäuge** können nen verschiedene Arten von Schwellungen und Umfangsvermehrungen auftreten. Bei Ratten und Mäusen kommen gehäuft Mammatumoren (S. 100) vor, die aufgrund ihrer Lokalisation jedoch nicht immer sofort dem Gesäuge zugeordnet werden können. Das Drüsengewebe ist bei diesen Tierarten sehr ausladend, sodass ein Mammatumor durchaus im Achsel-, Schulter- oder Perianalbereich auftreten kann. Gutartige Fibroadenome, wie sie in der überwiegenden Zahl der Fälle bei der Ratte zu finden sind, haben eine eher weiche Konsistenz, eine relativ glatte Oberfläche und sind vom umliegenden Gewebe palpatorisch meist gut abzugrenzen. Karzinome und Adenokarzinome stellen den größten Anteil der Neoplasien der Maus dar. Sie sind derb, meist höckerig und schlecht abgrenzbar. Weitere Neoplasien, die am Rumpf auftreten, sind Tumoren der Haut und Unterhaut (S. 98), unter denen Fibrosarkome die häufigsten sind. Diese Umfangsvermehrungen sind derb, oft höckerig und neigen zu Ulzerationen. Bei Zwerghamstern und insbesondere bei Rennmäusen kommen zudem Neoplasien der Bauchdrüse (S. 99) vor. Diese haben eine meist feste Konsistenz und weisen oberflächliche Ulzerationen auf. Tumoren der Flankendrüsen (S. 100) des Hamsters sind ebenfalls derb und meist nur schlecht vom umgebenden Gewebe abgrenzbar.

Veränderungen im **Anogenitalbereich** wie ein Rektumprolaps (S. 103), ein Uterusprolaps (S. 103) oder ein Penisprolaps (S. 104) sind bei der klinischen Untersuchung leicht zu diagnostizieren. Auch Erkrankungen der Hoden lassen sich adspektorisch und palpatorisch meist bereits gut voneinander abgrenzen. Liegt ein Hodentumor (S. 105) vor, so ist der vergrößerte Hoden in der Regel frei in seinen Hüllen verschieblich und nicht schmerzhaft. Der zweite Hoden ist meist deutlich atrophiert. Bei einer Orchitis (S. 104) bestehen dagegen oft Verklebungen von Hoden und Hodenhüllen, der Hoden ist vermehrt warm und die Palpation ist schmerzhaft. Einseitige Orchitiden werden oft durch Bissverletzungen hervorgerufen, sodass entsprechende Läsionen am Skrotum vorzufinden sind. Eine Hodentorsion (S.106) führt durch Abschnürung der Blutzufuhr zu einer Vergrößerung des Hodens. Dieser ist hoch schmerzhaft, ohne dass Verklebungen vorliegen. Bei Kastrationsabszessen (S. 107) liegen harte bis prall fluktuierende Schwellungen vor.

▪ **Ist das Allgemeinbefinden gestört?**

Bei den meisten neoplastischen Veränderungen wie Neoplasien des Gesäuges (S. 100) oder Tumoren der Haut (S. 98) kommt es nicht zu Störungen des Allgemeinzustandes. Infektiöse Prozesse wie Abszesse der Backentaschen (S. 94) oder Kieferabszesse (S. 92) haben dagegen deutliche Einschränkungen des Allgemeinbefindens mit Inappetenz und daraus resultierender Exsikkose zur Folge. Gleiches gilt für die meisten Veränderungen im Anogenitalbereich wie Rektumprolaps (S. 103), Uterusprolaps (S. 103), Orchitis (S. 104) und Hodentorsion (S. 106).

*Bei diesen Erkrankungen muss eine schnelle allgemein unterstützende Behandlung eingeleitet werden.*

▪ **Liegen weitere Symptome vor?**

Maligne Tumoren des Gesäuges (S. 100) oder Fibrosarkome (S. 98) metastasieren zunächst meist in die Lunge, sodass es dann zu verminderter Kondition und Dyspnoe (❶) kommen kann.

▪ **Diagnosesicherung durch weiterführende Untersuchungen**

Eine **Punktion und die nachfolgende zytologische Untersuchung** sind wichtige diagnostische Hilfsmittel, um Abszesse von Neoplasien oder Lipomen (S. 97) abgrenzen zu können. Aber auch die Dignität eines Tumors kann auf diese Weise bestimmt werden.

**Röntgenuntersuchungen** des Thorax sind beim Vorliegen maligner Tumoren der Haut (S. 98) und des Gesäuges (S. 100) sinnvoll, um Lungenmetastasen ausschließen zu können. Röntgenaufnahmen des Schädels sind erforderlich, um Kieferabszesse (S. 92) diagnostizieren und das Ausmaß osteomyelitischer Veränderungen erkennen zu können. Zudem kann hierdurch bei Hamstern eine Abgrenzung zu Abszessen der Backentaschen (S. 94) erleichtert werden.

**Bakteriologische Untersuchungen** können bei allen entzündlichen bzw. abszedierenden Veränderungen eingeleitet werden, um gezielt nach Antibiogramm behandeln zu können.

**Kotuntersuchungen** müssen in jedem Fall beim Vorliegen eines Rektumprolapses (S. 103) durchgeführt werden, um die Ursache einer Enteritis ermitteln zu können.

## 2.4.3.3 Erkrankungen

### Weichteilabszesse

*Abszesse unterschiedlicher Genese in Haut, Unterhaut und Muskulatur.*

#### Ätiologie & Pathogenese

Abszesse der Weichteilgewebe können durch verschiedene Ursachen hervorgerufen werden. Besonders oft nehmen sie ihren Ausgang in Bissverletzungen oder Verletzungen durch spitze Einrichtungsgegenstände. Aber auch Neoplasien können sekundär infizieren und abszedieren. Bei Tieren mit reduziertem Immunstatus werden zudem gelegentlich Allgemeininfektionen mit *Staphylococcus* sp. oder *Streptococcus* sp. beobachtet, die zu multipler Abszessbildung in Haut und Unterhaut führen.

#### Klinik

Es kommt zu oberflächlichen Umfangsvermehrungen, die eine harte bis prall-fluktuierende Konsistenz aufweisen und in unterschiedlichen Körperregionen lokalisiert sein können (Abb. 2.43).

#### Diagnose

Durch Punktion der Umfangsvermehrung kann Eiter mit der Spritze aspiriert werden. Die Ursache der Erkrankung kann nicht immer ermittelt werden; es sollte jedoch eine sorgfältige Haltungsanamnese erhoben werden, um zukünftig weitere Verletzungen ausschließen zu können.

**Abb. 2.43** Abszess am Hals einer Ratte.

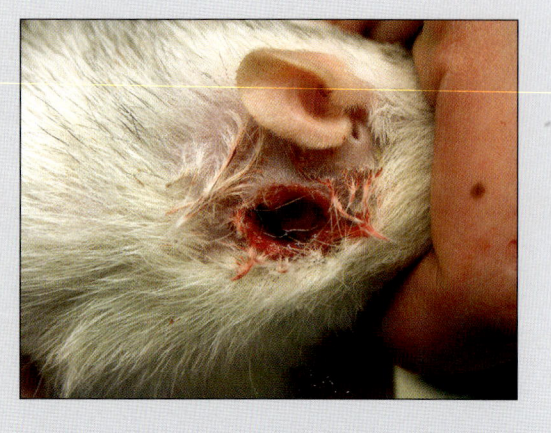

#### Therapie & Prognose

Einzelne Abszesse werden in Allgemeinanästhesie möglichst in toto entfernt. Ist dies nicht möglich, so werden sie gespalten, ausgeräumt und gründlich gespült. Die Abszesskapsel wird möglichst vollständig herauspräpariert. Die Wundhöhle sollte anschließend zumindest teilweise offen belassen werden, um auch im Weiteren Wundbehandlungen zu ermöglichen. Die Tiere erhalten zudem über mindestens eine Woche ein Antibiotikum (z. B. Baytril® [5]) sowie in den ersten Tagen ein Analgetikum (z. B. Metacam® [100]). Meist kommt es dann zu einer guten und schnellen Abheilung.

Liegen abszedierte Neoplasien vor, so sind diese natürlich chirurgisch zu entfernen. Eine antibiotische und analgetische Nachbehandlung muss auch hier erfolgen.

Besteht eine multiple Abszedierung, die auf eine Streptokokkose oder Staphylokokkose hindeutet, so ist die Prognose bedeutend schlechter. Alle Abszesse müssen chirurgisch entfernt werden. Teile der Abszesskapsel und Eiter sollten zur bakteriologischen Untersuchung eingesandt werden, um gezielt nach Antibiogramm behandeln zu können. Die Tiere müssen dann über einen Zeitraum von mehreren Wochen mit einem geeigneten Antibiotikum behandelt werden. Das Immunsystem sollte zudem mit einem Paramunitätsinducer [115] stabilisiert werden. Die Fütterungs- und Haltungsbedingungen sind zu überprüfen und gegebenenfalls zu optimieren. Entstehen unter der Therapie erneut Abszesse, so ist eine Euthanasie zu erwägen.

### Kieferabszesse

*Seltene, von den Schneidezähnen ausgehende Erkrankung.*

#### Ätiologie & Pathogenese

Abszesse des Kiefers kommen bei Kleinnagern nur selten vor. Sie gehen stets von den mit offenem Wurzelkanal ausgestatteten Schneidezähnen aus und sind meist im Unterkiefer lokalisiert. Durch eine Lockerung der Incisivi, wie sie z. B. infolge eines Traumas vorkommen kann, können Keime

## 2.4 Äußerliche Schwellung/Umfangsvermehrung

in die Tiefe eindringen und dort zu Entzündungen und Abszedierungen führen.

### Klinik

Die Tiere zeigen Schwellungen und Auftreibungen im Kieferbereich (Abb. 2.44). Sie fressen schlecht oder gar nicht und magern ab. Das Krankheitsgeschehen ist oft von einer übermäßigen Salivation begleitet, sodass Hals- und Brustbereich ständig feucht sind.

### Diagnose

Eine Verdachtsdiagnose ergibt sich bereits aus dem klinischen Bild. Durch Druck auf den Abszess kann in vielen Fällen Eiter über die Alveole des betroffenen Schneidezahnes entleert werden. Röntgenaufnahmen des Schädels zeigen das Ausmaß einer Knochenbeteiligung (Abb. 2.45).

Bei Hamstern müssen differenzialdiagnostisch insbesondere Abszesse der Backentaschen abgegrenzt werden.

### Therapie & Prognose

Abszesse werden in Allgemeinanästhesie gespalten, ausgeräumt und mit milden Antiseptika (z. B. Rivanol® [89], verdünntes Braunol® [96]) gespült. Die Abszesskapsel muss dann möglichst vollständig entfernt werden. Der verursachende Schneidezahn ist zu extrahieren und die Alveole muss mit einem feinen scharfen Löffel gründlich ausküretiert werden, um Granulomanteile vollständig zu entfernen. Die Abszesshöhle sollte im Anschluss an die Operation zumindest teilweise offen gelassen werden, damit weitere Spülungen möglich sind.

Die Tiere erhalten systemisch ein knochengängiges Antibiotikum (z. B. Enrofloxacin [5], Marbofloxacin [9]), das über einen Zeitraum von mindestens zwei Wochen verabreicht werden sollte. Bei ausgeprägten osteolytischen Veränderungen der Kieferknochen kann sich die Behandlungsdauer jedoch auch deutlich verlängern. In den ersten Tagen post operationem müssen die Patienten zudem mit einem Analgetikum (z. B. Meloxicam [100]) versorgt werden. Inappetente Tiere werden zwangsgefüttert. Spülungen der Abszesshöhle erfolgen in zwei- bis dreitägigen Abständen bis zur Ausheilung.

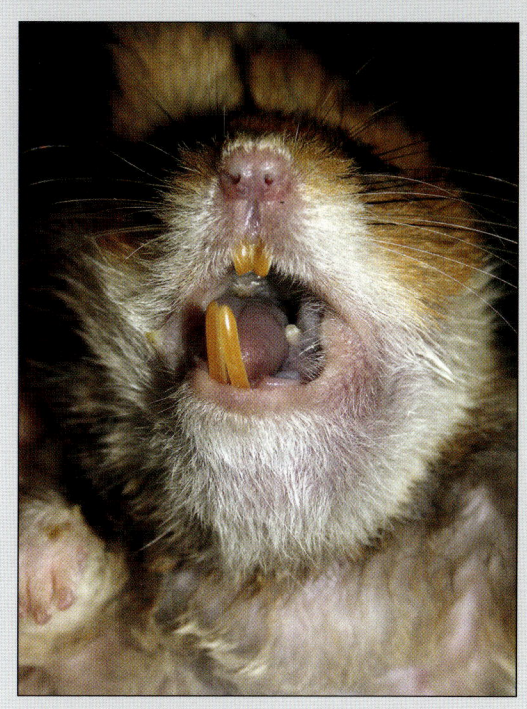

Abb. 2.44 Unterkieferabszess bei einem Goldhamster.

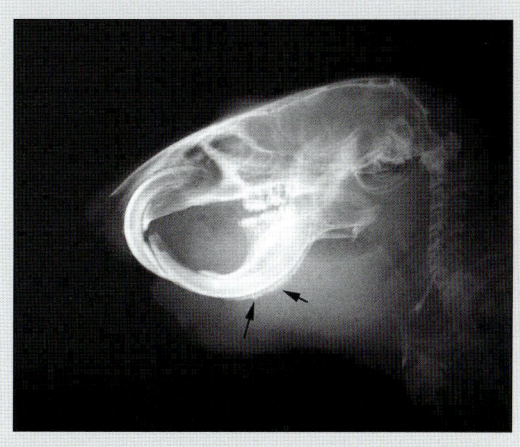

Abb. 2.45 Unterkieferabszess bei einem Goldhamster. Der untere Kieferrand weist osteolytische Veränderungen auf.

### Entzündung/Abszess der Backentaschen H

*Häufige, meist durch Verletzungen hervorgerufene Erkrankungen.*

#### Ätiologie & Pathogenese

Die Backentaschen des Hamsters dienen dem Transport sowohl von Futter, als auch von Nistmaterial. Scharfe und einspießende Bestandteile führen gelegentlich zu Verletzungen der Schleimhaut. Diese Läsionen können sich sekundär infizieren und abszedieren. Ungeeignetes Futter, das bei Körpertemperatur schmilzt, wie z. B. Joghurtdrops oder Schokolade, kann vom Hamster dann oftmals nicht vollständig aus den Backentaschen entleert werden. Es verbleiben Rückstände, die verderben und zu Verklebungen führen können.

#### Klinik

Es entstehen meist einseitige Schwellungen im Backenbereich, die sich aber auch bis in die Schulterregion ausdehnen können. Das Auge der betroffenen Seite ist oft zugeschwollen (Abb. 2.46). Der Hamster wird zunehmend inappetent.

#### Diagnose

Die Diagnose ergibt sich meist bereits aus dem klinischen Bild. Aufgrund der massiven Schwellungen können die Backentaschen in der Regel weder durch Ausstülpen noch durch Inspektion mit einem Otoskop eingesehen werden. Differenzialdiagnostisch ist insbesondere ein Kieferabszess, ausgehend von den Unterkieferincisivi, auszuschließen. Dies erfolgt durch eine Röntgenuntersuchung des Schädels.

#### Therapie & Prognose

Sind die Tiere noch nicht zu sehr abgemagert und im Allgemeinbefinden gestört, so kann die Prognose als gut angesehen werden. Der Abszess wird in Allgemeinanästhesie von außen gespalten, ausgeräumt und gründlich mit milden Lösungen (z. B. Rivanol® 89 ) gespült. Die Wundhöhle wird zumindest teilweise offen belassen, um auch sich anschließende regelmäßige Spülungen zu ermöglichen. Der Hamster wird mit einem Antibiotikum (z. B. Baytril® 5 ) und einem Analgetikum (z. B. Metacam® 100 ) behandelt. Er erhält zudem, insbesondere bei reduziertem Allgemeinbefinden, eine unterstützende Therapie mit Infusionen 84 , Glukosezusatz 82 und Zwangsfütterung 113 . Bei Tieren, die noch selbständig fressen, sollte nur weiches Futter angeboten werden, das keine zusätzlichen Schmerzen und Verletzungen verursachen kann. Neben Obst und Gemüse eignen sich hierfür besonders aufgeschlossene Getreideprodukte wie Haferflocken und Zwieback. Auch ein zur Zwangsernährung geeigneter Brei kann angeboten werden. Getreidekörner sollten dagegen bis zur Abheilung gemieden werden.

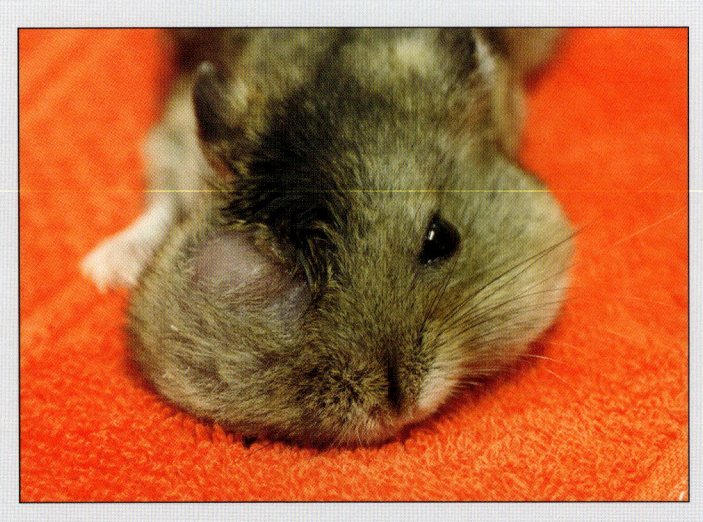

**Abb. 2.46** Abszedierte Backentasche eines Dshungarischen Zwerghamsters.

## Sialodacryoadenitis R M H

*Virusinduzierte Schwellungen von Speicheldrüsen, Tränendrüsen und Halslymphknoten.*

### Ätiologie & Pathogenese

Die Sialodacryoadenitis wird durch das *Sialodacryoadenitis-Virus* (SDAV) und das *pneumotrope Ratten-Coronavirus* (RCV) hervorgerufen. Es handelt sich dabei um verschiedene Stämme desselben Virus.

Eine Virusausscheidung erfolgt über Sekrete des Respirationstraktes, sodass eine Übertragung durch direkten Kontakt und über Aerosole möglich wird. Die Viren vermehren sich im Epithel des Respirationstraktes, in den Harder'schen Drüsen sowie in den Speichel- und Tränendrüsen. Auch die zervikalen Lymphknoten können einbezogen werden. Infizierte Tiere tragen das Virus nur über einen Zeitraum von 7–10 Tagen, sodass latente Dauerausscheider nicht vorkommen.

Eine alleinige Virusinfektion führt in der Regel nicht zu ernsthaften Problemen. Durch weitere Infektionen mit bakteriellen Erregern oder Mykoplasmen kann es jedoch zu schweren Erkrankungsausbrüchen kommen.

### Klinik

Es entstehen Entzündungen und Schwellungen von Speicheldrüsen, Halslymphknoten und Tränendrüsen. Bei milden Verlaufsformen stehen Symptome einer Rhinitis und Konjunktivitis sowie dezente Schwellungen der Speicheldrüsen im Vordergrund. Schwere Erkrankungen werden insbesondere bei Jungtieren beobachtet. Die Tiere weisen deutliche Schwellungen des Halses auf sowie ein Hervortreten der Augäpfel bis hin zum Exophthalmus (3). Sekundär werden Korneaulzerationen und Einblutungen in die vordere Augenkammer beobachtet. Durch verstärkte Sekretion der Harder'schen Drüsen entsteht eine ausgeprägte Chromodacryorrhö (S. 81). Als Komplikation können interstitielle Pneumonien auftreten.

### Diagnose

Die Diagnose ergibt sich bereits aus dem klinischen Bild. Antikörper können zwar serologisch nachgewiesen werden, dieser Nachweis wird in den üblichen veterinärmedizinischen Laboren jedoch nicht angeboten.

Post mortem ist der Erreger aus respiratorischem Epithel, den Lymphknoten sowie den Speichel- und Tränendrüsen zu isolieren.

### Therapie & Prognose

Eine spezifische Behandlung ist nicht möglich. Die Prognose ist dennoch als gut anzusehen, da die durch die Viren hervorgerufenen Symptome selbstlimitierend sind. Probleme entstehen vorwiegend durch bakterielle Sekundärinfektion. Erkrankte Tiere sollten daher, ebenso wie alle in Kontakt zu ihnen stehenden Partnertiere, antibiotisch (z. B. mit Enrofloxacin (5), Chloramphenicol (2)) abgeschirmt werden. Bei schwereren Verlaufsformen ist eine allgemein stabilisierende Therapie mit Infusionen (84), Glukosezufuhr (82), Vitaminsubstitution (76) und Zwangsfütterung (113) erforderlich. Unterstützend können zudem Paramunitätsinducer (115) appliziert werden. Die Augen sollten mit antiobiotischen Augenpräparaten (z. B. Floxal® (61)) behandelt werden; bei bereits bestehender Kornealäsion sind auch reepithelisierende Salben (z. B. Regepithel® (65)) erforderlich.

### Prophylaxe

Da das Virus nur 7–10 Tage in den Patienten nachzuweisen ist, kann eine Infektion durch Quarantänemaßnahmen sicher verhindert werden. Neu in einen Bestand kommende Tiere sollten für einen Zeitraum von 14 Tagen isoliert werden. Da eine Virusübertragung durch Aerosole möglich ist, müssen die Tiere in einem separaten Raum untergebracht werden.

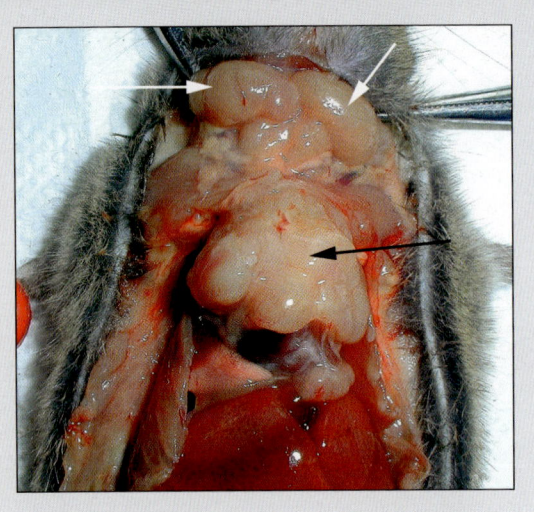

**Abb. 2.47** Leukotisch veränderte Halslymphknoten und Thymus einer Farbmaus.

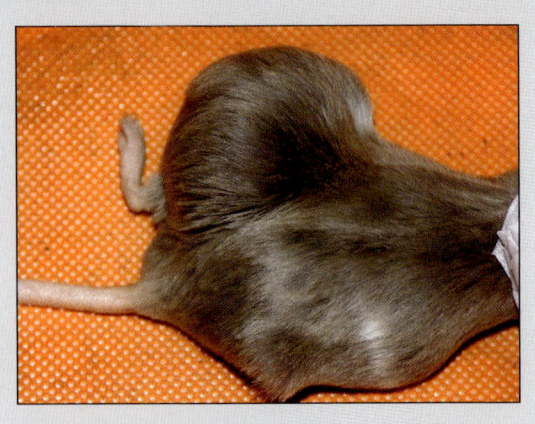

**Abb. 2.48** Im Rahmen einer Leukose vergrößerter Kniefaltenlymphknoten bei einer Maus.

### Leukose

*Durch Viren hervorgerufene Infektion, die zur Entartung der lymphatischen Organe führt.*

#### Ätiologie & Pathogenese

Die Leukose wird bei allen Kleinnagern durch *Oncornaviren* hervorgerufen und verursacht insbesondere neoplastische Veränderungen von Lymphknoten und Milz.

#### Klinik

Eine generalisierte Schwellung der oberflächlichen Körperlymphknoten (Abb. 2.47) ist bei Kleinnagern nur selten zu beobachten. Meist sind von Veränderungen überwiegend die intraabdominalen Lymphknoten sowie Leber und Milz betroffen, sodass andere Leitsymptome wie Abmagerung (❿) oder Umfangsvermehrungen des Abdomens (❺) im Vordergrund stehen. Manchmal kommt es jedoch zur Entartung einzelner oberflächlicher Körperlymphknoten, wobei Umfangsvermehrungen von erheblichem Ausmaß erreicht werden. Besonders oft sind hiervon die Achsel- oder Kniefaltenlymphknoten betroffen (Abb. 2.48). Dies geht bei betroffenen Patienten dann mit zum Teil erheblichen Bewegungsstörungen einher.

#### Diagnose

Oberflächliche Körperlymphknoten können punktiert und das Punktat einer zytologischen Untersuchung unterzogen werden.

#### Therapie & Prognose

Eine Behandlung ist in der Regel nicht möglich. Selbst wenn es sich um solide Umfangsvermehrungen handelt und das Allgemeinbefinden des Tieres noch ungestört ist, ist eine chirurgische Entfernung des Lymphknotens nicht sinnvoll, meist auch nicht möglich. Die Tiere werden meist erst mit sehr raumfordernden Umfangsvermehrungen vorgestellt. Diese sind so stark durchblutet, dass es bei Entfernung zu einem massiven Volumenverlust und oft zu einem Kreislaufversagen kommt. Betroffene Tiere sollten daher euthanasiert werden, sobald ihre Beweglichkeit in nicht mehr zumutbarem Maße eingeschränkt ist.

### Papillomatose

*Virusinduzierte, blumenkohlartige Wucherungen der Haut.*

#### Ätiologie & Pathogenese

Papillome und Fibropapillome werden durch *Papillomaviren* hervorgerufen, die durch direkten Kontakt übertragen werden und in der Regel streng

## 2.4 Äußerliche Schwellung/Umfangsvermehrung

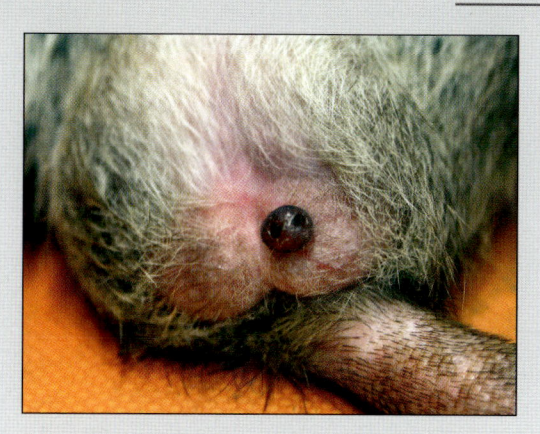

**Abb. 2.49** Fibropapillom am Skrotum einer Ratte.

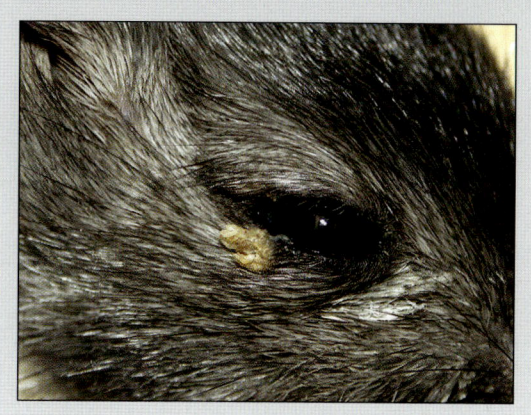

**Abb. 2.50** Papillom mit starker Verhornung am Augenlid einer Rennmaus.

wirtsspezifisch sind. Die Viren befallen die Basalzellen von Haut und Schleimhäuten und führen dort zu Proliferation und Wachstum. Die so entstehenden Umfangsvermehrungen sind gutartig und verschwinden oft wieder von selbst. Rezidive nach chirurgischer Entfernung sind jedoch nicht selten.

Von Erkrankungen sind besonders häufig Rennmäuse betroffen, bei denen sich Papillome oft an den Haut-Schleimhaut-Übergängen finden. Bei Hamstern bilden sich gelegentlich orale Papillome in der Maulhöhle aus.

### Klinik

Auf der Haut (Abb. 2.49) oder an den Haut-Schleimhaut-Übergängen (Abb. 2.50) entstehen kleine, zum Teil blumenkohlartige Wucherungen, die zu sekundärer Verhornung neigen. Die Umfangsvermehrungen sind gut abgesetzt, in vielen Fällen deutlich gestielt. In der Regel liegen keinerlei Beeinträchtigungen des Tieres vor.

### Diagnose

Eine Verdachtsdiagnose ergibt sich bereits aus dem klinischen Bild. Sie kann durch histologische Untersuchung der Umfangsvermehrung bestätigt werden.

### Therapie & Prognose

Eine Behandlung ist in der Regel nicht erforderlich. In seltenen Fällen, in denen Papillome aufgekratzt werden oder aufgrund ihrer Lokalisation stören, kann die Umfangsvermehrung chirurgisch entfernt werden. Aufgrund der Virusätiologie muss jedoch mit Rezidiven gerechnet werden.

## Lipome

*Fettgewebsgeschwülste, die v. a. bei adipösen Tieren vorkommen.*

### Ätiologie & Pathogenese

Fettgewebsgeschwülste werden besonders bei wohlgenährten Kleinnagern gefunden, wo sie insbesondere im Bereich der Achsel- und Kniefaltenlymphknoten angesiedelt sind. Ausgeprägte Fetteinlagerungen sind auch bei adipösen Ratten im Nacken und Zwischenschulterbereich sowie gelegentlich am Hals zu beobachten.

### Klinik

Die Achsel- und Kniefaltenlymphknoten sind palpatorisch, bei deutlicher Ausprägung auch bereits adspektorisch vergrößert.

*Die in Fett eingelagerten Lymphknoten dürfen nicht mit leukotischen Veränderungen verwechselt werden!*

Bei dicken Ratten wölben sich Lipome in der Nacken- oder Halsregion oft rollenartig vor.

### Diagnose

Bereits palpatorisch lässt sich eine Verdachtsdiagnose stellen, da das Fettgewebe eine relativ weiche Konsistenz hat und dadurch von derben, leukotisch veränderten Lymphknoten abgegrenzt werden kann. In Zweifelsfällen wird eine Punktion mit anschließender zytologischer Untersuchung durchgeführt.

### Therapie & Prognose

Eine Behandlung ist nicht erforderlich. Adipöse Tiere sollten jedoch abgespeckt werden, da eine ausgeprägte Fettleibigkeit auch mit Leberverfettung und Störungen der Herz-Kreislauf-Funktion einhergeht. Zudem werden bei solchen Tieren gehäuft Sohlengeschwüre angetroffen.

Eine Diät gestaltet sich derart, dass die Tiere vermehrt Obst und Gemüse erhalten. Besonders fettreiche Nahrung wie Nüsse oder Sonnenblumenkerne sollten, ebenso wie zuckerhaltige „Leckerli" (z. B. Joghurtdrops), stark reduziert oder vollständig vom Speiseplan gestrichen werden.

**Abb. 2.51** Ulzeriertes Fibrosarkom der Haut bei einer Ratte.

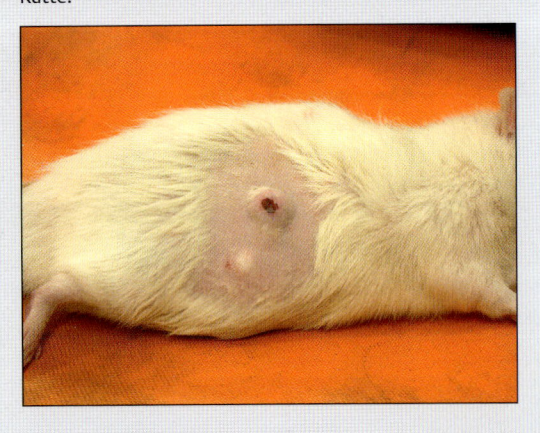

**Abb. 2.52** Malignes Melanom am Schwanz einer Rennmaus.

## Neoplasien von Haut und Unterhaut

*Meist maligne Tumoren; v. a. bei älteren Kleinnagern vorkommend.*

### Ätiologie & Pathogenese

Neoplasien von Haut und Unterhaut sind bei Kleinnagern häufig anzutreffen. Es können nahezu alle Arten von Zubildungen vorkommen. In einer Vielzahl der Fälle handelt es sich jedoch um maligne Geschwülste. Besonders oft sind Fibrosarkome (Abb. 2.51) anzutreffen, aber auch Plattenepithelkarzinome, Melanome (Abb. 2.52) und Fibrome (Abb. 2.53) kommen vor.

### Klinik

Es entstehen Umfangsvermehrungen in Haut und Unterhaut unterschiedlicher Ausprägung. Maligne Neoplasien sind meist nicht vom umliegenden Gewebe abzugrenzen und neigen zu Ulzerationen und sekundärer Infektion. Sie werden dann intensiv beleckt und bekratzt, sodass schmierig-krustöse Veränderungen bis hin zu Abszessen resultieren können.

Gutartige Tumoren wie Fibrome sind in der Regel klar begrenzt und bleiben oft lange Zeit reaktionslos. Sie können jedoch je nach Lokalisation und bei zunehmendem Wachstum zu Beeinträchtigungen führen.

### Diagnose

Bereits palpatorisch fallen eine derbe Konsistenz und ein infiltratives Wachstum maligner Neopla-

**Abb. 2.53** Ulzeriertes Fibrom am Ohr eines Goldhamsters.

sien auf. Durch Punktion und zytologische Untersuchung kann die Tumorart exakter bestimmt werden.

### Therapie & Prognose

Vor einem chirurgischen Eingriff sollten, insbesondere bei großen und bereits ulzerierten Neoplasien, Röntgenaufnahmen des Thorax in zwei Ebenen angefertigt werden, um eine bereits bestehende Metastasierung in die Lunge ausschließen zu können. Der Tumor wird dann mit größtmöglichem Sicherheitsabstand entfernt. Die Wunde sollte mit einem resorbierbaren Nahtmaterial intrakutan verschlossen werden, um zu verhindern, dass der Patient die Fäden zieht.

Patienten mit sekundär infizierten Neoplasien sollten im Anschluss an die Operation für eine Woche systemisch mit einem Antibiotikum versorgt werden.

## Neoplasien der Bauchdrüse H RM

*Besonders bei männlichen Tieren auftretende Tumorerkrankungen.*

### Ätiologie & Pathogenese

Entartungen der Bauchdrüse werden insbesondere bei männlichen Zwerghamstern und Rennmäusen beobachtet, da die Aktivität der Drüsen durch Testosteron gesteuert wird. Bei den entstehenden Neoplasien handelt es sich oft um Karzinome und Adenokarzinome, aber auch Adenome kommen vor. Rennmäuse sind deutlich häufiger betroffen als Zwerghamster.

### Klinik

Es entstehen Schwellungen und Umfangsvermehrungen ventral am Bauch (Abb. 2.54). Diese werden von den Tieren oft intensiv beleckt, sodass es zu sekundären Entzündungen (S. 206) und Ulzerationen kommt.

### Diagnose

Eine sichere Abgrenzung entzündlicher und neoplastischer Veränderungen ist meist nur durch

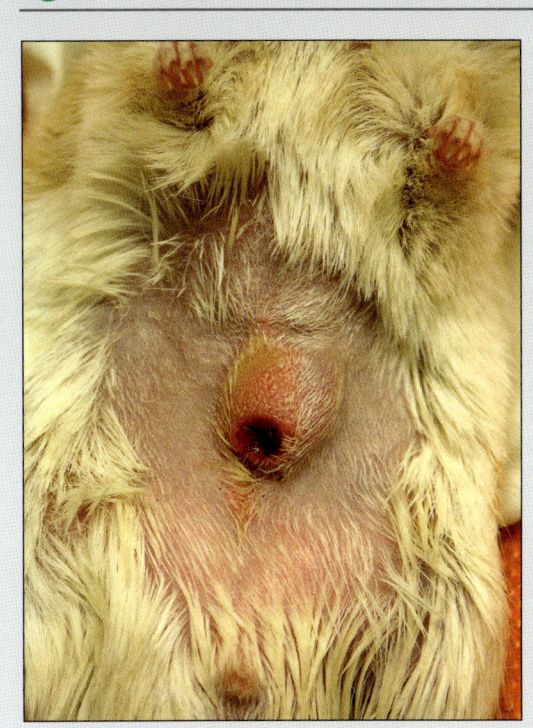

**Abb. 2.54** Neoplastische Veränderung der Bauchdrüse einer Rennmaus.

Punktion und zytologische bzw. histologische Untersuchung möglich.

### Therapie & Prognose

Die Prognose ist als gut zu bewerten, auch wenn es bereits zu Ulzerationen des Tumors gekommen ist. Eine Metastasierung maligner Neoplasien erfolgt offenbar erst in sehr späten Stadien. Liegt eine raumfordernde, ulzerierte Umfangsvermehrung vor, so sollten jedoch Röntgenaufnahmen des Thorax angefertigt werden, um Lungenmetastasen ausschließen zu können.

Auch wenn nur ein Teil der Bauchdrüse neoplastisch verändert ist, sollte dennoch stets die gesamte Drüse entfernt werden. Die Haut wird mit einem resorbierbaren Nahtmaterial intrakutan vernäht, damit die Tiere die Fäden nicht benagen können. Der Patient wird anschließend für eine Woche mit einem Antibiotikum (z. B. Chloramphenicol [2]) sowie außerdem einige Tage mit einem Analgetikum (z. B. Meloxicam [100]) behandelt.

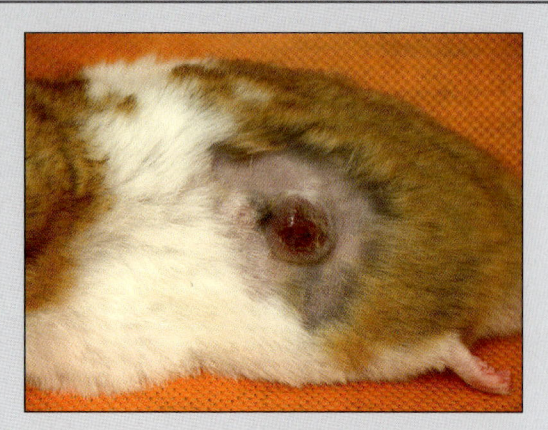

**Abb. 2.55** Tumor der Flankendrüse eines Goldhamsters.

### Neoplasien der Flankendrüsen H

*Besonders bei männlich Tieren vorkommende Erkrankung.*

#### Ätiologie & Pathogenese

Eine Entartung der Flankendrüsen wird bevorzugt bei älteren, männlichen, unkastrierten Goldhamstern beobachtet. Die Ausprägung und Aktivität der Drüsen wird durch Testosteron gesteuert, weshalb solche Tiere besonders prädisponiert sind.

#### Klinik

Es kommt zu Umfangsvermehrungen und Hyperpigmentierungenen in der Drüsenregion (Abb. 2.55). Die Veränderungen sind in der Regel nur einseitig ausgeprägt. Einschränkungen des Allgemeinbefindens sind meist nicht zu beobachten. Ulzeriert der Tumor, so wird er verstärkt beleckt. Dadurch, sowie durch bakterielle Sekundärinfektion, können krustig-schmierige Veränderungen ausgelöst werden.

#### Diagnose

Ausschließlich entzündliche Veränderungen und Neoplasien mit Sekundärinfektion können makroskopisch oft nicht voneinander unterschieden werden. Aufschluss bringt hier eine Punktion mit anschließender zytologischer Untersuchung.

#### Therapie & Prognose

Die Prognose ist als gut zu beurteilen. Allerdings muss die gesamte Flankendrüse entfernt werden. Zudem ist eine Kastration des Tieres anzuraten, um eine hormonelle Induktion von Tumorwachstum auf der anderen Seite auszuschließen.

Nach Entfernung der Flankendrüse wird die Haut mit resorbierbarem Nahtmaterial intrakutan vernäht. Andernfalls ziehen sich die Tiere die Fäden meist sofort. Im Anschluss an die Operation erhalten die Patienten für einige Tage ein Analgetikum (z. B. Metacam® 100 ). Bestand eine ulzerierte neoplastische Veränderung, so sollte das Tier zudem für eine Woche mit einem Antibiotikum behandelt werden.

### Neoplasien des Gesäuges

*Besonders bei Ratten und Mäusen häufig vorkommende Tumoren unterschiedlicher Dignität.*

#### Ätiologie & Pathogenese

Neoplasien des Gesäuges werden gehäuft bei Ratten beobachtet. In einem Großteil der Fälle handelt es sich um benigne Fibroadenome, nur ca. 10–15 % sind als Karzinome oder Adenokarzinome anzusprechen.

Auch bei Mäusen kommen Mammatumoren recht oft vor. Im Gegensatz zur Ratte sind sie bei dieser Tierart jedoch meist maligne. Sie werden durch ein Retrovirus, das *murine Mammatumor-Virus* (MuMTV) induziert.

Bei Hamstern sind Neoplasien des Gesäuges seltener anzutreffen; sie sind dann jedoch ebenfalls meist maligne. Mammatumoren bei der Rennmaus kommen nur in Einzelfällen vor.

#### Klinik

Es entstehen subkutane Umfangsvermehrungen an unterschiedlichen Lokalisationen. Aufgrund des ausladenden Drüsengewebes, insbesondere bei der Ratte, können die Tumoren bis weit in die Inguinalregion sowie in den Achsel- oder Nackenbereich reichen. Die Neoplasien zeigen oft ein sehr schnelles Wachstum und führen dadurch zu Bewe-

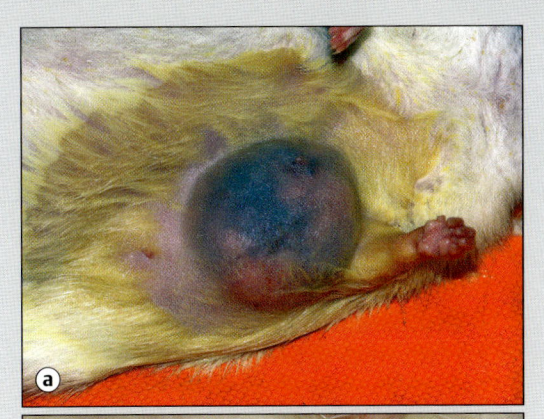

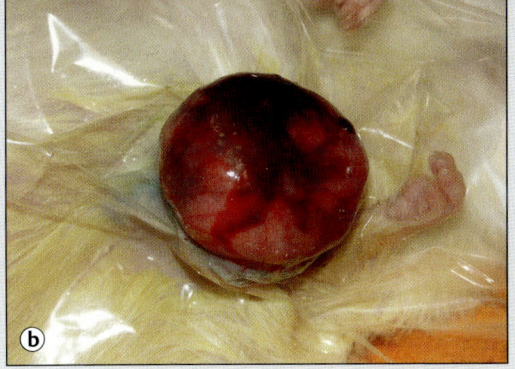

**Abb. 2.56a und b** Fibroadenom des Gesäuges bei einer Ratte.

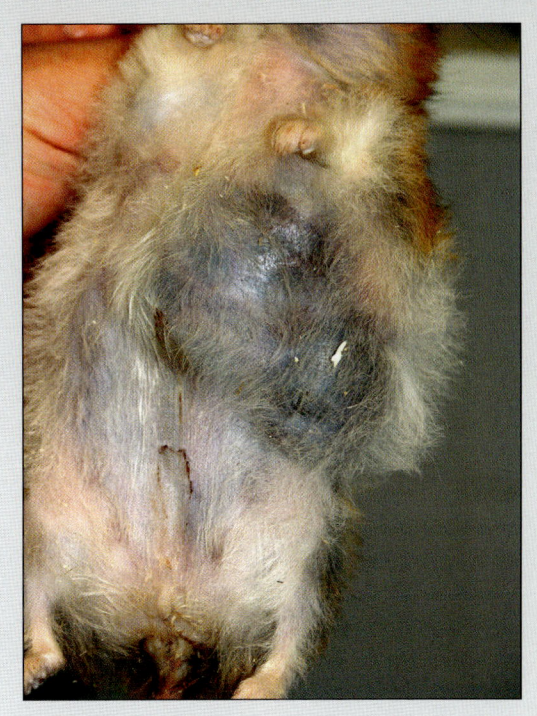

**Abb. 2.57** Adenokarzinom des Gesäuges bei einem Goldhamster.

gungseinschränkungen. Ulzerationen sind besonders bei malignen Neoplasien zu beobachten.

### Diagnose

Die Diagnose ergibt sich meist bereits aus dem klinischen Bild. Die üblichen Fibroadenome der Ratte sind palpatorisch meist relativ weich, mit einer glatten Oberfläche und gut begrenzt. (Abb. 2.56a und b). Infiltrativ wachsende Adenokarzinome haben meist eine deutlich derbere Konsistenz und eine höckerige Oberfläche (Abb. 2.57). Eine Absicherung der Diagnose kann durch Punktion und anschließende zytologische Untersuchung erfolgen.

### Therapie & Prognose

Die Prognose hängt entscheidend von der Dignität des Tumors sowie von seiner Größe ab.

Adenokarzinome sollten nur dann entfernt werden, wenn durch vorangegangene Thoraxaufnahmen sichergestellt wurde, dass in der Lunge noch keine sichtbaren Metastasen zu erkennen sind. Es muss allerdings auch dann bedacht werden, dass diese Neoplasien meist ein ausgeprägtes infiltratives Wachstum aufweisen, sodass bei der Operation oft kein ausreichender Sicherheitsabstand zum gesunden Gewebe eingehalten wird. Die Rezidivrate ist daher hoch.

Fibroadenome können in der Regel schnell und einfach chirurgisch entfernt werden. Oft kommt es jedoch in eng benachbarten Regionen zu erneutem Tumorwachstum. Über diesen Sachverhalt sollte der Besitzer vor einer Operation aufgeklärt werden. Da auch die benignen Neoplasien meist sehr stark durchblutet sind, besteht bei Entfernung besonders großer Tumoren die Gefahr eines Kreislaufzusammenbruchs durch übermäßigen Volumenverlust. Es ist daher anzuraten, solche Umfangsvermehrungen zu operieren, sobald sie

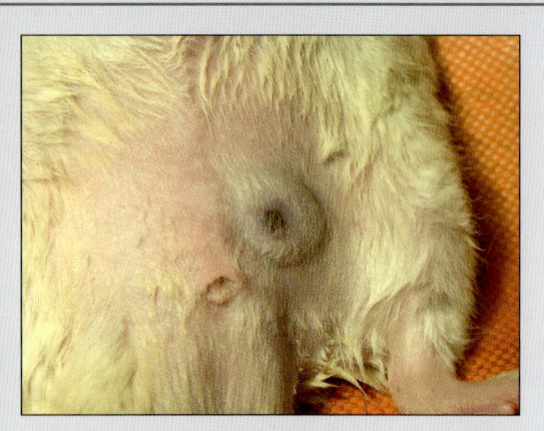

**Abb. 2.58** Abszedierte Mastitis bei einer Ratte.

beginnen, die Bewegungsfähigkeit des Tieres einzuschränken.

### Mastitis

*Selten vorkommende Entzündung eines oder mehrerer Gesäugekomplexe.*

#### Ätiologie & Pathogenese

Entzündungen des Gesäuges kommen bei allen Kleinnagern nur selten vor. Sie werden insbesondere während oder im Anschluss an die Laktation beobachtet. Durch die säugenden Jungtiere werden Mikroläsionen verursacht, über die Hautkeime, besonders *Staphylococcus* sp., eindringen.

#### Klinik

Es entstehen Schwellungen und Rötungen eines oder mehrerer Gesäugekomplexe. Auch Abszedierungen sind möglich (Abb. 2.58). Die Milch kann schmierig oder flockig verändert sein. Die Mütter lassen ihre Jungen nicht mehr saugen, sodass diese zunehmend lebensschwach werden.

#### Diagnose

Eine Anamnese, aus der hervorgeht, dass es zu Todesfällen unter den Jungtieren gekommen ist, sollte Anlass für eine gründliche Adspektion des Gesäuges sein. Die Diagnose ergibt sich dann bereits durch das klinische Bild. Drüsensekret kann zur bakteriologischen Untersuchung eingesandt werden, um eine gezielte antibiotische Behandlung durchführen zu können.

#### Therapie & Prognose

Betroffene Tiere werden systemisch mit einem Antibiotikum, für einige Tage auch mit einem Analgetikum behandelt. Säugende Jungtiere müssen von der Mutter getrennt und mit der Hand aufgezogen werden. Einstreu sollte zudem aus dem Käfig entfernt und durch sauberen Zellstoff ersetzt werden.

#### Mutterlose Aufzucht von Jungtieren

Da Kleinnager ihre Jungen sehr regelmäßig säugen, muss bei der Handaufzucht alle 2–3 Stunden (auch nachts) gefüttert werden. Als Milchersatz eignet sich hochwertige Hunde- oder Katzenersatzmilch, die durch ein Mineralstoffgemisch ergänzt wird. Durch Zusatz von Traubenzucker kann die Akzeptanz erhöht werden. Nach der ersten Lebenswoche können außerdem Schmelzflocken zugesetzt werden, um den Energiegehalt zu steigern. Weiterhin werden Laktobazillus-Präparate untergemischt oder separat verabreicht. Diese helfen, eine stabile Darmflora aufzubauen. Die Milch sollte jedes Mal frisch angemischt oder zwischenzeitlich im Kühlschrank gelagert werden und wird vor Gebrauch auf 38–39 °C angewärmt.

Die Fütterung erfolgt mit einer kleinen Spritze und Knopfkanüle oder flexibler Braunüle. Nach jeder Mahlzeit werden Bauch und Analregion vorsichtig massiert, um die Verdauung und den Harnabsatz anzuregen.

*Praxistipp*

**Ersatzmilch für Kleinnager:**
- 5 g Milchaustauscher für Hunde- oder Katzenwelpen
- 20 ml Wasser
- Mineralstoffgemisch (z. B. Korvimin® ZVT [75]), 1 Messerspitze/Wurf/d
- ggf. etwas Traubenzucker
- zusätzlich: Laktobazillus-Präparate (Bene-Bac® [38])

Die Jungen müssen in einem weichen, warmen Nest untergebracht werden, da die Thermoregulation noch nicht ausgebildet ist. Die Nesttempe-

### Uterusprolaps

*Vorfall der Gebärmutter infolge neoplastischer Veränderungen oder bei Geburtsstörungen.*

#### Ätiologie & Pathogenese

Ein Vorfall der Gebärmutter kommt bei Kleinnagern nur selten vor. Er kann im Zusammenhang mit Geburtsstörungen oder Uterustumoren auftreten und wird durch einen verstärkten Pressreiz ausgelöst.

#### Klinik & Diagnose

Das vorgefallene Gewebe wölbt sich aus der Scheide vor. Es ist zunächst noch rosig, nimmt jedoch eine zunehmend dunkelrote bis bläulich-schwarze Färbung an, da die Blutzufuhr unterbunden wird. Schließlich kommt es zum Eintrocknen und Absterben der Schleimhaut. Das Allgemeinbefinden der Tiere ist in unterschiedlichem Maße gestört.

#### Therapie & Prognose

Die einzig sinnvolle Behandlung besteht in einer Ovariohysterektomie (S. 130), bei der die prolabierten Gebärmutteranteile zunächst in die Bauchhöhle zurückgelagert werden müssen. Im Anschluss an die Operation werden die Tiere über eine Woche mit einem Antibiotikum (z. B. Cotrim K-ratiopharm® 11 , Baytril® 5 ) versorgt, da davon ausgegangen werden muss, dass Keime über die vorgefallene Schleimhaut eingewandert sind. Zudem erfolgt über einige Tage eine analgetische Behandlung (z. B. Metacam® 100 ).

### Rektumprolaps

*Vorfall von Darmanteilen bei Durchfallerkrankungen.*

#### Ätiologie & Pathogenese

Ein Vorfall von Anteilen der Rektumschleimhaut wird durch starken Pressreiz im Rahmen einer Enteritis hervorgerufen. Besonders oft ist er bei Hamstern oder Rennmäusen mit Wet Tail Disease (S. 61) zu beobachten.

#### Klinik

Anteile der Schleimhaut sind vorgefallen und werden abgeschnürt. Es kommt zu Blutungen aus der hyperämischen Schleimhaut. Diese trocknet zunehmend ein und wird nekrotisch. Der Allgemeinzustand der Tiere ist oft deutlich gestört, da aufgrund der bestehenden Enteritis meist bereits fortgeschrittene Exsikkosen vorliegen.

#### Diagnose

Die Diagnose des Rektumprolapses ergibt sich aus dem klinischen Bild. Es muss aber zudem die Ursache der Enteritis ermittelt werden, sodass sich in jedem Fall parasitologische und bakteriologische Kotuntersuchungen anschließen sollten.

#### Therapie & Prognose

Die Prognose ist stets vorsichtig zu beurteilen, da es häufig zu Rezidiven kommt. Sie ist infaust, wenn die Schleimhaut bereits nekrotisch verändert ist. Das Tier sollte dann ohne weitere Behandlungsversuche euthanasiert werden.

Bei frischem Rektumprolaps mit vitaler Schleimhaut erfolgt ein Repositionsversuch in Allgemeinanästhesie. Zum Reponieren eigenen sich bei den Kleinnagern dünne, abgerundete Ernährungssonden, bei Ratten auch Wattestäbchen, die mit Gleitgel versehen werden. Konnte der Darm zurückverlagert werden, so muss der Anus mit einer Tabaksbeutelnaht so weit verschlossen werden, dass keine Schleimhaut mehr vorfallen, aber Kot noch abgesetzt werden kann. Die Tiere erhalten ein Spasmolytikum (Buscopan® 34 ) und werden antibiotisch (z.B Chloramphenicol 2 ) sowie analgetisch (z. B. Metamizol 101 ) abgeschirmt. Es muss eine unterstützende Enteritisbehandlung (S. 47) erfolgen sowie eine Therapie der Ursache des Durchfalls.

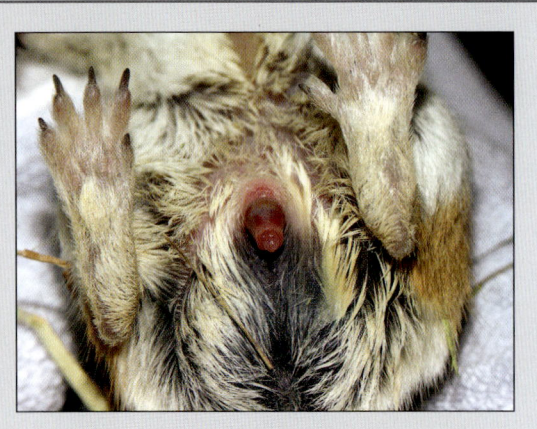

**Abb. 2.59** Penisprolaps bei einer Rennmaus.

### Penisprolaps

*Meist durch Verletzungen ausgelöster Vorfall des Penis.*

#### Ätiologie & Pathogenese

Ein Vorfall des Penis kann bei allen Kleinnagern gelegentlich vorkommen. Die Ursachen sind oft nicht zu klären. Ein Penisprolaps kann jedoch durch übermäßige Deckaktivitäten sowie insbesondere durch Verletzungen im Rahmen von Rangordnungskämpfen ausgelöst werden.

#### Klinik

Der Penis ist aus dem Präputium vorgefallen (Abb. 2.59), in unterschiedlichem Ausmaß geschwollen und wird meist intensiv beleckt. Die Schleimhäute sind gerötet und es besteht die Gefahr der Eintrocknung. Eventuell sind Schleimhautverletzungen sichtbar.

#### Diagnose

Die Diagnose ergibt sich aus dem klinischen Bild. Es sollte versucht werden, die Ursache des Vorfalls durch Erfragen der Haltungsbedingungen zu ermitteln.

#### Therapie & Prognose

Solange die Schleimhaut des Penis noch vital ist, ist die Prognose als gut zu bewerten. In manchen Fällen bleibt auch nach erfolgter Behandlung ein dezenter Prolaps zurück, der jedoch keine Probleme bereitet.

Der Penis muss zunächst unter kaltem Wasser von anhaftendem Einstreumaterial gereinigt und anschließend mit einer Wund- und Heilsalbe (z. B. Bepanthen® [88]) versorgt werden. Das Tier erhält systemisch ein Antibiotikum (z. B. Baytril® [5]) und ein Analgetikum (z. B. Metacam® [100]). Bei starken Schwellungen und Ödematisierungen sollte als Schmerzmittel Metamizol [101] verabreicht und dieses mit einem kurz wirksamen Kortikoid (z. B. Prednisolon [72], Dexamethason [68]) kombiniert werden.

Handelsübliche Einstreu wird gegen Zeitungspapier oder Zellstoff ausgetauscht. Die Haltungsbedingungen müssen überprüft, rivalisierende Partnertiere separiert werden.

### Orchitis

*Entzündung der Hoden durch äußerliche Verletzungen oder Allgemeininfektion.*

#### Ätiologie & Pathogenese

Entzündungen der Hoden kommen bei Kleinnagern nur selten vor. Sie werden einseitig gelegentlich nach Rangordnungskämpfen mit Bissverletzungen gesehen. Allgemeininfektionen führen in Einzelfällen zu Entzündungen beider Hoden.

#### Klinik

Der Hoden ist geschwollen und schmerzhaft, die Skrotalhaut vermehrt gerötet. Meist kommt es zu Verklebungen des Hodens mit seinen Hüllen. Bissverletzungen werden durch krustige oder eitrige Veränderungen sichtbar. Das Allgemeinbefinden des Tieres ist in unterschiedlichem Maße gestört.

#### Diagnose

Die Diagnose ergibt sich aus dem klinischen Bild. Differenzialdiagnostisch sind Torsionen und Neoplasien des Hodens abzugrenzen.

### Therapie & Prognose

Bei einseitiger Entzündung des Hodens durch Verletzungen sollte das Tier schnellstmöglich kastriert werden, um ein Aufsteigen der Infektion über die Samenstränge zu verhindern. Die Tiere müssen zudem über mindestens eine Woche mit einem Antibiotikum behandelt werden.

Bei beidseitiger Orchitis durch Allgemeininfektion ist die Prognose stets sehr vorsichtig zu beurteilen. Die Tiere erhalten ein Antibiotikum und ein Analgetikum sowie eine allgemein unterstützende Therapie.

## Hodentumor

*Bei Kleinnagern nur selten vorkommende neoplastische Erkrankung.*

### Ätiologie & Pathogenese

Neoplasien des Hodens sind bei den Kleinnagern nur sehr selten anzutreffen. Am häufigsten sind Hamster betroffen. In den meisten Fällen handelt es sich um gutartige Leydig-Zell-Tumoren, die jedoch erhebliche Größen erreichen können.

### Klinik

Der betroffene Hoden ist deutlich vergrößert, der der anderen Seite meist atrophiert. Das Allgemeinbefinden des Tieres ist in der Regel völlig ungestört. Je nach Größe des Tumors kann jedoch die Fortbewegung behindert sein.

**Abb. 2.60** Kastration einer Ratte: Nach Eröffnung des Skrotums (a) wird der Processus vaginalis eröffnet und Hoden, Nebenhoden sowie Hodenfettkörper vorgelagert (b+c). Der Processus vaginalis wird anschließend in die Ligatur des Samenstranges einbezogen (d+e).

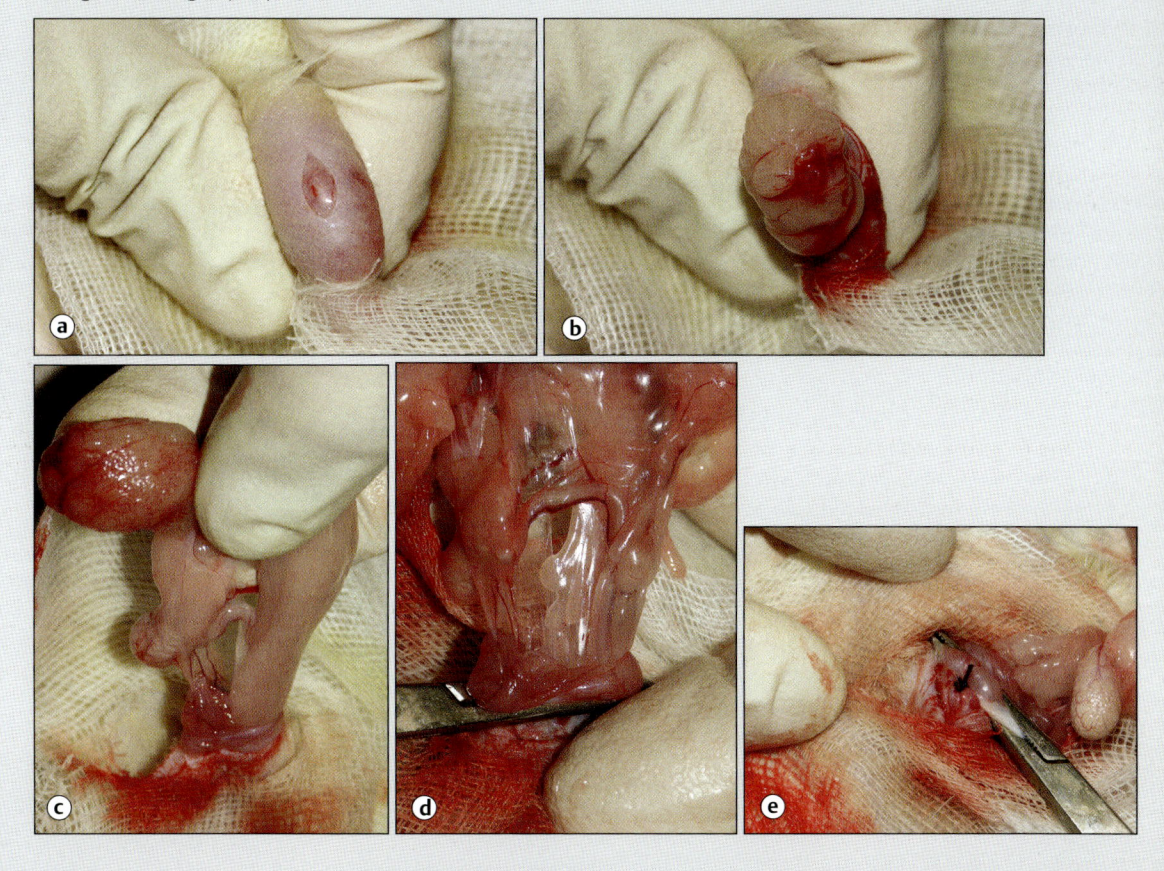

### Diagnose

Die Diagnose ergibt sich in der Regel bereits aus dem klinischen Bild. Der vergrößerte Hoden ist frei in seinen Hüllen verschieblich und nicht schmerzhaft.

### Therapie & Prognose

Die einzig sinnvolle Behandlung besteht in einer Kastration des Tieres.

Praxistipp

**Kastration männlicher Kleinnager:**

Die Kastration männlicher Kleinnager wird zur Fortpflanzungskontrolle in gemischtgeschlechtlichen Gruppen sowie bei krankhaften Veränderungen der Hoden erforderlich.

Als ideale Narkosemethoden sind die Isofluran-Inhalation sowie vollständig antagonisierbare Injektionsnarkosen anzusehen. Von anderen Varianten der Injektionsnarkose ist dagegen abzuraten, da es aufgrund der langen Nachschlafdauer zu erheblichen Stoffwechselentgleisungen, oft mit Todesfolge kommt.

Die Kastration erfolgt „halbbedeckt":

Nach Eröffnung der Skrotalhaut und des Processus vaginalis werden Hoden, Nebenhoden und der ausgeprägte Fettkörper vorgelagert. Mit einem Pean wird dann der Samenstrang inklusive der Gefäße und unter Einbeziehung des Processus vaginalis möglichst körpernah abgeklemmt. Die Ligatur erfolgt mit einem resorbierbaren Nahtmaterial (PDS® oder Vicryl®, Stärke 4/0 oder 3/0 USP) proximal der Klemme. Auf diese Weise kann im Falle der Entstehung eines Kastrationsabszesses der Stumpf leicht wieder aufgefunden werden (Abb. 2.60a–e).

*Wird der Samenstrang mit seinen Gefäßen einzeln ligiert und der Processus vaginalis darüber verschlossen, so zieht sich der Samenstrangstumpf in die Bauchhöhle zurück. Entstehen postoperativ Abszesse, so liegen diese intraabdominal und können zu Verklebungen der Bauchhöhlenorgane und Peritonitis führen. Eine Beseitigung ist dann nur durch Eröffnung der Bauchhöhle möglich; die Prognose ist schlecht.*

Hoden, Nebenhoden und Fettkörper werden distal der Ligatur abgesetzt und das Skrotum mit einem resorbierbaren Faden verschlossen.

Um Verschmutzungen der Kastrationswunde zu verhindern, sollte staubende Einstreu für einige Tage aus dem Käfig entfernt werden.

Der Besitzer des Tieres sollte darauf hingewiesen werden, dass adulte Kleinnager auch nach der Kastration noch lebende Spermien in den Samenwegen gespeichert haben, sodass ein einmaliger erfolgreicher Deckakt noch bis zu 6 Wochen möglich ist. Es ist dennoch nicht empfehlenswert, das männliche Tier über diesen Zeitraum von der Gruppe zu separieren. Insbesondere bei Rennmäusen und Zwerghamstern ist eine erneute Eingliederung in die ursprüngliche Gruppe sonst kaum noch möglich.

## Hodentorsion

*Drehung des Hodens in seinen Hüllen, die mit Störungen des Allgemeinzustandes einhergeht.*

### Ätiologie & Pathogenese

Eine Hodentorsion entsteht durch Drehungen von Hoden und Samenstrang um ihre Längsachse. Dadurch entsteht zunächst eine Stauungshyperämie, dann eine hämorrhagische Infarzierung des Hodens mit nachfolgender Nekrosebildung.

### Klinik

Im Vordergrund stehen deutliche Störungen des Allgemeinbefindens mit Apathie und Inappetenz, da Hodentorsionen sehr schmerzhaft sind. Der betroffene Hoden ist geschwollen und schmerzhaft.

### Diagnose

Bei einseitiger und schmerzhafter Vergrößerung des Hodens sollte an eine Torsion gedacht werden, sofern nicht äußerlich sichtbare Verletzungen des Skrotums vorliegen.

### Therapie & Prognose

Das Tier muss umgehend kastriert werden. Da die Störungen des Allgemeinbefindens in erster Linie durch die starken Schmerzzustände bei Hodentorsion ausgelöst werden, kommt es nach der Operation meist zu einer schnellen Erholung des

Patienten. Er sollte dennoch über einige Tage mit einem Analgetikum (z. B. Meloxicam 100 ) versorgt werden.

### Kastrationsabszesse

*Bei Kleinnagern selten vorkommende Entzündungen infolge Fettgewebsnekrosen oder Unverträglichkeiten gegenüber Nahtmaterial.*

#### Ätiologie & Pathogenese

Kastrationsabszesse sind bei den Kleinnagern nur selten zu beobachten, kommen aber gelegentlich vor. Eine Ursache kann in einer individuellen Unverträglichkeit gegenüber dem verwendeten Nahtmaterial liegen. Dieses wird nicht resorbiert, sondern abgestoßen, sodass solche Abszesse oft erst einige Wochen nach der Operation auftreten. Ein weiterer Grund kann eine unsachgemäße Kastration sein, bei der der Hodenfettkörper nicht ausreichend entfernt wurde, sodass es zur Entstehung von Fettgewebsnekrosen gekommen ist.

#### Klinik

Im Bereich der Kastrationswunde entsteht, oft erst einige Wochen nach erfolgter Operation, eine Schwellung. Oft bildet sich sekundär ein Fistelkanal, über den sich Eiter entleert. Das Allgemeinbefinden der Tiere ist meist kaum gestört, die Fistelöffnung wird allerdings vermehrt beleckt. In Einzelfällen kann es jedoch zu Störungen des Allgemeinzustandes kommen, insbesondere, wenn der Abszess sich nicht spontan eröffnet und durch zunehmende Eiteransammlungen ein schmerzhafter Druck entsteht.

#### Diagnose

Die Anamnese einer kürzlich erfolgten Kastration lässt bereits die Vermutung auf einen Abszess zu. Die Diagnose kann durch Punktion und Aspiration von Eiter bestätigt werden.

#### Therapie & Prognose

Die Kastrationswunde sollte in Allgemeinanästhesie eröffnet werden. Eine alleinige konservative Behandlung reicht nicht aus, wenn die Ursache der Abszedierung nicht behoben wird.

Wurde der Abszess durch nicht resorbiertes Nahtmaterial ausgelöst, so reicht dessen Entfernung meist aus, um den Prozess zum Stillstand zu bringen. Ist eine Fettgewebsnekrose der Grund für die Abszedierung, so muss der Samenstrangstumpf möglichst weit kranial erneut abgebunden und abgesetzt werden. Die Wundhöhle wird im Anschluss gründlich auskürettiert und gespült. Die Höhle sollte nicht ganz verschlossen werden, damit auch weiterhin Spülungen möglich sind. Es können zudem antibiotikahaltige Wundkegel (Leukase® 90 ) oder enzymhaltige Salben (z. B. Nekrolytan® 87 ) eingebracht werden. Das Tier wird über eine Woche mit einem Antibiotikum (z. B. Chloramphenicol 2 ) behandelt und erhält für einige Tage ein Analgetikum (z. B. Metacam® 100 ). Staubendes Einstreumaterial im Käfig muss durch Zellstoff und Zeitungspapier ersetzt werden. Die Wundhöhle wird alle zwei bis drei Tage mit milden antiseptischen Lösungen (z. B. Rivanol® 89 ) gespült, bis sie verschlossen ist.

### Hämatome

*Durch Traumata oder Neoplasien induzierte Einblutungen in die Unterhaut.*

#### Ätiologie & Pathogenese

Hämatome entstehen entweder im Rahmen von Traumata oder durch Einblutungen in die Haut oder Muskulatur aus Neoplasien.

#### Klinik

Es entstehen Schwellungen unterschiedlichen Ausmaßes. Bei unpigmentierten Tieren wird eine deutlich bläuliche Färbung der Umfangsvermehrung sichtbar (Abb. 2.61). Je nach Ausprägung des Hämatomes kann es zu Bewegungsstörungen und aufgrund der Schmerzhaftigkeit des Traumas auch zu deutlichen Einschränkungen des Allgemeinbefindens kommen.

#### Diagnose

Die Diagnose kann anhand der Anamnese (Trauma), der klinischen Untersuchung und einer Punktion mit Blutaspiration gestellt werden. Ist kein Trauma beobachtet worden, so ist die Abgrenzung zu einer tumorösen Genese des Hämatoms oft nicht einfach. Der im Vergleich zum Bluterguss oft recht kleine Tumor kann bei der Punktion nicht immer getroffen werden. Besteht der Verdacht auf eine Neoplasie, so muss im Zweifel so viel Blut wie möglich abpunktiert werden, dass das Hämatom schlaffer wird und ein Tumor palpatorisch gefunden werden kann.

### Therapie & Prognose

Traumatisch bedingte Hämatome bilden sich selbständig zurück. Je nach Ausmaß kann dies jedoch bis zu einigen Wochen dauern. Die Tiere sollten in der Anfangszeit mit einem Analgetikum (z. B. Metacam® 100 ) versorgt werden, bei ausgeprägten Einblutungen auch mit einem Antibiotikum (z. B. Baytril® 5 ). Geht die Einblutung von einer Neoplasie aus, so muss diese chirurgisch entfernt werden. Es ist aber zu beachten, dass Tumoren mit derart starker Blutungsneigung in der Regel eine hohe Malignität aufweisen.

**Abb. 2.61** Hämatom am Schwanzansatz einer Ratte.

2.4 Äußerliche Schwellung/Umfangsvermehrung 109

## 2.5 Schmerzen und/oder Umfangsvermehrung im Abdomen

Die Leitsymptomatik kann je nach Ursache mit verschiedenen Anzeichen einhergehen:
- Störungen des Allgemeinbefindens (Apathie, Inappetenz)
- Schmerzzustände: Fortbewegung mit aufgekrümmtem Rücken, zusammengekauerte Stellung, gesträubtes Fell, halb geschlossene Augen, Nachziehen/Schwanken der Hinterhand
- blasse bis zyanotische Schleimhäute
- flache, frequente Atmung
- Abmagerung

### 2.5.1 Tierartliche Besonderheiten

Die **Leber** der Kleinnager besteht aus vier Lappen. Sie wird beim Hamster vollständig vom Rippenbogen bedeckt. Die anderen Kleinnager haben einen kleinen extrathorakalen Anteil, sodass die Leber auf Röntgenaufnahmen auch physiologischerweise leicht über den Rippenbogen hinausragt. Ratten besitzen keine Gallenblase.

Das **Jejunum** stellt den längsten Teil des Darmes dar und es nimmt das rechte ventrale Abdomen ein. Das **Zäkum** liegt im linken kaudalen Abdomen. Es weist bei der Ratte, im Gegensatz zu den anderen Kleinnagern, keine Septen auf.

### 2.5.2 Sofortmaßnahmen, Therapiegrundsätze

Gezielte Maßnahmen sind von der Art der Grunderkrankung abhängig. Bei insuffizienter Kreislaufsituation sind folgende Sofortmaßnahmen einzuleiten:
1. Sauerstoffzufuhr
2. Infusion: Vollelektrolytlösung [84] (z. B. Jonosteril®), 40 ml/kg s.c.
3. Prednisolon [72] (z. B. Medrate solubile®), 10 mg/kg i.m.
4. Etilefrin [46] (Effortil®), 0,5–1 mg/kg i.m.
5. Temperaturkontrolle, ggf. Wärmezufuhr

### 2.5.3 Wichtige Ursachen

Die Ursachen für ein schmerzhaftes Abdomen sind vielgestaltig. Besonders oft finden sich Umfangsvermehrungen, die im Rahmen der Leukose verursacht werden. Hierbei können prinzipiell alle inneren Organe betroffen sein, ebenso wie die zugehörigen Lymphknoten. Bei fortgeschrittener Erkrankung entstehen durch Einschmelzung von Tumorgewebe zudem oft sekundär intraabdominale Abszesse mit Peritonitis.

Weiterhin kommen oft **Erkrankungen der Gebärmutter** vor. Dabei stehen Infektionen, die zu eitriger Endometritis führen, im Vordergrund. Aber auch hormonell induzierte Krankheiten wie endometriale Hyperplasien, Hämometra und Uterustumoren sind häufig anzutreffen. **Veränderungen der Eierstöcke** im Sinne von Ovarialzysten oder Ovarialtumoren kommen seltener vor.

**Vergrößerungen der Leber** werden durch verschiedene Erkrankungen hervorgerufen. Eine Leberstauung tritt meist in Zusammenhang mit Herzinsuffizienzen auf. Leberverfettungen werden primär durch eine Fehlernährung hervorgerufen, bei der die Ration zu energiereich gestaltet wird. Neoplasien der Leber sind in den meisten Fällen mit einer leukotischen Erkrankung verbunden. Hepatitiden können durch stumpfe Traumata aber auch durch verschiedene Infektionen hervorgerufen werden. Bei älteren Rennmäusen und Hamstern, insbesondere bei Goldhamstern, finden sich regelmäßig Leber- und Gallengangzysten, die fast den gesamten Bauchraum ausfüllen und letztlich zum vollständigen Funktionsverlust des Organs führen.

**Erkrankungen des Gastrointestinaltraktes** kommen bei den Kleinnagern weniger häufig vor. Gelegentlich können jedoch Tympanien beobachtet werden, die meist auf Infektionen mit parasitären oder bakteriellen Krankheitserregern zurückzuführen sind. Obstipationen sind besonders infolge abdominaler Neoplasien zu beobachten, die sekundär mit Verklebungen des Darmkonvolutes einhergehen.

Unter den **Blasenerkrankungen** stehen Entzündungen der Harnblase im Vordergrund. Diese werden vorwiegend aufsteigend durch bakterielle Infektionserreger hervorgerufen. Eine Urolithiasis ist bei Kleinnagern nur in Ausnahmefällen zu diagnostizieren.

Als spezielle **Nierenerkrankung** des Hamsters ist die Nierenamyloidose zu nennen, die zum so genannten Nephrotischen Syndrom führt. Durch Aszites und subkutane Ödembildung erhalten die Tiere ein aufgeschwemmtes Erscheinungsbild.

### 2.5.3.1 Übersicht

**Tab. 2.7** Wichtige Ursachen für Schmerzen und/oder Umfangsvermehrungen im Abdomen.

| Ursache | Bedeutung | Bemerkungen, siehe auch Leitsymptom |
|---|---|---|
| Leukose | +++ | 10 |
| Endometritis, Pyometra | +++ | 6 |
| Endometriale Hyperplasie, Hämometra, Uterustumor | ++ | 6 |
| Intraabdominale Abszesse | ++ | |
| Leberverfettung | ++ | |
| Zystitis | ++ | 6 |
| Leber- und Gallengangzysten | ++ | H, RM, 9 |
| Peritonitis | ++ | |
| Tympanie | + | |
| Obstipation | + | |
| Leberstauung | + | |
| Hepatitis | + | |
| Neoplasien der Leber | + | |
| Nephrotisches Syndrom | + | H |
| Ovarialzysten, Ovarialtumor | + | 9 |
| Urolithiasis | (+) | 6 |

## 2.5.3.2 Diagnostischer Leitfaden: Schmerzen und/oder Umfangsvermehrung im Abdomen

## Anamnese

- Tierart — Hamster, Rennmaus
- Alter — älteres Tier
- Geschlecht — weiblich
- Fütterung, Fütterungsfehler
- Kotabsatzverhalten
- Harnabsatzverhalten

## Klinische Untersuchung

- **H** Abdomen wirkt aufgedunsen → subkutane Ödeme → Röntgen/Ultraschall Abdomen → verwaschenes Abdomen/freie Flüssigkeit im Abdomen

- Abdomen prall, nicht zu durchtasten
  - Hohlgeräusch bei Perkussion → Röntgen Abdomen → Magen und Darm mit Gas gefüllt
  - kein Hohlgeräusch → Röntgen/Ultraschall Abdomen
    - verwaschenes Abdomen/freie Flüssigkeit im Abdomen
    - homogene Verschattung/mit Flüssigkeit gefüllter Hohlraum

- UV zu palpieren → prall-fluktuierende UV → Röntgen/Ultraschall Abdomen → homogene Verschattung/mit Flüssigkeit gefüllter Hohlraum

# 5 Schmerzen und/oder Umfangsvermehrung im Abdomen

| | | |
|---|---|---|
| | Leberzysten? | S. 122 |
| | Ovarialzysten? | S. 124 |
| | Tumorerkrankung? | S. 122f |
| | Uteruserkrankung? | S. 125 |
| | Tympanie? | S. 117 |
| | Obstipation? | S. 118 |
| | Blasenerkrankung? | S. 124 |
| | Nephrotisches Syndrom | S. 123 |
| | Tympanie | S. 117 |
| | Aszites/Peritonitis | S. 127 |
| solider, klar begrenzter, mit Flüssigkeit gefüllter Hohlraum | Intraaddominaler Abszess | S. 128 |
| H RM ges. Abdomen homogen verschattet/polyzystische Veränderungen | Leberzysten | S. 122 |
| H RM homogene Verschattung lateral d. LWS/zystische Veränderung lateral d. LWS | Ovarialzysten | S. 124 |
| Metra homogen vergrößert/ mit Flüssigkeit gefüllte Metraschlingen | Pyometra | S. 125 |

## Fortsetzung: Schmerzen und/oder Umfangsvermehrung im Abdomen

- große, derbe UV, nicht zuzuordnen → Röntgen/Ultraschall
- derbe UV im mittleren bis kaudalen Abdomen → Röntgen/Ultraschall → röntgendichte/echogene Verschattung
- derbe UV im kranialen Abdomen → Röntgen/Ultraschall → röntgendichte/echogene Verschattung

**Leber verändert**
- derbe UV zu palpieren → Ultraschall → echogener Bezirk im Leberparenchym
- fluktuierende Strukturen → Ultraschall → Zysten
- vergrößert, nicht schmerzhaft → Ultraschall → Lebergefäße erweitert / o.b.B.
- schmerzhaft, evtl. vergrößert → Ultraschall → evtl. leichte Strukturveränderungen

**Uterus verändert**
- mit Flüssigkeit gefüllt
- ggr. verdickt, schmerzhaft
- knotig verändert

**Blase verändert**
- leer/marginal gefüllt, schmerzhaft → Harn-US → Blut, pH↓, Nitrit, Leukozyten
- prall gefüllt → Röntgen/Ultraschall → röntgendichte/echogene Struktur in der Blase

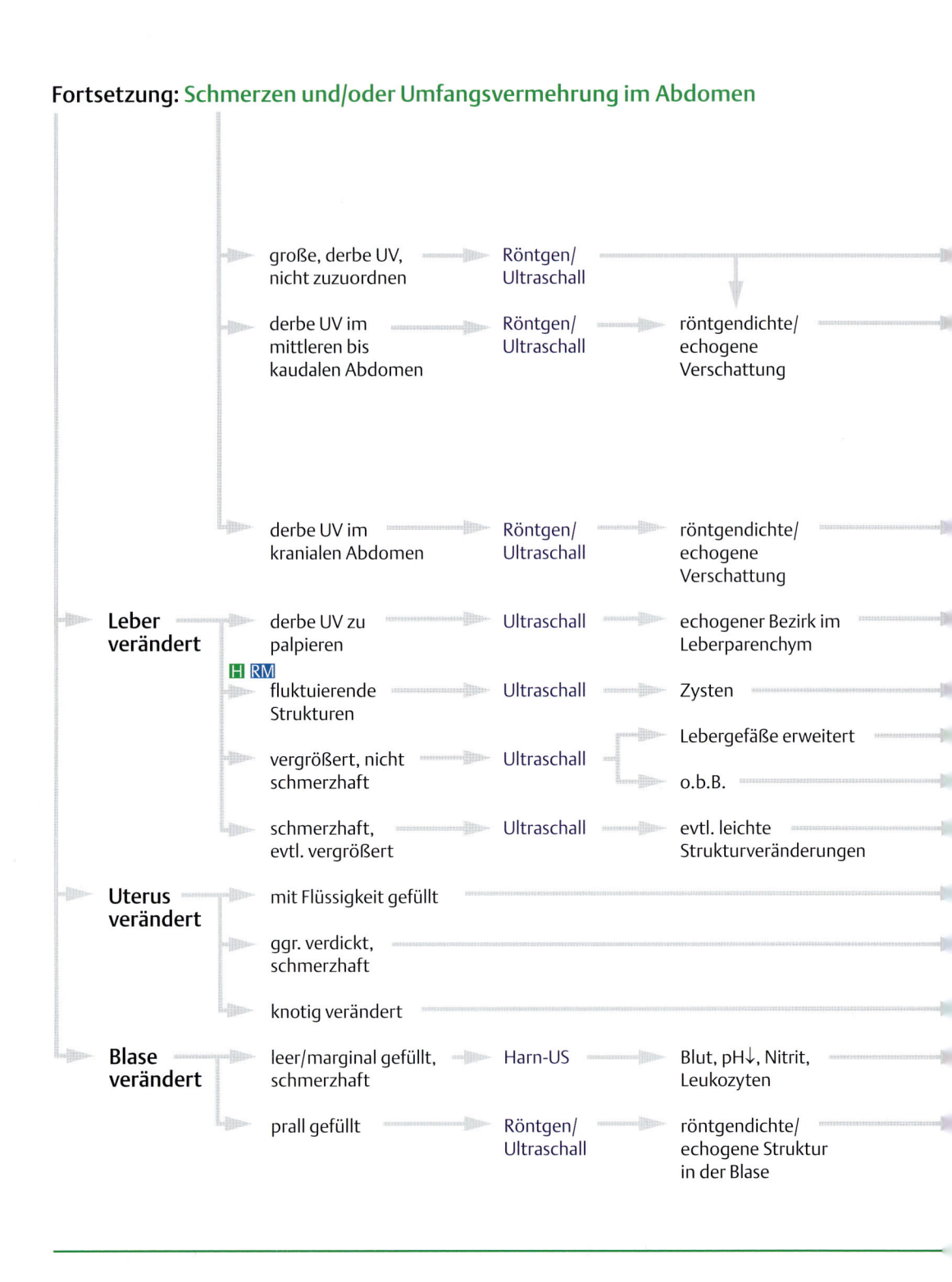

## 2.5 Schmerzen und/oder Umfangsvermehrung im Abdomen

| | | |
|---|---|---|
| ggf. Probelaparotomie | | |
| an versch. Organen und Lymphknoten | Leukose | S. 128 |
| an der Gebärmutter | Uterustumor | S. 125 |
| lateral der LWS | Ovarialtumor | S. 124 |
| im Darmlumen | Obstipation | S. 118 |
| im Leberbereich | Lebertumor | S. 122 |

| | |
|---|---|
| Leberzysten | S. 122 |
| Stauungsleber | S. 120 |
| Fettleber | S. 119 |
| Hepatitis | S. 121 |
| Pyometra/Hämometra | S. 125 |
| Endometriale Hyperplasie | S. 125 |
| Uterustumor | S. 125 |
| Zystitis | S. 124 |
| Urolithiasis | S. 124 |

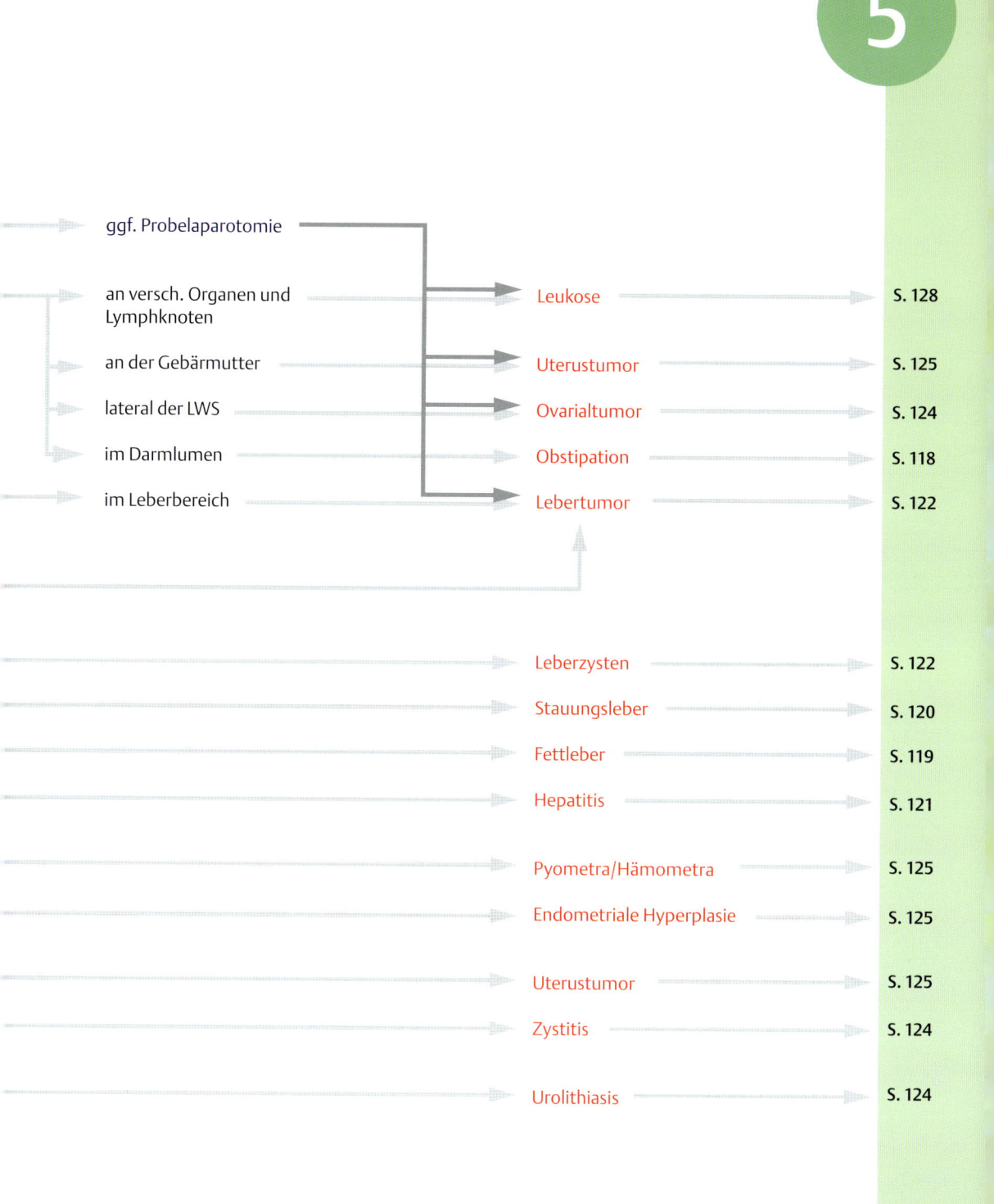

### Besonderes Augenmerk bei der Anamnese

**Alter:** Bestimmte Erkrankungen weisen Altersdispositionen auf. So werden sowohl eitrige Endometritiden (S. 125) als auch hormonell bedingte Gebärmuttererkrankungen (S. 125) überwiegend bei älteren Kleinnagern angetroffen. Gleiches gilt für polyzystische Lebererkrankungen (S. 122) und das Nephrotische Syndrom (S. 123) des Hamsters. Beide Erkrankungen treten in der Regel erst ab einem Alter von etwa 1,5 Jahren auf.

**Fütterung:** Plötzliche Veränderungen der Rationsgestaltung, insbesondere abrupte Umstellungen auf Frischfutter, können Verdauungsstörungen mit Tympanien (S. 117) hervorrufen. Eine übermäßige Versorgung mit fett- oder zuckerhaltigen Futtermitteln bedingt eine Leberverfettung (S. 119).

### Besonderes Augenmerk bei der klinischen Untersuchung

#### Wie ist der Allgemeinzustand?

Zunächst wird das Verhalten des Tieres beurteilt. Kleinnager sind in der Regel sehr quirlig und versuchen dem Untersucher schnell zu entkommen. Sitzen die Tiere reaktionslos in ihrer Transportbox, so ist dies als absolutes Alarmsignal zu werten.

Es werden weiterhin die Konjunktiven überprüft. Blasse Schleimhäute weisen auf eine reduzierte Kreislaufsituation hin oder auf eine Anämie, wie sie bei chronischen Blutungen z. B. bei Hämometra (S. 125) oder Uterustumoren (S. 125) entstehen kann. Zudem muss der Hautturgor getestet werden, da die kleinen Tiere bei Inappetenz sehr schnell austrocknen.

*Besteht ein deutlich reduzierter Allgemeinzustand mit Apathie, blassen Schleimhäuten und Exsikkose, so sollten vor einer weiteren Diagnostik zunächst allgemein unterstützende Maßnahmen eingeleitet werden.*

#### Wie ist der Ernährungszustand?

Eine hochgradige Abmagerung ist insbesondere bei auszehrenden tumorösen Erkrankungen wie der Leukose (S. 128) zu erwarten. Aber auch isolierte Neoplasien wie Ovarialtumoren (S. 124) oder Gebärmuttertumoren (S. 125) können zu erheblichen Gewichtsverlusten führen, da sie zu einer Verdrängung des Darmkonvolutes und damit zu einer Einschränkung der Futteraufnahmekapazität führen. Liegen solche Veränderungen vor, so ist der Bauchumfang oft vergrößert. Gleiches gilt beim Vorliegen von Leberzysten (S. 122) oder dem Nephrotischen Syndrom (S. 123) des Hamsters.

#### Ist die Anogenitalregion verschmutzt?

Verschmutzungen der Anogenitalregion (**6**) können einen weiteren Anhaltspunkt auf die Art der Erkrankung liefern. Bei Tympanien (S. 117) besteht oft gleichzeitig Durchfall, der das Fell verklebt. Liegt eine Obstipation (S. 118) vor, so wird oftmals nur noch etwas schmierig-schleimiger Kot abgesetzt. Blutige oder eitrige Verklebungen weisen auf eine Erkrankung der Gebärmutter (S. 125) hin. Eine durchnässte Anogenitalregion ist bei Blasenerkrankungen (S. 124) zu beobachten.

#### Welche Befunde ergeben sich bei Abdomenpalpation?

Ist das Abdomen prall, so sollte zunächst eine vorsichtige Perkussion mit einem Finger erfolgen. Bei Tympanien (S. 117) ergibt sich ein hohler Klang. Dieser fehlt, wenn der Bauch aufgrund eines raumfordernden Tumors, eines Aszites bei Nephrotischem Syndrom (S. 123) des Hamsters oder infolge zystischer Leberveränderungen (S. 122) aufgetrieben ist.

Kann das Abdomen durchtastet werden, so können Umfangsvermehrungen leicht aufgefunden werden. Es sollte dann möglichst versucht werden, sie einem Organ zuzuordnen. Es wird weiterhin auf Schmerzhaftigkeit und die Konsistenz geachtet. Während sich Neoplasien derb mit unregelmäßiger Oberfläche darstellen, sind Abszesse (S. 128) meist prall fluktuierend mit glatter Oberfläche.

### Diagnosesicherung durch weiterführende Untersuchungen

Röntgenaufnahmen des Abdomens werden angefertigt, um Umfangsvermehrungen darzustellen und eine bessere Zuordnung zu bestimmten Organen zu ermöglichen. Zudem können auf Röntgenaufnahmen raumfordernde Veränderungen der Gebärmutter wie Pyometra (S. 125), Hämometra (S. 125) oder Uterustumoren (S. 125) meist gut sichtbar gemacht werden. Weiterhin können Verdauungsstörungen wie Tympanien (S. 117) oder Obstipationen (S. 118) dargestellt werden. Röntgenuntersuchungen sind außerdem erforderlich, um eine Zystitis (S. 124) von einer Urolithiasis (S. 124) abgrenzen zu können.

Alternativ besteht die Möglichkeit einer **Ultraschalluntersuchung**. Mit ihr können Flüssigkeitsansammlungen in der Gebärmutter bei endometrialer Hyperplasie (S. 125), Hämometra (S. 125) oder Pyometra (S. 125) dargestellt werden. Zudem wird die Diagnose von Ovarialzysten (S. 124) oder Leber- und Gallengangzysten (S. 122) erleichtert. Weiterhin kann die Sonographie eine Zuordnung von Neoplasien unterstützen und es können Blasensteine (S. 124) diagnostiziert werden. Auch Veränderungen der Leber im Sinne einer Leberstauung (S. 120) oder eines Lebertumors (S. 122) sind durch Ultraschall zu differenzieren.

**Blutuntersuchungen** sind prinzipiell sinnvoll, um bei bereits länger bestehenden Blutungen bei endometrialer Hyperplasie (S. 125), Hämometra (S. 125) oder Uterustumoren (S. 125) eine Anämie diagnostizieren zu können. Zudem kann die Nierenfunktion, insbesondere bei eitriger Endometritis (S. 125), überprüft werden. Ausreichende Blutmengen für solche Untersuchungen sind jedoch nur bei der Ratte zu gewinnen.

Bestehen Verdauungsstörungen im Sinne einer Tympanie (S. 117), so müssen in jedem Fall **Kotuntersuchungen** eingeleitet werden.

### 2.5.3.3 Erkrankungen

#### Tympanie

*Relativ selten vorkommende Aufgasungen von Magen und Darm; meist infektiös bedingt.*

#### Ätiologie & Pathogenese

Tympanien von Magen und Darm kommen bei den Kleinnagern deutlich seltener vor als bei Kaninchen oder den Meerschweinchenverwandten. Dies ist dadurch zu erklären, dass die Muskulatur von Magen und Darm bei den kleinen Nagern stärker ausgebildet ist und sich nicht so leicht ausdehnt.

Tympanien können durch verschiedene Faktoren ausgelöst werden. Die wichtigste Rolle spielen dabei Infektionen des Verdauungstraktes, wobei insbesondere eine massive Vermehrung von Protozoen mit Tympanien und Auftreibungen des Abdomens einhergehen kann. Vermehrte Ansammlungen von Gasen entstehen aber auch bei anhaltender Inappetenz sowie im Rahmen massiver Fütterungsfehler. Beide Ursachen lösen Fehlgärungen aus. Eine Tympanie kann letztlich auch bei hochgradiger Dyspnoe (❶) beobachtet werden, bei der die Tiere vermehrt Luft abschlucken.

Massive Gasansammlungen im Verdauungstrakt führen zu dessen Ausdehnung, sodass ein vermehrter Druck auf das Zwerchfell entsteht. Dadurch werden die Herz-Kreislauf- und die Atmungsfunktionen eingeschränkt, sodass letztlich ein Schockzustand resultieren kann.

#### Klinik

Die Patienten haben ein pralles, aufgetriebenes Abdomen. Der Allgemeinzustand ist gestört und es besteht Inappetenz. Die Tiere haben blasse Schleimhäute und weisen in fortgeschrittenen Stadien Atembeschwerden auf.

#### Diagnose

Eine Diagnose kann bereits anhand des klinischen Bildes gestellt werden. Vorsichtige Perkussion des Abdomens mit dem Finger ergibt einen hohlen Klang. Die genaue Lokalisation und das Ausmaß der Tympanie können anhand von Röntgenaufnahmen ermittelt werden (Abb. 2.62). Sowohl durch eine ausführliche Anamnese als auch durch Kotuntersuchungen muss die Ursache der Erkrankung ermittelt werden. Bei der Kotuntersuchung empfiehlt sich zunächst die Durchsicht eines Nativpräparates, da nur in ihm Flagellaten diagnostiziert werden können.

#### Therapie & Prognose

Die Prognose bei schwerer Tympanie ist immer vorsichtig zu stellen, insbesondere, wenn es

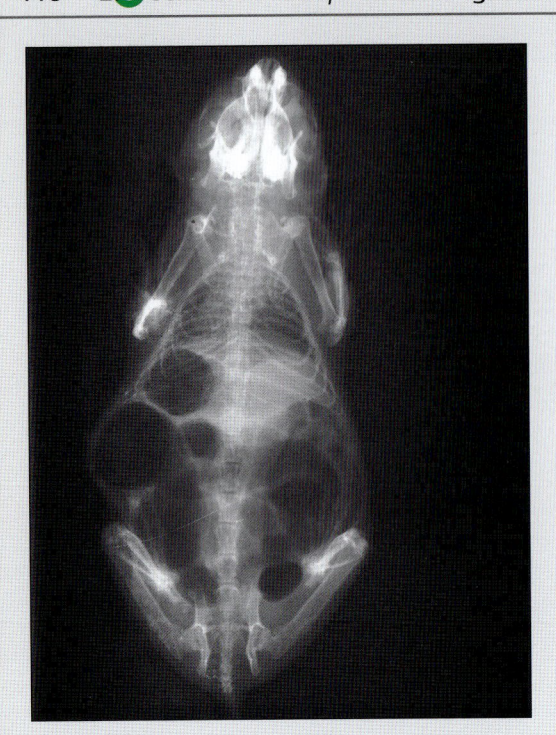

**Abb. 2.62** Darmtympanie bei einem Goldhamster: Alle Darmschlingen sind aufgegast.

**Therapie der Tympanie:**
- ggf. Notfallbehandlung:
  - Sauerstoffzufuhr
  - Prednisolon [72] (z. B. Solu Decortin®), 5–10 mg/kg i.m., s.c.
  - Infusionen [84] (z. B. Sterofundin®), 20–40 mg/kg s.c.
- ggf. Abgasen durch Blinddarmpunktion
- Antitympanikum [35] (z. B. Sab simplex®, mehrmals tägl. 0,5–1 ml/kg p.o.)
- Metoclopramid [36] (z. B. MCP-ratiopharm®), 3 x tägl. 1–5 mg/kg s.c., p.o.
- Probiotikum [38] (z. B. Bene-Bac®)
- Bauchmassagen
- ggf. Analgetikum, z. B.
  - Metamizol [101] (Novalgin®), 2–3 x tägl. 10–20 mg/kg s.c., p.o.
  - Carprofen [99] (Rimadyl®), 1 x tägl. 5 mg/kg s.c.
  - Meloxicam [100] (Metacam®), 1 x tägl. 0,15 mg/kg s.c., p.o.
- evtl. Antibiotikum (bei schwerer Tympanie immer !!)
- ggf. Zwangsfütterung

bereits zu ausgeprägter Kreislaufsymptomatik gekommen ist. Die Tiere müssen zunächst durch Vollelektrolytinfusionen [84] und den Kreislauf unterstützende Medikamente (z. B. Etilefrin [46]) stabilisiert werden. Sie erhalten zudem ein Analgetikum (z. B. Metamizol [101]). Eine Entgasung des Blinddarms, der den voluminösesten Anteil des Darmes darstellt, kann durch Punktion mit einer feinen Kanüle erfolgen. Die Tiere erhalten im Anschluss Metoclopramid [36], um die Darmmotorik anzuregen und dadurch Gase forciert aus dem Darm zu eliminieren. Es müssen zudem Antitympanika (z. B. Sab simplex® [35]) eingegeben werden. Außerdem ist die Applikation eines Antibiotikums (z. B. Cotrim K® [11]) sinnvoll, um einer Vermehrung pathogener Keime und damit einer Enterotoxämie vorzubeugen. Die Darmflora wird mit Laktobazillus-Präparaten [38] stabilisiert und die Patienten müssen zwangsgefüttert werden.

### Obstipation

*Verstopfungen, die meist infolge tumoröser Erkrankungen auftreten*

#### Ätiologie & Pathogenese

Verstopfungen sind bei den Kleinnagern nur selten anzutreffen. Sie werden meistens durch tumoröse abdominale Prozesse hervorgerufen, durch die es zu Verklebungen der Darmschlingen kommt. Die häufigste Erkrankung, die solche Veränderungen hervorruft, ist die Leukose.

Obstipationen können in Einzelfällen jedoch auch durch Fütterungsfehler hervorgerufen werden, wenn der Rohfaseranteil der Ration zu hoch ist. Kleinnager sind nicht in der Lage, einen Rohfaseranteil deutlich über 10% zu verdauen. Auch Flüssigkeitsmangel kann eine Verstopfung begünstigen.

#### Klinik

Der Kotabsatz sistiert; die Tiere setzen nur noch Schleim oder schmierige Kotbestandteile ab. Das

## 2.5 Schmerzen und/oder Umfangsvermehrung im Abdomen

**Abb. 2.63** Obstipation bei einer Ratte infolge eines abdominalen Tumors mit Verkalkungsherden.

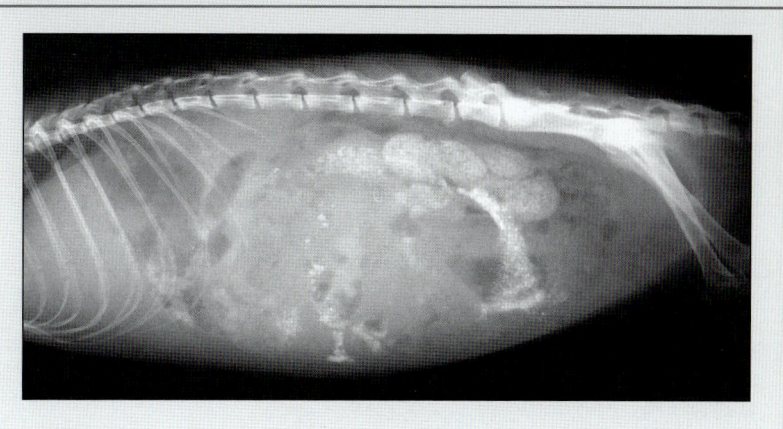

Allgemeinbefinden ist in der Regel deutlich gestört und die Tiere stellen die Futteraufnahme ein.

### ■ Diagnose

Bei der Abdomenpalpation lassen sich angeschoppte Darmschlingen palpieren, in denen sich verhärteter Kot befindet. Diese können auch röntgenologisch dargestellt werden (Abb. 2.63). Im Vordergrund steht jedoch meist eine nicht exakt zuzuordnende Umfangsvermehrung.

### ■ Therapie & Prognose

Obstipationen, die durch Verklebungen des Darmkonvolutes hervorgerufen werden, sind prognostisch infaust (Abb. 2.64); die Patienten sollten eingeschläfert werden.

Liegen der Verstopfung Fütterungsfehler zugrunde, so muss die Ration den Bedürfnissen des Kleinnagers angepasst werden (S. 2 ff). Die Tiere erhalten zudem Infusionen 84 sowie Metoclopramid 36, um die Darmmotorik zu fördern.

**Therapie der Obstipation:**
- Infusionen 84 (z. B. Sterofundin®) 1–2 x tägl. 40 ml/kg s.c.
- Metoclopramid 36 (z. B. MCP-ratiopharm®), 2–3 x tägl. 1–5 mg/kg s.c., p.o.
- Probiotika 38 (z. B. Bene-Bac®)
- Gleitgel/Paraffinum subliquidum 37, 2–5 ml/kg p.o.
- Antibiotikum
- ggf. Analgetikum
- ggf. Antitympanikum 35 (z. B. Sab Simplex®), mehrmals tägl. 1 ml/kg p.o.

### ■ Leberverfettung

*Durch Fütterungsfehler verursachte Erkrankung der Leber.*

### ■ Ätiologie & Pathogenese

Alimentäre Leberverfettungen (Abb. 2.65) werden durch einen Energieüberschuss in der Futterration hervorgerufen. Bei den Kleinnagern spielen hier insbesondere hohe Gehalte an Nüssen, Sonnenblumenkernen oder Hirse sowie zuckerhaltige „Leckerli" eine Rolle.

Eine Leberverfettung wird nur in seltenen Fällen klinisch manifest. Bei energetischer Unterversorgung, z. B. bei Inappetenz des Tieres, kann es jedoch schnell zur Erschöpfung der Organfunktion kommen. In einer solchen Situation erfolgt ein überstürzter Abbau der körpereigenen Fettreserven. In Massen frei werdende Fettsäuren können von der Leber nicht mehr verstoffwechselt werden,

**Abb. 2.64** Leukose bei einer Ratte: Die Milz ist deutlich vergrößert, alle Mesenteriallymphknoten sind speckig und abszedierend verändert.

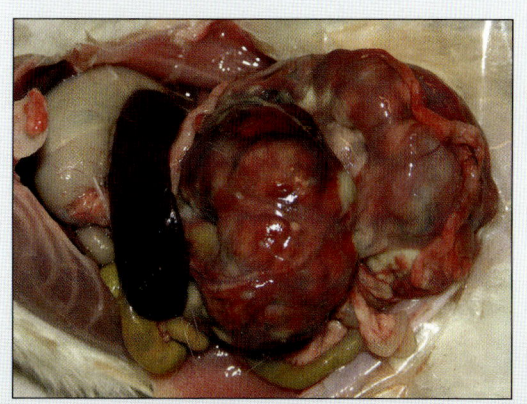

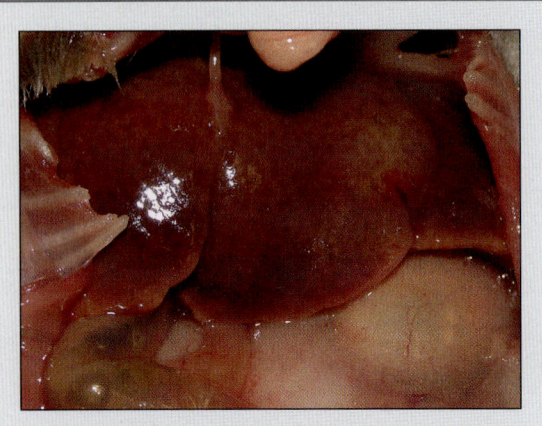

**Abb. 2.65** Leberverfettung bei einem Goldhamster.

sodass eine metabolische Verfettung resultiert. Zudem entstehen Ketonkörper, die eine weitere toxische Leberverfettung zur Folge haben, sodass die Organfunktion letztlich zusammenbricht.

### Klinik

Meist bleibt eine Leberverfettung ohne Symptome. Bei Funktionsverlust des Organs im Rahmen anderer Erkrankungen, die mit Inappetenz einhergehen, kommt es vorwiegend zu unspezifischen Symptomen. Im Endstadium werden Bewusstseinstrübungen, Krämpfe und evtl. Ikterus beobachtet.

### Diagnose

Eine verfette Leber ist oft deutlich vergrößert und reicht über die Rippengrenze hinaus. Dies kann evtl. bereits bei der Abdomenpalpation festgestellt werden, stellt sich aber ansonsten auf Röntgenaufnahmen dar. Die Leberstruktur kann nur durch sonographische Untersuchung beurteilt werden.

### Therapie & Prognose

Bei einem Versagen der Leberfunktion kommt ein therapeutischer Eingriff meist zu spät. Wird eine vergrößerte Leber bei der klinischen Untersuchung festgestellt, so sollte der Besitzer auf die Gesundheitsrisiken hingewiesen werden. Das Tier sollte eine Diät erhalten, bei der vermehrt Gemüse und Obst gefüttert werden. Futtermittel mit überhöhten Energiegehalten sind dagegen möglichst vollständig vom Speiseplan zu streichen.

## Leberstauung

*Meist durch Herzinsuffizienzen verursachte Vergrößerung der Leber.*

### Ätiologie & Pathogenese

Stauungen und damit einhergehende Vergrößerungen der Leber werden bei den Kleinnagern vorwiegend bei Herzerkrankungen beobachtet. Durch verminderte Pumpleistung kommt es zum Rückstau des Blutes, wodurch der Blutgehalt der Leber ansteigt und sich das Organ ausdehnt.

### Klinik

Im Vordergrund der klinischen Symptomatik stehen in der Regel Anzeichen einer Herzinsuffizienz (S. 41) wie verminderte Mobilität, Apathie, Inappetenz und Dyspnoe (❶).

### Diagnose

Eine drastisch vergrößerte Leber kann möglicherweise bereits bei der Abdomenpalpation festgestellt werden, wenn das Organ über die Rippengrenze hinausreicht. Die Leber kann zudem auf Röntgenaufnahmen dargestellt werden (Abb. 2.66). Eine Differenzierung zu Leberverfettungen oder tumorösen Entartungen ist jedoch nur durch sonographische Untersuchung möglich. Bei einer Stauungsleber sind deutlich gefüllte und erweiterte Sinusoide erkennbar.

**Abb. 2.66** Hepatomegalie durch Leberstauung infolge Herzinsuffizienz bei einer Ratte.

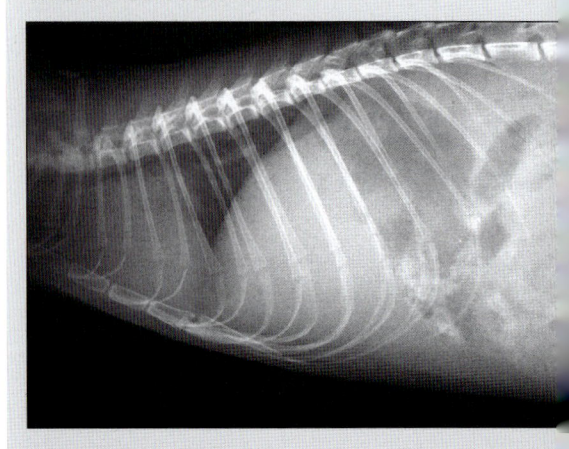

Die weitere Diagnostik muss dann darauf abzielen, eine Herzerkrankung weiter abzuklären.

### Therapie & Prognose

Die Prognose einer Herzinsuffizienz mit Leberstauung ist immer vorsichtig zu stellen. Sie ist umso schlechter, je instabiler der Allgemeinzustand des Patienten ist.

Das Tier sollte zunächst mit Furosemid (47) entwässert werden. Da bei den kleinen Nagern nicht ohne Weiteres eine echokardiographische Untersuchung möglich ist, dürfen nur Herzmedikamente appliziert werden, die bei verschiedenen Formen der Herzerkrankung bedenkenlos einsetzbar sind (S. 41).

## Hepatitis

*Durch verschiedene Ursachen hervorgerufene Entzündung der Leber.*

### Ätiologie & Pathogenese

Bei den meisten Leberentzündungen handelt es sich um bakterielle Hepatitiden, die im Rahmen von bakteriellen Allgemeininfektionen entstehen. Verursachende Keime sind häufig Pasteurellen, Staphylokokken und Streptokokken. Eine Leberbeteiligung ist zudem bei der durch *Bacillus piliformis* (= *Clostridium piliforme*) ausgelösten Tyzzer's Disease (S. 61) zu beobachten. Bei der Erkrankung kommt es neben Enteritiden auch zu miliaren Nekroseherden in der Leber. Ähnliche Veränderungen können bei akuten Salmonellosen (S. 60) und der Pseudotuberkulose (S. 223) auftreten.

Eine spezielle Hepatitisform der Maus ist die Virushepatitis, die durch das *murine Hepatitisvirus* (MHV) hervorgerufen wird. Bei dem Erreger handelt es sich um ein Coronavirus, das nicht nur die Leber, sondern auch eine Vielzahl anderer Organe befällt.

Insbesondere durch Stürze kann es zu Quetschungen des Lebergewebes kommen, sodass eine traumatische Hepatitis ausgelöst wird.

### Klinik

Die klinische Symptomatik äußert sich vorwiegend unspezifisch in Form von Apathie und Inappetenz.

### Diagnose

Eine exakte Diagnose von Leberentzündungen ist schwierig. Bei der klinischen Untersuchung kann das Organ erheblich vergrößert und schmerzhaft sein. Strukturelle Veränderungen der Leber sind nur mittels Sonographie nachweisbar. Ausreichende Blutmengen zur Bestimmung der Plasmaenzyme sind nur bei der Ratte zu gewinnen. Diese sind bei akuten Entzündungsprozessen erhöht und gehen zudem mit einer Leukozytose einher.

Zumeist kann eine Leberinfektion erst post mortem diagnostiziert werden (Abb. 2.67).

### Therapie & Prognose

Die Tiere werden mit einem Antibiotikum systemisch behandelt und erhalten zudem eine allgemein unterstützende Therapie mit Infusionen (84), Glukosezusatz (82) und Zwangsfütterung (113).

Infektionen der Leber sind prognostisch jedoch immer ungünstig, da es in vielen Fällen zur Bildung von Mikroabszessen oder Nekrosen kommt, die das Organ irreversibel schädigen.

**Abb. 2.67** Hepatopathie (Goldhamster): Das Organ ist geschwollen, hat abgerundete Ränder und weist fleckige Veränderungen auf.

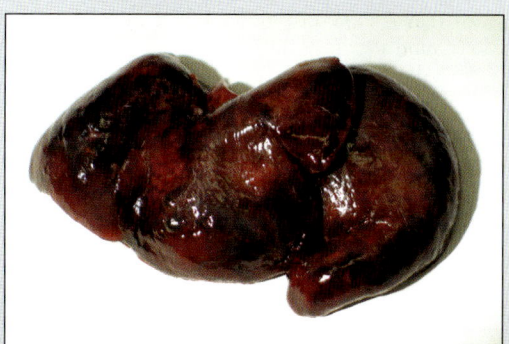

### Neoplasien der Leber

*Meist im Rahmen der Leukose vorkommende Tumorerkrankungen.*

#### Ätiologie & Pathogenese

Tumoröse Entartungen der Leber werden bei Kleinnagern vorwiegen in Zusammenhang mit einer leukotischen Erkrankung (S. 128) beobachtet. Meist sind auch weitere innere Organe sowie Lymphknoten betroffen.

#### Klinik

Im Vordergrund der klinischen Symptomatik steht in der Regel eine fortschreitende Abmagerung (❿) mit zunehmender Apathie und Inappetenz.

#### Diagnose

Neoplastische Veränderungen können bei entsprechender Vergrößerung des Organs bereits palpatorisch erkannt werden. Röntgenologisch kann eine Hepatomegalie festgestellt werden, die Struktur der Leber kann jedoch nur durch eine Ultraschalluntersuchung sichtbar gemacht werden.

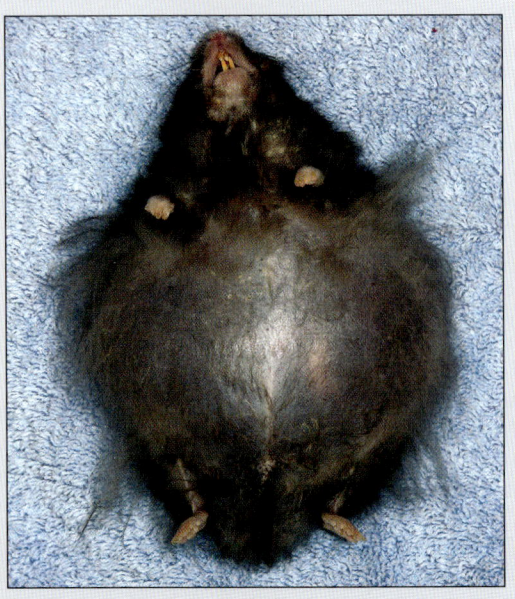

#### Therapie & Prognose

Die Prognose ist infaust. Erkrankte Tiere sollten euthanasiert werden.

### Leber- und Gallengangzysten H RM

#### Ätiologie & Pathogenese

Polyzystische Veränderungen der Leber und der Gallengänge kommen bei Hamstern und Rennmäusen vor. Es sind ausschließlich ältere Tiere betroffen. Die Ursache ist unklar. Bei erkrankten Tieren treten gelegentlich auch Zysten in anderen Organen wie den Nieren sowie den Hoden und Nebenhoden auf.

#### Klinik

Die Patienten haben ein pralles, aufgetriebenes Abdomen (Abb. 2.68) und bewegen sich schwerfällig. Das Allgemeinbefinden und die Futteraufnahme sind reduziert. Bei Hamstern wird in vielen Fällen zudem eine Ausdünnung des Fells mit nekrotischen Hautveränderungen beobachtet (❾), die bei Rennmäusen nicht auftritt.

#### Diagnose

Bereits bei der Abdomenpalpation lassen sich die prall gefüllten zystischen Gebilde ertasten (Abb. 2.69). In manchen Fällen ist das Abdomen jedoch so aufgetrieben, dass durch die klinische Untersuchung keine exakte Diagnose zu stellen ist. Auf Röntgenaufnahmen überlagern die Zysten

**Abb. 2.68** Teddy-Goldhamster mit aufgetriebenem Abdomen durch polyzystische Leberveränderungen.

**Abb. 2.69** Situs eines Goldhamsters: Die gesamte Leber ist zystisch verändert.

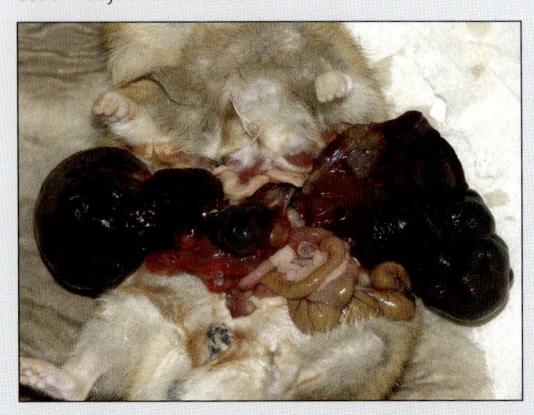

**Abb. 2.70** Polyzystische Leberveränderung: Durch massive Flüssigkeitsansammlungen in den Zysten und freie Flüssigkeit im Abdomen werden alle anderen abdominalen Strukturen überlagert.

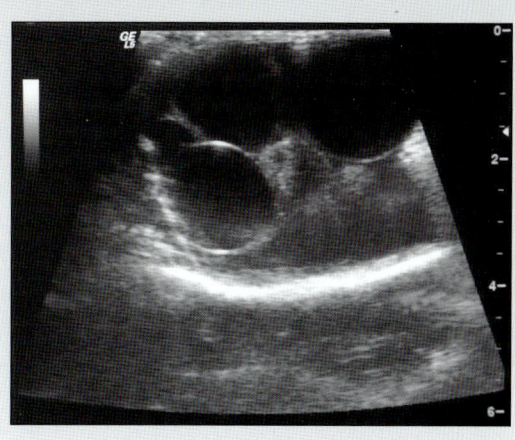

**Abb. 2.71** Zystische Veränderungen im Lebergewebe eines Goldhamsters.

sowie freie Flüssigkeit im Abdomen alle anderen abdominalen Organe, sodass ein homogenes, verwaschenes Erscheinungsbild resultiert (Abb. 2.70). Die Zysten sind zudem sonographisch darstellbar (Abb. 2.71).

### Therapie & Prognose

Eine Behandlung ist nicht möglich, da die gesamte Leber Zysten aufweist und in der Regel kaum noch funktionsfähiges Lebergewebe vorhanden ist. Die Tiere sollten euthanasiert werden, sobald Störungen des Allgemeinbefindens auftreten.

## Nephrotisches Syndrom H

*Durch eine Amyloidose verursachte Erkrankung, die vorwiegend die Nieren betrifft.*

### Ätiologie & Pathogenese

Die Ursache der Erkrankung ist eine generalisierte Amyloidose. Durch anhaltende Antigenstimulation werden Immunglobuline und α-Globuline im Übermaß produziert. Diese werden nur unvollständig abgebaut und die Spaltprodukte als Amyloid sezerniert. Amyloidablagerungen schränken die Organfunktionen ein, wobei besonders die Nieren, die Leber und die Milz betroffen sind.

Die Genese der anhaltenden Globulinproduktion ist bisher nicht abschließend geklärt. Es wird jedoch vermutet, dass ein chronisch-latenter Milbenbefall der Auslöser sein könnte.

### Klinik

Erkrankte Hamster wirken aufgedunsen. Dies resultiert zum einen aus einem Aszites, zum anderen aus einer subkutanen Ödembildung, die den gesamten Körper und auch den Kopf betrifft. Die Erkrankung geht zudem mit unspezifischen Symptomen wie Apathie und Inappetenz einher.

### Diagnose

Eine Verdachtsdiagnose kann anhand des klinischen Bildes gestellt werden. Aszitesflüssigkeit kann aus dem Abdomen abpunktiert werden. Röntgenologisch ergibt sich ein verwaschenes Bild. Bei der sonographischen Untersuchung ist freie Flüssigkeit im Abdomen nachweisbar. Bei Harnuntersuchungen wird eine ausgeprägte Proteinurie sichtbar.

Bei der Sektion fallen neben Aszites und Hydrothorax vor allem Nierenveränderungen auf. Die Nieren sind verkleinert mit höckeriger Oberfläche und von heller, zum Teil gelblich-weißer Farbe.

### Therapie & Prognose

Eine Behandlung der Erkrankung ist nicht möglich, da die Organschäden irreversibel sind. Erkrankte Hamster sollten daher euthanasiert werden.

### Erkrankungen der Blase

*Meist infektiös bedingte Entzündungen der Harnblase.*

#### Ätiologie & Pathogenese

Blasenerkrankungen kommen bei Kleinnagern gelegentlich vor, wobei Zystitiden deutlich häufiger sind als Blasensteine.

Entzündungen der Harnblase werden durch aufsteigende bakterielle Infektionen oder im Rahmen von Allgemeininfektionen verursacht. Zystitiden infolge einer Konkrementbildung sind dagegen selten.

Die Ursachen für eine Bildung von Blasensteinen bei Kleinnagern sind noch nicht ganz geklärt. Hohe Kalziumgehalte der Nahrung, Stoffwechselstörungen und eine genetische Prädisposition werden diskutiert.

#### Klinik

Durch ständigen Harndrang und Harnträufeln ist die Anogenitalregion urinverschmutzt (❻). Die Tiere laufen häufig mit aufgekrümmtem Rücken. Bei starken Entzündungsprozessen ist das Abdomen oft angespannt. Apathie und Inappetenz können hinzutreten. In schweren Fällen enthält der Urin makroskopisch sichtbare Blutanteile.

#### Diagnose

Das klinische Bild mit harnverschmierter Anogenitalregion lässt bereits eine Verdachtsdiagnose zu. Die Blase ist palpatorisch oft schmerzhaft und, aufgrund des Harndranges, nur marginal gefüllt. Bei der Urinuntersuchung lassen sich meist Blut und ein erniedrigter pH-Wert feststellen. Auch Nitrit oder ein vermehrter Proteingehalt kann im Urin vorhanden sein. Insbesondere bei therapieresistenten Zystitiden sollte eine bakteriologische Harnuntersuchung eingeleitet werden. Zum Nachweis einer Urolithiasis sind Röntgenaufnahmen sinnvoll.

#### Therapie & Prognose

Die Tiere werden mit einem Antibiotikum (z. B. Enrofloxacin ❺), in den ersten Tagen auch mit einem Analgetikum (z. B. Meloxicam 100), behandelt. Infusionen 84 erhöhen die Diurese, wodurch Keime schneller aus der Blase ausgeschieden werden können. Bestehen bereits Apathie und Inappetenz, so erhält der Patient eine allgemein unterstützende Behandlung, die auch eine Zwangsfütterung 113 beinhaltet. Konkremente in der Blase müssen durch Zystotomie entfernt werden, wenn sie den Durchmesser der Urethra übersteigen.

### Erkrankungen der Ovarien

*Durch hormonelle Imbalancen hervorgerufene Veränderungen der Eierstöcke.*

#### Ätiologie, Pathogenese & Klinik

Zystische und tumoröse Erkrankungen der Eierstöcke werden durch hormonelle Imbalancen verursacht und bei Hamstern und Rennmäusen deutlich häufiger als bei Ratten und Farbmäusen beobachtet. Raumfordernde Zysten oder Neoplasien können zu verschiedenen klinischen Erscheinungen führen.

Durch Verdrängung von Darmschlingen können Verdauungsstörungen entstehen. Da zudem die Futteraufnahmekapazität sinkt, magern die Tiere stetig ab. Auch Schwächen oder Schwankungen in der Hinterhand treten auf. Weiterhin werden gelegentlich Automutilationen der Hinterpfoten, vermutlich aus Parästhesien resultierend, beobachtet. Hormonell aktive Ovarialzysten führen bei Hamstern und Rennmäusen zudem gelegentlich zu bilateral symmetrischem Haarausfall (❾).

#### Diagnose

Bereits bei der klinischen Untersuchung können durch Abdomenpalpation Umfangsvermehrungen festgestellt werden, deren genaue Zuordnung jedoch oft Probleme bereitet. Kann auch durch Röntgen- oder Ultraschalluntersuchung keine exakte Diagnose gestellt werden, so muss eine Probelaparotomie erfolgen. Besteht Tumorverdacht, so sollte jedoch zuvor der Thorax in zwei

Ebenen geröntgt werden, um Lungenmetastasen ausschließen zu können.

### Therapie & Prognose

Isolierte Veränderungen der Eierstöcke sind prinzipiell prognostisch als gut zu bewerten, sofern noch keine Metastasierung erfolgt ist. Komplikationen können durch Verklebungen mit anderen inneren Organen auftreten. Zudem weisen Ovarialtumoren gelegentlich massive blutgefüllte Zysten auf (Abb. 2.72), sodass bei deren Entfernung die Gefahr eines Volumenmangelschocks besteht. Die Patienten sollten daher vor einem operativen Eingriff in jedem Fall ausreichend mit Vollelektrolytlösung 84 infundiert werden. Bei der Ovariektomie bzw. Ovariohysterektomie können zudem körperwarme Infusionslösungen in die Bauchhöhle gegeben werden. Im Anschluss an die Operation erhalten die Tiere für einige Tage ein Analgetikum (z. B. Metacam® 100 ) sowie außerdem ein Antibiotikum (z. B. Marbocyl® 9 ). Es muss umgehend mit einer Zwangsfütterung 113 begonnen werden, wenn die Patienten nicht sofort zu fressen beginnen.

### Erkrankungen der Gebärmutter

*Besonders bei älteren Kleinnagern häufig vorkommende Ursache für Schmerzzustände.*

### Ätiologie & Pathogenese

Erkrankungen des Uterus können sowohl hormonell bedingt als auch durch Infektionen verursacht sein, wobei bei den Kleinnagern infektiöse Prozesse deutlich überwiegen. Gebärmuttererkrankungen werden in der überwiegenden Anzahl der Fälle bei älteren Patienten beobachtet. Infektionen entstehen dabei einerseits aufsteigend über den Muttermund, andererseits auch im Rahmen von Allgemeininfektionen. Nichtinfektiöse Veränderungen entwickeln sich unter anhaltendem Hormonstimulus, durch den es zu Verdickungen des Endometriums und zu verstärkter Sekretion der Uterindrüsen kommt. Es entsteht eine endometriale Hyperplasie, die in eine Hämometra münden kann. Im weiteren Verlauf sind gelegentlich auch tumoröse Entartungen des Organs zu beobachten.

### Klinik

Erste Anzeichen einer Erkrankung der Gebärmutter sind oftmals eine Schwäche in der Hinterhand und ein leicht schwankender Gang. Die Tiere sind weniger mobil und fressen schlechter.

Besteht eine offene Pyometra, so findet sich eitriger Vaginalausfluss, der zu Verklebungen des Fells der Anogenitalregion führt (6). Bei geschlossener Pyometra wird das Abdomen zunehmend prall und schmerzhaft. Durch Ruptur der Metra entstehen eine Peritonitis und Septikämie, die schnell zum Tod des Tieres führen (Abb. 2.73). Begleitsymptome einer infektiösen Endometritis sind zunehmende Apathie und Inappetenz sowie eitrige Verklebungen der Augen.

Hormonell bedingte Erkrankungen des Uterus verlaufen oft lange Zeit symptomlos. Gelegentliche vaginale Blutungen bleiben oft unbemerkt.

**Abb. 2.72** Ovarialtumor bei einer Rennmaus.

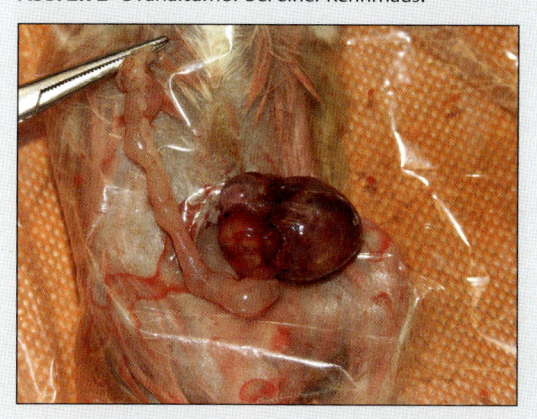

**Abb. 2.73** Situs eines Goldhamsters mit rupturierter Pyometra.

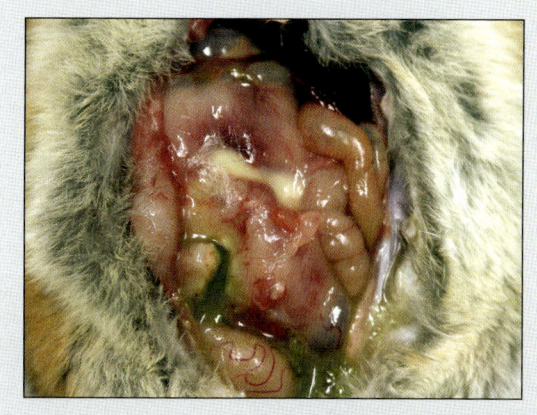

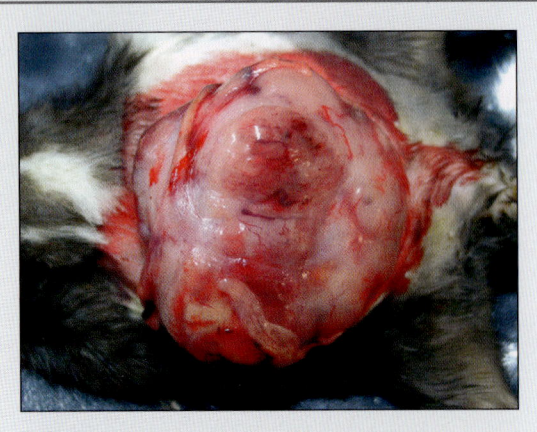

**Abb. 2.74** Situs einer Ratte mit Uterustumor.

### Diagnose

*Bei jedem älteren Kleinnager mit Schwäche, Bewegungsstörungen und beidseitig eitriger Konjunktivitis sollte daran gedacht werden, dass die Ursache für diese Symptome eine Pyometra sein kann.*

Durch Abdomenpalpation werden pralle Metraschlingen und derbe Umfangsvermehrungen des Uterus (Abb. 2.74) gefunden. Bei offener Pyometra kann oftmals ein eitriger, bei Hämometra oder endometrialer Hyperplasie ein blutig-schleimiger Vaginalausfluss durch vorsichtige Massage induziert werden.

*Eitriger Scheidenausfluss darf bei Hamstern nicht mit dem physiologischen Brunstsekret verwechselt werden!*

Eine Absicherung der Befunde erfolgt anhand von Röntgenaufnahmen (Abb. 2.75 und 2.76) oder einer Ultraschalluntersuchung.

### Therapie & Prognose

Die einzig wirkungsvolle Behandlung bei Gebärmuttererkrankungen ist die Ovariohysterektomie (S. 130). Liegt ein Uterustumor vor, so sollten vor dem operativen Eingriff Röntgenaufnahmen des Thorax in zwei Ebenen angefertigt werden, um auszuschließen, dass bereits Lungenmetastasen vorliegen.

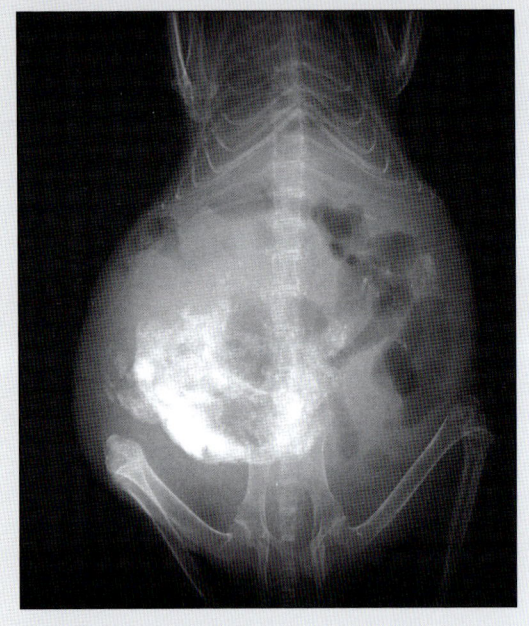

**Abb. 2.75** Pyometra mit Verkalkungsherden bei einem Goldhamster.

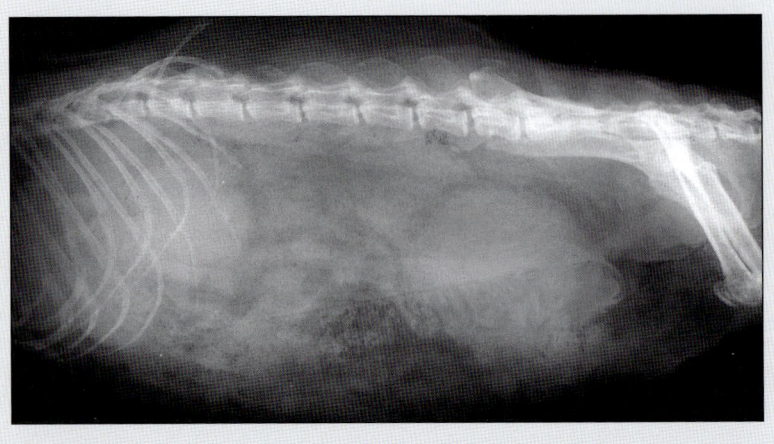

**Abb. 2.76** Gebärmuttertumor bei einer Ratte.

## Peritonitis

*Durch neoplastische Erkrankungen, Infektionen oder Traumata verursachte Entzündungen des Bauchfells.*

### Ätiologie & Pathogenese

Entzündungen des Bauchfells entstehen bei den Kleinnagern besonders häufig im Rahmen neoplastischer Erkrankungen. Insbesondere spielt hier die Leukose eine bedeutende Rolle, bei der es zur Entartung sämtlicher Bauchhöhlenorgane kommen kann. Aber auch isolierte Tumoren, wie z. B. Neoplasien der Gebärmutter oder der Eierstöcke, kommen vor. Sowohl durch Sekretion von Tumorzellen als auch durch einen behinderten Lymphabfluss entsteht ein Aszites, der im weiteren Verlauf zu chronisch-proliferativen Entzündungen mit Bindegewebszubildungen und Verwachsungen führt. Nicht selten bilden sich bei länger andauernder Erkrankung gelatineartige Verschwartungen der Organe, sodass weitreichende Verklebungen vorliegen (Abb. 2.77).

Weitere Ursachen für Peritonitiden sind infektiöse Prozesse wie eitrige Endometritiden oder intraabdominale Abszesse. Bauchfellentzündungen können außerdem infolge von Traumata hervorgerufen werden, bei denen es zu Organblutungen oder -rupturen kommt (Abb. 2.78).

### Klinik

Die klinische Symptomatik verläuft meist unspezifisch mit fortschreitender Apathie und Inappetenz. Bei akuter septischer Peritonitis, z. B. infolge einer rupturierten Pyometra, entsteht schnell ein akutes Abdomen und eine Septikämie, sodass die Tiere in einen Schockzustand geraten.

### Diagnose

Das Abdomen ist angespannt und schmerzhaft bei Palpation. Einzelne Neoplasien, die Auslöser für eine Peritonitis sind, können ebenso ertastet werden wie weitreichende Organverklebungen. Unterstützend können Röntgen- und Ultraschalluntersuchungen durchgeführt werden.

### Therapie & Prognose

In den meisten Fällen ist die Prognose infaust, da der überwiegende Teil der Bauchfellentzündungen aus fortgeschrittenen tumorösen Erkrankungen mit weitreichenden Verklebungen hervorgeht oder aus infektiösen Prozessen, die schnell in einer Septikämie münden.

Peritonitiden, die nach einem Trauma durch Blutungen von Organen ausgelöst werden und damit steril sind, sind prognostisch deutlich besser zu bewerten. Die Tiere erhalten eine allgemein unterstützende Behandlung mit Infusionen [84], Glukosezusatz [82] und einem Analgetikum (z. B. Metacam® [100], Novalgin® [101]). Sie müssen zudem bei

**Abb. 2.77** Situs eines Goldhamsters mit Leukose: Alle Lymphknoten sind schwartig verändert (Pfeile). Es bestehen gelatineartige Verklebungen aller Organe.

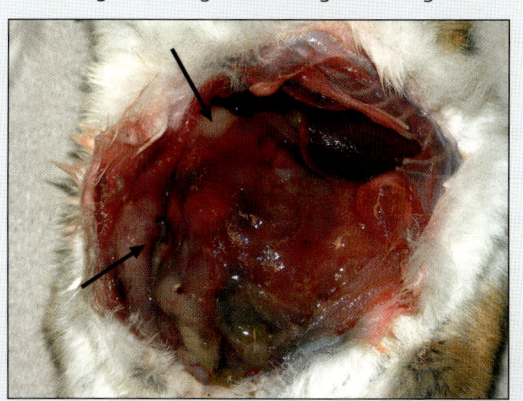

**Abb. 2.78** Situs eines Goldhamsters mit Peritonitis nach Magenruptur infolge eines Sturzes.

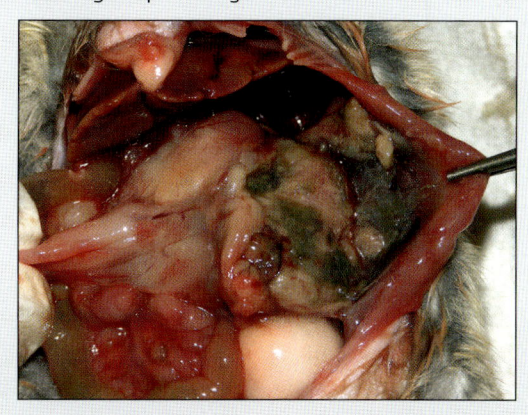

Bedarf zwangsernährt und sollten auch antibiotisch abgeschirmt werden.

### Leukose

*Virusinduzierte Infektion, die zu Neoplasien verschiedener Organe führt.*

#### Ätiologie & Pathogenese

Die Leukose wird durch Retroviren hervorgerufen und führt zu neoplastischen Veränderungen, die meist mehrere Organsysteme und die Lymphknoten betreffen.

#### Klinik

Im Vordergrund der klinischen Symptomatik stehen fortschreitende Abmagerung (❿), Apathie und Inappetenz. Durch Verklebungen von Darmschlingen entstehen oft sekundär Verdauungsstörungen mit Obstipation (S. 118).

#### Diagnose

Bei der Palpation des Abdomens lassen sich derbe Umfangsvermehrungen ertasten, die sowohl aus der Entartung einzelner Organe als auch aus Verklebungen resultieren. Die tumorösen Veränderungen können zudem röntgenologisch und sonographisch dargestellt werden.

#### Therapie & Prognose

Die Prognose ist infaust. Betroffene Patienten sollten umgehend euthanasiert werden.

### Intraabdominale Abszesse

*Aus Neoplasien oder Infektionen hervorgehende Entzündungsprozesse.*

#### Ätiologie & Pathogenese

Abszesse im Bauchraum gehen in den meisten Fällen von Neoplasien aus und entstehen durch Einschmelzung von Tumorzellen. Besonders oft werden solche Veränderungen im Rahmen einer leukotischen Erkrankung beobachtet. Intraabdominale Abszesse können aber auch aus lokalen oder allgemeinen Infektionen hervorgehen. So kommt es gelegentlich bei Erregerbesiedlung der weiblichen Geschlechtsorgane zu Abszessbildungen im Bereich der Eierstöcke, der Eileiter oder auch des Aufhängeapparates der Organe (Abb. 2.79). Zudem können sich bei Allgemeininfektionen Keime, trotz scheinbar erfolgreicher Behandlung, in einzelnen Organen (v. a. der Leber) ansiedeln und abkapseln, sodass verspätet Abszesse entstehen.

#### Klinik

Bei abszedierenden, intraabdominalen Neoplasien stehen meist Symptome wie Apathie, Inappetenz und Abmagerung im Vordergrund. Durch Keime verursachte Abszesse äußern sich je nach Lokalisation und Ausmaß sehr unterschiedlich. Abszedierende Veränderungen im Bereich der weiblichen Geschlechtsorgane verlaufen oft lange Zeit symptomlos. Bei Ruptur der Abszesskapsel kommt es jedoch schnell zum akuten Abdomen, zur Septikämie und zum Tod des Tieres. Abszedierende Hepatitiden, die meist mit Bildung multipler Mikroabszesse einhergehen, führen schnell zum Funktionsverlust des Organs. Das klinische Bild ist vorwiegend gekennzeichnet durch fortschreitende Apathie bis hin zum Leberkoma mit Bewusstseinstrübungen (❼).

#### Diagnose

Die Diagnose intraabdominaler Abszesse ist meist nicht einfach zu stellen. Bei neoplastischen Verän-

**Abb. 2.79** Abszess im Ligamentum latum eines Goldhamsters.

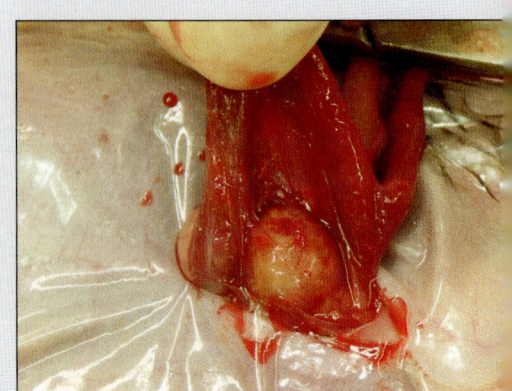

derungen stehen bei der Abdomenpalpation derbe Umfangsvermehrungen im Vordergrund, die sich auch röntgenologisch gut darstellen. Größere Abszesse können als prallfluktuierende Gebilde ertastet werden. Sie weisen aufgrund des flüssigen Inhalts röntgenologisch eine homogene Struktur auf. Bei länger bestehenden Prozessen können allerdings auch Verkalkungsherde sichtbar werden. Im Ultraschall stellt sich der Abszess als flüssigkeitsgefüllter Hohlraum dar.

### Therapie & Prognose

Isolierte Abszesse am Geschlechtsapparat sind prognostisch meist günstig, wenn es noch nicht zu flächigen Verklebungen mit anderen Organen gekommen ist. Die Therapie besteht dann in einer Ovariohysterektomie (S. 130). Die Tiere werden anschließend über einen Zeitraum von 10–14 Tagen mit einem Antibiotikum behandelt. Zur Therapie sollte zunächst ein Breitbandantibiotikum (z. B. Enrofloxacin [5], Marbofloxacin [9]) gewählt werden. Es empfiehlt sich aber, den gesamten Abszess inklusive Abszesskapsel zur bakteriologischen Untersuchung einzusenden, um das Antibiotikum gegebenenfalls gezielt umstellen zu können. Nach der Kastration erhalten die Patienten zudem einige Tage ein Analgetikum (z. B. Meloxicam [100]) und bei Bedarf eine allgemein unterstützende Behandlung mit Infusionen [84] und Zwangsfütterung [113].

Abszessbildungen, die von Neoplasien ausgehen, sind prognostisch infaust, da sie in der Regel erst bei weit fortgeschrittenem Tumorwachstum auftreten. Gleiches gilt für abszedierende Leberentzündungen, die auch durch anhaltende antibiotische Behandlung nicht austherapiert werden können. Auch multiple Abszessbildungen an anderen Organen sind therapeutisch meist nicht in den Griff zu bekommen.

## 2.6 Verschmutzte Anogenitalregion

Verklebungen des Fells im Anogenitalbereich können aus Erkrankungen der Harnorgane, der Gebärmutter oder des Magen-Darm-Traktes resultieren. Sie gehen oft mit unspezifischen Symptomen einher:
- verminderte Mobilität, Apathie
- Inappetenz
- Exsikkose
- Fortbewegung mit aufgekrümmtem Rücken
- schwankender Gang
- Verklebungen der Augen

### 2.6.1 Tierartliche Besonderheiten

Die **Ovarien** der Kleinnager liegen kaudal der Nieren in einer meist stark verfetteten Bursa ovarica (Abb. 2.80). Das Mesovar und das Mesometrium weisen ebenfalls mitunter massive Fetteinlagerungen auf (Abb. 2.81). Die **Eileiter** sind lang und stark geschlängelt. Die **Gebärmutter** ist bei allen Kleinnagern als Uterus duplex ausgebildet. Die beiden vollständig voneinander getrennten Uteri sind lediglich in ihrem kaudalen Abschnitt über wenige Millimeter miteinander verbunden. Die **Scheiden- und Harnröhrenöffnung** sind vollständig voneinander separiert (Abb. 2.82). Die Vagina ist vor Erreichen der Geschlechtsreife und außerhalb der Brunst durch eine epitheliale Membran verschlossen. Die Urethra mündet kranial der Scheide in einem Harnröhrenzapfen.

*Der weibliche Harnröhrenzapfen darf nicht mit dem männlichen Präputium verwechselt werden.*

Praxistipp

**Ovariohysterektomie bei Kleinnagern**

Der Zugang in die Bauchhöhle erfolgt kaudal des Nabels in der Linea alba. Die Ovarien haben meist ausreichend lange Bänder, um sie aus der Bauch-

**Abb. 2.80** Ovar und Bursa ovarica mit Fetteinlagerungen (Goldhamster).

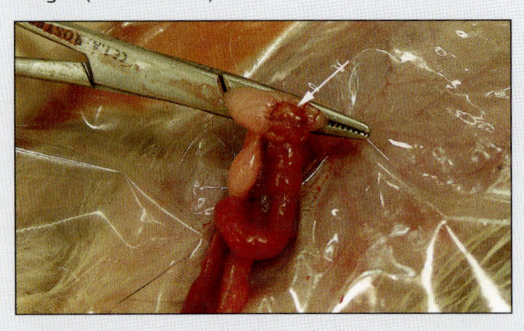

**Abb. 2.81** Uterus einer Ratte mit stark verfettetem Ligamentum latum uteri.

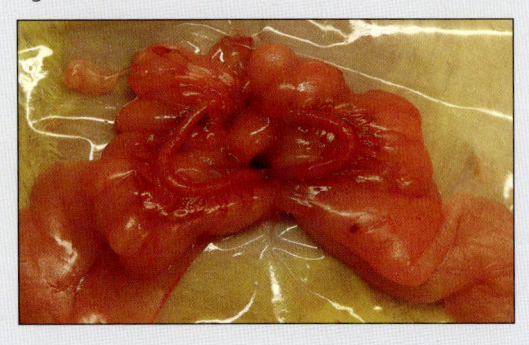

**Abb. 2.82** Anogenitalregion einer Farbmaus: Die getrennten Öffnungen von Harnröhre und Scheide (Pfeil) sind deutlich sichtbar.

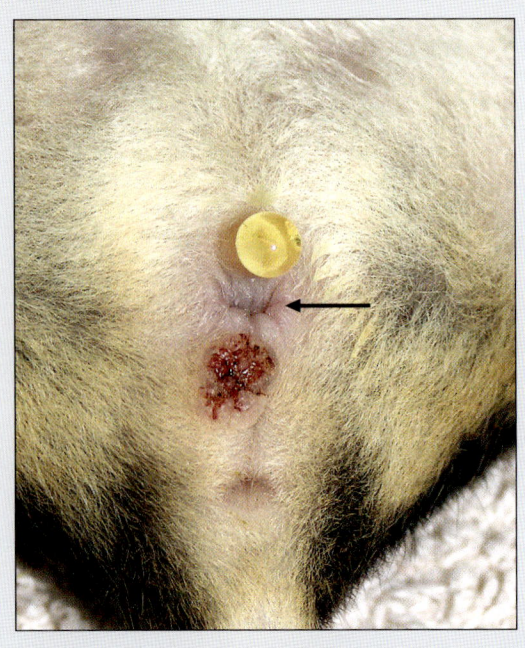

höhle vorzulagern. Das Ovar ist nicht immer leicht aufzufinden, da es vollständig von der Bursa ovarica umgeben ist. Ein Pean sollte daher ausreichend weit dorsal am Mesovar angebracht werden. Dabei ist darauf zu achten, dass keine Anteile des geschlängelten Eileiters abgeklemmt werden. Die Ligaturen erfolgen mit Vicryl oder PDS®. Sie werden langsam und mit steigendem Zug angebracht. Dabei wird das Fettgewebe des Mesovars zunehmend eingeschnitten und letztlich die Gefäße abgebunden.

Am Uterus wird unmittelbar im Bereich der Muttermünder ein Pean angebracht und die Metra kaudal davon ligiert. Die Arteria uterina sollte beidseits separat abgebunden werden. Sie ist oft in größere Fettpolster eingelagert. Bei einer Massenligatur unter Einbeziehung der Gebärmutter besteht ansonsten die Gefahr, dass die Gefäße nicht ausreichend komprimiert werden.

Alle Kleinnager sind ursprünglich saisonal polyöstrisch. Bei domestizierten Ratten, Farb- und Rennmäusen mit gleich bleibenden Haltungsbedingungen läuft ganzjährig ein Zyklus ab. Der **Zyklus** dauert nur wenige Tage, die Hauptbrunst, in der das männliche Tier geduldet wird, im Durchschnitt nur etwa 12 Stunden. Unmittelbar nach einer Geburt tritt das Muttertier wieder in einen neuen Zyklus ein, sodass innerhalb von 24 Stunden eine erneute Bedeckung möglich ist. Während der Laktation kommt es dann nicht zu einer weiteren Brunst. Der nächste Östrus erfolgt etwa 2–5 Tage nach dem Absetzen der Jungtiere.

Beim Hamster wird während der Brunst ein weißlich-schleimiger bis zäh-visköser Scheidenausfluss produziert, der einen intensiven Geruch aufweist.

*Dieser Brunstschleim darf nicht mit eitrigem Scheidenausfluss bei Pyometra verwechselt werden.*

Während der **Trächtigkeit** sowie in der **Laktation** haben alle Kleinnager einen erhöhten Bedarf an Nährstoffen, insbesondere an Eiweißen, Vitaminen und Mineralstoffen.

*Nährstoffmangel kann zu Trächtigkeits- und Geburtsstörungen sowie zu Kannibalismus führen.*

**Tab. 2.8** Physiologische Daten zur Fortpflanzung.

| | Ratte | Goldhamster | Zwerghamster[1] | Rennmaus | Farbmaus |
|---|---|---|---|---|---|
| **Geschlechtsreife** | 4–6 Wochen | 6–8 Wochen | 4–8 Wochen | 7–8 Wochen | 4–6 Wochen |
| **Zuchtreife** | 10–14 Wochen | 10–12 Wochen | 12–20 Wochen | 12–14 Wochen | 10–14 Wochen |
| **Zykluslänge** | 4–5 Tage | 4–5 Tage | 4–5 Tage | 4–7 Tage | 4–5 Tage |
| **Brunstdauer** | 10–18 Stunden | 8–10 Stunden | 12 Stunden | 10–14 Stunden | 10–14 Stunden |
| **Dauer der Trächtigkeit** [2] | 21–24 Tage | 15–18 Tage | 18–22 Tage | 22–28 Tage | 18–23 Tage |
| **Wurfgröße** | 4–16 | 3–12 | 2–12 | 3–8 | 4–14 |
| **Geburtsgewicht** | 5–6 g | 2 g | 1–1,5 g | 2,5–3,5 g | 1–2 g |
| **Beginn der Behaarung** | ca. 10. Tag | ca. 5. Tag | ca. 5. Tag | ca. 4. Tag | ca. 3. Tag |
| **Öffnen der Augen** | ca. 13.–16. Tag | ca. 10. Tag | ca. 10. Tag | ca. 14. Tag | ca. 12. Tag |
| **Säugezeit** | ca. 3 Wochen | 3–4 Wochen | ca. 3 Wochen | 3–4 Wochen | 3–4 Wochen |

1) Die Daten schwanken abhängig von der Zwerghamsterart (siehe S. 16).
2) Erfolgt eine Bedeckung während des unmittelbaren postpartalen Östrus, so verzögert sich die Einnistung der befruchteten Eizellen. Die Tragzeit kann sich also verlängern, wenn das Weibchen gleichzeitig bereits einen Wurf Jungtiere säugt.

Trächtige und laktierende Kleinnager sollten daher mehrmals wöchentlich zusätzliche Proteinquellen in Form von Magerquark, Joghurt, Milch oder Insekten bekommen. Vitamine und Kalzium können über Frischfutter (z. B. Kräuter) ergänzt werden. Auch der Einsatz eines vitaminisierten Mineralstoffpräparates (z. B. Korvimin® ZVT 75 ) ist möglich.

Die **Geburt** verläuft bei allen Kleinnagern in der Regel schnell und unkompliziert, und zwar meist nachts oder in den frühen Morgenstunden. Die Jungtiere werden im Abstand von wenigen Minuten entwickelt, sodass der gesamte Geburtsvorgang innerhalb von 15 bis 30 Minuten abgeschlossen ist.

Bei allen Kleinnagern kann durch sterile Deckakte eine **Scheinträchtigkeit** ausgelöst werden. Diese dauert etwa ein bis zwei Wochen an. Während dieser Zeit kommt das Weibchen nicht in die Brunst.

## 2.6.2 Sofortmaßnahmen, Therapiegrundsätze

Verschmutzungen der Anogenitalregion sind fast immer Anzeichen für ein gravierendes Krankheitsgeschehen. Entweder werden Verunreinigungen aufgrund eines reduzierten Allgemeinbefindens oder Putzverhaltens des Tieres nicht mehr beseitigt oder aber es entstehen permanente Neuverschmutzungen, die auch durch regelrechtes Putzverhalten nicht in den Griff zu bekommen sind.

Vaginalausfluss deutet immer auf eine schwerwiegende Veränderung hin, da bei gesunden Tieren die Vagina außerhalb von Östrus bzw. Geburt durch eine epitheliale Membran fest verschlossen ist. Eine Verschmutzung mit Urin deutet auf massive Harnabsatzprobleme hin, eine Durchnässung des Fells mit Darminhalt tritt nur bei lebensbedrohlichen wässrigen Enteritiden auf.

Liegen folgende Symptome vor, so muss zunächst eine Erstversorgung erfolgen, bevor sich eine ausführliche klinische Untersuchung anschließen kann:

- Schocksymptomatik
- hochgradige Schmerzsymptomatik
- Exsikkose
- eitriger/übelriechender Ausfluss
- hochgradig blutiger Ausfluss
- wässrige Diarrhö

Der betroffene Patient ist unverzüglich wie folgt zu versorgen:
1 Volumensubstitution
   - Vollelektrolytlösung 84 , 40 ml/kg s.c., i.p.
   - Glukose 82 , bis 500 mg/kg s.c.
2 Kreislaufstabilisation
   - kurz wirksamer Prednisolonester 72 (Solu Decortin®), 10 mg/kg i.p., i.m.
   - Etilefrin 46 (Effortil®), 0,5–1 mg/kg i.m., p.o.
3 Analgetikum, z. B.
   - Meloxicam 100 (Metacam®), 0,15 mg/kg s.c.
   - Carprofen 99 (Rimadyl®), 5 mg/kg s.c.
   - Metamizol 101 (Novalgin®), 20 mg/kg s.c.
4 Breitbandantibiotikum, z. B.
   - Enrofloxacin 5 (Baytril®), 1 x tägl. 10 mg/kg s.c., p.o.
   - Marbofloxacin 9 (Marbocyl®), 1 x tägl. 4 mg/kg s.c., p.o.
   - Chloramphenicol 2 (Chloramphenicol-Albrecht®), 2 x tägl. 50 mg/kg s.c., p.o.
5 sofortige Ovariohysterektomie bei akuten und hochgradigen vaginalen Blutungen

## 2.6.3 Wichtige Ursachen

Verunreinigungen des Fells im Anogenitalbereich können durch verschiedene Erkrankungen hervorgerufen werden. Bei weiblichen Kleinnagern sind besonders oft Gebärmuttererkrankungen für Ausfluss und Verklebungen verantwortlich. Im Vordergrund stehen hier, insbesondere bei älteren Tieren, infektiös bedingte Endometritiden. Hormonell induzierte Krankheiten sind seltener, kommen aber ebenfalls regelmäßig vor. Auch hier sind in erster Linie ältere Patienten betroffen. Ein blutiger oder blutig-schleimiger Ausfluss wird bei endometrialer Hyperplasie, Hämometra und Neoplasien des Uterus beobachtet. Zudem können gelegentlich Trächtigkeitsstörungen als

Ursache für Vaginalausfluss diagnostiziert werden. Geburtsstörungen kommen bei den Kleinnagern dagegen nur selten vor.

Kleinnager leiden außerdem recht häufig unter Zystitis, wogegen eine Urolithiasis nur in Ausnahmefällen zu diagnostizieren ist. Am häufigsten werden Blasensteine bei Goldhamstern nachgewiesen. Bei rezidivierenden Blasenentzündungen der Ratte kann die Ursache eine Infektion mit Trichosomoides crassicauda sein, einem Parasiten, der in den Harnwegen parasitiert.

Schließlich kann die Anogenitalregion auch durch Kot verschmutzt sein. Insbesondere bei bakteriellen Infektionen ist das Fell in diesem Bereich völlig durchnässt, sodass von einer schwerwiegenden Enteritis ausgegangen werden muss.

Bei allen Erkrankungen, die mit Verunreinigungen des Anogenitalbereiches einhergehen, kann in den Sommermonaten sekundär ein Fliegenmadenbefall auftreten.

### 2.6.3.1 Übersicht

Tab. 2.9 Wichtige Ursachen für eine verschmutzte Anogenitalregion.

| Ursache | Bedeutung | Bemerkungen, siehe auch Leitsymptom |
|---|---|---|
| Endometritis, Pyometra | +++ | 5 |
| Endometriale Hyperplasie | ++ | 5 |
| Hämometra | ++ | 5 |
| Zystitis | ++ | 5 |
| Trächtigkeitsstörungen | + | |
| Uterustumor | + | 5 |
| Enteritis | + | 2 |
| Urolithiasis | (+) | 5 |
| Geburtsstörungen | (+) | |
| *Trichosomoides-crassicauda*-Infektion | (+) | R |
| Befall mit Fliegenmaden | (+) | |

## 2.6.3.2 Diagnostischer Leitfaden: Verschmutzte Anogenitalregion

## Anamnese

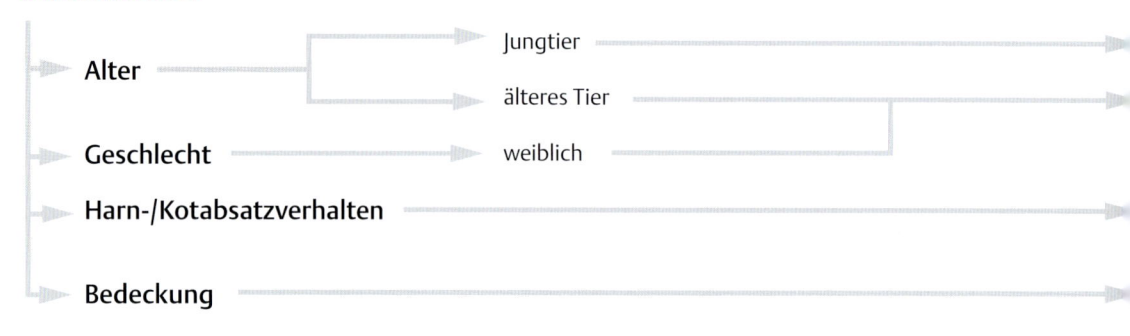

- Alter
  - Jungtier
  - älteres Tier
- Geschlecht
  - weiblich
- Harn-/Kotabsatzverhalten
- Bedeckung

## Klinische Untersuchung

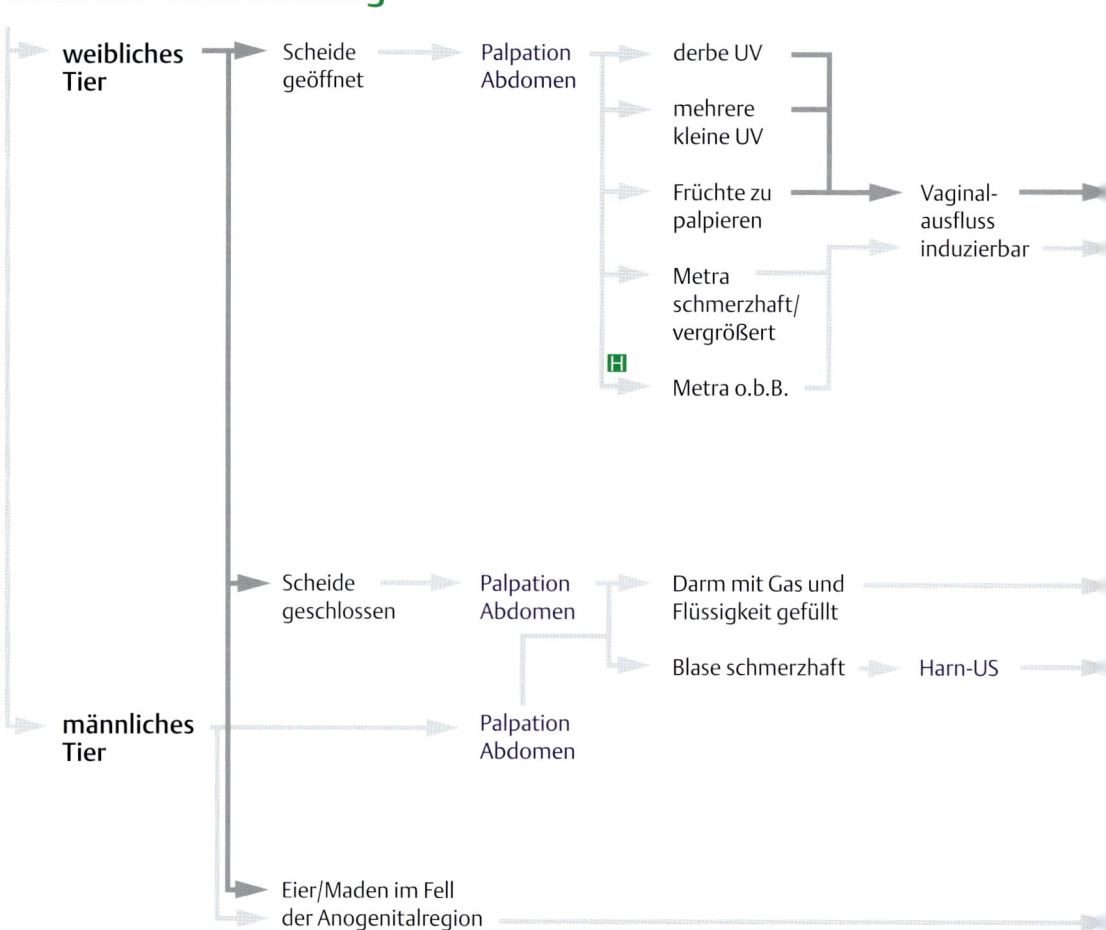

- weibliches Tier
  - Scheide geöffnet → Palpation Abdomen
    - derbe UV
    - mehrere kleine UV
    - Früchte zu palpieren → Vaginalausfluss induzierbar
    - Metra schmerzhaft/vergrößert
    - **H** Metra o.b.B.
  - Scheide geschlossen → Palpation Abdomen
    - Darm mit Gas und Flüssigkeit gefüllt
    - Blase schmerzhaft → Harn-US
- männliches Tier
  - Palpation Abdomen
  - Eier/Maden im Fell der Anogenitalregion

## 6 Verschmutzte Anogenitalregion

| | | | | |
|---|---|---|---|---|
| | | Infektion? | Enteritis? | S. 144 |
| | | | Erkrankung der Gebärmutter? | S. 141 |
| | | | Zystitis/Urolithiasis? | S. 137f |
| | | | Enteritis? | S. 144 |
| | | | Trächtigkeits-/ Geburtsstörung? | S. 139 |
| blutig/ schleimig | Röntgen/ Ultraschall | röntgendichte/ echogene UV am Uterus | Uterustumor | S. 141 |
| | | Frühträchtigkeit | Trächtigkeitsstörung | S. 139 |
| | | Hochträchtigkeit | Geburtsstörung | S. 139 |
| | | Metra verdickt/ ggr. mit Flüssigkeit gefüllt | Endometriale Hyperplasie | S. 141 |
| | | | Hämometra | S. 141 |
| | | Metra mit Flüssigkeit gefüllt | Pyometra | S. 142 |
| weißlich, zäh, übelriechend | zytolog. US | Granulozyten, Erythrozyten | | |
| | | Epithelzellen | Brunst | S. 131 |
| | bakteriolog./ parasitolog. Kot-US | | Enteritis | S. 144 |
| Zystitis | | | | S. 137 |
| R | mikroskop. Harn-US | Parasiteneier nachweisbar | Trichosomoides-crassicauda-Infektion | S. 139 |
| | Röntgen/ Ultraschall | röntgendichte/ echogene Strukturen in der Blase | Urolithiasis | S. 138 |
| | | | Myiasis | S. 144 |

### Besonderes Augenmerk bei der Anamnese

**Geschlecht:** Eine Geschlechtsbestimmung ist unbedingt erforderlich, um Erkrankungen der Gebärmutter ausschließen oder in Betracht ziehen zu können.

**Alter:** Manche Erkrankungen weisen Altersdispositionen auf. So werden sowohl infektiöse Endometritiden (S. 142) als auch hormonell bedingte Uteruserkrankungen wie endometriale Hyperplasien (S. 141), Hämometra (S. 141) und Neoplasien des Uterus (S. 141) vorwiegend bei älteren Patienten beobachtet. Wässrige Enteritiden (S. 144), die meist durch bakterielle Infektionen hervorgerufen werden, sind besonders oft bei Jungtieren nach dem Absetzen zu diagnostizieren.

**Haltungsbedingungen:** Im Hinblick auf eventuelle Trächtigkeits- oder Geburtsstörungen (S. 139) sollte die Gruppenzusammensetzung hinterfragt werden. Dabei ist allerdings zu bedenken, dass die Besitzer von Kleinnagern nicht immer exakt über das Geschlecht ihrer Tiere informiert sind, da es im Zoofachhandel immer wieder zu Fehlern in der Geschlechtsbestimmung kommt.

**Allgemeinzustand und Fressverhalten:** Bei infektiösen Erkrankungen wie Zystitis (S. 137), Pyometra (S. 142) oder Enteritis (S. 144) kommt es schnell zu Störungen des Allgemeinbefindens und reduzierter Futteraufnahme. In solchen Fällen ist die Prognose stets vorsichtiger zu bewerten und bei eventuell erforderlichen Narkosen bzw. Operationen muss eine entsprechend sorgfältige Vorbereitung getroffen werden.

**Sonstige Symptome, Dauer der Symptome:** Bei der Bewertung der Anamnese bezüglich der Symptome und ihrer Dauer muss immer bedacht werden, dass Kleinnager (mit Ausnahme der Ratte) typische „Käfigtiere" sind, die von ihren Besitzern oft nicht sehr sorgfältig beobachtet werden. Dies gilt insbesondere, wenn die Tiere in größeren Gruppen gehalten werden oder wie der Goldhamster nachtaktiv sind. Auch werden viele Nager nicht regelmäßig in die Hand genommen, sodass gerade Verschmutzungen im Anogenitalbereich kaum auffallen. Symptome, die von den Besitzern genannt werden, sind oft sehr unspezifisch. Als klinische Anzeichen werden nicht selten Verklebungen der Augen, schwerfällige Fortbewegung mit aufgekrümmtem Rücken oder ein unangenehmer Geruch des Tieres genannt. Nach solchen Veränderungen sollte daher auch gezielt gefragt werden.

### Besonderes Augenmerk bei der klinischen Untersuchung

#### Bestehen Störungen des Allgemeinbefindens?

Seiten- oder Brust-Bauch-Lage, blasse Schleimhäute und ein leichtes Hervortreten der Augäpfel weisen sofort auf einen hochgradig reduzierten Allgemeinzustand mit Schockgeschehen hin.

*In solchen Fällen müssen umgehend lebensrettende Sofortmaßnahmen eingeleitet werden, bevor der Patient weiter untersucht werden kann.*

Auch in weniger schwerwiegenden Fällen muss anhand der Konjunktivalschleimhäute die Kreislaufsituation überprüft werden. Zudem wird der Hautturgor getestet. Kleinnager werden oftmals erst in weit fortgeschrittenen Krankheitsstadien vorgestellt und weisen dann erhebliche Dehydrierungen auf.

#### Woher stammen die Verschmutzungen?

Bei großflächigen Verschmutzungen oder Verklebungen ist es nicht immer leicht, sofort die Herkunft zu bestimmen. Der Anogenitalbereich sollte dann zunächst vorsichtig gereinigt werden. Durch vorsichtigen Druck auf das Abdomen kann oft ein Austritt von Vaginalsekret oder Darminhalt induziert werden.

#### Liegt ein Befall mit Fliegenmaden vor?

Insbesondere in der wärmeren Jahreszeit müssen bei Verklebungen des Fells und reduziertem Allgemeinzustand des Patienten der Anogenitalbereich sowie auch Bauch und Rückenpartie auf einen Befall mit Fliegenmaden (S. 144) untersucht werden.

### ■ Welche Veränderungen finden sich im Abdomen?

Kann ein Vaginalausfluss diagnostiziert werden, so wird das Abdomen durchtastet, um Veränderungen der Gebärmutter erkennen zu können. Derbe Umfangsvermehrungen bei Neoplasien des Uterus (S. 141) sind in der Regel leicht aufzufinden. Gleiches gilt, wenn das Tier sich in einem fortgeschrittenen Trächtigkeitsstadium befindet und Geburtsstörungen (S. 139) oder Trächtigkeitsstörungen (S. 139) vorliegen. Flüssigkeitsgefüllte Metraschlingen bei Hämometra (S. 141) oder Wandverdickungen bei endometrialer Hyperplasie (S. 141) können bei den kleinen Tieren dagegen nicht immer sicher palpatorisch diagnostiziert werden. Auch frühe Trächtigkeiten sind oft nicht leicht zu erkennen. In solchen Fällen werden weiterführende Untersuchungen erforderlich.

Liegt eine urinverschmierte Anogenitalregion vor, so muss gezielt die Blase des Tieres aufgesucht werden. Bei Zystitis (S. 137) ist sie oft schmerzhaft und meist nur marginal gefüllt. Besteht eine Urolithiasis (S. 138), so kann möglicherweise ein Blasenstein bereits palpatorisch diagnostiziert werden.

Besteht eine wässrige Enteritis (S. 144), so werden durch Abdomenpalpation Gas- und Flüssigkeitsansammlungen in den Darmschlingen erkannt.

### ■ Diagnosesicherung durch weiterführende Untersuchungen

Röntgenaufnahmen helfen bei der Diagnose von Uterustumoren (S. 141), Geburtsstörungen (S. 139) oder Trächtigkeitsstörungen (S. 139) sowie einer Urolithiasis (S. 138). Bei Enteritis (S. 144) können zudem das Ausmaß und die Lokalisation von Tympanien bestimmt werden.

Ultraschalluntersuchungen werden bei vielen Gebärmutterveränderungen erforderlich, da flüssigkeitsgefüllte Metraschlingen, wie sie bei Hämometra (S. 141) oder endometrialer Hyperplasie (S. 141) vorliegen, nicht immer gut röntgenologisch dargestellt werden können. Gleiches gilt für Trächtigkeitsstörungen (S. 139) in frühen Trächtigkeitsstadien. Durch die Sonographie kann zudem bei Geburtsstörungen (S. 139) bestimmt werden, ob die Jungtiere noch leben.

Harnuntersuchungen müssen sowohl bei Zystitis (S. 137) als auch bei Urolithiasis (S. 138) eingeleitet werden. Bei Ratten mit chronischer oder rezidivierender Blasenentzündung (S. 137) sollte der Urin auch wiederholt mikroskopisch untersucht werden, um Infektionen mit Trichosomoides crassicauda (S. 139) ausschließen zu können. Die Untersuchung des Urins kann aber auch einen ersten Aufschluss über die Stoffwechsellage bei gestörtem Allgemeinbefinden und Inappetenz geben. Absenkungen des pH-Wertes in den sauren Bereich sowie ein Nachweis von Ketonkörpern weisen auf erhebliche Stoffwechselentgleisungen hin.

Kotuntersuchungen werden bei jeder Form der Enteritis (S. 144) eingeleitet. Insbesondere bei schwerem wässrigem Durchfall sollten auch Proben zur bakteriologischen Untersuchung eingesandt werden.

Zytologische Untersuchungen von Vaginalsekret können bei Hamstern hilfreich sein, um eitrigen Ausfluss bei Pyometra (S. 142) vom physiologischen Brunstsekret differenzieren zu können.

### 2.6.3.3 Erkrankungen

#### ▓ Zystitis

*Entzündungen der Harnblase, die durch aufsteigende oder absteigende bakterielle Infektionen verursacht werden.*

### ■ Ätiologie & Pathogenese

Entzündungen der Harnblase werden in den meisten Fällen durch aufsteigende bakterielle Infektionen hervorgerufen. Weibliche Tiere sind häufiger betroffen, da sie eine kürzere und weitere Urethra besitzen als ihre männlichen Artgenossen. Zystitiden können sich aber auch absteigend im Rahmen von Allgemeininfektionen manifestieren. Entzündungen der Harnblase infolge einer Konkrementbildung kommen bei den Kleinnagern dagegen nur sehr selten vor.

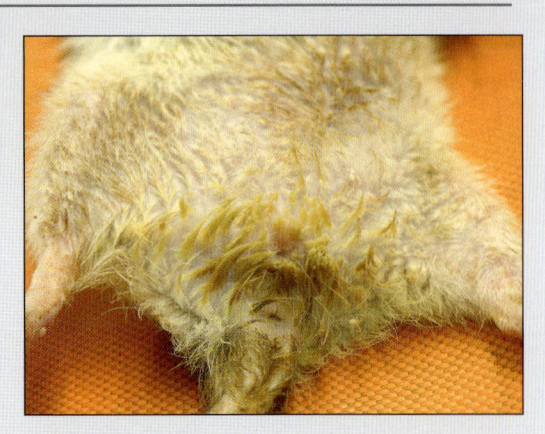

**Abb. 2.83** Urinverschmierte Anogenitalregion einer Ratte mit Zystitis.

### Klinik

Durch ständigen Harndrang und Harnträufeln ist die Anogenitalregion urinverschmutzt (Abb. 2.83). Die Tiere laufen häufig mit aufgekrümmtem Rücken. Apathie und Inappetenz können hinzutreten.

### Diagnose

Das klinische Bild mit harnverschmierter Anogenitalregion lässt bereits eine Verdachtsdiagnose zu. Die Blase ist palpatorisch oft schmerzhaft und aufgrund des Harndranges nur marginal gefüllt. Bei der Urinuntersuchung lassen sich meist Blut und ein erniedrigter pH-Wert feststellen. Auch Nitrit oder ein vermehrter Proteingehalt kann im Urin vorhanden sein.

Insbesondere bei therapieresistenten Zystitiden sollte eine bakteriologische Harnuntersuchung eingeleitet werden.

### Therapie & Prognose

Die Tiere werden mit einem Antibiotikum (z. B. Enrofloxacin 5 ), in den ersten Tagen auch mit einem Analgetikum (z. B. Meloxicam 100 ), behandelt. Infusionen 84 erhöhen die Diurese, wodurch Keime schneller aus der Blase ausgeschieden werden können. Bestehen bereits Apathie und Inappetenz, so erhält der Patient eine allgemein unterstützende Behandlung, die auch eine Zwangsfütterung 113 beinhaltet.

## Urolithiasis

*Bei Kleinnagern nur selten vorkommende Steinbildungen in den Harnorganen.*

### Ätiologie & Pathogenese

Erkrankungen durch Konkremente in den Harnorganen sind bei den Kleinnagern extrem selten und werden am ehesten noch bei Hamstern angetroffen.

Für den Goldhamster ist nachgewiesen, dass eine Kalziumresorption aus dem Darm nicht bedarfsorientiert, sondern im Überschuss erfolgt. Nicht verwertetes Kalzium wird dann über die Nieren ausgeschieden. Eine Ernährung mit übermäßigen Kalziumgehalten sowie ein Flüssigkeitsmangel können bei dieser Tierart daher die Entstehung von Konkrementen begünstigen.

Bei Ratten, Rennmäusen und Farbmäusen ist die Ursache einer Steinbildung bisher nicht genau geklärt. Sowohl Ernährungsfehler als auch Stoffwechselstörungen, Harnwegsinfektionen und eine genetische Prädisposition werden diskutiert.

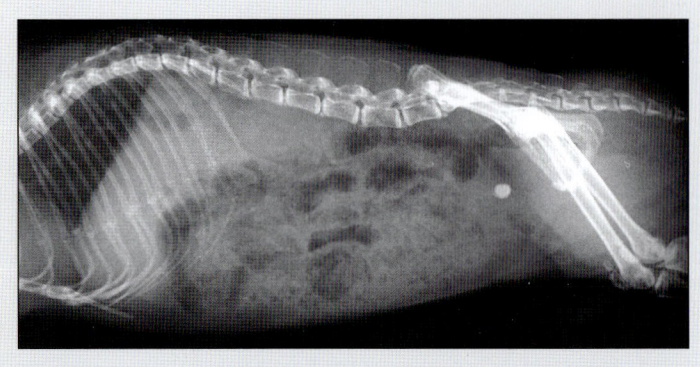

**Abb. 2.84** Blasenstein bei einem Goldhamster.

### Klinik

Die Symptome gleichen denen einer Zystitis. Die Tiere haben ständigen Harndrang und eine urinverschmutzte Anogenitalregion. Infolge massiver Reizungen der Blasenschleimhaut kann der Urin bereits makroskopisch Blut enthalten. Aufgrund der Schmerzen laufen die Tiere mit aufgekrümmtem Rücken und sind oft apathisch und inappetent.

### Diagnose

Eventuell können Konkremente bei der Abdomenpalpation in der Blase nachgewiesen werden. Bei therapieresistenter Zystitis sollten in jedem Fall Röntgen- oder Ultraschalluntersuchungen durchgeführt werden, um Konkremente in der Harnblase nachweisen zu können (Abb. 2.84).

### Therapie & Prognose

Übersteigt ein Konkrement in der Harnblase den Durchmesser der Harnröhre, so muss eine Zystotomie durchgeführt werden. Sehr kleine Steinchen werden dagegen oft spontan abgesetzt, wenn die begleitende Zystitis mit Antibiotikum (z. B. Chloramphenicol [2]) und Analgetikum (z. B. Metamizol [100]) behandelt wird. Eine Zystitisbehandlung muss aber in jedem Fall auch im Anschluss an eine chirurgische Steinentfernung erfolgen.

## Trichosomoides-crassicauda-Infektion [R]

*Vorwiegend bei wilden Ratten vorkommende Parasitose der Harnorgane.*

### Ätiologie & Pathogenese

Der Rundwurm *Trichosomoides crassicauda* kommt vorwiegend bei Wildratten vor, ist aber auch bei Heimtieren anzutreffen. Die Würmer parasitieren im Nierenbecken und der Harnblase, selten auch in den Ureteren.

Die embryonierten Eier der Parasiten werden unregelmäßig mit dem Urin ausgeschieden und von Ratten oral aufgenommen. Hauptinfektionsweg scheint die Infektion säugender Jungtiere durch die Mutter zu sein. Im Magen schlüpft die erste Larve, bohrt sich durch die Magenwand und gelangt über die Blutbahn in die Nieren und die Harnblase. Dort erfolgt die Entwicklung zum adulten Wurm. Die Weibchen bohren sich in die Schleimhäute ein, sodass dort Läsionen entstehen.

### Klinik

Eine Infektion verläuft in den meisten Fällen symptomlos. Bei massivem Befall kann es zu Hämaturie kommen und durch bakterielle Sekundärinfektion der Schleimhautläsionen zu Zystitissymptomen. Chronische Schleimhautirritationen begünstigen in Einzelfällen eine neoplastische Entartung der Blasenschleimhaut. Abgestorbene Würmer fungieren zudem gelegentlich als Kalzifikationskern, sodass Blasensteine entstehen können.

### Diagnose

Bei rezidivierender Zystitis oder Hämaturie sollte bei Ratten eine Infektion mit *Trichosomoides crassicauda* differenzialdiagnostisch ausgeschlossen werden. Die Eier können im Urin nachgewiesen werden. Allerdings sollten wiederholte Harnuntersuchungen erfolgen, da eine Ausscheidung nur unregelmäßig auftritt.

### Therapie & Prognose

Eine antiparasitäre Therapie kann mit Fenbendazol [15] über fünf Tage erfolgen. Auch Ivermectin [18] ist wirksam. Alle Partnertiere müssen in die Behandlung einbezogen werden.

Bestehen Zystitissymptome, so sollten die Tiere zusätzlich für 7–10 Tage mit einem Antibiotikum (z. B. Baytril® [5]) sowie für einige Tage mit einem Analgetikum (z. B. Metacam® [100]) behandelt werden.

## Trächtigkeitsstörungen, Geburtsstörungen

*Meist durch Infektionen verursachte Störungen.*

### Ätiologie & Pathogenese

Geburtsstörungen kommen bei Kleinnagern äußerst selten vor. Die meist zahlreichen Jungtiere sind im Verhältnis zum Muttertier sehr klein, sodass sie in der Regel problemlos den Geburtskanal passieren können. Wehenschwächen und

Geburtsstockungen resultieren meist aus Allgemeinstörungen der Mutter.

*Bei einem physiologischen Geburtsvorgang werden die Jungtiere zügig hintereinander entwickelt, sodass auch bei großen Würfen die Geburt meist innerhalb von 15 bis 30 Minuten abgeschlossen ist.*

Trächtigkeitsstörungen sind dagegen häufiger. Die Ursachen sind nicht immer zu klären. Es kommt immer wieder vor, dass einzelne Früchte absterben (Abb. 2.85), ohne dass Infektionen nachgewiesen werden können. Andererseits sind Infektionen aber ein Hauptgrund für Trächtigkeitsstörungen bzw. ein Absterben von Früchten. Neben bakteriellen Infektionen spielt bei Ratten und Farbmäusen insbesondere die Mykoplasmose eine wichtige Rolle bei Aborten.

### Klinik

Trächtigkeitsstörungen gehen meist mit schleimig-blutigem Vaginalausfluss einher, der oft aber nur intermittierend zu beobachten ist. Das Allgemeinbefinden ist oft über lange Zeit ungestört, kann sich jedoch schnell und drastisch verschlechtern, wenn es zu aufsteigenden Infektionen über den geöffneten Muttermund kommt. Der Vaginalausfluss bekommt dann einen zunehmend eitrigen Charakter.

### Diagnose

Bei allen vaginalen Blutungen sollte zunächst anamnestisch abgeklärt werden, ob eine Trächtigkeit bestehen kann. Dabei ist allerdings zu berücksichtigen, dass die Gruppenzusammensetzung leider nicht allen Besitzern wirklich bekannt ist. Zudem kommt es nicht selten vor, dass neu erworbene Tiere bereits beim Kauf im Zoofachhandel trächtig waren.

Durch Abdomenpalpation können Trächtigkeiten im fortgeschrittenen Stadium meist gut diagnostiziert werden. Jungtiere können röntgenologisch dargestellt werden, wenn das Skelett bereits ausreichend mineralisiert ist. In früheren Stadien kann eine sonographische Untersuchung Auskunft geben.

Abortierte oder in der Gebärmutter abgestorbene Foeten sollten, sofern Anzeichen einer Infektion bestehen, zur bakteriologischen Untersuchung eingesandt werden, um das Muttertier gezielt antibiotisch behandeln zu können. In Ratten- und Mäusebeständen, in denen gehäuft Trächtigkeitsstörungen und Aborte auftreten, sollte eine Untersuchung auf Mykoplasmen eingeleitet werden. Auch zu diesem Zweck können abortierte Jungtiere oder eine bei der Ovariohysterektomie entnommene Metra eingeschickt werden.

### Therapie & Prognose

Geburtsstörungen sind bei Kleinnagern prognostisch vorsichtig zu bewerten, da sie meist durch Allgemeinerkrankungen des Muttertieres ausgelöst werden. In solchen Fällen kommt ein therapeutischer Eingriff meist zu spät. Die Jungtiere sind in der Regel nicht mehr zu retten. Es kann versucht werden, das Muttertier durch Infusionen [84] mit Glukosezusatz [82] zu stabilisieren und zügig eine Ovariohysterektomie durchzuführen. Das Tier sollte dann mit einem Antibiotikum (z. B. Enrofloxacin [5]) und einem Analgetikum (z. B. Meloxicam [100]) behandelt werden. Zwangsfütterungen und über mehrere Tage andauernde Infusionstherapien sind zudem unumgänglich.

Auch bei Trächtigkeitsstörungen mit vaginalen Blutungen sollte möglichst zügig eine Operation erfolgen, da es andernfalls leicht zu aufsteigenden Infektionen in der Gebärmutter kommt. Liegen noch keinerlei Störungen des Allgemeinbefindens vor, so verläuft der chirurgische Eingriff meist komplikationslos. Die Tiere erhalten im

**Abb. 2.85** Trächtigkeitsstörung bei einem Dshungarischen Zwerghamster: Zwei Früchte (Pfeile) sind abgestorben.

Anschluss über mehrere Tage ein Analgetikum, je nach Zustand auch ein Antibiotikum. Inappetente Patienten werden zwangsgefüttert und zusätzlich mit Infusionen versorgt.

### Endometriale Hyperplasie, Hämometra, Uterustumor

*Durch hormonelle Imbalancen verursachte Erkrankungen der Gebärmutter.*

#### Ätiologie & Pathogenese

Durch hormonellen Einfluss kann es, insbesondere bei älteren Kleinnagern, zu Veränderungen der Gebärmutter kommen, wobei solche Erkrankungen deutlich seltener zu beobachten sind als infektiös bedingte Krankheiten.

Durch die Einwirkung von Östrogenen kommt es zu Proliferationen der Uterusschleimhaut. Progesteron führt zu vermehrter Anbildung und Sekretion der Uterindrüsen. Es entsteht eine hyperplastische Veränderung des Endometriums (Abb. 2.86). Die Uterusschleimhaut ist deutlich hyperämisiert und durch Ruptur kleiner Gefäße kann es zu Blutungen in das Organ kommen. Bei geöffneten Muttermündern resultiert ein blutig-schleimiger Scheidenausfluss. Sind die Zervizes geschlossen, so dehnt sich das Organ aus und es entsteht eine Hämometra (Abb. 2.87).

Anhaltender hormoneller Einfluss kann zudem zu neoplastischen Entartungen der Gebärmutter führen. Uterustumoren werden außerdem im Rahmen einer leukotischen Erkrankung (S. 128) beobachtet.

#### Klinik

Es entsteht ein intermittierender blutig-schleimiger Scheidenausfluss, der das Fell der Anogenitalregion verklebt. Solche Verschmutzungen fallen bei der klinischen Untersuchung oft nur als Zufallsbefund auf, da das Allgemeinbefinden der Tiere meist noch lange Zeit ungestört bleibt. Konsequenzen entstehen, wenn regelmäßig Blutungen auftreten, da die Patienten dann anämisch werden. Durch bakterielle Sekundärinfektion können zudem eitrige Endometritiden entstehen.

Besonders raumfordernde Prozesse (❺) führen zu einer Verdrängung anderer Organe und zu Abmagerung (❿). Zudem kann es zu einer Verklebung mit Darmschlingen kommen, sodass die physiologische Verdauungstätigkeit behindert wird.

#### Diagnose

Eine blutige Verklebung des Fells der Anogenitalregion bei weiblichen Tieren sollte stets als Anlass genommen werden, Veränderungen der Gebärmutter abzuklären. Durch Abdomenpalpation lässt sich in vielen Fällen ein Vaginalausfluss induzieren. Auch Umfangsvermehrungen des Uterus können palpatorisch diagnostiziert werden. Zur Absicherung dienen Röntgenaufnahmen und sonographische Untersuchungen.

#### Therapie & Prognose

Die einzig wirkungsvolle Behandlungsmethode ist eine Ovariohysterektomie. Diese muss bei akut auftretenden Blutungen umgehend eingeleitet werden. Aber auch bei vorberichtlich intermittierenden Blut-

**Abb. 2.86** Endometriale Hyperplasie bei einem Hamster.

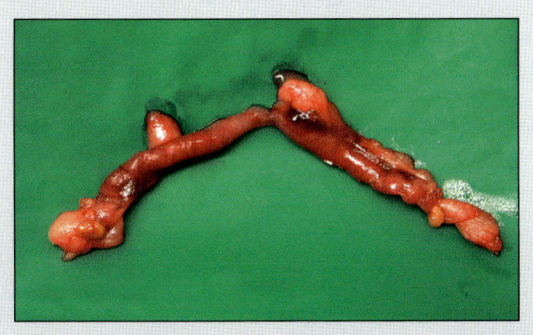

**Abb. 2.87** Einseitige Hämometra bei einem Goldhamster.

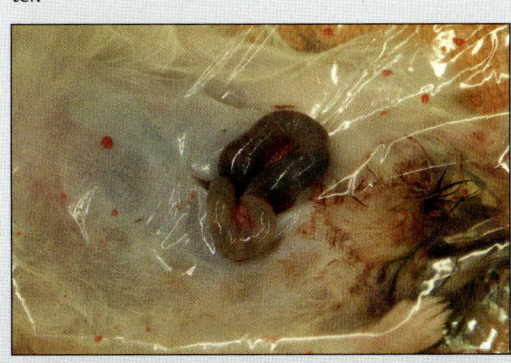

verlusten sollte ein möglichst zügiger chirurgischer Eingriff erfolgen. Vor der Operation müssen zum Ausgleich des bereits erfolgten Volumenverlustes ausreichend Vollelektrolytlösungen 84 verabreicht werden, bei bestehender Inappetenz ergänzt durch einen Zusatz von Glukose 82 . Die Tiere erhalten zudem ein Analgetikum (z. B. Meloxicam 100 ). Bei bereits gestörtem Allgemeinbefinden sollte zudem eine antibiotische Abschirmung (z. B. mit Sulfonamid/Trimethoprim 11 ) erfolgen.

### Endometritis, Pyometra

*Durch auf- oder absteigende bakterielle Infektionen hervorgerufene Entzündungen der Gebärmutter.*

#### Ätiologie & Pathogenese

Infektiöse Entzündungen der Gebärmutter kommen bei Kleinnagern, insbesondere bei älteren Tieren, sehr häufig vor. Keime können sich dabei im Rahmen von Allgemeininfektionen in der Metra ansiedeln. Es besteht jedoch auch die Möglichkeit einer aufsteigenden Infektion über die Scheide. Diese ist normalerweise außerhalb der Brunst durch eine epitheliale Membran verschlossen. Bei älteren Tieren kommt es durch hormonelle Imbalancen oft nicht mehr zum vollständigen Verschluss der Scheidenöffnung, sodass Krankheitserreger leichter eindringen können.

#### Klinik

Erste Anzeichen einer Infektion der Gebärmutter sind oftmals eine Schwäche in der Hinterhand und ein leicht schwankender Gang.

*Diese Symptome dürfen nicht mit neurologischen Ausfallerscheinungen (7) verwechselt werden!*

Die Tiere sind weniger mobil und fressen schlecht. Es besteht häufig eine offene Pyometra mit eitrigem Vaginalausfluss (Abb. 2.88), der von den Besitzern der Kleinnager oft erst dann bemerkt wird, wenn die gesamte Anogenitalregion verklebt ist und das Tier zu stinken beginnt. In diesem Stadium weisen die Tiere meist ein deutlich reduziertes Allgemeinbefinden mit Apathie und Inappetenz auf. Oft besteht gleichzeitig eine beidseitige eitrige Konjunktivitis (S. 74). Besteht eine geschlossene Pyometra, so ist das Abdomen meist prall und angespannt; Vaginalausfluss fehlt.

#### Diagnose

*Bei jedem älteren weiblichen Kleinnager mit Schwäche, Bewegungsstörungen und beidseitig eitriger Konjunktivitis sollte daran gedacht werden, dass die Ursache für diese Symptome eine Pyometra sein kann.*

Bei geschlossenem Muttermund ist bei der Abdomenpalpation möglicherweise die vergrößerte Gebärmutter nachzuweisen. Der Verdacht kann durch Röntgenaufnahmen oder Ultraschalluntersuchung bestätigt werden (Abb. 2.89). Bei offenem Muttermund ist der Uterus palpatorisch meist

**Abb. 2.88** Mit eitrigem Sekret verklebte Vaginalregion bei einer Ratte mit Pyometra.

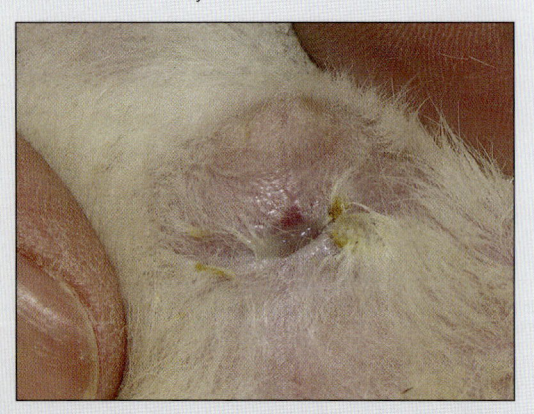

**Abb. 2.89** Pyometra bei einem Goldhamster. Bei der Sonographie sind mit Flüssigkeit gefüllte Metraschlingen sichtbar.

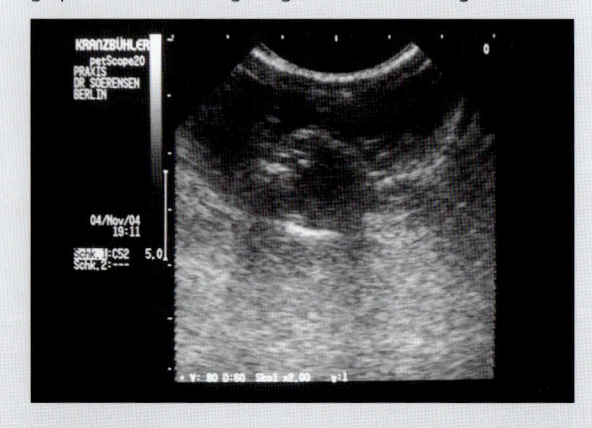

nicht vergrößert. Durch Palpation des Abdomens bzw. der Gebärmutter lässt sich jedoch ein eitriger Vaginalausfluss induzieren.

*Eitriger Vaginalausfluss darf bei Hamstern nicht mit dem physiologischen Brunstsekret (Abb. 2.90) verwechselt werden!*

Praxistipp

**Zytologische Untersuchung von Vaginalsekret bei Hamstern zur Differenzierung von Eiter und Brunstschleim**

Bei Hamstern ist anhand des klinischen Bildes nicht immer einfach zu differenzieren, ob es sich bei austretendem Vaginalsekret um physiologischen Brunstschleim oder um Eiter handelt. Im Zweifelsfall sollte ein Ausstrich angefertigt und mit Hilfe von Schnellfärbemethoden angefärbt werden. Während sich bei Pyometra überwiegend Leukozyten, z. T. auch gemischt mit Erythrozyten finden (Abb. 2.91a), sind im Brunstschleim vorwiegend epitheliale Zellen nachweisbar (Abb. 2.91b).

### Therapie & Prognose

Bei noch ungestörtem Allgemeinbefinden und erhaltener Futteraufnahme ist die Prognose für den Patienten sehr gut. Sie muss umso vorsichtiger gestellt werden, je schlechter der Allgemeinzustand ist. Dennoch überstehen viele bereits apathische und inappetente Kleinnager einen operativen Eingriff erstaunlich gut und erholen sich anschließend schnell.

**Abb. 2.90** Brunstsekret eines Goldhamsters.

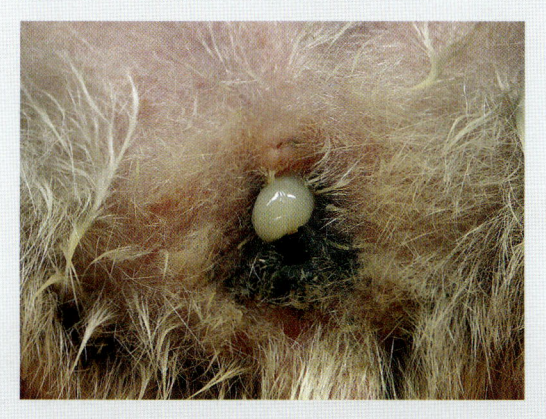

Vor einer Ovariohysterektomie müssen die Patienten durch Vollelektrolytlösung 84 mit Glukosezusatz 82 stabilisiert werden. Sie erhalten zudem umgehend ein Antibiotikum (z. B. Baytril® 5 ) und ein Analgetikum (z. B. Metacam® 100 ). Auch nach dem chirurgischen Eingriff ist eine intensive Betreuung, ggf. mit Zwangsernährung 113 , erforderlich. Die antibiotische Therapie ist für mindestens eine Woche aufrechtzuerhalten. Ein Analgetikum sollte zumindest über drei bis vier Tage appliziert werden.

Eine rein medikamentelle Behandlung ist in der Regel nicht geeignet, um eine Infektion der Gebärmutter erfolgreich zu therapieren, da in dem Hohlorgan keine ausreichenden Antibiotikaspiegel erzielt werden können. Bei sehr alten oder insta-

**Abb. 2.91**
**a** Gefärbter Ausstrich von eitrigem Vaginalsekret eines Hamsters: Das Zellbild wird bestimmt durch Leukozyten und Erythrozyten.
**b** Gefärbter Ausstrich vom Brunstschleim eines Hamsters. Es finden sich ausschließlich Epithelzellen (Schollen, Intermediärzellen).

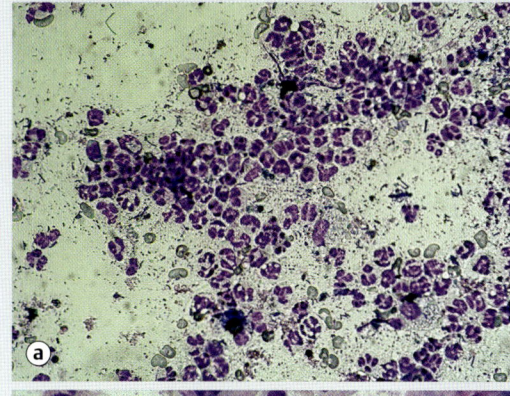

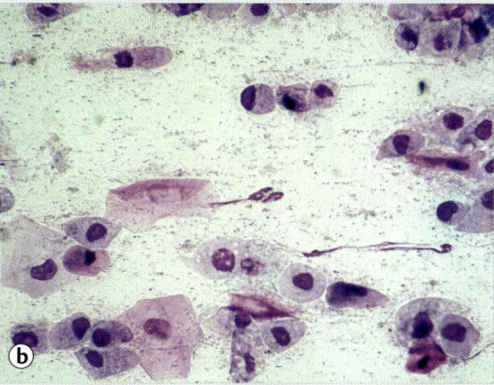

bilen Patienten oder falls der Besitzer einer Operation nicht zustimmt, kann jedoch eine konservative Therapie versucht werden, wenn eine offene Pyometra vorliegt.

Die Tiere werden mit einem Breitbandantibiotikum behandelt und erhalten zudem eine allgemein unterstützende Behandlung mit Infusionen (84), Glukose (82), Vitaminsubstitution (v. a. B-Vitamine (76)), Analgetikum (z. B. Novalgin® (101)) und Zwangsfütterung (113). Mit einem feinen Katheter oder einer dünnen Ernährungssonde kann die Gebärmutter zusätzlich über die Scheide gespült werden. Zu diesem Zweck können physiologische Kochsalzlösung oder milde Antiseptika (z. B. Rivanol® (89)) verwendet werden. Nach der Spülung wird über die Sonde verdünnte antibiotische Injektionslösung (z. B. Baytril® (5), Marbocyl® (9)) in den Uterus instilliert.

Auch das für Hunde und Katzen gebräuchliche Alizin® (67) kann beim Kleinsäuger angewendet werden. Es wird zweimalig im Abstand von 24 Stunden appliziert. Gleichzeitig muss dennoch eine Behandlung wie oben beschrieben erfolgen. Der Therapieerfolg sollte nach einer Woche mittels Ultraschalluntersuchung überprüft werden.

### Enteritis

*Mit Durchfällen unterschiedlicher Qualität einhergehende Darmentzündungen, die vielfältige Ursachen haben können.*

#### Ätiologie & Pathogenese

Enteritiden mit Durchfällen (❷) können durch die unterschiedlichsten Faktoren ausgelöst werden. Als häufigste Ursachen kommen bei den Kleinnagern bakterielle oder parasitäre Infektionen vor.

#### Klinik

Die Anogenitalregion ist kotverschmiert (Abb. 2.92), bei wässrigem Durchfall auch durchnässt. Als weitere Symptome können Apathie, Inappetenz und Exsikkose sowie ein aufgetriebenes, schmerzhaftes Abdomen (❺), in Einzelfällen auch ein Rektumprolaps (S. 103), beobachtet werden.

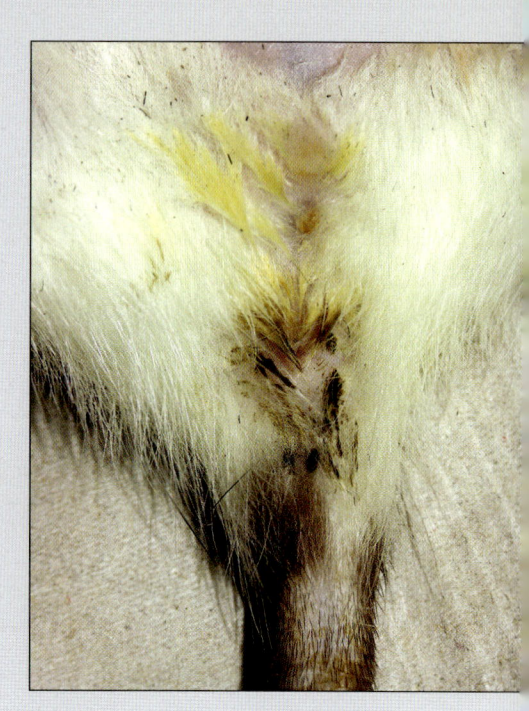

**Abb. 2.92** Kotverschmutzte Anogenitalregion einer Ratte mit Enteritis.

#### Diagnose

Um die Ursache der Enteritis zu ermitteln, müssen Kotuntersuchungen eingeleitet werden. Zunächst wird ein Nativpräparat durchmustert, um Flagellaten diagnostizieren zu können. Parasitologische Anreicherungsverfahren, gegebenenfalls auch bakteriologische Untersuchungen, schließen sich an.

#### Therapie & Prognose

Neben einer Behandlung, die die Ursachen der Enteritis ausschaltet, muss bei schweren Durchfällen eine allgemein unterstützende Therapie (S. 47) durchgeführt werden.

### Myiasis (Fliegenmadenbefall)

*Im Sommer als Sekundärinfektion auftretende Parasitose.*

#### Ätiologie & Pathogenese

Ein Befall mit Fliegenmaden ist gelegentlich in den Sommermonaten zu beobachten. Ausgangspunkt ist meist eine anhaltende Verschmutzung der

Anogenitalregion mit Vaginalausfluss, Urin oder Kot. Die Fliegen legen in dem verunreinigten Fell ihre Eier ab und werden dabei von dem im Allgemeinbefinden deutlich reduzierten Wirtstier nicht vertrieben. Die aus den Fliegeneiern schlüpfenden Larven ernähren sich dann von den Ausscheidungen oder Gewebeflüssigkeiten des Nagers und bohren sich zum Teil auch in Haut und Schleimhäute ein.

### Klinik

Im verklebten Fell des Anogenitalbereiches finden sich Maden und/oder Fliegeneier. Die Haut weist erhebliche Entzündungssymptome auf und ist stellenweise aufgeplatzt, sodass die Muskulatur freiliegt. Das Allgemeinbefinden des Patienten ist in der Regel hochgradig gestört.

### Diagnose

Es gilt insbesondere, die Ursache für einen Madenbefall zu ermitteln. Bei Enteritis werden Kotuntersuchungen und bei Zystitis Urinanalysen durchgeführt. Besteht Vaginalausfluss, so muss durch Röntgen- und Ultraschalluntersuchungen die Gebärmuttererkrankung weiter klassifiziert werden.

### Therapie & Prognose

In vielen Fällen, in denen bereits tief greifende Läsionen vorhanden sind und das Allgemeinbefinden des Patienten hochgradig gestört ist, sollte aus tierschützerischen Gründen eine Euthanasie erfolgen.

Andernfalls wird das Tier großflächig im Anogenitalbereich geschoren und die Haut mit milden Antiseptika (z. B. Rivanol® [89]) gereinigt. Restliche Maden werden mit der Pinzette abgesammelt. Unterstützend kann das Floh-Adultizid Nitenpyram (Capstar® [20]) oral verabreicht werden, was zu einer Larvenauswanderung aus dem Darm und aus der Muskulatur innerhalb von etwa 30 Minuten führt. Hautläsionen werden mit einer Lebertran-Zink-Salbe [93] abgedeckt. Das Tier erhält zudem für eine Woche ein Antibiotikum (z. B. Enrofloxacin [5]) sowie für einige Tage ein Analgetikum (z. B. Meloxicam [100]). Der Käfig wird mit Zeitungspapier, Zellstoff oder Handtüchern ausgestattet, um Anhaftungen mit Einstreumaterial zu verhindern.

Natürlich muss zudem die Grunderkrankung des Tieres (z. B. Enteritis, Endometritis, Zystitis) behandelt werden. Bei gestörtem Allgemeinbefinden des Patienten werden zudem Infusionen [84] mit Glukosezusatz [82], Vitaminsubstitutionen (v. a. B-Vitamine [76]) und eine Zwangsfütterung [113] erforderlich.

# 2.7 Neurologische Ausfallerscheinungen

Neurologische Ausfallerscheinungen können zu verschiedenen Symptomen führen:
- Kopfschiefhaltung
- Gleichgewichtsstörungen
- Paresen, Paralysen
- Anfälle, Krämpfe
- Bewusstseinsstörungen

5 Kontrolle der Körpertemperatur
  - Wärmezufuhr bei Hypothermie
  - Kühlung bei Hyperthermie
6 bei Krämpfen Diazepam (Valium® 105), 1–5 mg/kg i.m.

## 2.7.1 Tierartliche Besonderheiten

Das Nervensystem der Kleinnager weist keine Besonderheiten im Vergleich zu Hund und Katze auf. Auffällig bei allen Kleinnagern sind allerdings die großen Paukenhöhlen, die sich auch auf Röntgenaufnahmen entsprechend darstellen lassen (Abb. 3.13–3.16).

## 2.7.2 Sofortmaßnahmen, Therapiegrundsätze

Notfallmaßnahmen müssen umgehend eingeleitet werden, wenn eine Schocksymptomatik besteht. Schocksymptome sind:
- Seiten- oder Brust-Bauch-Lage
- blasse oder hyperämische Schleimhäute
- flache, frequente Atmung
- flacher Puls
- Hypothermie oder Hyperthermie

Folgende Sofortmaßnahmen sind einzuleiten:
1 Sauerstoffzufuhr
2 Flüssigkeitszufuhr (Vollelektrolytlösung 84), 40 ml/kg i.p.
  - bei Hypothermie körperwarme Infusionslösung 84
  - bei Hyperthermie kühle Infusionslösung 84
3 Prednisolon (z. B. Solu Decortin® 72), 10 mg/kg i.m.
4 Tier an ruhigen, abgedunkelten Ort bringen

## 2.7.3 Wichtige Ursachen

Neurologische Ausfallerscheinungen kommen bei Kleinnagern relativ häufig vor. Sie sind meist traumatisch oder infektiös bedingt, können in Einzelfällen aber auch infolge von Stoffwechselerkrankungen oder Neoplasien auftreten.

Eine **Kopfschiefhaltung** wird in den meisten Fällen durch eine Otitis ausgelöst. Als seltenere Ursachen sind Schädeltraumata, in Einzelfällen auch Hirntumoren zu nennen.

**Ataxien** können auf verschiedenste Ursachen zurückzuführen sein. Ein häufiger Grund sind Entzündungen des Mittel- und Innenohres, die durch bakterielle Infektionserreger verursacht werden. Auch leichte Schädeltraumata, die zu einer Gehirnerschütterung geführt haben, und Gehirntumoren gehen oft mit Gleichgewichtsstörungen einher. Eine weitere Ursache sind Enzephalitiden. Diese sind meist bakteriellen Ursprungs. Bei Hamstern und Mäusen sind solche Symptome jedoch auch im Rahmen der Lymphozytären Choriomeningitis, bei Mäusen auch bei der Theiler-Meningo-Enzephalitis zu beobachten. Weiterhin können Herzerkrankungen, die mit Durchblutungsstörungen vergesellschaftet sind, zu Schwäche und taumeligem Gangbild führen und so eine Erkrankung des zentralen Nervensystems vortäuschen.

**Lähmungserscheinungen** gehen bei älteren Kleinnagern oft von degenerativen Wirbelsäulenerkrankungen wie Spondylarthrosen oder Bandscheibenverkalkungen aus. Sie werden zudem häufig nach Traumata beobachtet, die zu Wirbelfrakturen und Rückenmarkläsionen oder zu Beckenfrakturen geführt haben. Auch Infektionskrankheiten wie die Lymphozytäre Choriomeningitis und die Theiler-Meningo-Enzephalitis haben Paresen unterschiedlichen Grades zur Folge.

*Eine zum Teil sehr ausgeprägte Schwäche der Hintergliedmaßen wird bei Kleinnagern auch häufig im Rahmen von Herzerkrankungen (S. 41) sowie bei schmerzhaften intraabdominalen Prozessen (❺) festgestellt und darf nicht mit einer echten neurologischen Störung verwechselt werden.*

Anfälle, Krämpfe und Bewusstseinstrübungen sind nicht selten im Endstadium einer Allgemeinerkrankung zu finden. Sie werden bei Septikämien beobachtet, die von verschiedensten bakteriellen Primärinfektionen ausgehen können. Auch Trächtigkeitstoxikosen, die mit Hepatopathien und nachfolgenden schweren Stoffwechselentgleisungen einhergehen, führen zu entsprechenden neurologischen Symptomen. In den Sommermonaten kann es bei den wärmeempfindlichen Kleinnagern zudem zu einem Hitzschlag kommen. Auch schwere Schädeltraumata haben Bewusstseinsstörungen, zum Teil auch Krampfgeschehen zur Folge. Bei Rennmäusen sind zudem in manchen Linien gehäuft Epilepsien zu beobachten, deren Ursache ungeklärt ist.

### 2.7.3.1 Übersicht

**Tab. 2.10** Wichtige Ursachen für Kopfschiefhaltung und/oder Gleichgewichtsstörungen.

| Ursache | Bedeutung | Bemerkungen, siehe auch Leitsymptom |
|---|---|---|
| Otitis | +++ | |
| Schädeltrauma | ++ | |
| Gehirntumor | (+) | v. a. bei Ratten |
| Herzerkrankungen | | keine Kopfschiefhaltung, nur Ataxie, ❶, ❿ |

**Tab. 2.11** Wichtige Ursachen für Lähmungserscheinungen.

| Ursache | Bedeutung | Bemerkungen, siehe auch Leitsymptom |
|---|---|---|
| Degenerative Wirbelsäulenerkrankungen | +++ | besonders oft bei Hamstern |
| Wirbelsäulentrauma, Rückenmarksläsion | ++ | |
| Beckenfraktur | ++ | besonders oft bei Hamstern |
| Herzerkrankung | ++ | ❶, ❿ |
| Lymphozytäre Choriomeningitis | (+) | H, M, ❶ |
| Theiler-Meningo-Enzephalitis | (+) | M |

Tab. 2.12 Wichtige Ursachen für Anfälle, Krämpfe und Bewusstseinstrübungen.

| Ursache | Bedeutung | Bemerkungen, siehe auch Leitsymptom |
|---|---|---|
| Septikämie | +++ | ❶ |
| Schädeltrauma | ++ | |
| Nephropathie | + | ❿ |
| Hepatopathie | + | |
| Hirntumor | + | |
| Bakterielle Enzephalitis | + | |
| Hitzschlag | + | ❶ |
| Trächtigkeitstoxikose | + | |
| Epilepsie | + | RM |
| Gehirntumor | + | v. a. bei Ratten |
| Lymphozytäre Choriomeningitis | (+) | H, M, ❶ |
| Theiler-Meningo-Enzephalitis | (+) | M |

## 2.7.3.2 Diagnostischer Leitfaden: Neurologische Ausfallerscheinungen

## Anamnese

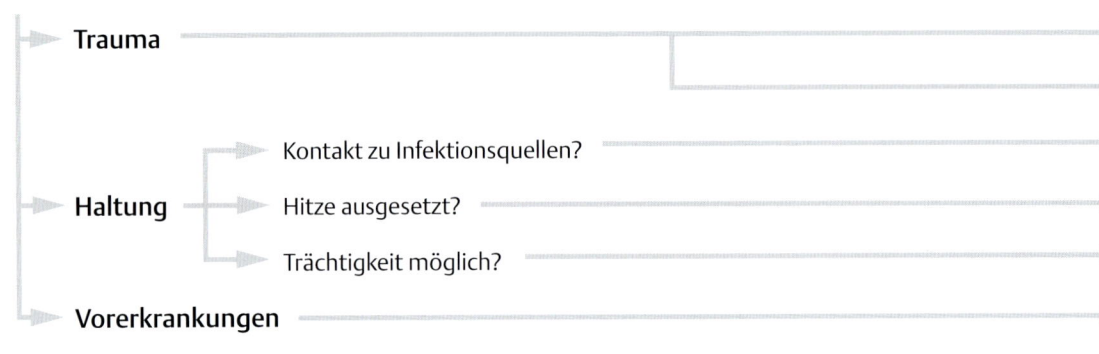

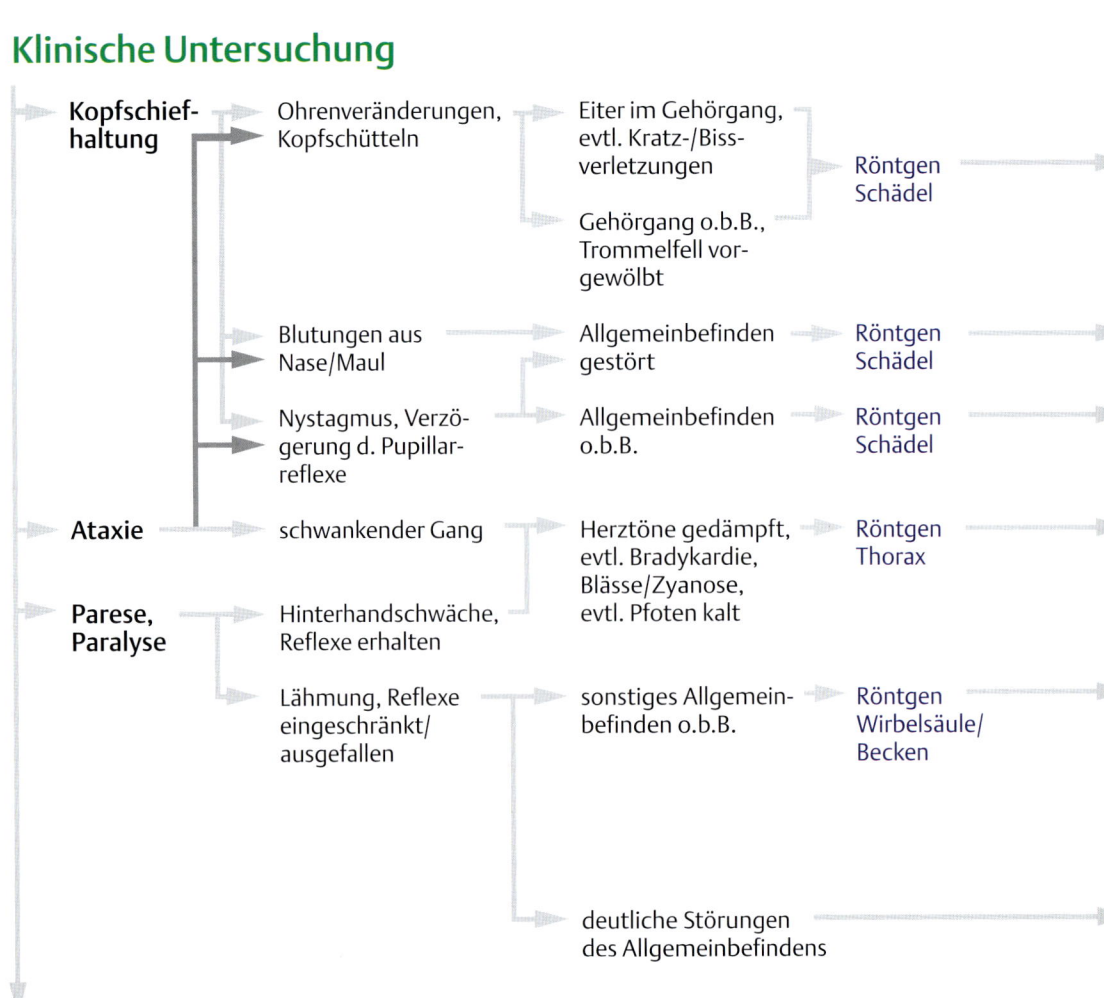

- Trauma
- Haltung
  - Kontakt zu Infektionsquellen?
  - Hitze ausgesetzt?
  - Trächtigkeit möglich?
- Vorerkrankungen

## Klinische Untersuchung

- **Kopfschiefhaltung**
  - Ohrenveränderungen, Kopfschütteln
    - Eiter im Gehörgang, evtl. Kratz-/Bissverletzungen → Röntgen Schädel
    - Gehörgang o.b.B., Trommelfell vorgewölbt
  - Blutungen aus Nase/Maul
    - Allgemeinbefinden gestört → Röntgen Schädel
  - Nystagmus, Verzögerung d. Pupillarreflexe
    - Allgemeinbefinden o.b.B. → Röntgen Schädel

- **Ataxie**
  - schwankender Gang
    - Herztöne gedämpft, evtl. Bradykardie, Blässe/Zyanose, evtl. Pfoten kalt → Röntgen Thorax

- **Parese, Paralyse**
  - Hinterhandschwäche, Reflexe erhalten
  - Lähmung, Reflexe eingeschränkt/ausgefallen
    - sonstiges Allgemeinbefinden o.b.B. → Röntgen Wirbelsäule/Becken
    - deutliche Störungen des Allgemeinbefindens

# 7 Neurologische Ausfallerscheinungen

| | |
|---|---|
| Schädeltrauma? | S. 157 |
| Wirbelsäulentrauma? | S. 159 |
| Infektionskrankheit? | S. 162 f |
| Hitzschlag? | S. 164 |
| Trächtigkeitstoxikose? | S. 165 |
| Septikämie? | S. 165 |

| | | |
|---|---|---|
| Bullaverschattung | Otitis media/interna | S. 155 |
| Frakturlinie | Schädelfraktur | S. 157 |
| o.b.B. | Schädeltrauma | S. 157 |
| | Gehirntumor | S. 159 |
| Herz vergrößert, schlecht abgrenzbar, Thoraxerguss | Herzerkrankung | S. 167 |
| Fraktur/Dislokation | Wirbelsäulenfraktur | S. 159 |
| | Beckenfraktur | S. 161 |
| Spondylarthrosen | degenerative Wirbelsäulenerkrankung | S. 160 |
| knöcherne Strukturen o.b.B. | Rückenmarkläsion | S. 159 |
| [H] [M] | Lymphozytäre Choriomeningitis | S. 162 |
| [M] | Theiler-Meningo-Encephalitis | S. 163 |

## Fortsetzung: Neurologische Ausfallerscheinungen

- **Krämpfe, Bewusstseinstrübung**
  - Hypothermie
  - Hyperthermie
  - Abmagerung
    - struppiges Fell
    - UV der Leber
  - Trächtigkeit
  - Blutungen aus Maul und Nase
    - vorberichtlich Trauma
  - sonst klinisch o.b.B.
  - RM Anfälle, dazwischen Tier unauffällig

## 7 Neurologische Ausfallerscheinungen

| | | |
|---|---|---|
| vorberichtlich Atemwegsinfektion → | bakt. Enzephalitis | S. 164 |
| vorberichtlich bakt. Infektion → | Septikämie | S. 165 |
| vorberichtlich Hitzeeinwirkung → | Hitzschlag | S. 164 |

Blut- und Harn-US
- Nierenwerte↑, evtl. Proteinurie → Nephropathie — S. 166
- Leberwerte↑, Ketonurie → Hepatopathie — S. 166
- → Trächtigkeitstoxikose — S. 165

Röntgen Schädel → Schädelfraktur/Schädeltrauma — S. 157

vorberichtlich fortschreitende Ausfälle, evtl. Aggressionen → Gehirntumor — S. 159

→ Epilepsie — S. 167

### ▎ Besonderes Augenmerk bei der Anamnese

Bei jeder neurologischen Störung sollte zunächst erfragt werden, ob ein **Trauma** bekannt ist, das zu Verletzungen der Wirbelsäule oder des Schädels geführt haben kann.

Wurde dies nicht beobachtet, so sollten die **Haltungsbedingungen** detailliert hinterfragt werden:
- Hat das Tier unbeaufsichtigten Freilauf? Dabei kann es zu Stürzen gekommen sein, die zu einem Trauma der Wirbelsäule und des Rückenmarks (S. 159), des Beckens (S. 161) oder des Schädels (S. 157) geführt haben.
- Ist der Käfig mit Klettermöglichkeiten ausgestattet, die Stürze aus größerer Höhe erlauben? Auch hier können Schädeltraumata (S. 157), Verletzungen von Wirbelsäule und Rückenmark (S. 159) oder Beckenfrakturen (S. 161) die Folge sein.
- Haben kleine Kinder Zugang zum Käfig oder dem Terrarium? Möglicherweise ist der flinke Kleinnager dem Kind aus der Hand gefallen.
- Wo ist der Käfigstandort? Ein Standort am Fenster kann bei direkter Sonneneinstrahlung einen Hitzschlag (S. 164) zur Folge haben.

Die **Fütterung** ist speziell bei tragenden Kleinnagern von Interesse. Eine energetische Unterversorgung in der Hochträchtigkeit kann zu einer Trächtigkeitstoxikose (S. 165) führen.

Auch **vorangegangene Erkrankungen und Symptome** müssen erfragt werden. Dabei ist nicht nur das vorgestellte Tier zu berücksichtigen, sondern auch alle Partnertiere. Bakterielle Erreger von Atemwegserkrankungen können auch nach Abklingen der ursprünglichen Symptomatik zu einer Otitis media oder interna (S. 155) geführt haben, wenn ein Keimreservoir in den Nasenhöhlen zurückgeblieben ist. Jede bakterielle Erkrankung kann zudem in einer Septikämie (S. 165) münden. Nephropathien (S. 166) und Hepatopathien (S. 166) führen erst im Endstadium zu neurologischen Erscheinungen. Es gehen stets andere Symptome wie verminderte Mobilität, reduzierte Fresslust und Abmagerung voraus.

### ▎ Besonderes Augenmerk bei der klinischen Untersuchung

*Wird der Patient in Seiten- oder Brust-Bauch-Lage vorgestellt und reagiert er nicht auf seine Umgebung, so muss von einer Schocksituation ausgegangen werden. In diesem Fall müssen zunächst lebensrettende Sofortmaßnahmen eingeleitet werden.*

In jedem Fall sind die Schleimhäute der Konjunktiven zu adspizieren. Im Schock sind sie in der Regel blass. Hochrote Schleimhäute sind dagegen beim Hitzschlag (S. 164) zu finden. Es empfiehlt sich zudem die Messung der Rektaltemperatur, um Hypo- von Hyperthermien unterscheiden zu können.

Besteht keine lebensbedrohliche Situation, so muss immer eine gründliche Allgemeinuntersuchung erfolgen, da auch Erkrankungen außerhalb des Nervensystems neurologische Störungen vortäuschen können.

### ▎ Bei Kopfschiefhaltung und Ataxien:

**Liegen Veränderungen der Ohren vor?**
Rötungen, Alopezien und Krusten an der Ohrmuschel und ihrer Umgebung können Anzeichen für Juckreiz bei Otitis externa (S. 155) sein. In solchen Fällen muss der äußere Gehörgang mit einem feinen Otoskopaufsatz eingesehen werden. Entzündungen gehen mit Rötungen und Schwellungen der Schleimhaut einher. Ist eine Otitis media (S. 155) durch Keimbesiedlung über die Eustach'sche Röhre entstanden, so bestehen möglicherweise Eiteransammlungen im Mittelohr, die das Trommelfell vorwölben.

**Bestehen Symptome einer Atemwegsinfektion?**

Infektionen des Atmungstraktes können Ausgangspunkt für eine Otitis media oder interna (S. 155) sein. Daher muss auf Symptome wie Augen- oder Nasenausfluss sowie nasale Atemgeräusche geachtet werden. Verschärfte Atemgeräusche bei der Auskultation von Kehlkopf, Trachea und Lunge geben weitere Hinweise.

### Bei Lähmungserscheinungen:

*Liegen Paresen vor, so muss mit dem Patienten sehr vorsichtig umgegangen werden, um Instabilitäten der Wirbelsäule nicht zu verstärken.*

**Sind Veränderungen an der Wirbelsäule festzustellen?**
Bei vorsichtiger Palpation der Wirbelsäule von kranial nach kaudal wird auf Stufenbildungen geachtet, die bei Frakturen oder Dislokationen von Wirbeln (S. 159) auftreten können.

**Bestehen Veränderungen der Muskulatur?**

Degenerative Erkrankungen der Wirbelsäule (S. 160) verlaufen chronisch progressiv und führen zu einer fortschreitenden Atrophie der Muskulatur der Hintergliedmaßen. Bei akuten Krankheitsgeschehen nach Wirbelsäulentraumata (S. 159) ist die Muskulatur dagegen kräftig ausgebildet.

**Finden sich Anzeichen einer Herzerkrankung?**
Herzinsuffiziente Kleinnager weisen häufig eine deutliche Schwäche der Hintergliedmaßen auf, die auf Störungen der Durchblutung zurückzuführen ist. Daher muss bei diesen Tieren stets auch auf weitere Symptome einer Herzerkrankung (S. 167) geachtet werden. Als solche sind nicht nur Arrhythmien oder eine Dämpfung der Herztöne anzusehen; auch blasse Schleimhäute, bei schwach pigmentierten Tieren auch eine blasse Haut an Pfoten und Ohren, sind als Anzeichen einer Minderdurchblutung zu werten.

### Bei Anfällen, Krämpfen und Bewusstseinstrübung:

**Gibt es Anzeichen einer anderen Grunderkrankung?**
Jede bakterielle Infektion kann letztlich zu einer Septikämie (S. 165) führen, sodass alle Organsysteme gründlich untersucht werden müssen. Bei Kleinnagern ist hier insbesondere auf Symptome einer Atemwegsinfektion zu achten, bei Jungtieren zudem auf Erkrankungen des Darmtraktes. Da auch Hepatopathien (S. 166) und Nephropathien (S. 166) im fortgeschrittenen Stadium zu neurologischen Störungen führen können, sollte bei abdominaler Palpation besonders sorgfältig auf Größen- oder Strukturveränderungen von Leber und Nieren geachtet werden.

**Ist das Tier trächtig?**
Kann anamnestisch nicht zweifelsfrei ausgeschlossen werden, ob der Patient tragend ist, sollte durch vorsichtige Palpation des Abdomens festgestellt werden, ob eine Hochträchtigkeit vorliegen kann. Neurologische Störungen könnten in diesem Fall durch eine Trächtigkeitstoxikose (S. 165) hervorgerufen werden.

### Diagnosesicherung durch weiterführende Untersuchungen

Röntgenaufnahmen müssen insbesondere bei Lähmungserscheinungen angefertigt werden. Auf ihnen können sowohl Frakturen der Wirbel (S. 159) und degenerative Wirbelsäulenerkrankungen (S. 160) als auch Beckenfrakturen (S. 161) diagnostiziert werden. Röntgenbilder des Schädels im dorsoventralen Strahlengang erleichtern die Diagnose von Otitiden (S. 155), da auf ihnen Bullaverschattungen sichtbar werden. Liegt ein Schädeltrauma (S. 157) vor, so muss der Schädel in beiden Ebenen geröntgt werden, um Frakturen sicher nachweisen zu können.

Urinuntersuchungen erleichtern die Diagnose einer Trächtigkeitstoxikose (S. 165), bei der es durch Stoffwechselentgleisungen zu Absenkungen des Harn-pH-Wertes und zur Ketonurie kommt. Gleiches gilt für andere Erkrankungen, die in einer Hepatopathie (S. 166) münden. Eine Harnuntersuchung kann jedoch auch einen Hinweis auf eine Nephropathie (S. 166) liefern, bei der in fortgeschrittenen Stadien oft eine Glukosurie nachweisbar ist.

Ultraschalluntersuchungen geben Aufschluss über die Organstruktur bei Verdacht auf Hepatopathien (S. 166) oder Nephropathien (S. 166).

## 2.7.3.3 Erkrankungen

### Otitis

*Entzündungen der äußeren oder inneren Abschnitte des Ohres sind bei Kleinnagern eine der häufigsten Ursachen für Kopfschiefhaltung und Ataxien.*

### Ätiologie & Pathogenese

Entzündungen des Mittel- und Innenohres werden durch verschiedene bakterielle Infektionserreger hervorgerufen. Diese können bei primärer Otitis externa nach Perforation des Trommelfells in tiefer gelegene Ohrabschnitte gelangen. Aber auch eine Keimabwanderung über die Eustach'sche Röhre ist möglich. Neben Pasteurellen, Streptokokken und Staphylokokken spielen bei Ratten und Mäusen auch Mykoplasmen eine wichtige Rolle als Infektionserreger.

### Klinik

Klassisches Symptom einer Otitis ist eine Kopfschiefhaltung (Abb. 2.93), die auch bereits auftreten kann, wenn nur der äußere Gehörgang von Entzündungen betroffen ist. In diesem Fall wird meist heftig an dem betroffenen Ohr gekratzt, sodass bereits äußerlich Rötungen und Verletzungen der Haut in der Ohrumgebung auffallen.

Bei Entzündungen des Mittel- und Innenohres treten Gleichgewichtsstörungen und Manegebewegungen hinzu. Das Allgemeinbefinden ist nicht immer gestört. Ataxien führen bei den Kleinnagern jedoch fast immer zu einer Reduktion der Futteraufnahme, da die Tiere nicht mehr in der Lage sind, auf den Hinterbeinen sitzend ihre Nahrung mit beiden Vorderpfoten zu greifen.

### Diagnose

Bereits die klinische Symptomatik lässt den Verdacht auf eine Otitis zu. Mit feinen Otoskopaufsätzen kann der Gehörgang eingesehen werden. Bei primärer Otitis externa sind die Schleimhäute gerötet und geschwollen und weisen schmierige Beläge auf. Oft lässt sich ein Flüssigkeitsspiegel nachweisen, der die Sicht auf das Trommelfell verhindert. Bei Keimeinwanderung über die Eustach'sche Röhre ist möglicherweise eine durch Eiterbildung hervorgerufene Vorwölbung des Trommelfells zu sehen.

Bleibt die klinische Untersuchung ohne Befund, so sollten Röntgenaufnahmen des Schädels im dorsoventralen Strahlengang angefertigt werden. Bei Otitis media/interna lässt sich in der Regel eine Verschattung der betroffenen Bulla tympanica nachweisen (Abb. 2.94).

Bei therapieresistenter Otitis externa ist die Entnahme von Tupferproben zur bakteriologischen Untersuchung anzuraten.

**Abb. 2.93** Dshungarischer Zwerghamster mit Kopfschiefhaltung bei Otitis.

**Abb. 2.94** Verschattung der linken Bulla tympanica bei einer Maus.

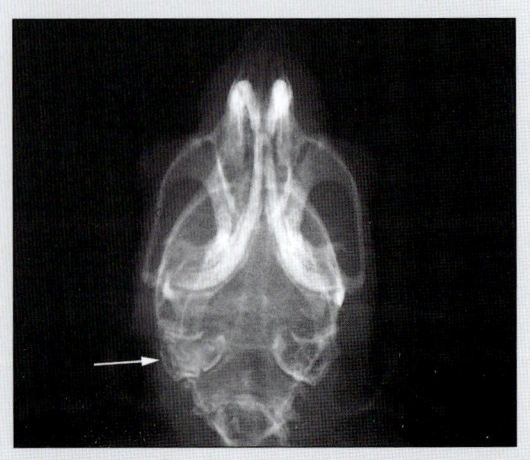

### Therapie & Prognose

Die Prognose einer Otitis externa ist, sofern das Trommelfell intakt ist, als recht gut zu beurteilen. Bei Otitis media oder interna ist sie jedoch stets vorsichtig zu bewerten. Sie ist umso schlechter, je länger die neurologischen Ausfallerscheinungen bereits bestehen. Oft kommt eine antibiotische Behandlung dann zu spät. Die Besitzer müssen aber in jedem Fall informiert werden, dass auch bei erfolgreicher Behandlung eine Kopfschiefhaltung zurückbleiben kann, die den Patienten jedoch in den meisten Fällen kaum einschränkt.

Die Therapie erfolgt systemisch mit ZNS-gängigen Antibiotika wie Enrofloxacin 5 , Marbofloxacin 9 oder Chloramphenicol 2 . Bei Otitis externa sollte zudem eine lokale Behandlung des Gehörganges durchgeführt werden. Besonders geeignet sind wässrige Augentropfen, die das Fell der Kleinnager weniger verschmieren als handelsübliche Ohrenpräparate. Die Augentropfen sollten gleiche, ähnliche oder mit dem systemischen Antibiotikum kombinierbare Wirkstoffe enthalten.

Bei jeder Otitis sollte zudem zumindest für einige Tage ein Analgetikum (z. B. Metacam® 100 , Novalgin 101 ) verabreicht werden.

Um den Patienten die Nahrungsaufnahme zu erleichtern, kann ihnen ein auch zur Zwangsfütterung geeigneter Brei aus dem Futternapf angeboten werden. Bestehen Gleichgewichtsstörungen, so müssen die Tiere in einem möglichst unfallsicheren Käfig ohne Klettermöglichkeiten untergebracht werden.

> **Therapie der Otitis:**
> - Systemische Applikation eines ZNS-gängigen Antibiotikums, z. B.
>   - Enrofloxacin (Baytril® 5 ), 1 x tägl. 10 mg/kg s.c., p.o.
>   - Marbofloxacin (Marbocyl® 9 ), 1 x tägl. 4 mg/kg s.c., p.o.
>   - Chloramphenicol (Chloromycetin® Palmitat 2 ), 2 x tägl. 50 mg/kg p.o.
> - Bei Otitis externa zusätzlich lokale Applikation antibiotischer Augentropfen, z. B.
>   - Ofloxacin (Floxal® 61 )
>   - Azidamfenicol (Thilocanfol® 54 )
> - Analgetikum, z. B.
>   - Meloxicam (Metacam® 100 ), 1 x tägl. 0,15 mg/kg p.o.
>   - Metamizol (Novalgin® 101 ), 2–3 x tägl. 10–20 mg/kg p.o.
> - Ggf. Stabilisierung des Allgemeinzustandes
>   - Flüssigkeitsersatz 84
>   - Vitaminsubstitution 76
>   - Zwangsernährung 113

### Schädeltrauma

*Meist durch Stürze hervorgerufene Verletzungen mit unterschiedlich ausgeprägter Symptomatik.*

### Ätiologie & Pathogenese

Schädeltraumata entstehen bei Kleinnagern vorwiegend durch Stürze beim Freilauf. Ratten, die sich besonders häufig frei in der Wohnung bewegen, werden zudem gelegentlich Opfer von versehentlichen Fußtritten ihres Besitzers.

### Klinik

Die klinischen Symptome variieren erheblich, abhängig vom Schweregrad des Traumas. Leichte Gehirnerschütterungen äußern sich oftmals nur in leichter Kopfschiefhaltung und dezenter Ataxie bei nahezu ungestörtem Allgemeinbefinden. Im Falle heftigerer Traumata, die auch mit Schädelfrakturen einhergehen können, treten Schocksymptome mit Bewusstseinstrübungen auf. Blutungen aus Nase und Maul können zu Beeinträchtigungen der Atmung führen (Abb. 2.95).

**Abb. 2.95** Nasenbluten bei einer Ratte mit Schädeltrauma.

### Diagnose

Besteht lediglich eine Kopfschiefhaltung, so muss zunächst im Rahmen der Anamneseerhebung hinterfragt werden, ob ein Unfall bekannt ist oder stattgefunden haben kann. Ist dies nicht der Fall, so erfolgt zunächst eine Inspektion der äußeren Gehörgänge, um eine Otitis externa ausschließen zu können. Zur differenzialdiagnostischen Abgrenzung einer Otitis media oder interna empfiehlt sich das Röntgen des Schädels im dorsoventralen Strahlengang, um einseitige Bullaverschattungen ermitteln bzw. ausschließen zu können.

Liegen schwerwiegendere neurologische Störungen vor, so muss der Schädel in beiden Ebenen geröntgt werden, um Frakturen diagnostizieren zu können (Abb. 2.96a und b).

### Therapie & Prognose

Bestehen lediglich leichte neurologische Ausfallerscheinungen und ist das Allgemeinbefinden des Tieres nicht oder nur leicht gestört, so ist die Prognose günstig. Der Patient erhält für einige Tage ein Kortikoid (Prednisolon [72], Dexamethason [68]), um Schwellungen des Gehirns zu beseitigen. Zudem erfolgt eine antibiotische Abschirmung mit einem Antibiotikum, das ausreichende Wirkstoffspiegel im ZNS erreicht (Enrofloxacin [5], Marbofloxacin [9], Chloramphenicol [2]). Zusätzlich wird ein Analgetikum verabreicht. Dabei ist zu beachten, dass die üblicherweise verwendeten nichtsteroidalen Antiphlogistika (Metacam®, Rimadyl®) nicht mit Glukokortikoiden kombiniert werden dürfen. Daher ist auf andere Wirkstoffe (z. B. Metamizol [101]) auszuweichen.

Bei schweren Schädeltraumata mit Schockgeschehen und Bewusstseinstrübungen ist die Prognose immer als sehr ungünstig zu bewerten. Dem Patienten muss schnellstmöglich Sauerstoff zugeführt werden. Da eine manuelle Fixation für das Tier Stress bedeutet, ist die Unterbringung in einem Sauerstoffkäfig einer Zufuhr über Narkosemasken vorzuziehen. Weiterhin sind Vollelektrolytlösungen [84] intraperitoneal zu verabreichen und es wird ein schnell wirkendes Prednisolon-Präparat [72] appliziert, um die Bildung von Hirnödemen zu verhindern. Zudem erfolgt die Behandlung mit einem ZNS-gängigen Antibiotikum. Furosemid kann eingesetzt werden, um ein Hirnödem auszuschwemmen. Der Einsatz darf jedoch nur erfolgen, wenn kein Verdacht auf intrakranielle Blutungen besteht (Blutungen aus Nase oder Maul). Der Patient wird an einen ruhigen Ort verbracht, der Kopf leicht erhöht gelagert. Untertemperaturen darf nur vorsichtig mit körperwarmen Wärmematten entgegengewirkt werden, da zu hohe Temperaturen und ein zu schnelles Aufwärmen die Entstehung von Hirnödemen begünstigen.

**Abb. 2.96** Schädelfraktur bei einer Ratte: laterolateraler (a) und dorsoventraler (b) Strahlengang.

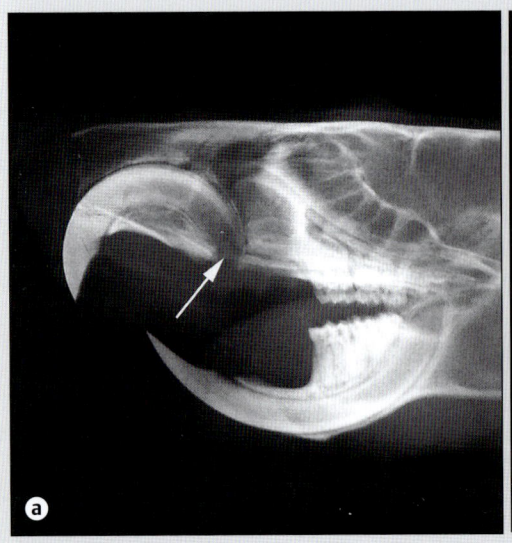

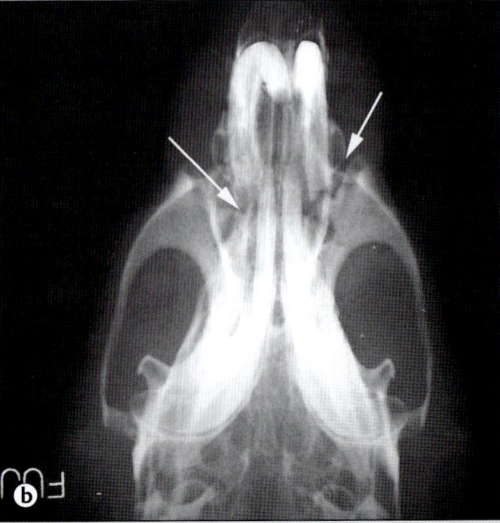

### Hirntumor

*Neoplasien, die zu fortschreitenden neurologischen Ausfällen führen.*

#### Ätiologie & Pathogenese

Neoplasien des Gehirns können bei allen Kleinnagern vorkommen. Besonders oft werden Adenome der Hypophyse bei Ratten nachgewiesen. Durch Größenzunahme des Tumors werden angrenzende Gehirnregionen komprimiert und es kommt zu fortschreitenden neurologischen Ausfallserscheinungen.

#### Klinik

Zunächst werden Ataxien, Kopfschiefhaltung und Manegebewegungen beobachtet. Auch Nystagmus und ein Ausfall der Pupillenreflexe können auftreten. Im Anfangsstadium ist das Allgemeinbefinden noch weitgehend ungestört. Die Futteraufnahme ist aufgrund der Koordinationsstörungen jedoch oft beeinträchtigt. Es kommt weiterhin zu fortschreitenden Bewusstseinstrübungen und Apathie. Gelegentlich kann auch eine gesteigerte Aggressivität gegenüber Artgenossen oder dem Besitzer auftreten.

#### Diagnose

Eine sichere Diagnose kann intra vitam kaum gestellt werden. Ein Verdacht kann nur nach Ausschluss anderer Differenzialdiagnosen (v. a. Otitis und Schädeltrauma) gestellt werden.

#### Therapie & Prognose

Eine Behandlung ist nicht möglich; das erkrankte Tier muss euthanasiert werden.

### Wirbelsäulentrauma, Rückenmarkläsion

*Verletzungen, die mit Lähmungserscheinungen unterschiedlichen Grades vergesellschaftet sind.*

#### Ätiologie & Pathogenese

Verletzungen von Wirbelsäule und Rückenmark werden durch verschiedene Arten von Traumata ausgelöst. Sie entstehen durch Stürze beim Klettern oder ungeschicktes Handling. Auch ein versehentlicher Tritt beim Freilauf oder eine Quetschung in den Speichen eines Laufrades mit offener Rückwand kommen als Ursachen in Betracht. Verschiedene Läsionen von Diskopathien und subduralen Hämatomen über Wirbelfrakturen und Rückenmarksquetschungen können die Folge sein.

#### Klinik

Die klinisch auffallenden Ausfallserscheinungen entsprechen einem Cauda-equina-Syndrom und können sich vielfältig darstellen: Lahmheiten einer oder beider Hintergliedmaßen bis hin zu vollständigen Paresen sind möglich (Abb. 2.97). Die Funktionen der Sphinkteren von Harnblase und After können ebenfalls beeinträchtigt sein, die aktive Beweglichkeit des Schwanzes eingeschränkt oder aufgehoben.

#### Diagnose

Die Diagnose „Wirbelsäulen- bzw. Rückenmarktrauma" ergibt sich aus der Anamnese und dem klinischen Bild. Im Rahmen der Allgemein- und einer gründlichen neurologischen Untersuchung werden sämtliche Ausfallserscheinungen ermittelt, um eine Prognose stellen zu können. Zudem müssen Röntgenaufnahmen der Wirbelsäule angefertigt werden, um Wirbelfrakturen und Verschiebungen der Wirbel diagnostizieren zu können (Abb. 2.98a und b). Differenzialdiagnostisch muss eine äußerst selten vorkommende tumoröse Veränderung der Wirbelknochen ausgeschlossen werden.

**Abb. 2.97** Parese der Hintergliedmaßen bei einer Rennmaus.

## 2.7 Neurologische Ausfallerscheinungen

die Prognose bei vollständiger Parese der Hintergliedmaßen mit Lähmung der Schließmuskel von Blase und Darm, die auf Wirbelfrakturen oder -dislokationen zurückzuführen ist. Die so betroffenen Tiere sollten euthanasiert werden.

Sind röntgenologisch keine Veränderungen der Wirbelsäule festzustellen, so kann ein Therapieversuch mit Glukokortikoiden 72 , B-Vitaminen 76 und einem ZNS-gängigen Antibiotikum (z. B. Enrofloxacin 5 ) begonnen werden. Auch hier ist die Prognose stets äußerst vorsichtig einzuschätzen. Unterstützend muss der Patient in einem kleinen, weich gepolsterten Käfig untergebracht werden. Physiotherapeutische Maßnahmen verhindern eine zu rasche Muskelatrophie und können durch Stimulation von Nerven eine Regeneration fördern.

Führt die Behandlung nicht innerhalb weniger Tage zu einer Verbesserung der Symptomatik, so ist das Tier einzuschläfern. Gleiches gilt, wenn Parästhesien auftreten, die den Patienten dazu veranlassen, sich selber zu benagen.

### Degenerative Erkrankungen der Wirbelsäule

*Bei alten Kleinnagern häufig vorkommende Veränderungen.*

#### Ätiologie & Pathogenese

Altersbedingte, degenerative Erkrankungen der Wirbelsäule kommen bei Kleinnagern, insbesondere bei Hamstern, häufig vor. Neben der Bildung von Spondylarthrosen können auch Verkalkungen der Bandscheiben beobachtet werden.

Besonders prädisponiert für derartige Veränderungen sind Tiere, deren Laufräder einen zu geringen Durchmesser aufweisen, sodass eine Benutzung nur mit durchgebogenem Rücken möglich ist.

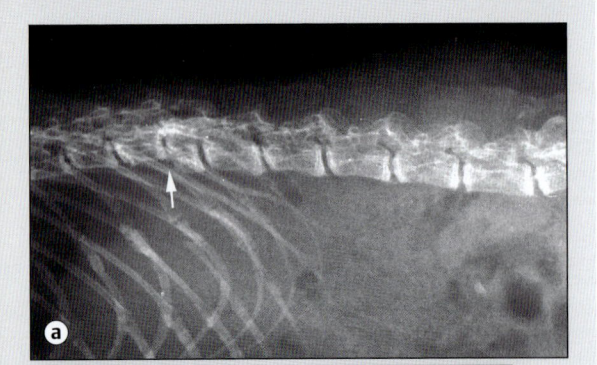

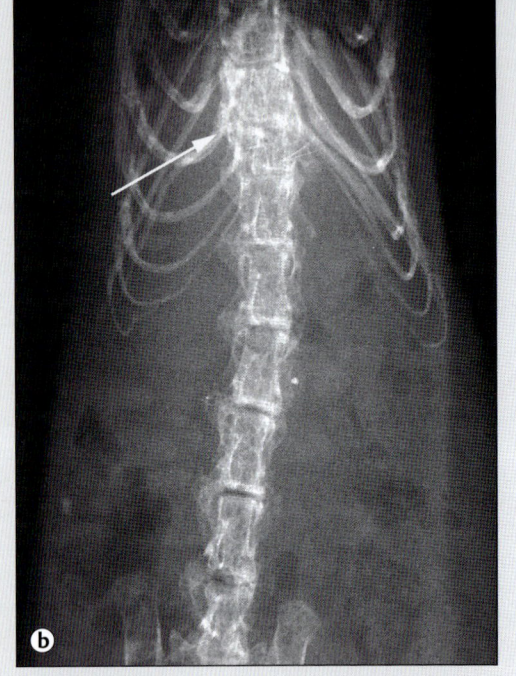

**Abb. 2.98** Fraktur der Wirbelsäule eines Goldhamsters: laterolateraler (a) und ventrodorsaler (b) Strahlengang.

*Besteht der Verdacht auf ein Wirbelsäulentrauma, so darf das Tier beim Röntgen nur sehr vorsichtig gestreckt werden. Röntgenuntersuchungen in Sedation sind abzulehnen, da in Narkose Instabilitäten der Wirbelsäule verstärkt werden können.*

#### Therapie & Prognose

Die Prognose und damit auch die Entscheidung, ob eine Therapie versucht werden soll, hängt vom Ausmaß der Ausfallserscheinungen ab. Infaust ist

#### Klinik

Anfänglich wird oft nur eine Bewegungsunlust beobachtet. Insbesondere das Laufen im Laufrad wird gemieden. Durch ein Einklemmen der vom Rückenmark abgehenden Nerven treten weiterhin

Lähmungserscheinungen der Hintergliedmaßen auf, die bis zur Paralyse fortschreiten können.

### Diagnose

Bereits bei der klinischen Untersuchung kann die Verdachtsdiagnose einer degenerativen Wirbelsäulenerkrankung gestellt werden. Wichtige Anzeichen für eine solche chronisch fortschreitende Veränderung sind Atrophien der Muskulatur der Hintergliedmaßen, die bei akuten Lähmungserscheinungen nach Traumata nicht festzustellen sind.

Auf Röntgenaufnahmen der Wirbelsäule sind Spondylosen, Verengungen des Wirbelspaltes oder Verkalkungen zwischen den Wirbeln erkennbar (Abb. 2.99).

### Therapie & Prognose

Durch eine Behandlung mit Antiphlogistika kann der Zustand des Tieres oftmals noch über einen gewissen Zeitraum stabilisiert werden. Zum Einsatz kommen insbesondere Meloxicam [100] und Carprofen [99], die in der Regel auch als Dauermedikation gut verträglich sind. Alternativ kann über einen gewissen Zeitraum ein steroidales Antiphlogistikum, kombiniert mit Metamizol [101] eingesetzt werden.

Kann der Patient durch diese Maßnahmen nicht beschwerdefrei gehalten werden, so ist eine Euthanasie vorzuziehen.

## Beckenfrakturen

*Besonders bei Hamstern häufig vorkommende Verletzungen.*

### Ätiologie & Pathogenese

Frakturen des Beckens entstehen überwiegend durch Stürze aus großer Höhe beim Freilauf. Auffällig häufig sind Hamster betroffen, die im Gegensatz zu den anderen Kleinnagern ein im Verhältnis zur Körpermasse zierlicheres Skelett besitzen.

### Klinik

Es kommt zu Lähmungserscheinungen unterschiedlichen Ausmaßes. Das Allgemeinbefinden ist aufgrund der starken Schmerzzustände oft erheblich gestört.

### Diagnose

Bei der klinischen Untersuchung lässt sich durch Palpation oft bereits ein Beckenschiefstand feststellen. Häufig werden im Inguinalbereich flächige Hämatome sichtbar. Eine Absicherung der Diagnose erfolgt durch eine Röntgenuntersuchung (Abb. 2.100), die stets in zwei Ebenen durchgeführt werden sollte, um das Ausmaß von Dislokationen exakt beurteilen und eine realistische Prognose für das Tier erstellen zu können.

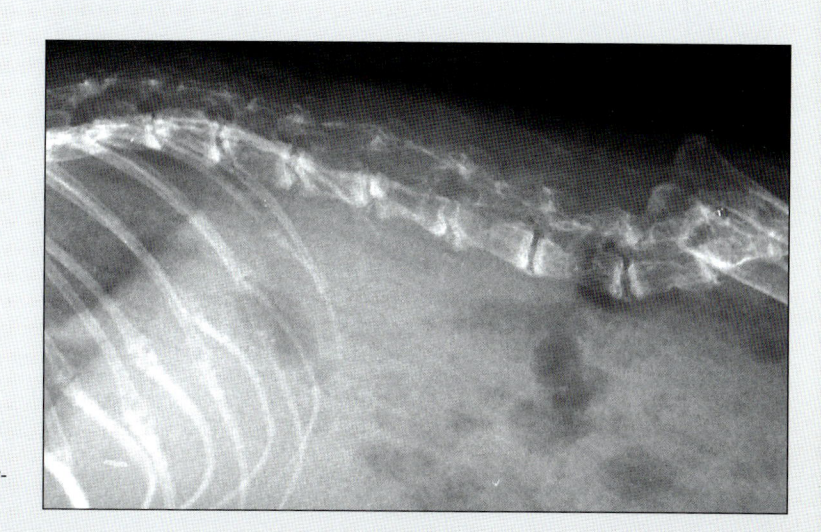

Abb. 2.99 Spondylosenbildung an der Wirbelsäule eines Goldhamsters.

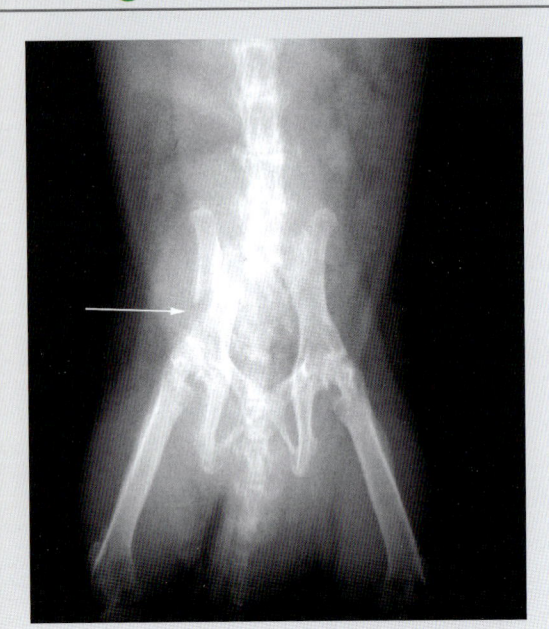

Abb. 2.100 Beckenfraktur bei einem Goldhamster.

### Therapie & Prognose

Liegen keine oder nur geringgradige Dislokationen der Frakturteile vor, so kann eine konservative Behandlung versucht werden. Eine chirurgische Versorgung ist aufgrund der Feinheit der Strukturen nicht möglich. Die Tiere erhalten ein Analgetikum (z. B. Metacam® 100 , Rimadyl® 99 ), bei ausgeprägten Einblutungen sollte auch ein Antibiotikum verabreicht werden. Die Patienten werden in einem kleinen Käfig auf weichem Untergrund gehalten, der keine Kletteraktivitäten zulässt. Das Harn- und Kotabsatzverhalten muss sorgfältig überprüft werden. Da die Tiere zudem nicht in der Lage sind, in physiologischer Haltung Futter aufzunehmen, sollte ihnen zusätzlich zu ihrem normalen Nahrungsspektrum auch ein Brei 113 in einem flachen Futternapf angeboten werden.

Sind röntgenologisch ausgeprägte Dislokationen nachzuweisen und bestehen gleichzeitig entsprechend gravierende Ausfallerscheinungen, so sollte das Tier euthanasiert werden.

## Lymphozytäre Choriomeningitis (LCM)
M H Z

*Virusinfektion, die neben respiratorischen auch zu neurologischen Störungen führen kann.*

### Ätiologie & Pathogenese

Der Erreger der Erkrankung, das *LCM-Virus*, ist ein Arenavirus, das zu den RNA-Viren gehört. Als natürliches Wirtsreservoir gelten Wildmäuse, aber auch domestizierte Mäuse und Hamster können infiziert werden. Die Übertragung kann horizontal durch Kontakt, Bissverletzungen, die Milch und den Deckakt erfolgen. Auch eine vertikale Infektion ist möglich. Ihr kommt bei Mäusen eine besondere Bedeutung zu. Eine intrauterine Infektion führt bei ihnen zur Ausbildung einer Immuntoleranz, sodass die Tiere zu latenten Dauerausscheidern werden und das Virus ständig mit allen Sekreten und Exkreten absondern. Bei Hamstern ist eine solche Immuntoleranz dagegen nicht bekannt. In utero infizierte Tiere scheiden das LCM-Virus nur bis zu einem Alter von etwa drei Monaten aus, sind danach aber in der Regel virusfrei.

Das LCM-Virus löst im Organismus immunpathologische Reaktionen aus. Es induziert in den von ihm infizierten Zellen Veränderungen der Zellmembran durch Induktion neuer Antigene. Gegen diese entwickelt der Körper eine Immunreaktion, die von den T-Lymphozyten ausgeht und die zu einer Zerstörung der Wirtszellen führt. Nach Zellauflösung kommt es zur Virusfreisetzung, die wiederum eine verstärkte Immunantwort gegen die körpereigenen Zellen hervorruft. Zudem hat das LCM-Virus einen immunsuppressiven Effekt, da Veränderungen der Antikörperbildung und der Reaktivität der Immunzellen hervorgerufen werden.

Der Verlauf einer Infektion hängt letztlich von der Empfänglichkeit und der Immunreaktion des Wirtstieres ab, wobei ein Schutz vor Neuinfektionen scheinbar durch persistierendes Virus zustande kommt, das die Immunreaktionen stört.

### Klinik

Eine Infektion verläuft in den meisten Fällen subklinisch. Bei kongenital infizierten Mäusen können im Laufe der Zeit unspezifische Symptome wie struppiges Fell und Abmagerung auftreten. Diese werden durch eine chronische Glomerulonephritis hervorgerufen, die bei den Dauerausscheidern durch Ablagerung von Antigen-Antikörper-Komplexen in den Nieren entsteht.

Nur in Einzelfällen werden akute respiratorische oder neurologische Erkrankungen beobachtet, die in der Regel tödlich verlaufen. Als respiratorische Symptome werden Konjunktivitis und Pneumonien mit zum Teil hochgradiger Dyspnoe beobachtet. Neurologische Symptome werden durch eine Meningitis bzw. Meningoenzephalitis hervorgerufen und äußern sich in Form von Ataxien, Lähmungen, Krämpfen und Bewusstseinsstörungen.

### Diagnose

Eine sichere Diagnose am lebenden Tier ist unter Praxisbedingungen nicht möglich, da sie nur durch einen Virus- oder Antikörpernachweis gestellt werden kann. Bei der histologischen Untersuchung ist die Erkrankung gekennzeichnet durch ausgeprägte lymphozytäre Infiltrationen der Meningen, aber auch anderer innerer Organe.

### Therapie & Prognose

Eine Behandlung ist nicht möglich. Bei begründetem Verdacht auf eine LCM sollte das Tier daher euthanasiert werden, nicht zuletzt auch aufgrund der Ansteckungsgefahr für den Menschen.

### Humanpathogenität

Beim Menschen führt eine Infektion mit dem LCM-Virus meist zu unspezifischen grippeähnlichen Symptomen (Fieber, Kopf- und Gliederschmerzen), seltener auch zu aseptischer Meningitis und Meningoenzephalitis. Bei Infektionen in der Schwangerschaft besteht die Gefahr von Fruchtmissbildungen und Fehlgeburten.

Die meisten LCM-Infektionen bei Menschen sind von Tierpflegern in Versuchstierzuchten (v. a. durch Mäuse) und von Kindern (durch Hamster) bekannt. Prophylaktisch sollten daher beim Umgang mit Mäusen und mit Hamstern bis zum Alter von drei Monaten entsprechende Hygienemaßnahmen beachtet werden (regelmäßiges Waschen der Hände nach Kontakt).

## Theiler-Meningo-Enzephalitis-Virusinfektion (Mäuse-Polio-Enzephalitis) M

Vorwiegend bei Labor- und Wildmäusen vorkommende Erkrankung.

### Ätiologie & Pathogenese

Der Erreger der Mäuse-Polio-Enzephalitis ist ein Picornavirus, das mit dem Kot ausgeschieden wird, sodass sich andere Mäuse oral infizieren können. Das Virus vermehrt sich zunächst im Dünndarmepithel, besiedelt aber auch die intestinalen und mesenterialen Lymphknoten. Von dort ausgehend entsteht eine Virämie, die normalerweise zu schneller Antikörperbildung und damit zur Neutralisation des Virus führt. Reicht die Immunantwort nicht aus, so kommt es zu einer Besiedlung des ZNS mit den Folgen einer Poliomyelitis.

Das Virus ist unter wildlebenden Mäusen weit verbreitet und kommt auch in vielen Laborzuchten vor. In der Heimtierhaltung spielt es dagegen nur eine untergeordnete Rolle.

### Klinik

Zu Beginn einer Erkrankung finden sich unspezifische Symptome wie verminderte Mobilität, gesträubtes Fell und Gewichtsverlust. Die entstehende Polyomyelitis äußert sich zunächst in Form von Fortbewegungsstörungen, bei denen die Mäuse mit aufgekrümmtem Rücken laufen. Später kommt es zu Paralysen der Hinterbeine, Kreisbewegungen und Rotationen um die Längsachse.

### Diagnose

Eine Virusisolierung aus dem Kot ist zwar möglich, wird in den herkömmlichen veterinärmedizinischen Laboren jedoch nicht angeboten. Daher kann am lebenden Tier nur eine Verdachtsdiagnose durch Ausschluss aller möglichen Differenzialdiagnosen gestellt werden, wobei insbesondere Traumata des Rückenmarks abgegrenzt werden müssen.

### Therapie & Prognose

Eine Behandlung ist nicht möglich, die Tiere müssen euthanasiert werden.

### Bakterielle Enzephalitis

*Entzündung des Gehirns, die mit schweren Störungen des Allgemeinbefindens einhergeht.*

#### Ätiologie & Pathogenese

Bakterielle Entzündungen des Gehirns nehmen ihren Ausgang oft in Atemwegserkrankungen und werden bei Kleinnagern häufig durch *Pasteurella pneumotropica* verursacht. Eine Enzephalitis kann jedoch auch, insbesondere bei Rennmäusen, im Rahmen einer Tyzzer's Disease durch *Clostridium piliforme* hervorgerufen werden.

#### Klinik

Bakterielle Enzephalitiden führen meist schnell zu hochgradigen Störungen des Allgemeinbefindens mit Bewusstseinsstörungen und Somnolenz. Auch Anfallsgeschehen mit Krämpfen sind möglich. Oft sind zusätzliche Symptome einer Atemwegsinfektion wie eitrig verklebte Augen und Nase zu beobachten.

#### Diagnose

Die exakte Diagnose einer bakteriellen Enzephalitis ist bei den Kleinnagern in der Regel erst post mortem zu stellen.

#### Therapie & Prognose

Die Prognose ist äußerst schlecht; meist kommt eine Behandlung zu spät. Es kann versucht werden, verdünntes Enrofloxacin ⑤ oder Marbocyl ⑨ intraperitoneal zu verabreichen, um möglichst schnell einen antibiotischen Wirkspiegel aufzubauen.

### Hitzschlag

*Bei Kleinnagern relativ selten vorkommende Erkrankung.*

#### Ätiologie & Pathogenese

Kleinnager sind sehr wärmeempfindlich, da sie keine Schweißdrüsen besitzen. Zu einem Hitzschlag kann es kommen, wenn die Tiere direkter Sonneneinstrahlung ausgesetzt sind und bei hohen Temperaturen keine ausreichende Luftzirkulation gewährleistet ist. Probleme entstehen insbesondere, wenn der Käfig oder das Terrarium einen Standort an einem Sonnenfenster hat oder wenn die Tiere im Sommer im Auto transportiert werden, vor allem, wenn sie in kleinen handelsüblichen Transportbehältern aus Kunststoff untergebracht sind.

#### Klinik

Zunächst entsteht Unruhe, da das Tier versucht, der Hitze auszuweichen, dann kommt es zu Ataxien, Tachypnoe und Apathie. Letztlich entsteht ein Schockzustand mit Bewusstseinstrübungen. Auch Muskelzuckungen und Krämpfe sind möglich.

#### Diagnose

Die Diagnose ergibt sich aus der Anamnese sowie der klinischen Untersuchung, bei der eine deutliche Erhöhung der Körperoberflächen- und der Körperinnentemperatur festgestellt werden kann.

#### Therapie & Prognose

Die Prognose ist auch bei noch milder Symptomatik immer vorsichtig zu stellen. Besteht bereits ein Schockzustand, so ist eine Behandlung meist nicht mehr erfolgreich.

Das Tier wird in kühle, feuchte Tücher eingeschlagen, in einen Sauerstoffkäfig verbracht und erhält kühle Vollelektrolytlösungen ⑻⑷, die möglichst intraperitoneal verabreicht werden. Zudem werden ein schnell wirkendes Prednisolon-Präparat ⑺⑵ und ein Breitbandantibiotikum verabreicht.

> **Therapie des Hitzschlags:**
> - kühle, feuchte Umschläge
> - Sauerstoffzufuhr
> - Infusion (Vollelektrolytlösung ⑻⑷), 40 ml/kg i.p.
> - schnell wirkendes Prednisolon-Präparat (z. B. Solu-Decortin® ⑺⑵), 10 mg/kg i.m., i.p.
> - Breitbandantibiotikum, z. B.
>   – Enrofloxacin (Baytril® ⑤), 1 x tägl. 10 mg/kg i.p.
>   – Marbofloxacin (Marbocyl® ⑨), 1 x tägl. 4 mg/kg i.p.

## Trächtigkeitstoxikose

*Durch Stoffwechselentgleisungen in der Hochträchtigkeit ausgelöste Erkrankung.*

### Ätiologie & Pathogenese

Trächtigkeitstoxikosen kommen bei Kleinnagern nur selten vor. Sie treten im Endstadium der Trächtigkeit auf und werden durch ein Energiedefizit, oft auch begleitet von einem Kalziummangel, hervorgerufen.

In der Hochträchtigkeit ist die Futteraufnahmekapazität durch die Früchte eingeschränkt. Enthält das Futter keine ausreichende Energiedichte oder ist der Energieverbrauch zusätzlich erhöht (z. B. durch Stresssituationen), so entsteht eine Mangelsituation, die durch den Abbau körpereigener Depotfette kompensiert wird. Die Leber wird mit freien Fettsäuren überflutet und es entstehen Ketonkörper. Es wird eine Hepatopathie mit völliger Entgleisung des Stoffwechsels hervorgerufen.

### Klinik

Die Tiere stellen die Futteraufnahme ein, werden apathisch und verfallen zusehends. Es kommt letztlich zu Bewusstseinsstörungen mit Krämpfen und meist zum schnellen Tod.

### Diagnose

Die Anamnese einer Trächtigkeit und der akuten Verlaufsform lässt bereits die Verdachtsdiagnose einer Trächtigkeitstoxikose zu. Da Blutuntersuchungen bei den kleinen Nagern nur begrenzt möglich sind und eine Blutentnahme bei schlechter Kreislaufsituation fast unmöglich ist, muss nach Möglichkeit die Untersuchung des Urins als weiteres diagnostisches Hilfsmittel herangezogen werden. Absenkungen des Harn-pH-Wertes und ein Nachweis von Ketonkörpern manifestieren den Verdacht auf eine Stoffwechselentgleisung.

### Therapie & Prognose

Die Prognose ist meist schlecht, da die Tiere in der Regel erst in stark reduziertem Allgemeinzustand vorgestellt werden und eine Behandlung dann zu spät kommt. Der Versuch einer Stabilisierung erfolgt vor allem durch Flüssigkeitsersatz mit Vollelektrolytlösung [84] und eine Substitution von schnell verfügbaren Nährstoffen in Form von Glukose [82].

## Septikämie

*Häufige, aus bakteriellen Infektionen hervorgehende Erkrankung.*

### Ätiologie & Pathogenese

Septikämien können ihren Ausgang von jeglicher bakterieller Organerkrankung nehmen. Besonders oft sind bei Kleinnagern Atemwegsinfektionen sowie, insbesondere bei Jungtieren, Erkrankungen des Darmtraktes die Ursache.

### Klinik

Die klinische Symptomatik variiert abhängig von der Art der Grunderkrankung. Die Patienten werden zunehmend apathisch und weisen eine Untertemperatur auf. Es kommt letztlich zum Schockgeschehen mit Somnolenz (Abb. 2.101).

### Diagnose

Die Verdachtsdiagnose ergibt sich aus der Anamnese einer vorangegangenen Primärerkrankung und der klinischen Symptomatik.

### Therapie & Prognose

Eine Behandlung kommt meist zu spät. Durch intraperitoneale Applikation von Marbofloxacin [9]

**Abb. 2.101** Ratte in Seitenlage.

oder Enrofloxacin ⑤ kann versucht werden, möglichst schnell einen antibiotischen Wirkspiegel aufzubauen. Eine Stabilisierung des Kreislaufs erfolgt durch Infusion mit Vollelektrolytlösung ⑭ und Etilefrin ㊻. Auch ein Zusatz von Glukose ⑧② ist sinnvoll, da aufgrund einer vorangegangenen Inappetenz meist ein Energiedefizit vorliegt.

### Hepatopathie

*Leberschädigungen unterschiedlicher Genese.*

#### Ätiologie & Pathogenese

Hepatopathien können verschiedenen Ursprungs sein. Bakterielle Infektionen können zu einer Schädigung des Organs führen. Insbesondere bei der Tyzzer's Disease (S. 61) entstehen Nekrosen, die die Organfunktion beeinträchtigen. Bei Hamstern und Rennmäusen kommen nichtinfektiöse polyzystische Entartungen der Leber (S. 122) vor. Neoplasien sind vor allem im Rahmen der Leukose (S. 128) zu finden. Nicht zuletzt kann auch eine Verfettung der Leber (S. 119) bei Fehlfütterung mit zu hohen Fett- und Energiegehalten der Nahrung zu Funktionseinschränkungen führen.

Ist die Leber nicht in der Lage, ihre Stoffwechsel- und Entgiftungsfunktionen zu erfüllen, so reichert sich insbesondere Ammoniak im Organismus an und schädigt schließlich die Blut-Hirn-Schranke, sodass neurologische Ausfallerscheinungen resultieren.

#### Klinik

Neurologische Symptome entstehen erst in weit fortgeschrittenen Stadien einer Hepatopathie und äußern sich vorwiegend in Bewusstseinstrübungen und Krämpfen.

#### Diagnose

Die schnellste und einfachste Methode zur Diagnose einer gravierenden Leberschädigung ist eine Untersuchung des Urins. Durch schwerwiegende Stoffwechselentgleisungen kommt es zur Absenkung des Harn-pH-Wertes und zur Ausscheidung von Ketonkörpern. Strukturveränderungen des Lebergewebes können durch eine sonographische Untersuchung dargestellt werden.

#### Therapie & Prognose

Führt eine Hepatopathie bereits zu neurologischen Ausfallerscheinungen, so ist die Prognose als infaust zu betrachten, zumal bei den Kleinnagern meist Erkrankungen zugrunde liegen, die zu weitreichenden Zerstörungen des Lebergewebes führen. Der Patient sollte daher euthanasiert werden.

### Nephropathie

*Einschränkungen der Nierenfunktion durch tumoröse oder degenerative Veränderungen.*

#### Ätiologe & Pathogenese

Die häufigsten Ursachen für Nephropathien bei Kleinnagern sind tumoröse Entartungen des Organs bei Leukose (S. 128) oder altersbedingte, degenerative Veränderungen. Aber auch bakterielle Infektionen können eine akute oder chronische Niereninsuffizienz auslösen.

Bei Reduktion der Nierenfunktion kommt es zur Anreicherung harnpflichtiger Substanzen, die letztlich zu einer Schädigung des Gehirns und somit zu neurologischen Ausfallerscheinungen führen können.

#### Klinik

Neurologische Störungen reichen von Ataxien bis hin zu Somnolenz und Krampfgeschehen, die erst im Endstadium der Erkrankung auftreten. Vorausgehende unspezifische Symptome sind v. a. Abmagerung (⑩), Exsikkose und struppiges Fell.

#### Diagnose

Bei fortgeschrittener Nephropathie ist die Niere vermehrt durchlässig für Glukose, sodass eine Glukosurie nachweisbar ist. Die Serumspiegel für Harnstoff und Kreatinin sind drastisch erhöht. Durch Ultraschalluntersuchung werden Strukturveränderungen des Nierengewebes dargestellt.

#### Therapie

Eine Behandlung ist nicht möglich, da das Nierengewebe irreversibel zerstört ist. Das erkrankte Tier muss daher schnellstmöglich euthanasiert werden.

### Epilepsie RM

*Erblich bedingte Erkrankung unbekannter Genese.*

#### Ätiologie & Pathogenese

Die Epilepsie bei Rennmäusen scheint eine vererbte Erkrankung zu sein, die in bestimmten Zuchtlinien gehäuft vorkommt. Anfälle werden meist erst ab einem Alter von 2–3 Monaten beobachtet. Sie können durch jede Form von Stress ausgelöst werden. Hierzu zählen Handling und Umgebungswechsel ebenso wie schnelle Temperaturschwankungen oder Änderungen von Lichtverhältnissen.

#### Klinik

Die klinischen Anzeichen sind sehr unterschiedlich ausgeprägt. Neben Absencen, kataleptischen Zuständen und leichten Myoklonien können auch tonische oder tonisch-klonische Krampfanfälle unterschiedlicher Intensität und Dauer auftreten. Nach Beendigung eines Anfalls erholen sich die Tiere sehr schnell und verhalten sich dann wieder völlig normal. Außerhalb der Anfallsgeschehen treten keinerlei Symptome auf. Die Rennmäuse weisen einen guten Ernährungs- und einen ungestörten Allgemeinzustand auf.

#### Diagnose

Eine Diagnose kann nur anhand des klinischen Bildes erfolgen. Differenzialdiagnostisch sind v. a. kardiale Erkrankungen abzugrenzen, bei denen auch gelegentlich Anfälle auftreten können.

#### Therapie & Prognose

Betroffene Tiere leiden zumeist lebenslang unter Anfällen, wobei die Intensität mit steigendem Lebensalter oft abnimmt. Bei massiver Krampfintensität kann Phenobarbital in einer Dosierung von 2 mg/kg (1–2 x täglich) verabreicht werden. Es ist allerdings zu bedenken, dass das Herausfangen aus dem Käfig zusätzlichen Stress für die Tiere bedeutet und viele Besitzer auch nicht in der Lage sind, dauerhaft Medikamente einzugeben.

Die einzig durchführbare Maßnahme besteht daher meist in einer Vermeidung von Stress. Die Tiere sollten einen ruhigen Käfigstandort erhalten und in Paarhaltung oder einer stabilen Kleingruppe untergebracht werden, in der keine Rangordnungsprobleme bestehen.

Betroffene Rennmäuse sowie auch deren Eltern und Geschwister müssen in jedem Fall von der Zucht ausgeschlossen werden.

### Herzinsuffizienz

*Regelmäßig vorkommende Erkrankung unterschiedlicher Ausprägung.*

#### Ätiologie & Pathogenese

Bei älteren Kleinnagern kann es im Zuge von dekompensierten Herzerkrankungen zu Nachhandschwäche, Ataxien oder sogar Paresen kommen, die fälschlich auf eine neurologische Genese schließen lassen, jedoch auf eine allgemeine Schwäche des Patienten bzw. auf Durchblutungsstörungen zurückzuführen sind.

#### Klinik

Neben der unterschiedlich stark ausgeprägten Schwächung der Nachhand sowie Gleichgewichtsstörungen und einer allgemein verminderten Mobilität, fallen im Rahmen der klinischen Allgemeinuntersuchung weitere Anzeichen für eine Herzinsuffizienz auf:

Der Ernährungszustand des betroffenen Tieres ist meist mäßig bis schlecht, das Allgemeinbefinden reduziert. Vielfach fallen gesträubtes, stumpfes Fell und Verklebungen der Augen mit Harder'schem Drüsensekret auf. Hat sich bereits ein Thoraxerguss oder ein Lungenödem entwickelt, so ist Dyspnoe (❶) zu beobachten.

Schmerzhaftigkeiten der betroffenen Gliedmaße(n) sind in der Regel nicht festzustellen, auch ist eine vollständige passive Beweglichkeit möglich. Gelegentlich ist jedoch eine verminderte Körperoberflächentemperatur der Hinterpfoten und/oder eine leichte Blässe oder Zyanose auffällig.

Zur Diagnose und Therapie siehe S. 41 (❶).

## 2.8 Bewegungsstörungen und Lahmheit

Bewegungsstörungen und Lahmheiten können sehr unterschiedlich ausgeprägt und auf verschiedenste Ursachen zurückzuführen sein. Zu finden sind:
- Schwellungen
- Verletzungen unterschiedlichen Ausmaßes
- Entlastung von Gliedmaßen
- Lähmungserscheinungen
- abnorme Gliedmaßenstellung

### 2.8.1 Tierartliche Besonderheiten

Ratte, Maus, Rennmaus, Gold- und Zwerghamster weisen viele Gemeinsamkeiten im Aufbau ihrer Gliedmaßen auf. Mit Ausnahme einiger Zwerghamsterarten sind die Palmar- bzw. Plantarflächen ihrer Pfoten unbehaart. Allen gemeinsam ist eine ähnlich ablaufende Fortbewegungsweise, wobei Rennmäuse zudem häufig eine mit dem Chinchilla vergleichbare hoppelnde Gangart zeigen. Die Hintergliedmaßen der Kleinnager sind deutlich kräftiger entwickelt als die Vordergliedmaßen. Sie besitzen fünf gut ausgebildete Zehen. Tibia und Fibula sind distal verwachsen, Hüft- und Kniegelenk weisen starke Winkelungen auf. Die Vordergliedmaßen besitzen jeweils vier vollständig ausgebildete Zehen; der Daumen ist nur noch als Rudiment vorhanden und nicht regelmäßig bei allen Kleinnagern mit einer Kralle versehen. Ansonsten weisen alle Zehen spitze Krallen auf. Die Vorderpfoten sind so gestaltet, dass die Tiere gut greifen und auch kleine Futterkörner fixieren können. Beim Goldhamster, der in der Natur die mit Abstand ausgeprägteste Grabetätigkeit der hier besprochenen Nager zeigt, sind zudem die Ober- und Unterarmknochen sowie das Schulterblatt im Vergleich auffallend kräftig ausgebildet.

### 2.8.2 Sofortmaßnahmen, Therapiegrundsätze

Sofortmaßnahmen sind bei Lahmheiten nur dann einzuleiten, wenn nach einem Unfall, z. B. einem Sturz, ein Schock besteht oder wenn offene Verletzungen, insbesondere offene Frakturen, vorliegen.

Stabilisierung bei Schocksymptomen:
1. Sauerstoffzufuhr
2. Blutungen stillen
3. Flüssigkeitssubstitution mit Vollelektrolytlösung 84 , 40–60 ml/kg i.p., s.c.
4. Kreislaufstabilisierung:
   - Prednisolon (z.B. Solu-Decortin®) 72 , 10 mg/kg i.m., i.p.
   - Etilefrin 46 (Effortil®), 0,5–1 mg/kg i.m., p.o.
5. Analgetikum, z. B. Meloxicam 100 (Metacam®), 0,15–0,3 mg/kg s.c.
6. Temperaturkontrolle, Wärmezufuhr
7. gründliche Wundtoilette aller Verletzungen
8. Antibiotikum (knochengängig) bei offenen Frakturen oder tiefen Ulzerationen
   - Enrofloxacin 5 (Baytril®), 1 x tägl. 10 mg/kg s.c., p.o.
   - Marbofloxacin 9 (Marbocyl®), 1 x tägl. 4 mg/kg s.c., p.o.
9. weitere Untersuchung in einem ruhigen Raum
10. Unterbringung in einem Käfig mit rutschfestem Untergrund und guter Polsterung

### 2.8.3 Wichtige Ursachen

Besonders häufig treten Lahmheiten unterschiedlicher Ausprägung bei Kleinnagern nach „Unfällen" auf, dies können Stürze beim Klettern oder bei ungeschicktem Handling, Verletzungen beim Freilauf oder bei Rangordnungskämpfen sein. Hierbei kann es zu Frakturen der Gliedmaßen, Weichteiltraumata oder Wirbelsäulentraumata bzw. Rückenmarksläsionen kommen. Insbesondere bei offenen Frakturen besteht die Gefahr, dass sich bei unsteriler Versorgung oder Resistenzen der eingewanderten Keime eine Osteomyelitis entwickelt.

Fehlerhafte, kalziumarme Fütterung oder eine chronische Niereninsuffizienz verursachen mit der Zeit eine Osteodystrophie, die deutliche Bewegungsstörungen und, durch Veränderungen auch des Kieferknochens, Schwierigkeiten bei der Futteraufnahme verursacht. Ungünstige Haltungsbedingungen oder Übergewicht sind prädisponierende Faktoren für eine Pododermatitis ulcerosa, die neben Lahmheit auch ein deutlich eingeschränktes Allgemeinbefinden bedingt und besonders häufig bei der Ratte auftritt. Ebenfalls ein massiv verschlechtertes Allgemeinbefinden ist bei der vorwiegend Mäuse und Ratten betreffenden infektiösen Polyarthritis zu beobachten, die von Wildnagern übertragen wird und eine Zoonose darstellt („Rattenbisskrankheit").

Nicht zuletzt können Lahmheiten auch im Rahmen einer schwerwiegenden, dekompensierten Herzerkrankung vorgetäuscht werden; bei der Auskultation sind dann deutliche Befunde zu erheben.

## 2.8.3.1 Übersicht

Tab. 2.13. Wichtige Ursachen für Lahmheit.

| Ursache | Bedeutung | Bemerkungen, siehe auch Leitsymptom |
|---|---|---|
| Fraktur | +++ | |
| Weichteiltrauma | +++ | |
| Pododermatitis ulcerosa | ++ | insbesondere bei der Ratte |
| Osteodystrophie | ++ | alimentär oder durch Niereninsuffizienz bedingt |
| Osteomyelitis | + | |
| Wirbelsäulen-/Rückenmarktrauma | + | ❼ |
| Infektiöse Polyarthritis | + | vorwiegend bei Ratte und Maus |
| Herzinsuffizienz | + | bei schwerwiegenden, dekompensierten Veränderungen, ❶, ❼, ❿ |

## 2.8.3.2 Diagnostischer Leitfaden: Bewegungsstörungen und Lahmheit

## Anamnese

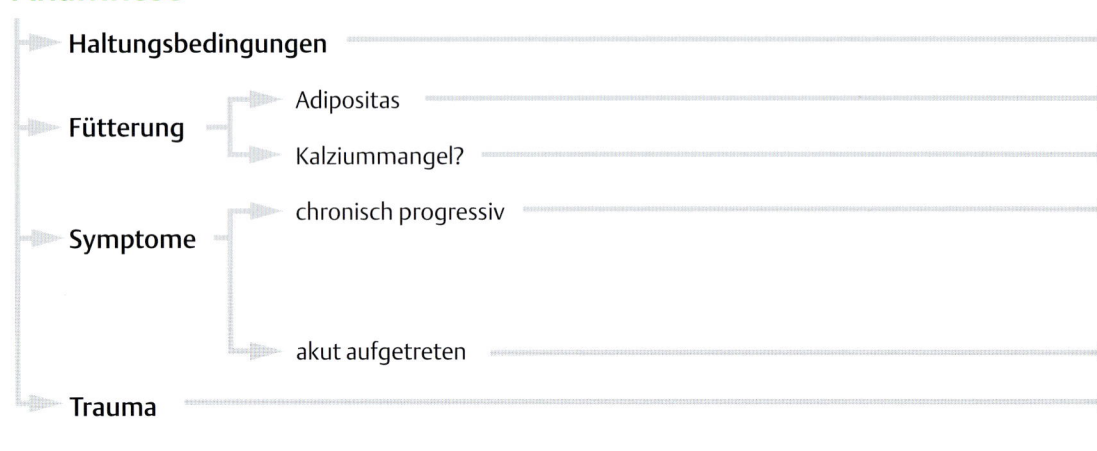

- Haltungsbedingungen
- Fütterung
  - Adipositas
  - Kalziummangel?
- Symptome
  - chronisch progressiv
  - akut aufgetreten
- Trauma

## Klinische Untersuchung

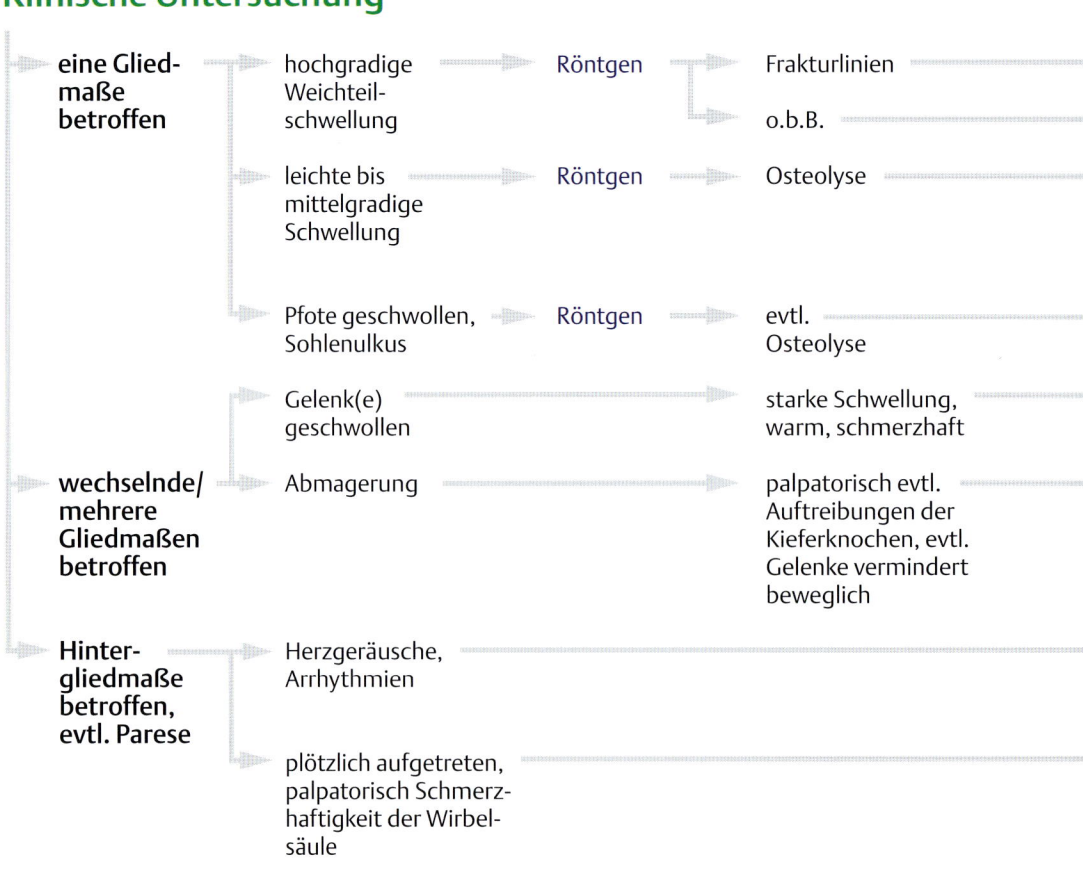

- eine Gliedmaße betroffen
  - hochgradige Weichteilschwellung → Röntgen → Frakturlinien / o.b.B.
  - leichte bis mittelgradige Schwellung → Röntgen → Osteolyse
  - Pfote geschwollen, Sohlenulkus → Röntgen → evtl. Osteolyse
- wechselnde/mehrere Gliedmaßen betroffen
  - Gelenk(e) geschwollen → starke Schwellung, warm, schmerzhaft
  - Abmagerung → palpatorisch evtl. Auftreibungen der Kieferknochen, evtl. Gelenke vermindert beweglich
- Hintergliedmaße betroffen, evtl. Parese
  - Herzgeräusche, Arrhythmien
  - plötzlich aufgetreten, palpatorisch Schmerzhaftigkeit der Wirbelsäule

## 8 Bewegungsstörungen und Lahmheit    171

| | | |
|---|---|---|
| | Pododermatitis? | S. 178 |
| | Osteodystrophie? | S. 176 |
| | Herzerkrankung? | S. 167 |
| | Fraktur? | S. 173 |
| | Weichteiltrauma? | S. 177 |

| | | | |
|---|---|---|---|
| | Knochenstruktur o.b.B. | traumatische Fraktur | S. 173 |
| | | Weichteiltrauma | S. 177 |
| evtl. Biopsie, Probenentnahme für Mikrobiologie | | Osteomyelitis | S. 175 |
| Bakt. US | | Pododermatitis | S. 178 |
| Röntgen | Osteolyse | Polyarthritis | S. 177 |
| Röntgen Schädel u. Hinterbeine | Demineralisierung des gesamten Skeletts, evtl. pathologische Fraktur | Osteodystrophie | S. 176 |
| Röntgen Thorax, WS + Hintergliedmaße | Skelett o.b.B., Herz vergrößert, evtl. Stauungserscheinungen | Herzinsuffizienz | S. 167 |
| Röntgen | Wirbelfraktur, Stufenbildung o.Ä. | Wirbelsäulentrauma/ Rückenmarkläsion | S. 159 |

### Besonderes Augenmerk bei der Anamnese

Bei allen Lahmheiten sollte zunächst hinterfragt werden, ob ein **Trauma** bekannt oder möglich ist, das Frakturen (S. 173), Weichteiltraumata (S. 177) oder Rückenmarkläsionen (S. 159) verursacht haben kann. Hat der Besitzer einen Unfall im Käfig (z. B. durch Hängenbleiben im Gitter) beobachtet oder bestand eventuell während des Freilaufs die Möglichkeit eines Sturzes? Hatten vielleicht kleine Kinder unbeaufsichtigt Zugang zum Käfig oder Terrarium?

Zudem sind die **Haltungsbedingungen** von Interesse, da zahlreiche Faktoren wie z. B. die Verwendung von Gitteretagen oder von ausschließlich harten, gepressten Einstreupellets genauso prädisponierend für eine Pododermatitis (S. 178) wirken können wie eine Haltung auf feuchtem Untergrund bei Hygienemängeln.

Ein besonderes Augenmerk ist auf die **Fütterungsanamnese** in Verdachtsfällen von Osteodystrophie (S. 176) zu richten. Eine kalziumarme bzw. besonders phosphorreiche Rationszusammensetzung kann die Ausbildung dieser Erkrankung hervorrufen.

Die Kenntnis der **Dauer der Symptome** hilft einzuordnen, ob es sich um eine chronische Entwicklung der Veränderung (wie bei Niereninsuffizienz [S. 220] oder Herzinsuffizienz [S. 167]) oder um eine akute Erkrankung (wie z. B. alle Traumata) handelt. Zu berücksichtigen ist hierbei, dass auch ein gut beobachtender Besitzer unter Umständen geringe Lahmheitsanzeichen eines Einzeltieres in einer größeren Gruppe einige Tage übersehen haben kann, zumal die Kleinnager Fluchttiere sind, die ihre Handicaps zunächst zu kaschieren versuchen.

### Besonderes Augenmerk bei der klinischen Untersuchung

Neben der exakten klinischen Untersuchung des Bewegungsapparates ist auch die Allgemeinuntersuchung gründlich durchzuführen, da Organkrankheiten wie Herzinsuffizienzen (S. 167) oder chronische Nierenerkrankungen (S. 220) ebenfalls letztlich verursachend für Bewegungsstörungen sein können.

### Werden alle vier Gliedmaßen gleichmäßig belastet?

Sowohl die Vorder- als auch die Hintergliedmaßen sollten tierartspezifisch belastet werden. Hierbei ist zu berücksichtigen, dass insbesondere Rennmäuse dazu neigen, sich auf dem Behandlungstisch aufzurichten, um ihre Umgebung zu erkunden, und so die Belastung der Vorderpfoten kaum beurteilt werden kann. Bei zutraulichen Tieren mit ungestörtem Allgemeinbefinden kann jedoch das Anreichen eines Leckerbissens, z. B. eines Sonnenblumenkerns, versucht werden, um zu kontrollieren, ob ein gleichmäßiges Anheben der Arme und ein Greifen mit beiden Händen möglich ist.

Wird eine Gliedmaße geschont, so ist von einer erheblichen Schmerzhaftigkeit oder funktionellen Einschränkung auszugehen, wie es beispielsweise bei Frakturen (S. 173), Osteomyelitiden (S. 175) oder hochgradiger Pododermatitis (S. 178) der Fall ist.

### Liegen Verletzungen vor?

Offene Verletzungen sind zum einen nach verschiedenen Weichteiltraumata (S. 177), zum anderen bei Pododermatitiden (S. 178) zu erwarten. Im Rahmen der seltenen offenen Frakturen werden ebenfalls massive Läsionen vorgefunden.

Tiere mit fortgeschrittener Arthritis (S. 177) können ebenfalls ausgedehnte Ulzerationen an Pfoten und Schwanz aufweisen.

### Bestehen palpatorisch Veränderungen der Extremitäten?

Alle Gliedmaßen werden sorgfältig von distal nach proximal abgetastet, jedes Gelenk vorsichtig gebeugt und gestreckt. Neben abnormen Beweglichkeiten und Krepitationen, wie sie für Frakturen (S. 173) typisch sind, sind Schmerzhaftigkeiten und Schwellungen zu beachten, die auf Osteomyelitis (S. 175), Weichteiltraumata (S. 177) und Arthritis (S. 177) hinweisen können. Im Zuge letzterer Erkrankung ist auch die Beweglichkeit der Gelenke eingeschränkt.

## 2.8 Bewegungsstörungen und Lahmheit

### Liegen Veränderungen der Muskulatur vor?

Ist die Grundursache für die Bewegungsstörung eine chronische Erkrankung wie z. B. eine Osteodystrophie (S. 176), so sind deutliche Muskelatrophien festzustellen, da die Beweglichkeit und die Mobilität des betroffenen Tieres über einen längeren Zeitraum zunehmend eingeschränkt wurde.

### Gibt es Hinweise auf eine Herzerkrankung?

Zeigt der Patient ein ataktisches Gangbild oder liegen Paresen vor, so ist der Untersuchung des Herz-Kreislauf-Apparates stets besondere Aufmerksamkeit zu widmen. Insbesondere bei älteren Tieren können dekompensierte Herzinsuffizienzen (S. 167) zu ausgeprägten Einschränkungen führen.

### Diagnosesicherung durch weiterführende Untersuchungen

Die wichtigste weiterführende diagnostische Maßnahme ist bei allen Veränderungen des Bewegungsapparates die Röntgenuntersuchung. Nach einem Trauma kann so eine Fraktur (S. 173) ausgeschlossen oder exakt lokalisiert und klassifiziert werden; im Rahmen von Erkrankungen wie Polyarthritis (S. 177), Osteomyelitis (S. 175), Osteodystrophie (S. 176) und ulzerativer Pododermatitis (S. 178) kann das Ausmaß der Zerstörung bzw. der Beteiligung des Knochengewebes eindeutig festgestellt werden.

Die Einleitung einer Blutuntersuchung ist insbesondere im Rahmen der Diagnostik einer Osteodystrophie (S. 176) von Bedeutung. Neben der Bestätigung des verschobenen Kalzium-Phosphor-Verhältnisses kann durch eine Bestimmung der Nierenwerte eine mögliche Grundursache der Erkrankung abgeklärt werden.

Mikrobiologische Untersuchungen sind stets bei infektiösen Veränderungen sinnvoll, um nach Antibiogramm gezielt behandeln zu können. Insbesondere bei Pododermatitis (S. 178), Osteomyelitis (S. 175) und Polyarthritis (S. 177) sind häufig weitreichende Erregerresistenzen festzustellen.

### 2.8.3.3 Erkrankungen

#### Frakturen

*Brüche der Gliedmaßen, die meist durch Stürze oder Hängenbleiben entstehen.*

##### Ätiologie & Pathogenese

Gliedmaßenfrakturen entstehen bei Kleinnagern wie Ratten, Mäusen, Gold- und Zwerghamstern, die viel klettern, vorwiegend nach Stürzen; bei Rennmäusen und Roborowski-Zwerghamstern hauptsächlich durch Hängenbleiben am Käfiggitter oder an Einrichtungsgegenständen. Insbesondere bei Rennmäusen kommen diese „Unfälle" vor allem im Zuge von Jagden bei Rangordnungskämpfen oder bei überstürzten Fluchtversuchen nach plötzlichem Erschrecken vor. Offene Frakturen sind bei Kleinnagern äußerst selten.

##### Klinik

Das betroffene Tier geht plötzlich hochgradig lahm. Die zumeist deutlich angeschwollene betroffene Gliedmaße wird in der Regel vollständig geschont.

##### Diagnose

Bei der Palpation der angeschwollenen Gliedmaße fällt eine abnorme Beweglichkeit bzw. eine Krepitation auf. Um die Fraktur exakt lokalisieren zu können und Auskunft über die Art des Bruchs zu erhalten (Splitterfraktur, Spiralfraktur etc.), müssen Röntgenaufnahmen in zwei Ebenen angefertigt werden (Abb. 2.102 und 2.103).

##### Therapie

Grundsätzlich müssen über einen Zeitraum von vier bis sechs Wochen alle Kletter- und Verletzungsmöglichkeiten aus dem Käfig entfernt werden; dies beinhaltet insbesondere Laufräder mit offener Gitterlauffläche oder solche ohne geschlossene Rückwand.

Durch die permanente Schonung, die Umgestaltung der Behausung und eine strikte Käfigruhe heilt der überwiegende Teil der Frakturen, insbesondere, wenn es sich um einfache Brüche der Vordergliedmaße handelt, ohne weitere Therapie

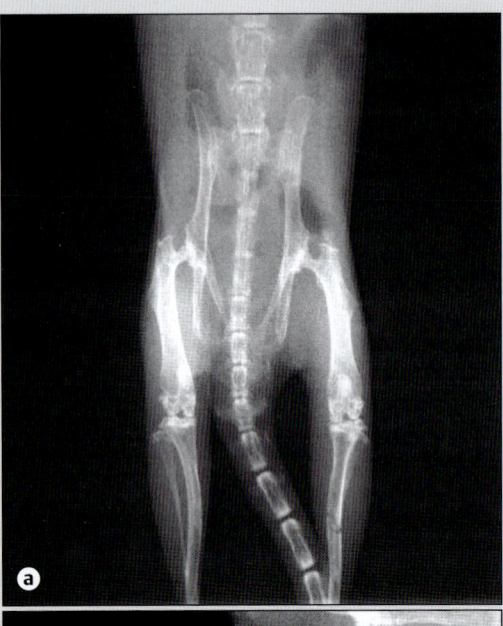

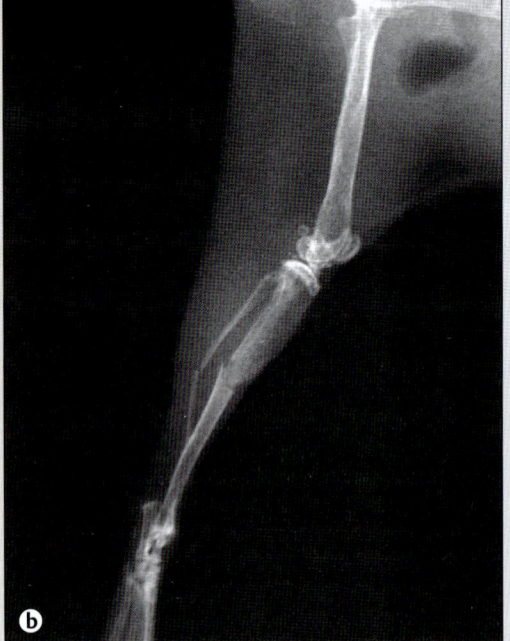

**Abb. 2.102** Tibiafraktur bei einer Farbmaus: ventrodorsaler (a) und laterolateraler (b) Strahlengang.

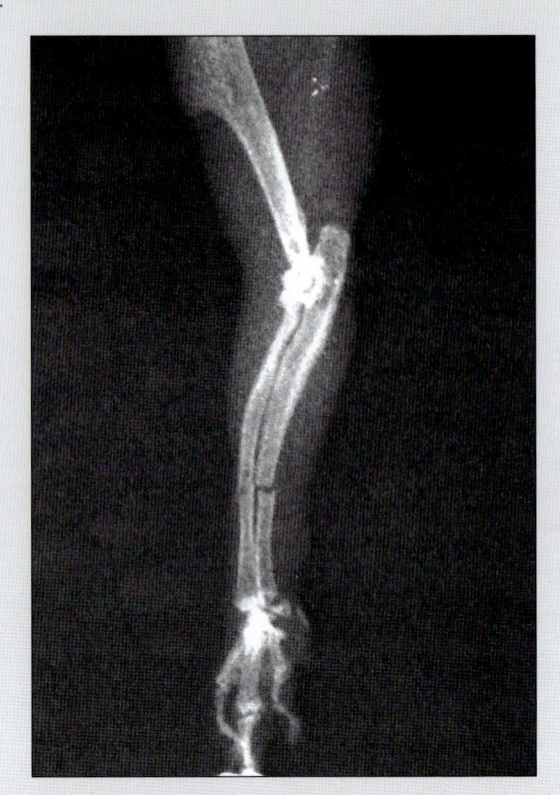

**Abb. 2.103** Radius-Ulna-Fraktur bei einer Maus.

komplikationslos aus. Stützverbände bieten beim Kleinnager keine Möglichkeit der Stabilisierung des betroffenen Beins, da sie innerhalb kürzester Zeit abgeknabbert werden. Liegt eine glatte oder eine Spiralfraktur von Knochen der Hintergliedmaße vor, so kann eine Marknagelung, z. B. mit Hilfe einer sterilen Kanülenspitze, sinnvoll sein, um den Heilungsprozess durch die optimale Adaptation der Frakturenden zu beschleunigen (Abb. 2.104a und b). Handelt es sich um eine komplizierte Splitterfraktur oder um den seltenen Fall eines offenen Bruches, so ist ggf. eine Amputation der Gliedmaße in Betracht zu ziehen. Bereits nach kürzester Zeit gewöhnt sich das betroffene Tier an die veränderte Situation und kommt mit drei Beinen in der Regel gut zurecht.

Medikamentös sollte der betroffenen Nager in jedem Fall mit einem Analgetikum versorgt werden (z. B. Meloxicam [100]). Die Applikation eines Antibiotikums ist bei einer geschlossenen Fraktur nicht nötig; handelt es sich jedoch um einen offenen Bruch oder wurde eine Amputation notwendig, so ist über einen Zeitraum von mindestens zehn Tagen ein knochengängiges Antibiotikum mit breitem Wirkungsspektrum zu verabreichen (z. B. Marbofloxacin [9]).

## 2.8 Bewegungsstörungen und Lahmheit

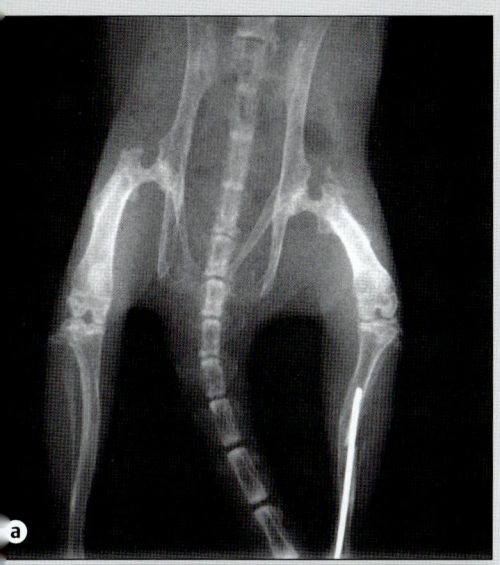

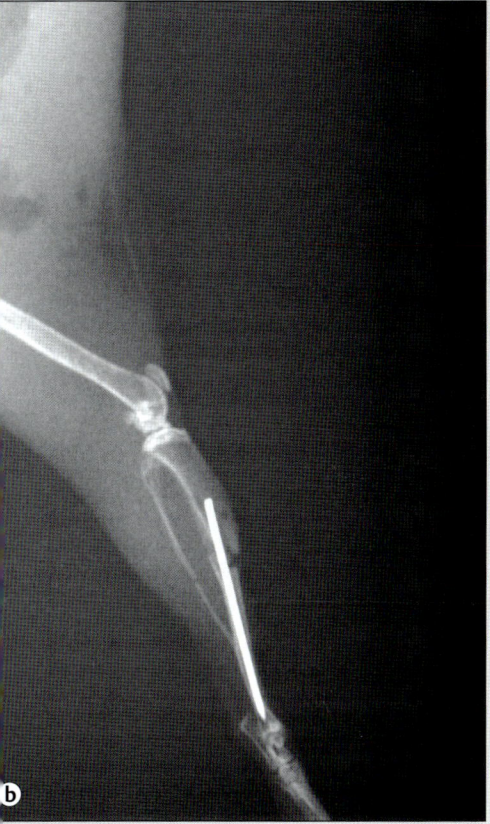

**Abb. 2.104** Marknagelung der Tibia einer Maus mit Hilfe einer Kanülenspitze: ventrodorsaler (a) und laterolateraler (b) Strahlengang.

### Osteomyelitis

*Bakteriell bedingte eitrige Entzündung des Knochens.*

#### Ätiologie

Das Auftreten einer Osteomyelitis an einer Gliedmaße ist beim Kleinnager sehr selten. Sie entsteht meist im Anschluss an offene Frakturen, die die Eintrittspforte für Umgebungskeime sind, oder infolge einer unsterilen Frakturversorgung.

#### Klinik

Nachdem bereits eine erste Besserung der Lahmheit eingetreten war, erfolgt plötzlich ein Rückfall: Das betroffene Tier schont wieder hochgradig, die Gliedmaße ist schmerzhaft und häufig erneut angeschwollen, das Allgemeinbefinden ist deutlich reduziert.

#### Diagnose

Infolge des Vorberichts und der klinischen Untersuchung kann eine Verdachtsdiagnose gestellt werden, die sich in der Röntgenuntersuchung bestätigt. Der osteomyelitische Bezirk erscheint wolkig aufgetrieben, die Knochenstruktur aufgelöst. Wird ein Blutbild erstellt, so fällt eine deutliche Leukozytose auf.

#### Therapie & Prognose

Neben der Gabe eines Analgetikums (z. B. Metacam® [100] oder Rimadyl® [99]) ist die Verabreichung eines knochengängigen Antibiotikums (z. B. Baytril® [5]) über mindestens 14 Tage unverzichtbar. Es sollte erwogen werden, unter kurzer Allgemeinanästhesie eine Probe aus dem entzündeten Bezirk für eine bakteriologische Untersuchung und die Erstellung eines Antibiogrammes zu entnehmen. Die Medikamente dürfen erst nach entsprechendem röntgenologischem Kontrollbefund abgesetzt werden. Tritt nicht innerhalb der ersten Tage nach Beginn der Antibiose eine deutliche Besserung des Allgemeinbefindens und der Schwellung der Gliedmaße ein, so ist eine Amputation im gesunden Gewebsbereich die einzige weitere therapeutische Option. Ist dies nicht möglich, so muss der Patient euthanasiert werden.

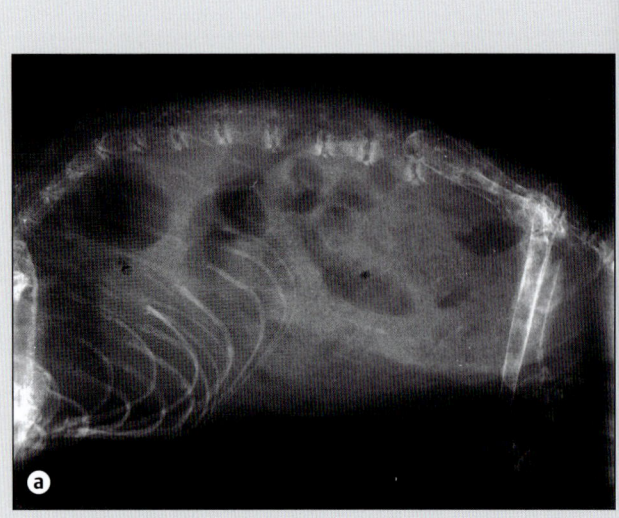

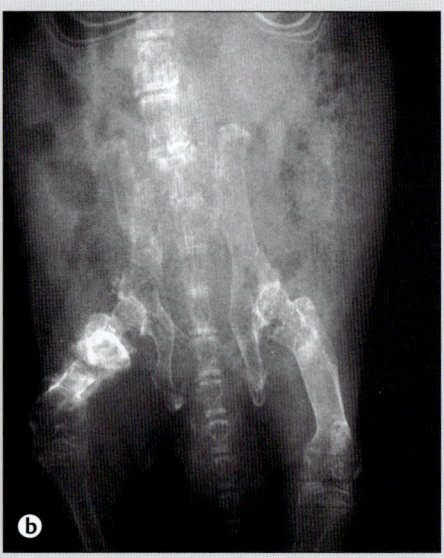

**Abb. 2.105** Osteodystrophie bei einem Goldhamster: laterolaterale (a) und ventrodorsale (b) Projektion.

### Osteodystrophie

*Bei Kleinnagern seltene Erkrankung, entsteht durch massive Fütterungsfehler oder infolge chronischer Niereninsuffizienzen.*

#### Ätiologie & Pathogenese

Bei einer Osteodystrophie handelt es sich um eine Knochenstoffwechselstörung, bei der Kalzium freigesetzt und durch kollagenes Bindegewebe ersetzt wird. Die Ursache kann in einer massiven Fehlernährung liegen, bei der zu wenig Kalzium oder aber Phosphor im Überschuss in der Ration vorhanden ist (sekundärer alimentärer Hyperparathyreoidismus). Sie kann aber auch auf eine chronische Nephropathie zurückzuführen sein.

#### Klinik

Betroffene Tiere sind deutlich weniger mobil, versuchen das Klettern zu vermeiden und ignorieren das Laufrad. Auch Paresen der Hintergliedmaßen kommen vor. Gleichzeitig fällt oft ein scheinbar verminderter Appetit auf. Bei Palpation sind vor allem im Kieferbereich häufig Auftreibungen zu ertasten. Spontanfrakturen (sog. pathologische Frakturen) sind möglich.

#### Diagnose

Die Fütterungsanamnese in Kombination mit dem klinischen Bild ergibt erste Hinweise. Um die Verdachtsdiagnose zu bestätigen, müssen Röntgenaufnahmen angefertigt werden. Hier sind deutliche Demineralisierungen des gesamten Skeletts zu erkennen; die Kortikalis ist extrem dünn und unscharf begrenzt, die Knochenstruktur wirkt insgesamt wabig (Abb. 2.105a und b).

In der Blutuntersuchung fallen ein deutlich zugunsten des Phosphors verschobenes Kalzium-Phosphor-Verhältnis sowie eine Erhöhung der alkalischen Phosphatase auf. Liegt die Grundursache für die Erkrankung in einer chronischen Nephropathie, so können erhöhte Serumspiegel für Kreatinin und Harnstoff gemessen werden.

#### Therapie & Prognose

Ein Therapieversuch kann bei Patienten, bei denen eine Fehlernährung zugrunde liegt und deren Knochenveränderungen noch gering- bis mittelgradig sind, eingeleitet werden. Initial ist eine einmalige Injektion mit Calciumglukonat [73] möglich; die Fütterung ist entsprechend bedarfsgerecht umzustellen und zunächst durch Mineralstoffpräparate wie z. B. Korvimin ZVT® [75] zu ergänzen.

Bei hochgradigen Osteodystrophien oder auch bei eindeutig renal bedingten Veränderungen ist die Prognose infaust und das betroffene Tier zu euthanasieren.

### Weichteiltrauma

*Schmerzhafte Beeinträchtigung von Muskeln, Sehnen und Bändern, die Bewegungseinschränkungen nach sich zieht.*

#### Ätiologie

Weichteiltraumata der Gliedmaßen entstehen z. B. beim Hängenbleiben im Käfiggitter, durch Stürze oder einen versehentlichen Tritt während des Freilaufs. Eine andere Ursache ist eine Abschnürung von Gliedmaßen durch ungeeignetes Nistmaterial wie z. B. Hamsterwatte (Abb. 2.106). Je nach Trauma können Muskeln gequetscht sowie Sehnen und Bänder überdehnt werden. Auch die Entstehung von Hämatomen kann die Mobilität beeinträchtigen.

#### Klinik

Die betroffene Gliedmaße wird unterschiedlich stark geschont, sie kann geschwollen sein und weist bei Palpation oftmals eine deutliche Schmerzhaftigkeit auf. Kommt es zu Abschnürungen, so werden die absterbenden Anteile oft benagt, sodass flächige Läsionen entstehen.

#### Diagnose

Die Diagnose ergibt sich aus dem Vorbericht und dem klinischen Bild. Röntgenaufnahmen der betroffenen Gliedmaße stellen zweifelsfrei sicher, dass keine Fraktur vorliegt.

#### Therapie & Prognose

Bis zur vollständigen Belastbarkeit sollte dringend Käfigruhe gehalten werden. Kletterspielzeug ist zu entfernen. Der Patient erhält ein Analgetikum (z. B. Meloxicam 100 ), dessen Verabreichungsdauer sich nach der Schnelligkeit der Regeneration richtet. Sind äußerliche Verletzungen aufzufinden, so müssen diese gesäubert und desinfiziert werden (z. B. mit Rivanol® 89 oder Polysept-Lösung® 96 ). Eine eventuelle chirurgische Versorgung oder die Notwendigkeit einer systemischen Antibiotikagabe richtet sich nach dem Ausmaß und der Tiefe der Wunden. Eine antibiotische Abschirmung ist zudem bei flächigen Hämatomen anzuraten.

Infolge von Abschnürungen abgestorbene Gliedmaßenanteile müssen amputiert werden. Liegen aufgrund einer Automutilation bereits ausgeprägte und flächige Nekrosen vor, die auch das ursprünglich unverletzte Gewebe betreffen, so muss eine Euthanasie erwogen werden.

### Infektiöse Polyarthritis ⚠

*Insbesondere bei Mäusen und Ratten vorkommende Infektionserkrankung.*

#### Ätiologie & Pathogenese

Der Erreger der Polyarthritis beim Kleinnager ist meist *Streptobacillus moniliformis*; nur sehr selten werden *Corynebacterium kutscheri* oder *Mycoplasma arthriditis* nachgewiesen.

Das natürliche Reservoir für *Streptobacillus moniliformis* sind wild lebende Ratten und Mäuse; ein

**Abb. 2.106** Abschnürung eines Beines bei einer Farbmaus durch synthetische Hamsterwatte.

Erregernachweis erfolgte jedoch auch bei Hühnervögeln. Das gramnegative Stäbchenbakterium ist in der Maulhöhle, dem Nasopharynx und den submaxillaren Lymphknoten der Wildnager vorhanden und bleibt bei diesen in der Regel latent. Die Übertragung erfolgt hauptsächlich über Speichel (Rattenbisskrankheit des Menschen!), aber die Möglichkeit einer vertikalen d. h. intrauterinen Übertragung wird ebenfalls diskutiert.

Auch bei als Heimtier gehaltenen Mäusen und Ratten verläuft eine Infektion mit *Streptobacillus moniliformis* überwiegend latent; durch immunsupprimierende Stressfaktoren wie mangelhafte Hygiene, unzureichende Ernährung oder ständige Revierkämpfe kann die Erkrankung manifest werden.

*Streptobacillus moniliformis ist humanpathogen!*

### Klinik

Akute Infektionsausbrüche beginnen mit Schwellungen und Schmerzhaftigkeit der Gelenke bei deutlich eingeschränktem Allgemeinbefinden; Ödeme der Gliedmaßen, eitrige Ulzerationen des Schwanzes und der Pfoten schließen sich an. Innerhalb weniger Tage kommt es zu Nekrosen der Gelenke und im Rahmen der Bakteriämie zu Schwellungen und Abszessen in den Lymphknoten und inneren Organen.

Der chronische Verlauf ist von unspezifischen Symptomen gekennzeichnet: Apathie, Mattigkeit und wechselnde Lahmheiten können kombiniert oder einzeln auftreten.

### Diagnose

Ein Synovialabstrich ermöglicht eine eindeutige Diagnose; die Keime sind in typischen Ketten und Filamenten angeordnet. Aufgrund des klinischen Bildes der akuten Verlaufsform ist jedoch bereits eine Verdachtsdiagnose möglich.

### Therapie & Prognose

Bei einem frühzeitigen Therapiebeginn vor der Erregerstreuung mit Abszessbildung in Organen ist ein erfolgreiches Eingreifen möglich. Wirksame Antibiotika sind Chinolone (z. B. Enrofloxacin [5], Marbofloxacin [9]) oder Präparate aus der Gruppe der Tetrazykline [12]. Gleichzeitig ist eine Schmerzbehandlung unerlässlich (z. B. Gabe von Meloxicam [100] oder Carprofen [99]). Bei schlechtem Allgemeinbefinden und daraus resultierender geringer Futteraufnahme ist eine allgemein unterstützende Therapie anzuraten.

Je nach Ausmaß der Veränderungen in den Gelenken ist die Prognose sehr vorsichtig zu stellen. Haben sich bereits Abszesse in den inneren Organen gebildet oder haben weitreichende nekrotische Veränderungen die Gelenke zerstört, so ist die Prognose infaust und das betroffene Tier sollte euthanasiert werden.

## Pododermatitis ulcerosa

*Sohlengeschwüre aufgrund von Haltungsfehlern oder Fehlbelastung; bei Ratten häufiger als bei den übrigen Kleinnagern vorkommend.*

### Ätiologie & Pathogenese

Sohlengeschwüre treten häufiger bei Ratten, seltener bei anderen Kleinnagern auf. Prädisponierende Faktoren sind vor allem Haltungsfehler wie z. B. Gitteretagen im Käfig oder ungeeignete sowie feuchte Einstreu bei mangelhaften Hygieneverhältnissen. Adipositas und dadurch hohe und falsche Belastung der Pfoten kann aber ebenfalls die Ausbildung einer Pododermatitis fördern. Zusätzlich führen natürlich alle Erkrankungen, die mit der Entlastung einer einzelnen Gliedmaße einhergehen wie Arthritiden, Arthrosen, Frakturen u. Ä. zu einer zusätzlichen Belastung der restlichen Pfoten, sodass auch hier die Gefahr der Geschwürbildung gegeben ist.

Generell erkranken fast ausschließlich die Hinterpfoten; Veränderungen der Vorderpfoten gehören aufgrund der vollkommen anderen Belastungssituation bei den Kleinnagern zu den absoluten Ausnahmen.

### Klinik

Erste Anzeichen sind deutliche Rötungen der Plantarseite der Pfoten; die Haut wird dünn und rissig, die Ballen schwellen an, es entstehen Drucknekrosen (Abb. 2.107). In diesem Stadium kommt es häufig zu einer Sekundärinfektion der vorgeschädigten Haut durch das Eindringen von Umgebungskeimen, vorwiegend von *Staphylococcus aureus*. Bleibt der Infekt unbehandelt, entwickeln sich tiefe, schmerzhafte, oft eitrige Ulzerationen sowie Schwellungen der distalen Gliedmaße. Im weiteren Verlauf besteht die Gefahr einer fortschreitenden Osteomyelitis der Fußknochen und der Abszessbildung im Tarsalgelenk (Abb. 2.108).

Das Allgemeinbefinden und die Mobilität des betroffenen Tieres sind aufgrund der Schmerzhaftigkeit stark eingeschränkt.

### Diagnose

Die Diagnose ergibt sich aus dem typischen klinischen Bild. Sollten tiefe Ulzera oder weitreichende Schwellungen vorliegen, so sind in jedem Falle Röntgenaufnahmen der betroffenen Gliedmaße anzufertigen, um eine mögliche Beteiligung der knöchernen Strukturen erkennen und einordnen zu können.

Zudem müssen Abstriche aus tieferen Wundbereichen genommen und zur mikrobiologischen Untersuchung eingesandt werden, da oftmals vielfache Resistenzen der beteiligten Keime vorliegen.

Lassen die ausführliche Anamnese zu den Haltungsbedingungen des Tieres sowie sein Ernährungszustand keine Schlussfolgerungen auf die Grundursache der Pododermatitis zu, so ist im Rahmen der klinischen Allgemeinuntersuchung besonders auf Veränderungen der restlichen Gliedmaßen zu achten, die zu einer Überbelastung des betroffenen Fußes geführt haben könnten.

### Therapie & Prognose

Liegen lediglich oberflächliche, geschlossene Hautveränderungen vor, so ist das tägliche Einmassieren von heilungsfördernden Salben (z. B. Bepanthen® 88 ) oftmals ausreichend. Nach der Behandlung sollte das Tier noch kurz auf der Hand verbleiben oder anderweitig abgelenkt werden, damit das verwendete Präparat vollständig einziehen kann. Zudem ist eine Optimierung der Haltungsbedingungen und Korrektur der Fütterung bei Adipositas unerlässlich, um ein Fortschreiten oder Rezidivieren der Veränderungen zu vermeiden.

Die Therapie von tieferen bzw. offenen Sohlengeschwüren ist langwierig. Die lokale Behandlung besteht zunächst aus einer gründlichen Reinigung und Desinfektion der Läsionen, z. B. mit Rivanol® 89 oder Polysept-Lösung® 96 . Krustige Veränderungen müssen aufgeweicht und vorsichtig entfernt, Abszesse in Allgemeinanästhesie chirurgisch versorgt werden. Auf jeden Fall sollte der Versuch der Versorgung mit einem Polsterverband trotz der überwiegend schlechten Compliance des Patienten gemacht werden. Durch die Polsterung wird die Fortbewegung für das Tier erheblich schmerzfreier; zudem kann die Wunde so mit antibiotischen (z. B. Neobac® 94 oder Aureomycin® 86 ) sowie enzymhaltigen Salben (z. B. Nekrolytan® 87 ) behandelt

**Abb. 2.107** Pododermatitis bei einer Ratte.

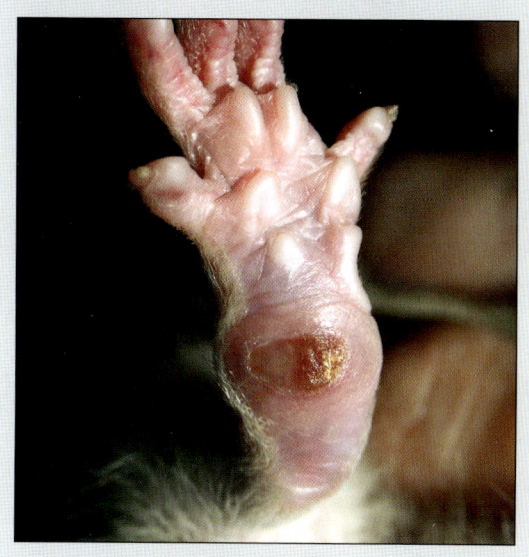

**Abb. 2.108** Schwellung des Tarsalgelenkes durch aufsteigende Infektion bei Pododermatitis.

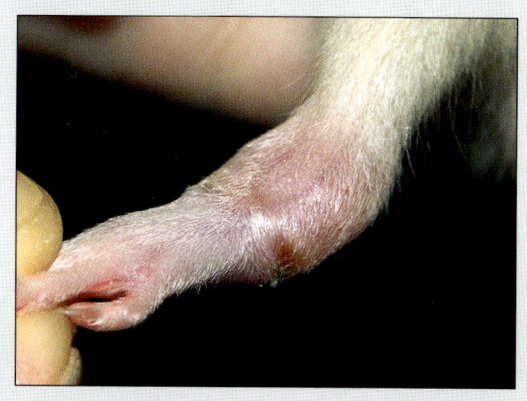

werden. Bei Duldung des Verbandes ist ein täglicher Wechsel in jedem Fall unerlässlich. Enthält die Wunde kein nekrotisches Material mehr, so kann anstelle der enzymhaltigen Salbe ein reepithelisierungsförderndes Präparat (z. B. Actihaemyl®-Salbe oder -Gelee 91 ) mit der antibiotischen Wundversorgung kombiniert werden. Zusätzlich muss der Käfig während der Therapie mit häufig auszutauschenden dicken Tüchern ausgepolstert werden.

Die systemische Behandlung wird zunächst mit einem Breitbandantibiotikum eingeleitet, das auch eine gute Knochengängigkeit aufweist (z. B. Baytril® 5 oder Marbocyl® 9 ). Gegebenenfalls ist der antibiotische Wirkstoff nach Erhalt des Antibiogramms zu wechseln. Dabei ist darauf zu achten, dass auch hier wieder ein Präparat mit guter Anreicherung im Knochengewebe gewählt wird. Die Verabreichung eines Analgetikums (z. B. Rimadyl® 99 oder Metacam® 100 ) muss ebenfalls über einen längeren Zeitraum täglich erfolgen. Bei starken Beeinträchtigungen des Allgemeinbefindens ist zudem eine allgemein unterstützende Therapie einzuleiten.

Auch bei Patienten mit fortgeschrittenen Veränderungen muss umgehend die Grundursache abgeklärt und abgestellt werden, um eine Verzögerung der Heilung oder ein Rezidiv zu verhindern. Die Haltungsbedingungen sowie das Körpergewicht des betroffenen Tieres müssen optimiert werden. Hat eine andere Erkrankung zu der Fehlbelastung und damit zur Entstehung der Pododermatitis beigetragen, so ist auch diese unverzüglich zu behandeln.

In Fällen, in denen aus der Pododermatitis weit fortgeschrittene Osteomyelitiden mit erheblicher Beeinträchtigung des Allgemeinbefindens oder gar pathologischen Frakturen entstanden sind, ist eine Euthanasie aufgrund der infausten Prognose anzuraten.

**Therapie der geschlossenen, oberflächlichen Pododermatitis:**

- Ausschluss der prädisponierenden Faktoren
- Wund- und Heilsalbe (z. B. Bepanthen® 88 )
- gepolsterter Käfiguntergrund
- Analgetikum bei Bewegungseinschränkungen (s. u.)

**Therapie der ulzerierenden/abszedierenden Pododermatitis:**

- Ausschluss der prädisponierenden Faktoren
- Polsterverbände, falls möglich
- gepolsterter Käfiguntergrund
- ggf. chirurgische Versorgung
- tägliches Reinigen und Spülen der Ulzerationen
  - Antiseptika, z. B. Rivanol® 89 , Polysept-Lösung® 96 , $H_2O_2$ 98
  - antibiotikahaltige Salben, z. B. Aureomycin® 86 , Neobac® 94 )
  - enzymhaltige Salben (z. B. Nekrolytan® 87 )
  - reepithelisierungsfördernde Salben (z. B. Actihaemyl®-Salbe oder -Gelee 91 )
- systemische Antibiotika-Applikation bis zur Abheilung, z. B.
  - Enrofloxacin 5 (Baytril®), 1 x tägl. 10 mg/kg s.c., p.o.
  - Marbofloxacin 9 (Marbocyl®), 1 x tägl. 4 mg/kg s.c., p.o.
- Analgetika, z. B.
  - Meloxicam 100 (Metacam®), 1 x tägl. 0,15 mg/kg s.c., p.o.
  - Carprofen 99 (Rimadyl®), 1 x tägl. 5 mg/kg s.c., p.o.

## 2.9 Fell- und/oder Hautveränderungen

Das Leitsymptom geht mit variablen Veränderungen einher:
- Fell:
  - Haarverluste (diffus, lokal)
  - Verfilzungen
  - Verfärbungen
- Haut:
  - Rötungen
  - Schuppenbildung
  - Verletzungen
  - Verkrustungen
  - Schwellungen
  - Juckreiz

### 2.9.1 Tierartliche Besonderheiten

Die **Haut** der Kleinnager ist relativ dünn und nur lose mit ihrer Unterlage verbunden, besonders im Nackenbereich. Die Nackenhaut kann daher aufgezogen und zum Fixieren der Tiere benutzt werden.

Der **Fellwechsel** bei den Kleinnagern erfolgt nicht saisonal, sondern verläuft synchronisiert. Dabei kommt es nur in eng begrenzten Arealen nacheinander zum Wechsel der Haare. Gruppen beieinander liegender Haarfollikel treten in die gleiche Wachstumsphase ein. Follikel in anderen Arealen befinden sich dagegen in anderen Wachstumsphasen.

Sowohl bei Zwerghamstern als auch bei Rennmäusen findet sich die ventral gelegene bräunlich bis orange gefärbte **Bauchdrüse** (Abb. 2.109). Hamster besitzen dunkel pigmentierte **Flankendrüsen** (Abb. 2.110). Bei beiden Drüsenarten handelt es sich um Talgdrüsen, deren Sekret eine Rolle bei der Reviermarkierung und beim Paarungsverhalten spielt. Ihre Aktivität wird durch Geschlechtshormone gesteuert und sie sind bei unkastrierten männlichen Tieren besonders deutlich ausgebildet, insbesondere, wenn sich diese in Phasen sexueller Aktivität befinden.

**Abb. 2.109** Physiologische Bauchdrüse einer männlichen Rennmaus.

### 2.9.2 Therapiegrundsätze

- Es sollte immer eine gezielte Behandlung auf eine gesicherte Diagnose erfolgen.
- Vorsicht ist geboten beim Einsatz von Kortikoiden! Durch ihre immunsuppressive Wirkung kann ein Krankheitsgeschehen erheblich verstärkt werden. Kortikosteroide sollten daher

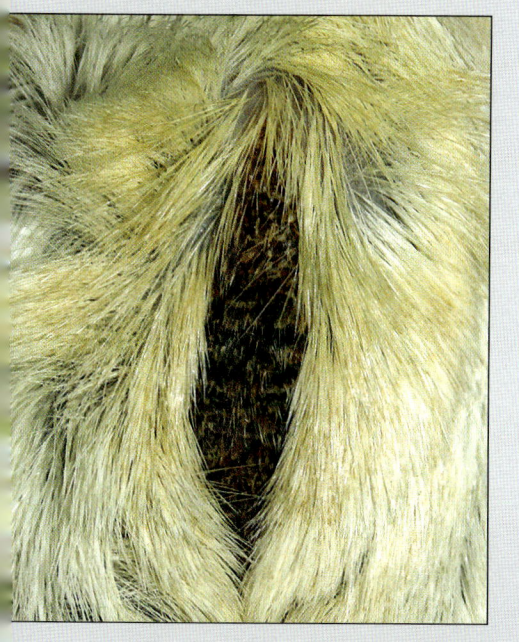

**Abb. 2.110** Physiologische Flankendrüse eines männlichen Goldhamsters.

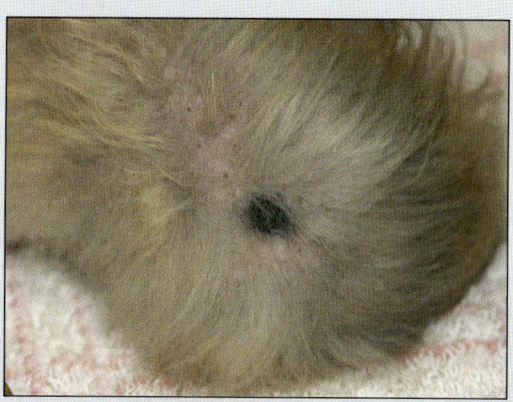

erst nach erfolgter/eingeleiteter Diagnostik verwendet werden. Sie werden nur kurzzeitig bei massivem Juckreiz verabreicht. Gleichzeitig muss eine ätiologische Therapie (Antibiotikum, Antimykotikum, Antiparasitikum) begonnen werden!
- Eine Behandlung führt bei parasitären Erkrankungen nur dann zum Erfolg, wenn alle Partnertiere in die Therapie einbezogen werden. Andernfalls ist mit ständigen Reinfektionen zu rechnen.
- Einige Parasiten leben nicht ständig auf ihrem Wirtstier. Sie halten sich in dessen Umgebung auf und legen dort ihre Eier ab. Eine Therapie führt nur dann zu dauerhaftem Erfolg, wenn alle Aufenthaltsorte des Tieres mitbehandelt werden.
- Eine lokale Behandlung von Hauterkrankungen ist bei Kleinnagern in der Regel wenig sinnvoll. Einerseits wird das umgebende Fell langfristig verunreinigt, andererseits werden solche Präparate in der Regel schnell abgeleckt. Dies führt dazu, dass ohnehin bereits entzündete Hautareale durch das Belecken weiter gereizt werden. Außerdem gelangen die Wirkstoffe in den empfindlichen Gastrointestinaltrakt und können dort die physiologische Mikroflora stören.
- Bestehen nässende oder schmierige Hautveränderungen, so sollten die Tiere auf möglichst staubfreiem Untergrund gehalten werden, um Verunreinigungen zu verhindern. Zu diesem Zweck wird das handelsübliche Einstreumaterial gegen Zeitungspapier oder Zellstoff ausgetauscht.

## 2.9.3 Wichtige Ursachen

Bei allen Kleinnagern können Dermatomykosen für Haut- und Fellveränderungen verantwortlich sein, die zu einem sehr variablen klinischen Bild führen. Auch bakterielle Dermatitiden kommen bei allen Tierarten vor. Es handelt sich dabei meist um sekundäre Infektionen. Der überwiegende Anteil der Haut- und Fellveränderungen bei Kleinnagern wird jedoch durch Ektoparasitosen hervorgerufen.

Bei Ratten stehen unter den Parasitosen eine Infektion mit Fellmilben oder Läusen sowie die Notoedresräude im Vordergrund. Ein Befall mit Saugmilben, Flöhen oder Psorergates ist weniger häufig anzutreffen, noch seltener kommt die Demodikose vor. Eine generalisierte Ausdünnung des Haarkleides ist bei dieser Tierart zudem im Rahmen einer Altersalopezie zu beobachten. Lokalisierte Fellverluste an der Schnauze, am Kopf oder im Nacken sind in Rattengruppen meist auf eine Trichotillomanie zurückzuführen.

Auch bei **Farbmäusen** kommen verschiedene Parasitosen vor, die von erheblicher klinischer Bedeutung sind. Am häufigsten sind ein Befall mit Haarmilben und Fellmilben zu finden, wobei eine Infektion mit der Fellmilbe *Myobia musculi* sekundär zu einer ulzerativen Dermatitis führen kann, die vorwiegend im Nackenbereich lokalisiert ist. Daneben sind bei dieser Tierart immer wieder Infektionen mit Saugmilben, Psorergates und Läusen sowie eine Notoedresräude zu diagnostizieren. Demodikosen und ein Flohbefall sind dagegen die absolute Ausnahme. Ebenso wie bei der Ratte sind bei Mäusen generalisierte Haarverluste im Rahmen einer Altersalopezie sowie lokal begrenzte Alopezien durch Trichotillomanie zu beobachten.

**Rennmäuse** leiden deutlich seltener unter Haut- und Fellveränderungen als die übrigen Kleinnager. Relativ häufig kann bei dieser Tierart ein Befall mit Saugmilben diagnostiziert werden, in einzelnen Fällen auch eine Demodikose oder ein Flohbefall. Als spezifische Erkrankung der Rennmaus kommt die so genannte „Sore Nose" vor. Dabei entstehen an der Nase Entzündungen, die durch übermäßige Sekretion der Harder'schen Drüsen hervorgerufen werden. Weitere häufig vorkommende Veränderungen älterer Tiere sind Erkrankungen der Bauchdrüse, die sowohl entzündlich als auch tumorös sein können. In Einzelfällen werden Haarverluste bei dieser Tierart auch durch hormonell aktive Ovarialzysten sowie durch einen Hyperadrenokortizismus hervorgerufen.

**Hamster** leiden gehäuft unter Demodikosen und einem Befall mit Saugmilben. Auch die Notoedresräude kommt oft vor. Durch engen nachbarschaftlichen Kontakt mit Ratten oder Mäusen kann jedoch auch eine Infektion mit Fell- oder Haarmilben erfolgen. Auch Flöhe gehen in Einzelfällen von Hunden oder Katzen auf Hamster über. Bei alten Hamstern sind, ebenso wie bei Ratten, ausgeprägte Altersalopezien zu beobachten. Fellverluste, die ihren Ausgang meist im Flankenbereich nehmen, werden in Einzelfällen aber auch durch hormonell aktive Ovarialzysten hervorgerufen. Generalisierte Alopezien werden bei Hyperadrenokortizismus beobachtet. Auch polyzystische Leberveränderungen, unter denen besonders oft Goldhamster leiden, bewirken Fellverluste, die zudem oft mit Hautnekrosen, insbesondere im Bauchbereich, einhergehen. Weitere Veränderungen werden durch Erkrankungen der Flankendrüsen, bei Zwerghamstern auch durch Entzündungen der Bauchdrüse, ausgelöst.

### 2.9.3.1 Übersicht

Tab. 2.14 Wichtige Ursachen für Fell- und/oder Hautveränderungen.

| Ursache | Bedeutung | Bemerkungen, siehe auch Leitsymptom |
|---|---|---|
| Fellmilben-Befall | +++ | R, M, H, Befall mit *Myobia musculi* kann bei Mäusen zu ulzerativer Dermatitis führen |
| Haarmilben-Befall | +++ | M, H |
| Läusebefall | ++ | R, M |
| Notoedresräude | ++ | R, M, H |
| Saugmilben-Befall | ++ | Zoonose |
| Demodikose | ++ | |
| Dermatomykose | ++ | Zoonose |
| Bakterielle Dermatitis | ++ | |
| Ulzerative Dermatitis | ++ | M |
| Erkrankungen der Bauchdrüse | ++ | Zwerg-H, RM, ❹ |
| Abriss der Schwanzhaut | ++ | R, M, RM |
| Bissverletzungen | ++ | |
| Altersalopezie | ++ | besonders ausgeprägt bei R und H |
| Sarcoptesräude | + | R, H, Zoonose |
| Psorergates-Befall | + | R, M |
| Flohbefall | + | |
| „Sore Nose" | + | RM |
| Trichotillomanie | + | R, M, RM |
| „Ring Tail" | + | R, M |
| Erkrankungen der Flankendrüsen | + | H, ❹ |
| Spritzennekrosen | + | |
| Leberzysten | + | H, ❺ |
| Ovarialzysten | (+) | H, RM |
| Hyperadrenokortizismus | (+) | H, RM |

## 2.9.3.2 Diagnostischer Leitfaden: Fell- und/oder Hautveränderungen

## Anamnese

- **Tierart** → Hamster, Rennmaus
- **Alter** → älteres Tier
- **Haltung** → Rangordnungskämpfe
  → Neuzugänge

## Klinische Untersuchung

- **Schuppen** [H] [RM]
  - fein, dezent, generalisiert → Fell ausgedünnt, Haut leicht gerötet
  - dick, weißlich-gelb, v.a. am Rücken → Fell büschelweise auszuziehen
- **Alpoezie**
  - kein Juckreiz
    - an Pfoten, um Augen, an Nase → Haut schuppig
    - [RM] um die Nase → Haut krustig, entzündet
    - [R] [M] [RM] um die Nase, Tasthaare fehlen → Haut o.b.B.
    - [R] [M] [RM] umschriebene Stelle im Nacken/auf dem Rücken → Haut o.b.B.
    - [H] [RM] im Flankenbereich → Haut o.b.B.
    - [H] [RM] hintere Körperhälfte, z.T. auch ges. Körper → Haut o.b.B.
    - [H] ges. Fell ausgedünnt und stumpf, Bauch evtl. kahl → evtl. flächige krustige Veränderungen am Bauch
    - ges. Fell ausgedünnt → vorberichtlich altes Tier

## 9 Fell- und/oder Hautveränderungen

| | | | endokrine Erkrankung? | S. 202 f |
| | | | Altersalopezie? | S. 202 |
| | | | Bissverletzungen? | S. 205 |
| | | | Parasitose? | S. 190 ff |
| | parasitolog. US | | Demodikose | S. 195 |
| | mykolog. US | | Dermatomykose | S. 198 |
| | bakteriolog. US | | „Sore Nose" | S. 201 |
| | | | Trichotillomanie | S. 204 |
| Ultraschall | | Zysten an Eierstöcken | Ovarialzysten | S. 202 |
| Ultraschall | | evtl. Veränderung der Nebennieren | Hyperadrenokortizismus | S. 204 |
| Ultraschall | | polyzystische Veränderungen | Leberzysten | S. 203 |
| | | | Altersalopezie | S. 202 |

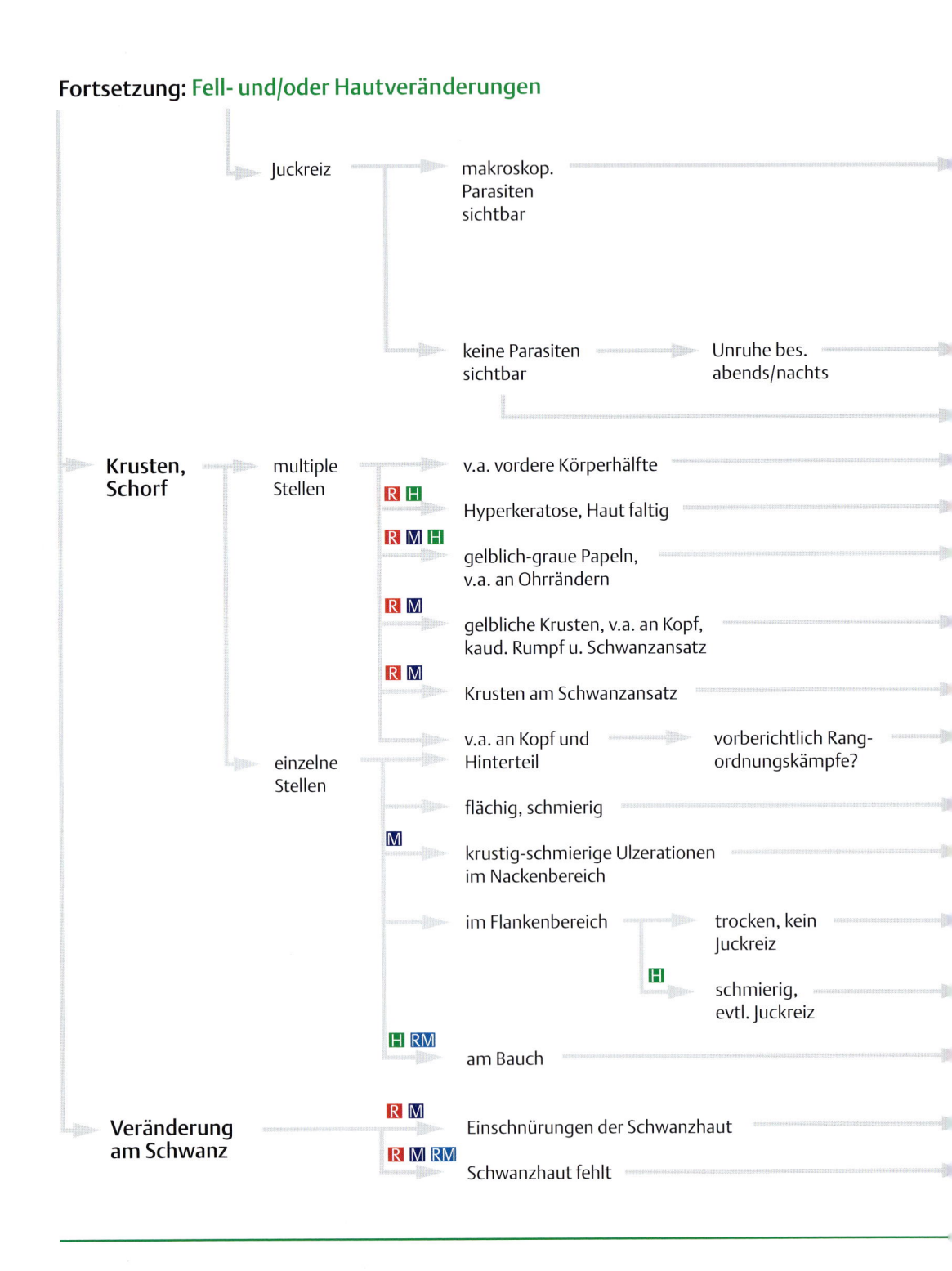

## 2.9 Fell- und/oder Hautveränderungen

**Fortsetzung:** Fell- und/oder Hautveränderungen

- Juckreiz
  - makroskop. Parasiten sichtbar
  - keine Parasiten sichtbar
    - Unruhe bes. abends/nachts

- **Krusten, Schorf**
  - multiple Stellen
    - v.a. vordere Körperhälfte
    - [R] [H] Hyperkeratose, Haut faltig
    - [R] [M] [H] gelblich-graue Papeln, v.a. an Ohrrändern
    - [R] [M] gelbliche Krusten, v.a. an Kopf, kaud. Rumpf u. Schwanzansatz
    - [R] [M] Krusten am Schwanzansatz
  - einzelne Stellen
    - v.a. an Kopf und Hinterteil
      - vorberichtlich Rangordnungskämpfe?
    - flächig, schmierig
    - [M] krustig-schmierige Ulzerationen im Nackenbereich
    - im Flankenbereich
      - trocken, kein Juckreiz
      - [H] schmierig, evtl. Juckreiz
    - [H] [RM] am Bauch

- **Veränderung am Schwanz**
  - [R] [M] Einschnürungen der Schwanzhaut
  - [R] [M] [RM] Schwanzhaut fehlt

## 9 Fell- und/oder Hautveränderungen

| | | | |
|---|---|---|---|
| Tesaabklatsch | **M** **H** | Haarmilben-Befall | S. 191 |
| | **R** **M** **H** | Fellmilben-Befall | S. 190 |
| | **R** **M** | Läusebefall | S. 196 |
| | | Flohbefall | S. 197 |
| Tesaabklatsch abends | | Saugmilben-Befall | S. 192 |
| Hautgeschabsel | | Ektoparasitose | S. 190 ff |
| parasitolog. US | | | |
| Hautgeschabsel | | Sarkoptesräude | S. 193 |
| Hautgeschabsel | | Notoedresräude | S. 193 |
| Hautgeschabsel | | Psorergates-Befall | S. 195 |
| Hautgeschabsel | | Demodikose | S. 195 |
| | | Bissverletzungen | S. 205 |
| evtl. bakteriolog. US | | bakterielle Dermatitis | S. 199 |
| bakteriolog. und parasitolog. US | | ulzerative Dermatitis | S. 200 |
| vorberichtlich Injektionen? | | Spritzennekrose | S. 205 |
| evtl. bakteriolog. US/ Punktion u. Zytologie | | Entzündung der Flankendrüse | S. 206 |
| evtl. bakteriolog. US/ Punktion u. Zytologie | | Entzündung der Bauchdrüse | S. 206 |
| | | „Ring Tail" | S. 207 |
| | | Abriss der Schwanzhaut | S. 207 |

### ▦ Besonderes Augenmerk bei der Anamnese

**Alter**: Bei älteren Kleinnagern kommt es oft zu Altersalopezien (S. 202), die eine generalisierte Ausdünnung des Fells sichtbar werden lassen. Ein „Ring Tail" (S. 207), der durch Einschnürungen der Schwanzhaut gekennzeichnet ist, entsteht meist bei Jungtieren vor dem Absetzen.

**Haltungsbedingungen**: In Kleinnagergruppen, insbesondere unter Hamstern und Rennmäusen, kommt es gehäuft zu Rangordnungskämpfen, die Bissverletzungen (S. 205) zur Folge haben können. Bei Verletzungen muss aber auch nach dem Käfiginventar gefragt werden. So werden beispielsweise Abrisse der Schwanzhaut (S. 207) gehäuft durch ungeeignete Laufräder hervorgerufen, in denen sich die Tiere den Schwanz einklemmen.

Neu zugesetzte Tiere können Ektoparasitosen (S. 190ff) oder Dermatomykosen (S. 198) in den Bestand eingeschleppt haben. Auch der Kontakt zu artfremden Haustieren ist zu hinterfragen. So können in Einzelfällen Flöhe (S. 197) von Hunden oder Katzen auch auf Kleinnager übergehen. Hamster, die in enger Nachbarschaft zu Ratten oder Mäusen gehalten werden, können sich mit Haar- (S. 191) oder Fellmilben (S. 190) infizieren.

Das Rangordnungsverhalten von Ratten und Mäusen ist bei lokalisierten Alopezien an der Schnauze, am Kopf oder im Nackenbereich von Interesse. Diese können im Rahmen einer Trichotillomanie (S. 204) entstehen, bei der das ranghöchste Tier den rangniedrigeren die Haare abbeißt.

**Symptome/Verhalten**: Bei den meisten Ektoparasitosen (S. 190ff) besteht Juckreiz und damit einhergehende Unruhe. Bei den meisten Formen der Dermatomykose (S. 198) sowie bei Demodikosen (S. 195) fehlt Juckreiz dagegen meist. Unruhe im Bestand kann aber auch auf Rangordnungskämpfe hindeuten, die zu Bissverletzungen (S. 205) führen.

**Vorbehandlung**: Eine vorausgegangene Erkrankung, bei der das Tier Injektionen erhalten hat, kann Hinweise auf Spritzennekrosen (S. 205) liefern.

Abhängig von bereits erfolgten diagnostischen oder therapeutischen Maßnahmen können eventuell bereits bestimmte Erkrankungen ausgeschlossen werden. Besteht der Verdacht auf eine infektiöse Hauterkrankung, insbesondere eine Ektoparasitose (S. 190ff) oder eine Dermatomykose (S. 198), so sollte in diesem Zusammenhang das Behandlungsregime jedoch genau hinterfragt werden und die Verdachtsdiagnose nicht sofort verworfen werden.

*Wurden nicht alle Tiere des Bestandes in die Behandlung einbezogen oder waren die begleitenden hygienischen Maßnahmen nicht ausreichend, so kann die bereits erfolgte Therapie möglicherweise nicht zum Ziel geführt haben*

### ▦ Besonderes Augenmerk bei der klinischen Untersuchung

Bei der Untersuchung der Haut muss die gesamte Körperoberfläche betrachtet werden. Dabei wird auf Fellverluste, Verfilzungen und Verfärbungen der Haare geachtet. Die Haut ist auf Rötungen, Verletzungen mit Krustenbildung, Verdickungen und Schuppenbildung zu begutachten.

### ▦ Wo sind die Fellverluste lokalisiert?

Generalisierte Ausdünnungen des Haarkleides sind bei alten Kleinnagern im Rahmen einer Altersalopezie (S. 202) zu finden sowie bei vielen Ektoparasitosen (S. 190ff), besonders bei massivem Parasitenbefall. Auch Dermatomykosen (S. 198) können mit diffusem Haarausfall einhergehen. Die Alopezie kann jedoch auch lokal begrenzt sein, wobei es oft zu kahlen Stellen an der Nase, um die Augen, an den Ohren und den Pfoten kommt.

Lokale Fellverluste treten bei der „Sore Nose" (S. 201) der Rennmäuse auf. Bei der Erkrankung kommt es durch Verklebungen des Sekretes der Harder'schen Drüsen zu Entzündungen im Nasenbereich. Bei der Trichotillomanie (S. 204) von Farbmäusen und Ratten sind kahle Stellen an Nase, Kopf oder kranialer Rückenpartie zu finden. Begrenzte Fellverluste werden außerdem bei Bissverletzungen (S. 205) in unterschiedlichen Körperregionen beobachtet. Auch bei bakterieller Dermatitis (S. 199) sind die Veränderungen meist eingegrenzt. Gleiches gilt für die ulzerative Dermatitis (S. 200) der Maus, bei der sich die Läsionen im Nackenbereich finden. Hormonell aktive Ovarialzysten (S. 202) führen bei Hamstern und Rennmäusen gelegentlich zu bilateral symmetrischem Haarausfall im Flankenbereich. Die Alopezie kann sich weiterhin aber auch auf den gesamten Stamm und die Hinterbeine ausweiten.

### Was für Hautveränderungen liegen vor und wo sind sie lokalisiert?

Bei der Trichotillomanie (S. 204) wird das Fell durch das ranghöchste Tier der Gruppe abgebissen; die Haut der kahlen Stellen ist absolut unverändert. Auch bei einer Alopezie, die durch Ovarialzysten (S. 202) hervorgerufen wird, finden sich keine Hautläsionen. Gleiches gilt für die Altersalopezie (S. 202).

Bei den meisten Ektoparasitosen (S. 190 ff) kratzen sich die Tiere zunächst mit den Hinterbeinen, sodass zunächst kleine, verkrustende Hautläsionen an der vorderen Körperhälfte zu finden sind. Bakterielle Dermatitiden (S. 199), bei denen es sich in der Regel nur um Sekundärinfektionen handelt, gehen bei leichter Verlaufsform mit Rötungen und dezenten Krustenbildungen einher. Bei schwerem Verlauf entstehen nässende, schmierige oder auch dicke, krustige Veränderungen. Besonders typisch ist die ulzerative Dermatitis (S. 200) bei Farbmäusen, bei der flächige ulzeröse und krustöse Hautläsionen im Nackenbereich lokalisiert sind. Spritzennekrosen (S. 205) sind durch lokal begrenzte nekrotische Hautplatten gekennzeichnet, die meist an den typischen Injektionsstellen im Flanken- oder Nackenbereich lokalisiert sind. Krustige und nekrotische Veränderungen werden zudem nach Bissverletzungen (S. 205) gesehen. Sie finden sich zudem bei Hamstern mit polyzystischer Leberveränderung (S. 203) und sind dann bevorzugt an Bauch und Unterbrust lokalisiert.

Lokale Verdickungen der Haut werden besonders bei Erkrankungen der Bauchdrüse (S. 206) sowie bei Krankheiten der Flankendrüsen (S. 206) beobachtet.

### Besteht Juckreiz?

Juckreiz besteht bei den meisten Ektoparasitosen (S. 190 ff). Bei der Demodikose (S. 195) fehlt er meist. Auch Dermatomykosen (S. 198) können, müssen jedoch nicht mit Pruritus einhergehen. Bakterielle Dermatitiden (S. 199) sind in den meisten Fällen von Juckreiz begleitet. Dieser ist im Falle der ulzerativen Dermatitis (S. 200) so stark, dass es zur Automutilation kommt. Ausgeprägter Pruritus ist zudem bei Entzündungen der Bauchdrüse (S. 206) zu beobachten.

Hormonell bedingte Fellverluste durch Ovarialzysten (S. 202) sowie Haarausfall bei der Altersalopezie (S. 202) treten immer ohne Juckreiz auf.

### Sind makroskopisch Parasiten zu finden?

Makroskopisch oder mit Hilfe einer Lupe lassen sich Flöhe (S. 196), Läuse (S. 197), Saugmilben (S. 192), Fellmilben (S. 190) und Haarmilben (S. 191) nachweisen. Saugmilben suchen jedoch nur zum Blutsaugen, oft in den Abendstunden, ihr Wirtstier auf, sodass eine klinische Untersuchung falsch negativ verlaufen kann. Die Milben können dann möglicherweise in der Einstreu oder in Einrichtungsgegenständen gefunden werden.

### Diagnosesicherung durch weiterführende Untersuchungen

Lässt sich durch die klinische Untersuchung des Patienten keine eindeutige Diagnose stellen, so müssen weiterführende Untersuchungen eingeleitet werden.

**Parasitologische Untersuchungen** sind bei allen Fellverlusten einzuleiten, die mit Juckreiz einhergehen, auch wenn zunächst makroskopisch keine Parasiten nachweisbar waren. Mit Hilfe eines Tesa-Abklatsch-Präparates oder der mikroskopischen Untersuchung von Haaren können Eier von Läusen (S. 196), Fellmilben (S. 190) und Haarmilben (S. 191) diagnostiziert werden. Um eine Sarcoptesräude (S. 193), eine Notoedresräude (S. 193), eine Demodikose (S. 195) und einen Psorergates-Befall (S. 195) nachweisen zu können, müssen tiefe Hautgeschabsel entnommen werden.

**Mykologische Untersuchungen** sind insbesondere bei lokal begrenzter Alopezie im Kopf- und Pfotenbereich einzuleiten. Aber auch dicke gelbliche Schuppenbeläge, insbesondere im Rückenbereich, sollten Anlass sein, eine Dermatomykose (S. 198) zu vermuten.

**Bakteriologische Untersuchungen** sind immer dann sinnvoll, wenn schmierig-nässende Hautveränderungen oder flächige Krustenbildungen vorliegen.

Bestehen Veränderungen der Bauchdrüsen (S. 206) oder der Flankendrüsen (S. 206), so kann eine Punktion mit anschließender **zytologischer Untersuchung** helfen, entzündliche und tumoröse Erkrankungen zu differenzieren.

Bei Hamstern können Ovarialzysten (S. 202) oder zystische Leberveränderungen (S. 203), die mit Alopezie einhergehen, durch eine **Ultraschalluntersuchung** dargestellt werden.

### 2.9.3.3 Erkrankungen

#### Fellmilben-Befall R M H

*Häufige Parasitose bei Ratten und Mäusen, die mit Juckreiz vergesellschaftet ist.*

#### Ätiologie & Pathogenese

Als Fellmilben bei der **Maus** kommen *Myobia musculi* und *Radfordia affinis* vor, bei der **Ratte** ist *Radfordia ensifera* zu finden. Bei enger nachbarschaftlicher Haltung von Hamstern und Mäusen kann es zudem zu einem Befall der **Hamster** mit *Myobia musculi* kommen.

Die drei Milbenarten sind morphologisch kaum voneinander zu unterscheiden, lassen sich jedoch anhand des Klammerapparates ihrer Beine differenzieren. *Myobia musculi* besitzt am 2. Beinpaar eine Kralle. Bei *Radfordia ensifera* sind zwei gleichgroße Krallen zu finden, bei *Radfordia affinis* zwei unterschiedlich große.

Die Milben leben im Fell ihrer Wirtstiere, verankern sich zum Teil aber auch in der oberen Hautschicht. Sie ernähren sich von Schuppen und Gewebeflüssigkeit und kleben ihre Eier an die Haarbasis nahe der Hautoberfläche. Prädilektionsstellen für einen Befall mit Fellmilben sind Kopf, Hals, Schulterpartie und Rücken.

#### Klinik

Ein Fellmilben-Befall verläuft oft über lange Zeit symptomlos. Klinische Erkrankungen werden durch immunsupprimierende Faktoren begünstigt. Bedingt durch Juckreiz kommt es zu Unruhe und Abmagerung sowie zu Hautläsionen durch ständiges Kratzen an den Prädilektionsstellen (Abb. 2.111 u. 2.112). Es finden sich zunächst kleinere Krusten, die sich im weiteren Verlauf jedoch zu flächigen Erosionen ausweiten und sekundär bakteriell

**Abb. 2.111** Ratte mit kleinen verschorfenden Kratzwunden im Nackenbereich bei Fellmilben-Befall.

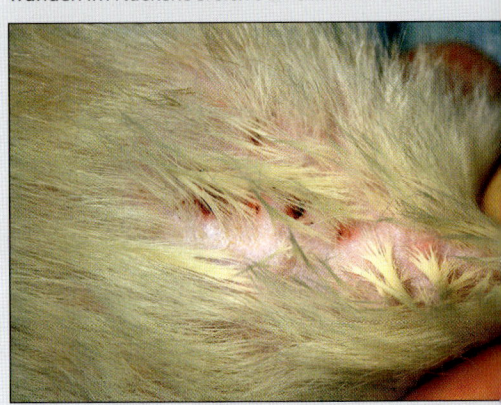

**Abb. 2.112** Maus mit krustigen Veränderungen am Kopf bei Fellmilben-Befall.

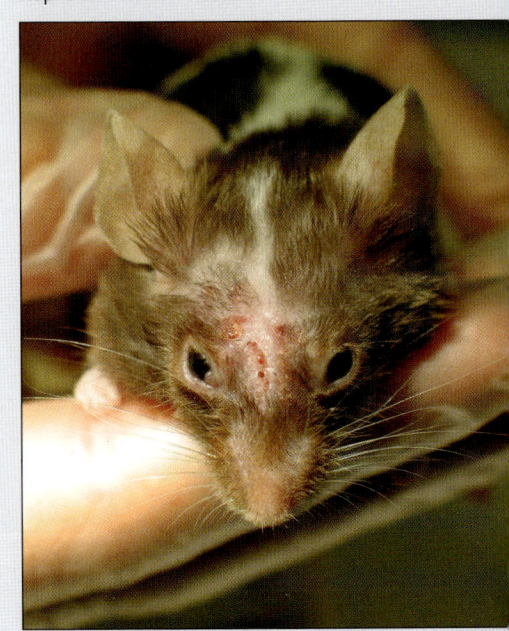

## 2.9 Fell- und/oder Hautveränderungen

infizieren können. Das Haarkleid wirkt struppig und ungepflegt, die Haut wird hyperkeratotisch. Fellverluste sind in unterschiedlichem Ausmaß zu beobachten.

Bei Mäusen mit *Myobia*-Befall kann gelegentlich aufgrund einer Hypersensitivität auf Milbenantigen eine ulzerative Dermatitis (S. 200) entstehen, die oft tödlich endet.

### Diagnose

Die Milben können mit Hilfe von Tesa-Abklatsch-Präparaten oder oberflächlichen Hautgeschabseln mikroskopisch untersucht werden (Abb. 2.113). An der Basis ausgezupfter Haare aus dem Bereich der Prädilektionsstellen sind ebenfalls Milben und ihre Eier nachzuweisen. Oftmals gelingt der Nachweis auch unter Zuhilfenahme einer Lupe direkt am Tier.

### Therapie & Prognose

Eine Behandlung verläuft nur dann erfolgreich, wenn alle Tiere des Bestandes einbezogen werden. Zudem sollten Käfig und Inventar gründlich gereinigt werden. Wirksame Antiparasitika sind Selamectin [23], Ivermectin [18] und Fipronil [16]. Waschbehandlungen mit Phoxim oder Amitraz sind deutlich aufwendiger und bei den Kleinnagern nicht zu empfehlen.

## Haarmilben-Befall M H

Wichtige Ektoparasitose der Mäuse; auch auf Hamster übertragbar.

### Ätiologie & Pathogenese

*Myocoptes musculinus* ist die Haarmilbe der **Maus**. Bei enger nachbarschaftlicher Haltung konnte jedoch immer wieder auch eine Infektion von **Hamstern** beobachtet werden.

Die weißlichen, langbeinigen Milben leben im Fell und kleben ihre Eier traubenförmig an die Haarbasis. Prädilektionsstellen für *Myocoptes musculinus* sind Kopf, Nacken, Schulter und die Rückenpartie. Die Parasiten ernähren sich von Schuppen, Epithel und extrazellulärer Gewebeflüssigkeit. Eine Übertragung erfolgt durch direkten Kontakt; Erkrankungsausbrüche werden insbesondere bei immunsupprimierten Tieren beobachtet.

### Klinik

Durch Juckreiz kommt es zu Unruhe und Abmagerung sowie zur Entstehung verschorfender Kratzverletzungen. Das Fell wird struppig; es entstehen Hautrötungen, Schuppen und Haarausfall (Abb. 2.114). Im Gegensatz zu einem Befall mit *Myobia musculi* kommt es durch *Myocoptes musculinus* nicht zu ulzerativen Hautveränderungen.

### Diagnose

Die Milben können meist schon makroskopisch bzw. mit Hilfe einer Lupe am Tier nachgewiesen werden. Haare oder Tesafilm-Abklatsch-Präparate aus den Prädilektionsbereichen können zudem

**Abb. 2.113** *Radfordia ensifera*

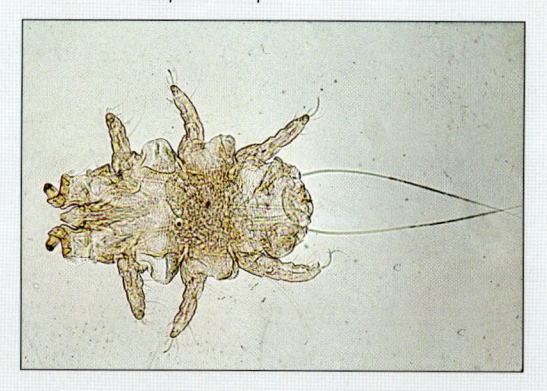

**Abb. 2.114** Maus mit massivem Haarmilben-Befall.

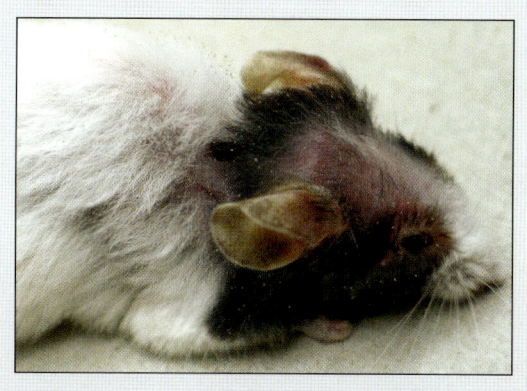

**Abb. 2.115** *Myocoptes musculinus.*

**Abb. 2.116** *Ornithonyssus bacoti.*

mikroskopisch untersucht werden, um Haarmilben und deren Eier nachzuweisen (Abb. 2.115).

### Therapie & Prognose

Als Antiparasitika erster Wahl werden Ivermectin [18] oder Selamectin [23] eingesetzt. Auch Fipronil [16] ist wirksam. Die Behandlung umfasst sämtliche Partnertiere; Käfig und Einrichtungsgegenstände sollten gründlich gereinigt werden.

Liegen flächig-krustige Hautveränderungen vor, so empfiehlt sich die unterstützende systemische Gabe eines Antibiotikums, um bakterielle Sekundärinfektionen zu bekämpfen. Kurz wirkende Kortikoide sollten bei Patienten mit hochgradigem Juckreiz ebenfalls zusätzlich eingesetzt werden.

### Saugmilben-Befall ⚠

*Bei Kleinnagern häufig vorkommende Parasitose, die mit starkem Juckreiz einhergeht.*

### Ätiologie & Pathogenese

*Ornithonyssus bacoti* ist ein typischer Parasit von Kleinnagern, der jedoch auch auf andere Kleinsäuger (z. B. Kaninchen, Meerschweinchen) und auch den Menschen übergeht. Eine Einschleppung in Zuchtbestände erfolgt oftmals durch Wildnager. *Dermanyssus gallinae*, die rote Vogelmilbe, parasitiert normalerweise auf Vögeln. Bei übermäßiger Vermehrung oder bei einem Mangel an Wirtstieren werden jedoch auch Kleinnager befallen.

Die Milben leben nur temporär auf ihrem Wirtstier, um Blut zu saugen. Die übrige Zeit verbringen sie in der Einstreu oder in Ritzen und Spalten des Käfiginventars. Ohne Wirt sind die Parasiten, je nach Umweltbedingungen, bis zu einem halben Jahr überlebensfähig.

### Klinik

Es besteht hochgradiger Juckreiz, der bei mäßigem Befall besonders in den Abendstunden, bei hochgradigen Befallsraten jedoch auch ganztägig zu beobachten ist. Die Tiere sind ständig unruhig, kratzen sich und magern ab. Es entstehen z. T. hochgradige Anämien, die zu Apathie und auch zum Tod des Tieres führen können. Die üblichen Schlafplätze werden gemieden, da sich in ihnen gehäuft die Parasiten aufhalten. Die Haut weist gerötete, papulöse Irritationen auf. Zudem entstehen verkrustete Kratzwunden. Durch bakterielle Sekundärinfektion entstehen nicht selten flächige, krustig-schmierige Hautveränderungen.

### Diagnose

Nur bei hochgradigem Befall können Milben am Tier nachgewiesen werden. Andernfalls werden sie in der Einstreu oder in den Unterschlupfmöglichkeiten der Patienten gefunden. Sie besitzen eine Größe von etwa 1 mm und sind daher mit bloßem Auge zu sehen. In nüchternem Zustand sind sie von gräulicher Farbe, nach dem Blutsaugen deutlich rot (Abb. 2.116).

## Therapie & Prognose

Die Behandlung eines Saugmilben-Befalls ist stets langwierig und aufwendig. Alle Tiere sollten über mindestens drei Monate mit einem Spot-on-Präparat (z. B. Stronghold® 23 ) versorgt werden. Zudem müssen regelmäßige Reinigungen des Käfigs erfolgen. Einrichtungsgegenstände aus Holz sollten entsorgt und für den Zeitraum der Behandlung durch Inventar aus leicht zu reinigenden Materialien (z. B. Keramik) ersetzt werden. Holzgegenstände können aber auch regelmäßig im Backofen „hitzesterilisiert" werden (1,5 bis 2 Stunden bei 50 °C). Weiterhin muss eine Umgebungsbehandlung mit Flohsprays erfolgen.

## Humanpathogenität

Beim Menschen können durch *Ornithonyssus bacoti* juckende, erythematöse Hautveränderungen hervorgerufen werden.

## Sarcoptesräude R H A

*Befall mit Grabmilben, der zu papulösen und krustösen Hautveränderungen mit Juckreiz führt.*

## Ätiologie & Pathogenese

Die Sarcoptesräude kann bei Ratten und Hamstern durch *Trixacarus diversus* und *Sarcoptes anacanthos* hervorgerufen werden. Die Milben werden durch direkten Kontakt übertragen. Eine klinische Erkrankung wird durch ein supprimiertes Immunsystem begünstigt. Die Milben bewohnen die oberen Hautschichten und bohren zur Eiablage tiefe Bohrgänge. Diese mechanischen Hautirritationen sowie eine Hypersensivität auf Milbenantigen gehen mit starkem Juckreiz einher.

## Klinik

Die Sarcoptesräude führt zu krustigen, später hyperkeratotischen und faltigen Hautveränderungen, die primär am Kopf und an den Gliedmaßen lokalisiert sind, sich aber auf den übrigen Körper ausbreiten können. Durch massiven Juckreiz sind die Tiere ständig unruhig, fressen schlecht und magern ab.

## Diagnose

Die Milben können in tiefen Hautgeschabseln mikroskopisch nachgewiesen werden (Abb. 2.117).

## Therapie & Prognose

Eine Behandlung kann mit Ivermectin 18 oder Selamectin 23 durchgeführt werden. Auch Kontaktinsektizide wie Amitraz oder Phoxim sind wirksam. Alle Partnertiere müssen in die Behandlung einbezogen werden, auch wenn sie nicht unter klinischen Symptomen leiden.

Liegen flächige und tiefe Läsionen vor, so sollten die Tiere zusätzlich mit einem Antibiotikum und einem Paramunitätsinducer 115 behandelt werden. Bei hochgradigem Juckreiz kann auch die Applikation eines kurz wirkenden Glukokortikoids indiziert sein, um weitere Automutilationen zu verhindern.

## Humanpathogenität

Beim Menschen kann durch direkten Kontakt mit erkrankten Tieren eine Pseudoscabies entstehen, die mit juckenden, papulösen Veränderungen, insbesondere an den Armen, einhergeht. Die Symptome klingen jedoch in der Regel schnell ab, wenn die Tiere einer Behandlung unterzogen werden.

## Notoedresräude R M H

*Mit Juckreiz einhergehender Milbenbefall, der zu charakteristischer Entstehung von Papeln an den Ohren führt.*

Abb. 2.117 *Sarcoptes anacanthos.*

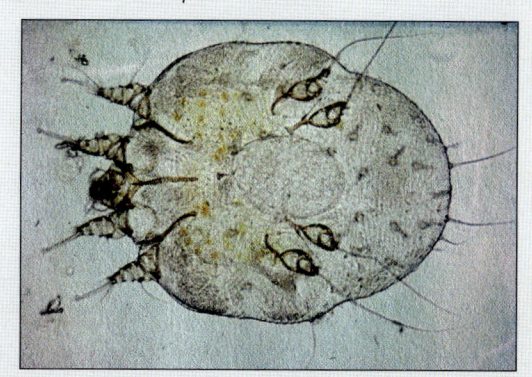

### Ätiologie & Pathogenese

Die Notoedresräude wird bei der **Ratte** durch *Notoedres muris*, bei der **Maus** durch *Notoedres musculi* und beim **Hamster** durch *Notoedres notoedres* hervorgerufen. Eine Übertragung der Milben erfolgt durch direkten Kontakt mit infizierten Artgenossen. Bei engem Kontakt können die Parasiten auch auf die jeweils andere Tierart übergehen. Ein Ausbruch klinischer Symptome wird durch Immunsuppression begünstigt.

Die Milben bewohnen die obersten Hautschichten. Die Weibchen graben Bohrgänge, in die die Eier abgelegt werden. Durch diese mechanische Hautirritation sowie eine Hypersensitivität auf Milbenantigen entstehen Juckreiz und Hautläsionen.

### Klinik

Die Notoedresräude beginnt meist im Bereich der Ohrränder, wo kleine, mit gelblich-grauen Krusten bedeckte Papeln entstehen (Abb. 2.118). Ähnliche Veränderungen können auch an der Nase und den Augenlidern lokalisiert sein. Durch ständiges Kratzen und Putzen werden die Milben jedoch auch auf andere Körperregionen verteilt, wobei die auffälligsten Veränderungen meist an den Pfoten und am Schwanzansatz zu beobachten sind. Durch den ständigen Juckreiz entstehen zudem verschorfende Hautläsionen. Bei massivem Befall und chronischem Verlauf wird die gesamte Haut borkig, hyperkeratotisch und weist Hyperpigmentierungen auf. An Ohren und Nase entstehen blumenkohl- oder hornartige Wucherungen. Durch die ständige Unruhe magern die Tiere ab, werden apathisch und erkranken häufig an bakteriellen Sekundärinfektionen, die nicht nur die Haut sondern auch andere Organsysteme betreffen können.

### Diagnose

Bereits das klinische Bild lässt eine Verdachtsdiagnose auf eine Notoedresräude zu. Die Milben können in Hautgeschabseln mikroskopisch nachgewiesen werden (Abb. 2.119). Geschabsel werden von verschiedenen, möglichst krustös veränderten Arealen entnommen und mit Kalilauge aufbereitet. Es ist zu beachten, dass bereits wenige Milben hochgradige Hautveränderungen auslösen können, sodass schon der Nachweis eines einzelnen Parasiten beweisend ist.

### Therapie

Eine Behandlung kann mit Ivermectin [18] oder Selamectin [23] durchgeführt werden. Auch Kontaktinsektizide wie Amitraz oder Phoxim sind wirksam; Waschbehandlungen sind bei den agilen Kleinnagern allerdings nur schwer durchzuführen. Alle Partnertiere müssen in die Behandlung einbezogen werden, auch wenn sie nicht unter klinischen Symptomen leiden.

Bei Tieren mit flächigen und tiefgreifenden Hautläsionen ist der parallele systemische Einsatz eines Antibiotikums sinnvoll, da bereits von bakteriellen Sekundärinfektionen ausgegangen werden muss. Bei hochgradigem Juckreiz kann auch die Applikation eines kurz wirkenden Glukokortikoids indiziert sein, um weitere Automutilationen zu verhindern.

**Abb. 2.118** Typische Notoedresräude bei einer Ratte.

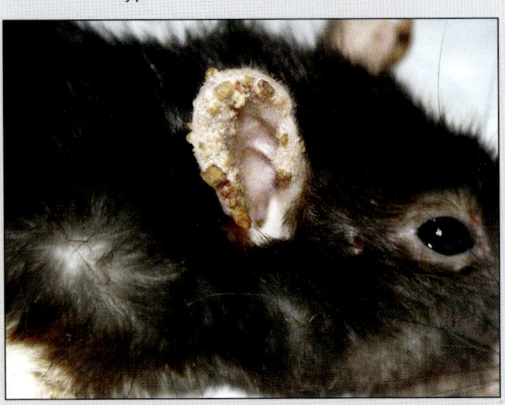

**Abb. 2.119** *Notoedres muris.*

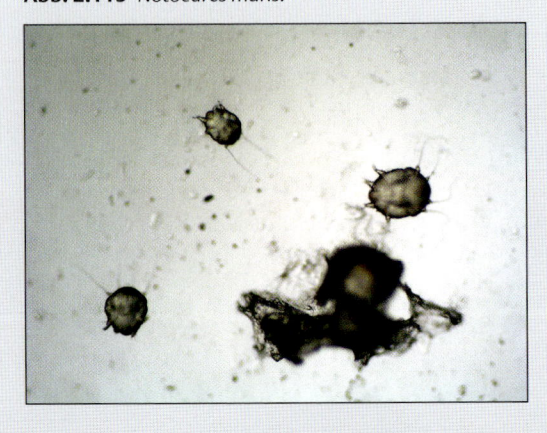

Ist der Allgemeinzustand des Patienten bereits gestört, so ist die Prognose stets vorsichtig zu bewerten. Unterstützende Gaben von Paramunitätsinducern 115 können helfen, den Zustand des Tieres zu stabilisieren und Sekundärinfektionen zu verhindern.

### Psorergates-Befall R M

*Selten vorkommende Parasitose, die zu krustösen Entzündungen der Haut führen kann.*

#### Ätiologie & Pathogenese

*Psorergates simplex* parasitiert auf **Mäusen**, *Psorergates rattus* auf **Ratten**. Die Parasiten sind streng wirtsspezifisch und leben in Haarbälgen und Talgdrüsen, wo sie sich von Zelldetritus ernähren. In der Haut entstehen kleine Zysten (1–2 mm), die sich mit talgigem Sekret nach außen entleeren. Darin sind alle Entwicklungsstadien der Milben zu finden. Eine Übertragung der Parasiten erfolgt durch direkten Kontakt von Tier zu Tier.

Psorergates-Infektionen sind in Mäusebeständen häufiger, bei Ratten dagegen nur selten zu finden.

#### Klinik

Bei der **Maus** entstehen gelbliche Krusten, insbesondere am Kopf, aber auch am kaudalen Rumpf und den Schenkeln. Bei **Ratten** verläuft eine Infektion meist symptomlos, gelegentlich können krustöse Dermatitiden am Schwanzansatz beobachtet werden.

#### Diagnose

Milben können in tiefen Hautgeschabseln, die mit Kalilauge aufbereitet werden, nachgewiesen werden. Ein Nachweis gelingt außerdem nach Ausdrücken der Hautzysten. Der talgige Inhalt kann ausgestrichen und mikroskopisch untersucht werden.

#### Therapie

Die Behandlung wird mit Ivermectin 18 oder Selamectin 23 durchgeführt. Sie bezieht sich nicht nur auf erkrankte Patienten, sondern auch auf alle Partnertiere.

### Demodikose

*Bei Ratten, Mäusen und Rennmäusen selten, bei Hamstern häufig vorkommende Parasitose, die meist ohne Juckreiz einhergeht.*

#### Ätiologie & Pathogenese

Die Demodikose wird bei der **Ratte** durch *Demodex ratti* und *D. nani*, bei der **Maus** durch *Demodex musculi*, bei der **Rennmaus** durch *Demodex merioni* sowie beim **Hamster** durch *Demodex criceti* und *D. aurati* hervorgerufen. Alle Demodex-Arten sind streng wirtsspezifisch.

Die Milben leben in den Haarfollikeln und Talgdrüsen, in denen auch die gesamte Entwicklung abläuft. Eine Übertragung der Parasiten erfolgt durch engen Kontakt; Erkrankungsausbrüche werden durch Suppressionen des Immunsystems, besonders bei älteren Tieren, beobachtet.

#### Klinik

Bei **Ratten** und **Mäusen** kommt es nur äußerst selten zum Ausbruch klinischer Symptome, wobei krustöse Veränderungen im Bereich der Schwanzwurzel im Vordergrund stehen. **Rennmäuse** und **Hamster** weisen meist eine generalisierte Ausdünnung des Haarkleides mit vermehrter Schuppenbildung und Hautrötungen auf (Abb. 2.120). Auch flächige Krustenbildungen kommen vor. Die Demodikose geht bei allen vier Tierarten meist ohne Juckreiz einher.

**Abb. 2.120** Demodikose bei einem Goldhamster.

### Diagnose

Demodexmilben können mit Hilfe tiefer Hautgeschabsel nachgewiesen werden (Abb. 2.121). An der Entnahmestelle sollte zunächst eine Hautfalte gebildet und leicht gequetscht werden, wodurch die in den Haarfollikeln befindlichen Milben näher an die Oberfläche gebracht werden.

### Therapie & Prognose

Eine Behandlung erfolgt mit Ivermectin [18] oder Selamectin [23]. Da die Demodikose nur bei deutlich geschädigtem Immunsystem ausbricht, empfiehlt es sich, erkrankte Patienten zusätzlich mit einem Paramunitätsinducer [115] zu behandeln. Die Haltungs- und Fütterungsbedingungen müssen optimiert werden, Stress ist zu vermeiden.

---

**Therapie eines Milbenbefalls:**

- gründliche Reinigung von Käfig und Inventar
- Behandlung aller Tiere mit:
  - Selamectin [23] (Stronghold®), 15–30 mg/kg
  - Ivermectin [18] (Ivomec®), 0,3–0,5 (–1) mg/kg s.c., 3 x im Abstand von 1 Woche
  - Fipronil [16] (Frontline® Spray), 3 ml/kg, einmalig
  - Propoxur [22] (Bolfo® Puder), 3 x im Abstand von 1 Woche (nur bei Haar- und Fellmilben ausreichend wirksam)
- Bei Befall mit *Ornithonyssus bacoti* zusätzlich:
  - Umgebungsbehandlung mit Flohsprays
  - Vernichtung von schlecht zu reinigendem Inventar

---

**Abb. 2.121** *Demodex* sp.

### Läusebefall R M

*Bei Ratten und Mäusen häufig vorkommende Ektoparasitose mit starkem Juckreiz.*

### Ätiologie & Pathogenese

*Polyplax serrata* und *Polyplax spinulosa* sind Läuse von Mäusen und Ratten. Die Parasiten können jedoch gelegentlich auch auf anderen Kleinnagern gefunden werden, wenn diese in enger Nachbarschaft mit den eigentlichen Wirtstieren gehalten werden.

Die Läuse halten sich ständig auf ihrem Wirt auf; ihre Übertragung erfolgt daher vorwiegend durch direkten Kontakt, gelegentlich aber auch durch belebte Vektoren (Mensch). Die Parasiten ernähren sich vom Blut des Wirtstieres, indem sie die Haut anstechen, was zu Hautirritationen führt. Die Eier (Nissen) werden nahe der Hautoberfläche an der Haarbasis befestigt. Prädilektionsstellen sind Kopf, Hals, Nacken und Schultern, bei starkem Befall kann jedoch auch die gesamte Rückenpartie befallen sein.

*Polyplax* sp. spielen zudem eine Rolle bei der Übertragung der beiden Rickettsien *Haemobartonella muris* (Ratte) und *Eperythrozoon coccoides* (Maus). Infektionen mit diesen Erregern verlaufen in der Regel latent, können jedoch in Einzelfällen Anämien auslösen.

### Klinik

Die Tiere haben bei Läusebefall ein glanzloses, struppiges Fell. Auf der Haut entstehen gerötete Irritationen sowie verschorfende Kratzwunden. Der Juckreiz führt zudem zu Unruhe mit nachfolgender Abmagerung. Bei starkem Befall kommt es zu Anämien.

### Diagnose

Läuse können bereits makroskopisch oder mit Hilfe einer Lupe im Fell gefunden werden (Abb. 2.122). Die Nissen sowie adulte Stadien lassen sich aber auch mikroskopisch an den Haaren nachweisen (Abb. 2.123).

**Abb. 2.122** Läusebefall bei einer Ratte.

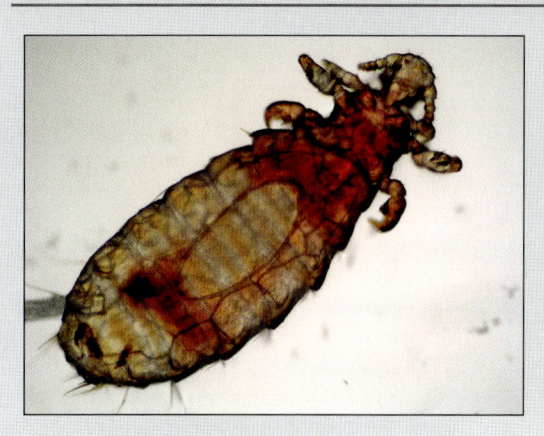

**Abb. 2.123** *Polyplax* sp.

### Therapie & Prognose

Wirksam sind Ivermectin [18] und Selamectin [23] sowie Kontaktinsektizide. Es hat sich bewährt, befallene Tiere zunächst mit Flohpuder (z. B. Bolfo® [22]) zu bestäuben, um die adulten Läuse schnell abzutöten. Im Anschluss wird Stronghold® [23] aufgetragen, sodass auch die noch aus den Eiern schlüpfenden Generationen zuverlässig beseitigt werden. Die Behandlung muss bei allen Tieren des Bestandes durchgeführt werden, Käfige sollten gründlich gereinigt werden.

Sind die Patienten aufgrund hoher Befallsraten mit daraus resultierender Anämie bereits stark geschwächt, so ist die Prognose vorsichtig zu bewerten. Paramunitätsinducer helfen in solchen Fällen, das Immunsystem zu stabilisieren, Antibiotika schützen vor Sekundärinfektionen. Eine allgemein unterstützende Therapie mit Infusionen [84], Vitamingaben und Zwangsfütterung [113] kann ebenfalls erforderlich werden.

**Therapie des Läusebefalls:**
- Selamectin [23] (Stronghold®), einmalig 15 mg/kg als Spot-on
- Ivermectin [18] (Ivomec®), 0,3–0,5 (–1) mg/kg, 3 x im Abstand von 7 d
- Propoxur [22] (Bolfo®), mehrmals im Abstand von 7 d

## Flohbefall

Vorwiegend durch Hunde- und Katzenflöhe verursachte Parasitose.

### Ätiologie & Pathogenese

*Ctenophthalmus assimilis* (Feldmausfloh), *Leptopsylla segnis* (Hausmausfloh), *Nosopsyllus fasciatus* (Europäischer Rattenfloh) und *Xenopsylla cheopis* (Tropischer Rattenfloh) sind für Ratten und Mäuse spezifische Flöhe, die zudem als Zwischenwirt und Vektor für die Bandwürmer *Hymenolepis nana* und *H. diminuta* fungieren. Die Parasiten spielen in der Heimtierhaltung kaum eine Rolle, kommen aber in verwahrlosten Großzuchten vor und werden dort insbesondere durch Wildnager übertragen.

Bei Heimtieren sind eher *Ctenocephalides canis* (Hundefloh) und *Ctenocephalides felis* (Katzenfloh) von Bedeutung, die auch Kleinnager als Fehlwirte aufsuchen.

### Klinik

Die Stiche der Flöhe führen zu juckenden Hautirritationen. Es entstehen Rötungen, Quaddeln und Fellverluste sowie verschorfende Hautläsionen durch ständiges Kratzen. Bei starkem Befall sind mitunter flächige Exzeme zu beobachten. Die Tiere sind unruhig, fressen schlecht und magern ab. Besonders bei Jungtieren kann es durch Anämien zu Todesfällen kommen.

### Diagnose

Flöhe und Flohkot können bereits makroskopisch am Tier nachgewiesen werden.

### Therapie & Prognose

Bei Ratten- und Mäuseflöhen kann eine ausreichende Wirkung oftmals bereits mit Flohpuder (z. B. Bolfo® 22 ) erzielt werden, der wiederholt aufgetragen werden sollte. Da Katzen- und Hundeflöhe weitreichende Resistenzen aufweisen, müssen hier wirksame Präparate (z. B. Advantage® 17 , Program® 30 , Frontline® 16 ) zur Anwendung kommen. Alle Partnertiere sowie im Haushalt befindliche Hunde und Katzen müssen behandelt werden. Käfig und Inventar sind regelmäßig zu reinigen. Zudem wird eine Umgebungsbehandlung mit Flohsprays erforderlich, sofern die Tiere Freilauf in der Wohnung haben.

## Dermatomykose ⚠

*Infektiöse Erkrankung mit mäßiger Kontagiosität und unterschiedlicher Ausprägung.*

### Ätiologie & Pathogenese

Dermatomykosen werden durch verschiedene Trichophyton- und Mikrosporum-Arten hervorgerufen. Die häufigsten Erreger bei Mäusen und Hamstern sind *Microsporum gypseum*, *Microsporum canis* und *Trichophyton mentagrophytes*. Erreger der Dermatomykose bei der Ratte ist *Trichophyton mentagrophytes*, andere Pilze kommen nicht vor. *Trichophyton mentagrophytes* und *Microsporum gypseum* werden bei Rennmäusen am häufigsten isoliert.

Pilzinfektionen werden von Tier zu Tier übertragen, wobei auch gehäuft symptomlose Sporenträger vorkommen. Klinische Erscheinungen werden insbesondere bei geschädigtem Immunsystem beobachtet.

### Klinik

Das klinische Bild kann erheblich variieren. Kahle Stellen um Augen, Nase (Abb. 2.124) und Ohren sowie an den Füßen kommen ebenso vor wie gelblich-krustöse Hautveränderungen, unter denen sich schmierige Läsionen finden. Insbesondere bei der Ratte gehen Dermatomykosen auch mit der Bildung dicker gelblich-weißer Schuppenbeläge einher, die vorzugsweise vom Rücken- bis Kruppenbereich lokalisiert sind (Abb. 2.125). Juckreiz fehlt bei Dermatomykosen fast immer.

### Diagnose

Aus den Randbereichen veränderter Hautareale werden oberflächliche Hautgeschabsel und Haare entnommen. Mit diesem Material können Pilzkulturen angelegt werden. Auch ein mikroskopischer Nachweis kann erfolgen.

Abb. 2.124 Dermatomykose bei einer Rennmaus.

Abb. 2.125 Dermatomykose mit dicken Schuppenbelägen bei einer Ratte.

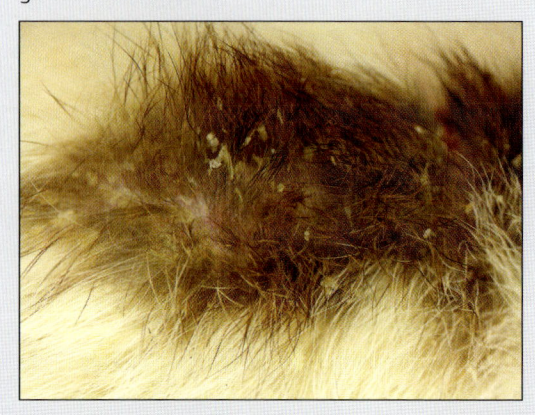

*Die Diagnostik mittels Wood'scher Lampe ist nicht ausreichend, da nur einige Microsporum-canis-Arten unter UV-Licht grün fluoreszieren.*

### Therapie & Prognose

Eine Behandlung sollte mit einem systemisch wirkenden Antimykotikum erfolgen, da eine alleinige lokale Behandlung der kleinen Nager meist nicht zufriedenstellend durchgeführt werden kann. Als Antimykotika sind neuere Wirkstoffe wie Lufenuron [30] (Program®) oder Itraconazol [28] (Itrafungol®) vorzuziehen. Griseofulvin [27] oder Ketoconazol [29] führen oft zu erheblichen Nebenwirkungen. In hartnäckigen Fällen kann die systemische Therapie durch gezielte lokale Behandlung mit Enilkonazol [26] (Imaverol®) unterstützt werden.

Bei jeder klinisch manifesten Pilzinfektion muss von einer Schädigung des Immunsystems ausgegangen werden. Die Haltungs- und Fütterungsbedingungen der Patienten sollten daher unbedingt überprüft und optimiert werden, um den Heilungsverlauf zu fördern. Gegebenenfalls können auch Paramunitätsinducer [115] unterstützend eingesetzt werden.

> **Therapie der Dermatomykose:**
> - lokale Behandlung
>   - Waschbehandlung mit Enilconazol [26] (Imaverol®), 0,05%ig alle 3–4 d bis zur Abheilung
> - systemische Behandlung
>   - Lufenuron [30] (Program®), 100 mg/kg p.o. 3–4 x im Abstand von 14 d
>   - Itraconazol (Itrafungol® [28] ), 10 mg/kg p.o., 3 x über 7 d, dazwischen je 7 d Behandlungspause
> - ggf. Antibiotikum
> - ggf. Paramunitätsinducer (Zylexis® [115] )

## Bakterielle Dermatitis

*Durch sekundäre Keimbesiedlung hervorgerufene Hautentzündung.*

### Ätiologie & Pathogenese

Bakterielle Dermatitiden entstehen vorwiegend als Sekundärinfektionen nach primärem Befall mit Parasiten oder Pilzen. Auch Bissverletzungen nach Rangordnungskämpfen und ulzerierte Tumoren der Haut sowie bei Zwerghamstern und Rennmäusen auch der Bauchdrüse sind eine häufige Eintrittspforte. Als Erreger sind meist *Staphylococcus* sp. und *Streptococcus* sp. beteiligt. Diese sind auch auf der gesunden Haut von Nagern zu finden, können beim Vorliegen von Hautläsionen dann jedoch zu Entzündungen führen.

### Klinik

Es entstehen Rötungen sowie teils krustige, teils schmierige Hautveränderungen (Abb. 2.126), die oftmals mit erheblichem Juckreiz vergesellschaftet sind, sodass die Läsionen durch ständiges Kratzen stetig vergrößert werden.

### Diagnose

Ein Keimnachweis erfolgt durch Entnahme von Tupferproben aus den veränderten Hautregionen. Krusten sollten gelöst werden, um darunter liegende Bakterien erreichen zu können. Neben einer bakteriologischen Untersuchung muss jedoch auch nach einer Grunderkrankung gesucht werden. Mit Hilfe von Tesa-Abklatsch-Präparaten bzw. Hautgeschabseln lassen sich Parasiten nachweisen. Zur Diagnose einer Dermatomykose werden Haare und Hautgeschabsel zum Anlegen einer Pilzkultur entnommen. Zudem ist eine sorgfältige Anamneseerhebung der Haltungsbedingungen erforderlich, um primäre Bissverletzungen ausschließen zu können.

**Abb. 2.126** Sekundäre bakterielle Dermatitis nach Milbenbefall bei einer Maus.

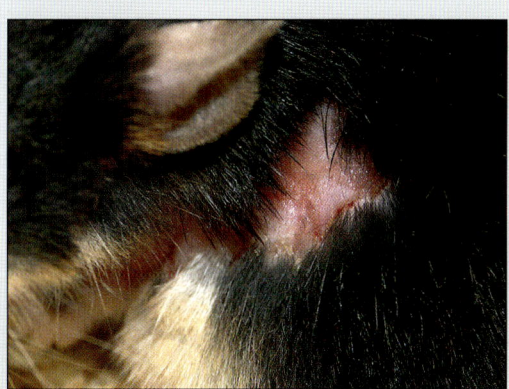

### Therapie & Prognose

Die Tiere werden mit einem Antibiotikum systemisch behandelt. Eine lokale Salbentherapie ist nicht sinnvoll, da die Präparate die Patienten zu exzessivem Belecken anregen. Um heftigen Juckreiz zu bekämpfen, können über ein bis zwei Tage kurz wirkende Kortikoide [72] appliziert werden. Die Tiere sind zudem auf staubfreiem Untergrund zu halten. Zu diesem Zweck wird die handelsübliche Einstreu gegen Zeitungspapier und Zellstoff ausgetauscht. Sandbäder müssen entfernt werden, bis die Hautveränderungen abgetrocknet sind.

Primäre Erkrankungen wie Parasitosen sind natürlich ebenfalls zu behandeln. Bestehen Bissverletzungen, so müssen rivalisierende Partner separiert werden

### Ulzerative Dermatitis [M]

*Durch allergische Reaktionen hervorgerufene Hautentzündung, die oft tödlich endet.*

#### Ätiologie & Pathogenese

Die ulzerative Dermatitis wird in der Regel in Zusammenhang mit einem Fellmilben-Befall gesehen und scheint durch eine allergische Reaktion auf das Milbenantigen ausgelöst zu werden. Es kommt zu heftigem Juckreiz; die entstehenden Kratzwunden werden bakteriell infiziert und es entwickeln sich tiefgreifende und schlecht heilende Erosionen.

**Abb. 2.127** Ulzerative Dermatitis.

### Klinik

Ulzerative Dermatitiden sind vorzugsweise im Nacken- und Zwischenschulterbereich lokalisiert. Es finden sich großflächige, krustig-schmierige Läsionen (Abb. 2.127), die von den Tieren ununterbrochen bekratzt werden. Betroffene Patienten sind unruhig, fressen kaum noch und magern schnell ab.

### Diagnose

Die Diagnose ergibt sich bereits aus dem klinischen Bild. Fellmilben können mit Hilfe einer Lupe oder durch Tesafilm-Abklatsch-Präparate gefunden werden. Es sollten unbedingt Tupferproben aus den veränderten Hautarealen entnommen und bakteriologisch untersucht werden.

### Therapie & Prognose

Die Prognose einer ulzerativen Dermatitis ist stets äußerst vorsichtig zu bewerten. Betroffene Patienten müssen mit einem gegen Fellmilben gut wirkenden Antiparasitikum (z. B. Stronghold® [23] ) behandelt werden und erhalten systemisch ein Antibiotikum. Zudem sollte über einige Tage ein Kortikoid verabreicht werden, um den Juckreiz einzudämmen. Kommt es trotz der Behandlung nicht innerhalb weniger Tage zu einer Besserung des Zustandes, so sollte das Tier euthanasiert werden.

**Therapie der ulzerativen Dermatitis:**
- Antiparasitikum
  - Selamectin [23] (Stronghold®), 15 mg/kg
  - Ivermectin [18] (Ivomec®), 0,3–0,5 (–1) mg/kg s.c., 3 x im Abstand von 7 d
- Antibiotikum, z. B.
  - Enrofloxacin [5] (Baytril®), 1 x tägl. 10 mg/kg p.o., s.c.
  - Chloramphenicol [2] (Chloromycetin Palmitat®), 2 x tägl. 50 mg/kg p.o.
- kurz wirksames Kortikoid z. B.
  - Prednisolon [72] , 1 x tägl. 1–2 mg/kg s.c., p.o.
  - Dexamethason [68] , 1 x tägl. 0,2 mg/kg s.c. p.o.

### „Sore Nose" RM

*Bei Rennmäusen vorkommende Entzündung der Haut im Schnauzenbereich.*

#### Ätiologie & Pathogenese

Dermatitiden an Maul und Nase bei Rennmäusen werden durch ein multifaktorielles Geschehen ausgelöst. Das porphyrinhaltige Sekret der Harder'schen Drüsen ist hautreizend. Bei Erkrankungen des Auges, unhygienischen Haltungsbedingungen (hoher Ammoniakgehalt) oder durch Stressfaktoren wird es vermehrt gebildet und sammelt sich im Nasenbereich. Durch verstärktes Putzen sowie ungeeignete oder fehlende Sandbäder können Haarverluste, Haarbruch und Mikroläsionen der Haut entstehen, an denen es durch das Sekret zu weiteren Reizungen kommt. Dadurch wird ein Eindringen von Keimen, vorwiegend *Staphylococcus* sp. gefördert, sodass Entzündungen resultieren.

#### Klinik

Durch Eintrocknung des Drüsensekretes entstehen zunächst rötlich-braune Krusten im Nasenbereich, gefolgt von einer oberflächlichen Dermatitis mit Alopezie und Hautrötungen (Abb. 2.128). Bakterielle Sekundärinfektion führt schließlich zu tiefen, nässenden Entzündungen der Haut. Diese können, ausgehend von der Schnauze, auch auf Pfoten, Brust- und Bauchbereich übergreifen. Großflächige Veränderungen gehen meist auch mit deutlichen Störungen des Allgemeinbefindens und einer Reduktion der Futteraufnahme einher und können letztlich zum Tod des Tieres führen.

#### Diagnose

Die Diagnose ergibt sich aus dem klinischen Bild und dem Nachweis des porphyrinhaltigen Sekretes, das unter UV-Licht fluoresziert. Bei nässender Dermatitis sollten stets bakteriologische Untersuchungen eingeleitet werden, um gezielt nach Antibiogramm behandeln zu können. Zudem muss die Ursache für eine vermehrte Drüsensekretion ermittelt werden. Neben einer gründlichen Augenuntersuchung sind die Haltungsbedingungen zu hinterfragen. Hierbei ist besonders von Interesse, ob geeignete Sandbäder zur Fellpflege zur Verfügung stehen.

#### Therapie & Prognose

Eine erfolgreiche Behandlung setzt eine Abschaltung der für die vermehrte Drüsensekretion verantwortlichen Faktoren voraus.

Sekretkrusten müssen zunächst mit milden Antiseptika entfernt werden. Die Tiere sollten dann systemisch mit einem Antibiotikum (z. B. Sulfonamid/Trimethoprim [11], Enrofloxacin [5]) versorgt werden. Bei großflächigen, nässenden Dermatitiden ist die Prognose dennoch äußerst vorsichtig zu beurteilen. Die Rennmäuse werden bis zur Abheilung auf staubfreiem Untergrund (Zeitungspapier, Zellstoff) gehalten; Sandbäder müssen entfernt werden, um zusätzliche Verklebungen zu vermeiden.

Abb. 2.128 „Sore Nose".

## 2 9 Fell- und/oder Hautveränderungen

**Abb. 2.129** Senile Alopezie bei einer Ratte.

### ▪ Altersalopezie

*Durch altersbedingte Stoffwechselveränderungen hervorgerufene Fellverluste.*

#### ▪ Ätiologie

Mit steigendem Alter kommt es zu Absenkungen der Stoffwechselleistungen. Neben Gewichtsverlusten durch Abnahme der Organgewichte und Muskelatrophie führt dies bei Kleinnagern auch gehäuft zu Ausdünnungen des Haarkleides. Hiervon sind besonders auffällig Ratten und Hamster betroffen. Die Altersgrenze, ab der es zu Alopezien kommt, ist von Tier zu Tier sehr variabel. Während bei Ratten, Farbmäusen und Goldhamstern ein ungefähres Alter von 1,5 bis 2 Jahren angesetzt werden kann, liegt es bei Zwerghamstern bei etwa 1,5 Jahren. Rennmäuse, die im Allgemeinen eine höhere Lebenserwartung haben, weisen altersbedingte Ausdünnungen des Haarkleides erst ab einem Alter von ca. 3 Jahren auf.

#### ▪ Klinik

Das gesamte Haarkleid wird licht (Abb. 2.129), die Haut ist in der Regel völlig unauffällig. Alte Hamster können das komplette Fell des Stammes verlieren. Neben den Fellveränderungen fallen verminderte Mobilität und Gewichtsverluste auf.

#### ▪ Diagnose

Die Diagnose ergibt sich aus der Altersanamnese und dem klinischen Bild. Insbesondere Parasitosen und Dermatomykosen müssen ausgeschlossen werden.

#### ▪ Therapie & Prognose

Eine Behandlung ist nicht möglich. Tiere mit gleichzeitig deutlich verminderter Mobilität können mit Hilfe von Propentophyllin (Karsivan® 49) unterstützt werden.

### ▪ Ovarialzysten H RM

*Fellverluste, die durch hormonell aktive Eierstockzysten hervorgerufen werden.*

#### ▪ Ätiologie & Pathogenese

Durch hormonell aktive Ovarialzysten, deren Entstehungsursache unklar ist, kann es gelegentlich bei Hamstern und Rennmäusen zu Haarausfall kommen.

#### ▪ Klinik

Die Tiere weisen Fellverluste auf, die vorwiegend im Flankenbereich lokalisiert sind, sich aber auch weiter auf den Stamm und die Hinterbeine ausbreiten können.

#### ▪ Diagnose

Eine Verdachtsdiagnose kann durch das klinische Bild gestellt werden. Zystisch veränderte Ovarien lassen sich sonographisch nachweisen, erst bei entsprechendem Volumen ist auch ein röntgenologischer Nachweis möglich.

#### ▪ Therapie & Prognose

Eine Behandlung ist in jedem Fall sinnvoll, da erhöhte Östrogenlevel nicht nur zu Fellveränderungen, sondern auf Dauer auch zu Knochenmarkschädigungen mit Panzytopenie und Immunsuppression führen. Die Tiere werden zunächst mit HCG (Ovogest® 69) behandelt. Bringt dies keinen zufriedenstellenden Erfolg, so ist eine Kastration anzuraten.

## 2.9 Fell- und/oder Hautveränderungen

### ▪ Leberzysten H

*Bei älteren Hamstern vorkommende Lebererkrankung, die mit Alopezie und Hautnekrosen einhergehen kann.*

#### ▪ Ätiologie & Pathogenese

Zystische Veränderungen der Leber und der Gallengänge kommen bei Hamstern, insbesondere Goldhamstern, ab einem Alter von etwa 1,5 Jahren vor. Sie treten auch bei älteren Rennmäusen auf, sind bei dieser Tierart jedoch nicht mit Alopezien vergesellschaftet.

#### ▪ Klinik

Neben einer Umfangsvermehrung des Abdomens (❺), kann es zu verschiedenen Formen der Alopezie kommen. Manche Tiere weisen eine dezente generalisierte Ausdünnung des Fells auf; die Haut erscheint oft etwas schuppig. Häufig können aber auch ausgeprägtere Alopezien gesehen werden, bei denen die Hamster fast vollständig kahl werden. Die Haut weist dann nicht selten mykotische Sekundärinfektionen auf, die sich in Form dicker, gelblicher Schuppenbeläge äußern (Abb. 2.130). Auch nekrotische Hautveränderungen, insbesondere im Bauchbereich, kommen vor (Abb. 2.131); Juckreiz fehlt.

#### ▪ Diagnose

Die Zysten können palpatorisch, sonographisch oder in fortgeschrittenen Fällen auch röntgenologisch dargestellt werden.

#### ▪ Therapie & Prognose

Eine Behandlung ist nicht möglich. Erkrankte Hamster sollten euthanasiert werden.

**Abb. 2.130** Fellverluste im Rückenbereich bei polyzystischer Leberveränderung. Die gelben Schuppenbeläge werden durch mykotische Sekundärinfektion hervorgerufen.

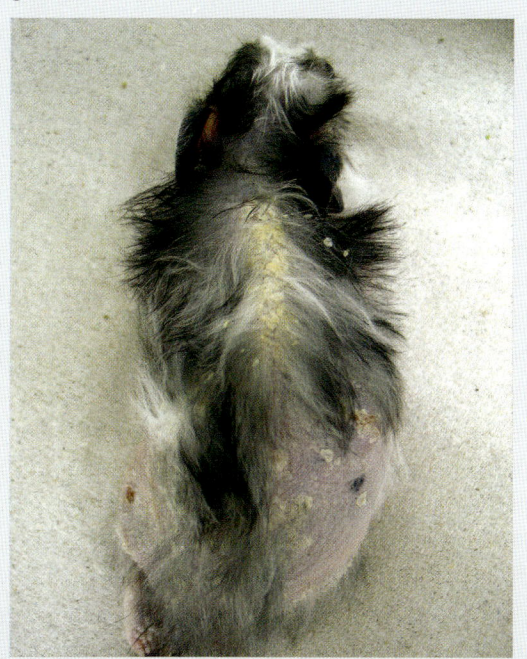

**Abb. 2.131** Alopezie und nekrotische Hautveränderungen am Bauch bei polyzystischer Leberveränderung.

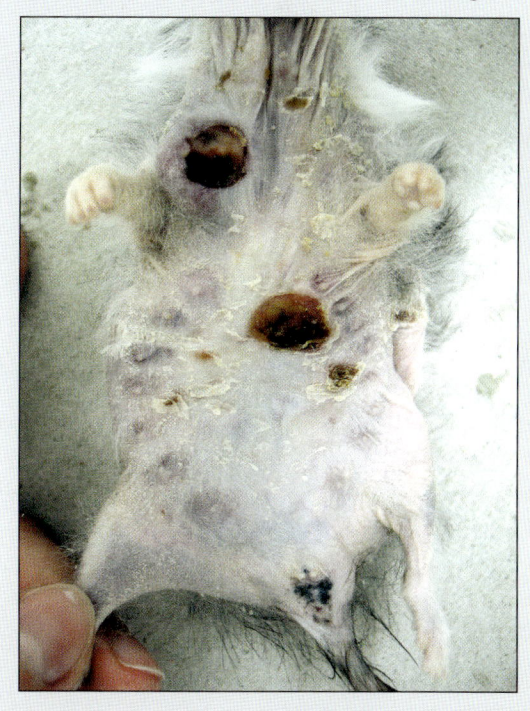

### Hyperadrenokortizismus H RM

*Seltene, bei alten Hamstern und Rennmäusen auftretende endokrine Erkrankung.*

#### Ätiologie & Pathogenese

Sowohl bei Hamstern als auch bei Rennmäusen kommen in höherem Alter Hyperplasien oder Adenome der Nebennieren vor. Bei Hamstern wird auch von Hyperadrenokortizismus durch Neoplasien der Hypophyse berichtet. Männliche Tiere sind häufiger betroffen als weibliche.

#### Klinik

Es werden Alopezien beobachtet, die im Flankenbereich und den Hinterbeinen beginnen, sich aber weiter auf den Stamm ausbreiten können. Es kann zudem zu Hyperpigmentationen und einem Elastizitätsverlust der Haut kommen. Begleitende Polydipsien und Polyurien sind möglich.

#### Diagnose

Eine Diagnosestellung anhand von Blutuntersuchungen ist bei den kleinen Nagern aufgrund der geringen zu gewinnenden Probenmenge nicht möglich. Es müssen alle Differenzialdiagnosen ausgeschlossen werden, insbesondere Alopezien durch Ovarialzysten. Mit einem geeigneten Ultraschallgerät können evtl. Vergrößerungen der Nebennieren nachgewiesen werden.

#### Therapie & Prognose

Eine Behandlung wird normalerweise nicht durchgeführt, da es sich bei den Patienten um alte Tiere handelt, deren Lebenserwartung ohnehin begrenzt ist. Eine Entfernung der entarteten Nebenniere ist theoretisch jedoch möglich.

### Trichotillomanie (Barbering) R M RM

*Durch Rangordnungsverhalten ausgelöste Veränderungen.*

#### Ätiologie & Pathogenese

In Mäuse-, Rennmäuse- und Rattengruppen, insbesondere wenn es sich um gleichgeschlechtliche Gruppen handelt, kommt es dazu, dass das ranghöchste Tier den anderen Partnern an umschriebenen Bezirken die Haare abbeißt.

#### Klinik

Es entstehen haarlose Bereiche. Diese sind häufig an der Schnauze lokalisiert, wo auch die Tasthaare fehlen. Weiterhin sind oft der Kopf, der Nacken und der Rücken betroffen. Die Haut ist an diesen Stellen völlig unbeeinträchtigt (Abb. 2.132).

Das ranghöchste Tier ist an seinem intakten Haarkleid zu erkennen.

#### Diagnose

Die Diagnose kann in der Regel bereits anhand des klinischen Bildes gestellt werden. Bei der mikroskopischen Untersuchung der Haarstummel erscheinen diese glatt abgeschnitten.

#### Therapie & Prognose

Eine Behandlung ist nicht erforderlich. Ein Unterbinden des Rangordnungsverhaltens ist in der Regel nicht möglich. Wenn das ranghöchste Tier aus der Gruppe entfernt wird, so übernimmt seine Rolle meist schnell ein anderes Tier.

**Abb. 2.132** Fellverluste im Schnauzenbereich einer Farbmaus durch Trichotillomanie.

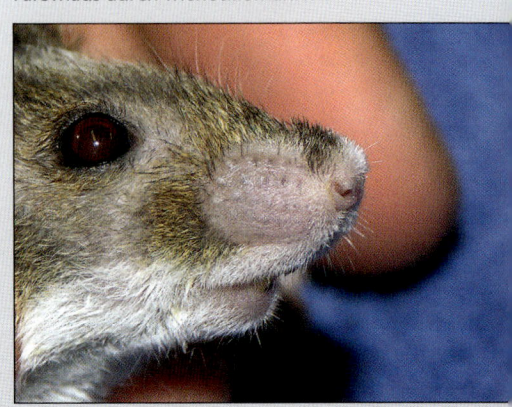

## Bissverletzungen

*Meist durch Partnertiere im Rahmen von Rangordnungskämpfen hervorgerufene Verletzungen.*

### Ätiologie & Pathogenese

Bissverletzungen entstehen unter Kleinnagern im Rahmen von Revierstreitigkeiten. Während einmal bestehende Ratten- und Mäusegruppen in der Regel friedlich zusammenleben, kommt es unter Hamstern und Rennmäusen immer wieder zu plötzlich aufkeimenden Rivalitäten, die mit heftigen Beißereien einhergehen.

In Einzelfällen kann es außerdem zu Verletzungen durch im Haushalt befindliche Hunde und Katzen kommen.

### Klinik

Bissverletzungen können am ganzen Körper lokalisiert sein. Durch eintrocknende Blutungen und bakterielle Sekundärinfektion entstehen oft flächige, teils schmierige Verkrustungen (Abb. 2.133). Das Allgemeinbefinden der Tiere kann erheblich gestört sein. Dies hängt nicht nur mit den Verletzungen zusammen, sondern auch mit dem stetigen Stress, dem ein unterlegener Rivale ausgesetzt ist. Oft magern die Tiere schnell ab, zumal sie meist von der Futterquelle vertrieben werden.

### Diagnose

Die Diagnose wird anhand der Haltungsanamnese und des klinischen Bildes gestellt. Um Keime zu differenzieren und gezielt antibiotisch behandeln zu können, werden bei besonders ausgeprägten Veränderungen Tupferproben zur mikrobiologischen Untersuchung entnommen.

### Therapie & Prognose

Die Tiere werden systemisch mit einem Antibiotikum (z. B. Baytril® 5 , Cotrim K® 11 ) behandelt. Eine lokale Salbenanwendung ist nicht anzuraten, da das Fell verschmiert und die Patienten zusätzlich zum Belecken angeregt werden. Anfangs kann allerdings eine Wundbehandlung mit milden Antiseptika (z. B. Rivanol® 89 ) durchgeführt werden. Bestehen Störungen des Allgemeinbefindens, so

**Abb. 2.133** Flächige, krustige Veränderungen der Kruppe nach Bissverletzungen bei einem Roborowski-Zwerghamster.

sind zusätzliche stabilisierende Maßnahmen wie Infusionen 84 mit Glukosezusatz 82 , Vitaminsubstitution 76 und Zwangsernährung 113 erforderlich. Auch Analgetika (z. B. Metacam® 100 ) helfen, das Befinden zu verbessern. Selbstverständlich ist das Tier von seinem Rivalen zu separieren und muss zudem auf staubfreiem Untergrund (Zellstoff, Zeitung) gehalten werden.

### Prophylaxe

Um Beißereien zu vermeiden bzw. Rangordnungskämpfe frühzeitig erkennen und unterbinden zu können, müssen Kleinnagergruppen, insbesondere Rennmäuse und Zwerghamster, aufmerksam beobachtet werden, damit rivalisierende Partner rechtzeitig getrennt werden können. Bei der Vergesellschaftung von Kleinnagern ist besonders geduldig und umsichtig vorzugehen (siehe Kapitel 1).

## Spritzennekrosen

*Durch reizende Medikamente hervorgerufene Hautveränderungen.*

### Ätiologie

Reizende Medikamente können gelegentlich zu Nekrosenbildungen der Haut führen. Die Haut der Kleinnager ist diesbezüglich allerdings deutlich weniger empfindlich als die von Kaninchen oder Chinchillas.

### Klinik

Es bilden sich flächige, gut abgegrenzte Nekrosen, die keinerlei Beschwerden verursachen. Die abgestorbenen Hautplatten beginnen sich an den Rändern abzulösen; darunter kommt rosige „neue" Haut zum Vorschein.

### Diagnose

Eine Diagnose kann meist bereits anhand des klinischen Bildes und der Anamnese gestellt werden, aus der hervorgeht, dass das Tier Injektionen erhalten hat.

### Therapie & Prognose

Eine Behandlung ist nicht erforderlich. Die Nekrosen lösen sich in der Regel komplikationslos ab.

## Entzündungen der Bauchdrüse H RM

*Erkrankungen, die vorwiegend bei älteren Tieren vorkommen.*

### Ätiologie & Pathogenese

Bei älteren Zwerghamstern und Rennmäusen kommt es häufig zu Entzündungen der Bauchdrüse, wobei Rennmäuse deutlich häufiger betroffen sind. Meist handelt es sich um Sekundärinfektionen von primär neoplastischen Veränderungen.

### Klinik

Die Bauchdrüse ist meist deutlich verdickt und schmierig-krustig verändert. Das Organ wird ständig beleckt oder benagt, sodass oft auch sekundäre Veränderungen der umliegenden Hautbereiche resultieren. Das Allgemeinbefinden der Tiere ist meist kaum oder gar nicht gestört.

### Diagnose

Die Diagnose ergibt sich bereits aus dem klinischen Bild, wobei eine rein entzündliche oft nicht von einer tumorösen Veränderung mit Sekundärinfektion unterschieden werden kann.

### Therapie & Prognose

Betroffene Tiere werden zunächst systemisch mit einem Antibiotikum (z. B. Enrofloxacin 5, Chloramphenicol 2) behandelt und erhalten zusätzlich ein Analgetikum (z. B. Meloxicam 100). Eine lokale Behandlung der Bauchdrüse z. B. mit Salben, ist nicht anzuraten, da die Patienten dadurch verstärkt zum Belecken angeregt werden.

Kommt es durch die antibiotische Therapie nicht innerhalb weniger Tage zu einer deutlichen Besserung, so muss die Bauchdrüse chirurgisch entfernt werden. Die Wunde muss dabei durch eine Intrakutannaht verschlossen werden. Äußerlich befindliche Nähte werden von den Kleinnagern meist sofort benagt. Im Anschluss an die Operation erhalten die Tiere noch für einige Tage ein Antibiotikum und müssen auf staubfreiem Untergrund (Zeitung, Zellstoff) gehalten werden.

## Entzündungen der Flankendrüsen H

*Entzündliche Veränderungen bei meist männlichen Hamstern.*

### Ätiologie & Pathogenese

Die dunkel pigmentierten Flankendrüsen des Hamsters können bei älteren Tieren tumorös entarten. Betroffen hiervon sind überwiegend männliche unkastrierte Tiere. In seltenen Fällen kommt es zu Ulzerationen mit sekundären bakteriellen Infektionen.

### Klinik

Es kommt, in der Regel einseitig, zu einer sichtbaren Verdickung der Drüsenregion. Durch Ulzeration oder Kratzverletzungen entstehen krustige Hautveränderungen. Bakterielle Besiedlung führt zu verstärktem Juckreiz.

### Diagnose

Die Diagnose ergibt sich bereits aus dem klinischen Bild. Bestehen großflächige, schmierige Veränderungen, so empfiehlt sich die Entnahme eines Hauttupfers zur bakteriologischen Untersuchung, damit gegebenenfalls gezielt nach Antibiogramm behandelt werden kann.

### Therapie & Prognose

Tumorös entartete Flankendrüsen müssen chirurgisch entfernt werden, insbesondere, wenn sie bereits ulzeriert und sekundär entzündet sind. Eine gleichzeitige Kastration des Tieres ist anzuraten. Die Drüse wird mit ausreichendem Sicherheitsabstand entnommen und die Wunde mittels einer Intrakutannaht verschlossen. Die Tiere werden im Anschluss für eine Woche antibiotisch abgeschirmt und für einige Tage mit einem Analgetikum versorgt.

### „Ring Tail" R M

*Einschnürungen der Schwanzhaut unklarer Ursache.*

### Ätiologie & Pathogenese

Die Ursache für die Entstehung des „Ring Tail" ist nicht genau bekannt. Es werden sowohl eine zu geringe Luftfeuchtigkeit (unter 20–40 %) als auch zu hohe Raumtemperaturen, ein unausgewogenes Fettsäuremuster der Futterration sowie Schädigungen des Gefäßendothels durch Endotoxine dafür verantwortlich gemacht.

### Klinik & Diagnose

Die Diagnose ergibt sich aus dem klinischen Bild. Es erkranken vorwiegend Jungtiere vor dem Absetzen. Am Schwanz treten ringförmige Einschnürungen auf. Sind diese deutlich ausgeprägt, so schwellen die kaudal befindlichen Anteile an, werden nekrotisch und fallen ab. In weniger schweren Fällen bleibt der Schwanz vollständig erhalten, die Einschnürungen bleiben jedoch bestehen.

### Therapie & Prognose

Die Erkrankung ist in der Regel nicht durch eine Behandlung aufzuhalten. Es muss darauf geachtet werden, dass sich der Schwanzstumpf nicht infiziert; andernfalls sind systemisch Breitbandantibiotika (z. B. Sulfonamid/Trimethoprim [11]) einzusetzen. Die Fütterung sollte optimiert werden; eine relative Luftfeuchtigkeit von 50–70 % sollte bei der Haltung nicht unterschritten werden.

### Abriss der Schwanzhaut R M RM

*Durch Traumata oder unsachgemäßes Handling verursachte Verletzungen.*

### Ätiologie & Pathogenese

Schädigungen der Schwanzhaut werden bei Farb- und Rennmäusen besonders oft durch ein Einklemmen in ungeeigneten Laufrädern verursacht. Rennmäuse sind extrem häufig betroffen, da sie eine äußerst empfindliche Schwanzhaut besitzen. Diese reißt auch, wenn die Tiere am Schwanz fixiert werden. Bei Ratten kommt es gelegentlich während des Freilaufs zu Unfällen, bei denen die Besitzer dem Tier versehentlich auf den Schwanz treten.

**Abb. 2.134** Eintrocknung des Schwanzes einer Ratte nach Abriss der Schwanzhaut.

**Abb. 2.135** Abgeheilter Schwanzabriss bei einer Rennmaus.

### Klinik

Die Schwanzhaut reißt ab und es kommt zunächst oft zu massiven Blutungen aus dem freiliegenden Stumpf. Diese stoppen meist jedoch recht schnell und der Stumpf trocknet ein (Abb. 2.134). Meist wird er vom Tier selbst amputiert und heilt komplikationslos ab (Abb. 2.135). Durch bakterielle Sekundärinfektionen können jedoch schmierige Veränderungen entstehen, die meist heftig jucken und vom Tier permanent benagt werden.

### Diagnose

Die Diagnose ergibt sich aus der Anamnese und dem klinischen Bild. Bestehen Sekundärinfektionen des Schwanzstumpfes, so kann eine bakteriologische Untersuchung sinnvoll sein, um gezielt antibiotisch behandeln zu können. Röntgenaufnahmen geben in solchen Fällen zudem Auskunft über eine übergreifende Infektion auf die Wirbelsäule.

### Therapie & Prognose

In der überwiegenden Zahl der Fälle ist keine Behandlung erforderlich und der Stumpf heilt komplikationslos ab. Bei Sekundärinfektionen werden die Tiere über einen Zeitraum von 7–10 Tagen antibiotisch behandelt (z. B. Enrofloxacin [5], Chloramphenicol [2]) und erhalten zudem ein Analgetikum (z. B. Meloxicam [100]). Ein Anlegen von Verbänden ist eher sinnlos, da sie von den Kleinnagern in der Regel nicht geduldet werden. Um eine Verschmutzung des Stumpfes zu verhindern, sollte aber staubendes Einstreumaterial aus dem Käfig entfernt und durch Zellstoff ersetzt werden.

Kann eine Infektion nicht zufriedenstellend eingedämmt werden, so ist eine Amputation des Schwanzes im gesunden Gewebe zu erwägen. Es muss allerdings bedacht werden, dass die Tiere dazu neigen, die Nähte aufzubeißen. Intrakutane Wundnähte sind daher anzuraten.

2.9 Fell- und/oder Hautveränderungen

## 2.10 Abmagerung

Abmagerung kann auf sehr unterschiedliche Ursachen zurückzuführen sein. Die im Folgenden aufgeführten, häufigeren Begleitsymptome sind daher auch nicht einheitlich, sondern abhängig von der Grunderkrankung.
- Exsikkose
- Apathie
- gesträubtes, glanzloses Fell
- verklebte Augen
- Diarrhö
- Lymphknotenschwellungen
- aufgetriebenes Abdomen
- Katarakt
- Ikterus
- Hypersalivation

### 2.10.1 Tierartliche Besonderheiten

Der Gewichtsverlust eines Kleinnagers ist für den Besitzer nur dann frühzeitig festzustellen, wenn alle Tiere regelmäßig gewogen werden. Da die hier besprochenen Nager überwiegend in der Gruppe leben, kann der Besitzer in der Regel z. B. nicht nachvollziehen, welches Tier welche Futtermengen zu sich nimmt.

Zudem wirken viele kachektische Tiere adspektorisch zunächst nicht abgemagert, da sie sich oftmals zusammenkauern und durch gesträubtes Fell mehr Körperfülle vortäuschen. Die Bestimmung des Ernährungszustandes sollte deshalb palpatorisch erfolgen. Maßgebliche Knochenpunkte, die bei mageren Tieren hervorstehen, sind die Rippen, die Dornfortsätze der Wirbel und die Beckenknochen (Abb. 2.136).

### 2.10.2 Sofortmaßnahmen, Therapiegrundsätze

Abgemagerte Kleinnager leiden meist nicht an akuten Erkrankungen, sodass in der Regel eine gründliche Diagnostik mit anschließender Einleitung einer kausalen Therapie erfolgen kann. Sofortmaßnahmen müssen nur dann eingeleitet werden, wenn ein deutlich gestörtes Allgemeinbefinden oder eine Kreislaufschwäche auffallen. In diesen Fällen steht der Ausgleich von Flüssigkeitsverlusten durch Infusionen mit Vollelektrolylösung [84] und ggf. Glukosezusätzen [82] (max. 5%ige Lösung) im Vordergrund. Zusätzlich kann Etilefrin [46] bei der Stabilisierung des Kreislaufs oder ein kurzwirksames Kortikoid [72] bei Schockzuständen helfen. Sind Anzeichen starker Schmerzen festzustellen, ist die Applikation eines Analgetikums angezeigt. Breitspektrumantibiotika sollten bei begründetem Verdacht auf eine bakterielle Infektion zum Einsatz kommen.

**Abb. 2.136** Hochgradig abgemagerte Rennmaus.

1. Flüssigkeitssubstitution (Vollelektrolytlösung) [84], 40 ml/kg s.c.
2. Glukosezufuhr [82], bis 500 mg/kg s.c.
3. Kreislaufstabilisierung
   - Etilefrin [46] (Effortil®), 0,5-1 mg/kg i.m., p.o.
   - Prednisolon [72] (z. B. Medrate solubile®), 10 mg/kg i.m., i.p.
4. Analgetikum, z. B.
   - Meloxicam [100] (Metacam®), 1 x tägl. 0,15 mg/kg, initial bis 0,3 mg/kg s.c., p.o.
   - Carprofen [99] (Rimadyl®), 1 x tägl. 5 mg/kg s.c.

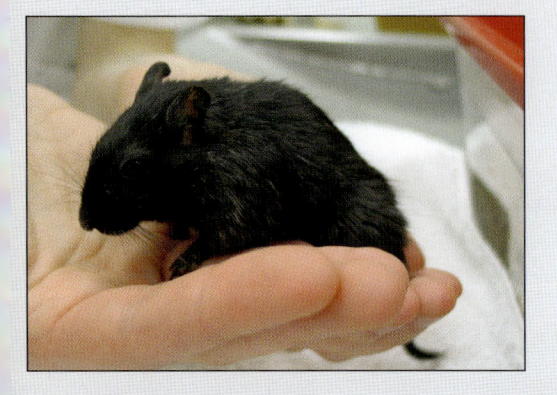

**5** Antibiotikum, z. B.
- Chloramphenicol ② (Chloromycetin® Palmitat), 2 x tägl. 50 mg/kg p.o.
- Enrofloxacin ⑤ (Baytril®), 1 x tägl. 10 mg/kg s.c., p.o.

## 2.10.3 Wichtige Ursachen

Eine Abmagerung kann im Zuge sehr unterschiedlicher Erkrankungen entstehen; im Vordergrund stehen alle Erkrankungen, die mit Inappetenz einhergehen, aber auch Veränderungen, die einen erhöhten Grundumsatz durch Stress oder zehrende Vorgänge im Organismus in Gang setzen, müssen berücksichtigt werden. Aufgrund der geringen Größe der Kleinnagerpatienten können häufig bereits einige Gramm Gewichtsunterschied sehr schwächend wirken.

Neben Erkrankungen des Verdauungstraktes, bei denen Durchfallerkrankungen (❷) und Zahnerkrankungen besonders hervorgehoben werden müssen, stehen vor allem chronische Infektionskrankheiten mit Abmagerung in Zusammenhang. Die wichtigste viral bedingte Veränderung ist hierbei die mit Tumorbildungen einhergehende Leukose. Schwerwiegende bakterielle Infektionskrankheiten mit zum Teil zoonotischem Charakter wie z. B. Leptospirose, Rodentiose und Tularämie kommen nur sehr selten vor.

Endokrine Störungen wie Diabetes mellitus gehen mit allmählichem Gewichtsverlust einher; Einschränkungen von Organfunktionen wie z. B. Herzerkrankungen oder Niereninsuffizienzen sind ebenso von eher schleichender Abmagerung gekennzeichnet.

Massive Fehler in Haltung und Fütterung und nicht zuletzt altersbedingte Stoffwechselumstellungen gehören ebenfalls zu den vielfältigen Ursachen von Gewichtsverlusten.

### 2.10.3.1 Übersicht

**Tab. 2.14:** Häufige Ursachen für Abmagerung.

| Ursache | Bedeutung | Bemerkungen, siehe auch Leitsymptom |
|---|---|---|
| Altersbedingte Gewichtsverluste | +++ | |
| Herzerkrankungen | +++ | ❶, ❼, ❽ |
| Zahnerkrankungen | +++ | ❷ |
| Leukose | ++ | ❹, ❺ |
| Stressbedingte Gewichtsverluste | ++ | |
| Chronische Niereninsuffizienz | ++ | ❼ |
| Diabetes mellitus | + | ❸ |
| Tyzzer's Disease | + | ❷ |
| Fütterungsbedingte Gewichtsverluste | (+) | |
| Rodentiose | (+) | |
| Tularämie | (+) | |
| Leptospirose | (+) | |

## 2.10.3.2 Diagnostischer Leitfaden: Abmagerung

## Anamnese

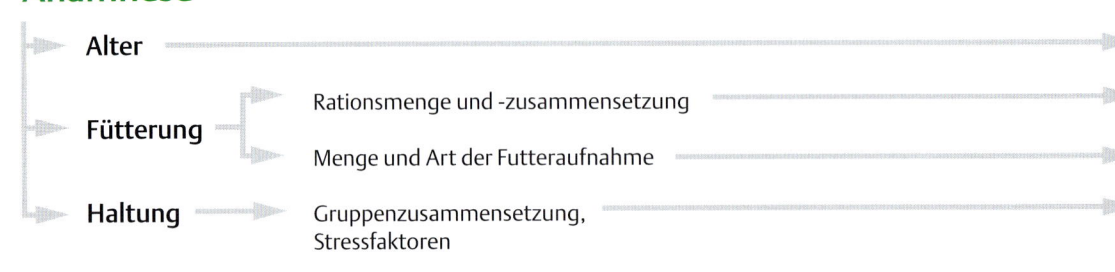

- Alter
- Fütterung
  - Rationsmenge und -zusammensetzung
  - Menge und Art der Futteraufnahme
- Haltung
  - Gruppenzusammensetzung, Stressfaktoren

## Klinische Untersuchung

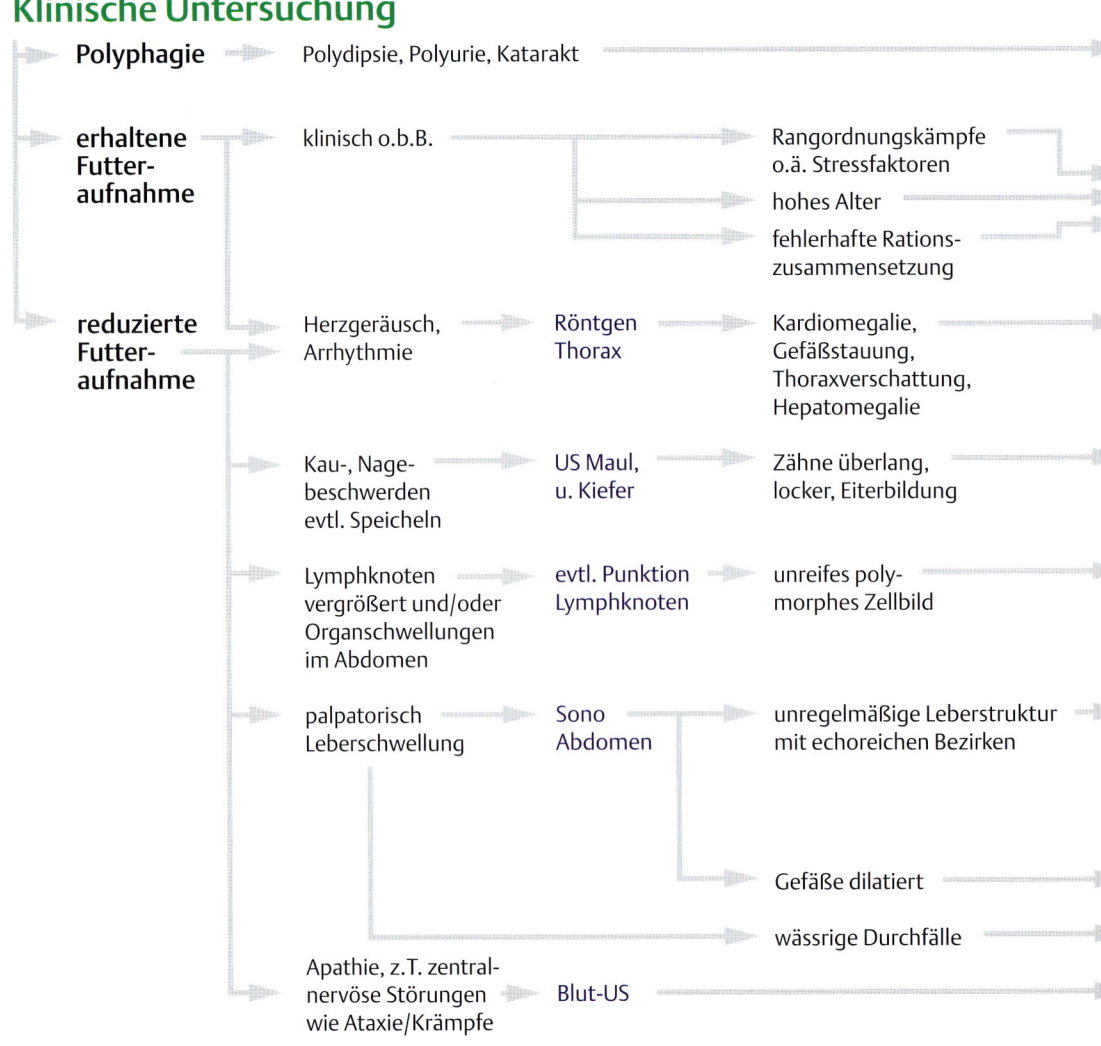

- Polyphagie → Polydipsie, Polyurie, Katarakt
- erhaltene Futteraufnahme → klinisch o.b.B.
  - Rangordnungskämpfe o.ä. Stressfaktoren
  - hohes Alter
  - fehlerhafte Rationszusammensetzung
- reduzierte Futteraufnahme
  - Herzgeräusch, Arrhythmie → Röntgen Thorax → Kardiomegalie, Gefäßstauung, Thoraxverschattung, Hepatomegalie
  - Kau-, Nagebeschwerden evtl. Speicheln → US Maul, u. Kiefer → Zähne überlang, locker, Eiterbildung
  - Lymphknoten vergrößert und/oder Organschwellungen im Abdomen → evtl. Punktion Lymphknoten → unreifes polymorphes Zellbild
  - palpatorisch Leberschwellung → Sono Abdomen
    - unregelmäßige Leberstruktur mit echoreichen Bezirken
    - Gefäße dilatiert
    - wässrige Durchfälle
  - Apathie, z.T. zentralnervöse Störungen wie Ataxie/Krämpfe → Blut-US

# 10 Abmagerung

| | | | |
|---|---|---|---|
| | | altersbedingte Abmagerung? | S. 217 |
| | | fütterungsbedingte Abmagerung? | S. 216 |
| | | Zahnerkrankung? | S. 218 |
| | | stressbedingte Abmagerung? | S. 217 |
| Harn-/Blut-US | Glukosurie, Hyperglykämie | Diabetes mellitus | S. 221 |
| Harn-US, ggf. Blut-US | o.b.B. | stressbedingte Abmagerung | S. 217 |
| | o.b.B. | altersbedingte Abmagerung | S. 217 |
| | o.b.B. | fütterungsbedingte Abmagerung | S. 216 |
| | | Herzerkrankung | S. 220 |
| ggf. Röntgen Schädel | | Zahnerkrankung | S. 218 |
| Sono Abdomen | Bauchhöhlenorgane und Darmlymphknoten inhomogen vergrößert | Leukose | S. 222 |
| evtl. Fieberschübe | | Rodentiose → Pathologie mit Erregerisolierung | S. 223 |
| | | Tularämie → | S. 224 |
| evtl. hämolytischer Ikterus, | Urin-US: Erregernachweis, Blut-US: AK-Nachweis | Leptospirose | S. 225 |
| | Leberstauung | Herzerkrankung | S. 220 |
| | | Tyzzer's Disease | S. 224 |
| | Nierenwerte↑ | chronische Niereninsuffizienz | S. 220 |

### Besonderes Augenmerk bei der Anamnese

**Alter:** Altersbedingte Abmagerung (S. 217) ist sehr häufig zu beobachten. Hier ist der Beginn der zugrundeliegenden Stoffwechselumstellung abhängig von der individuellen Lebenserwartung der jeweiligen Tierart. Endokrine Erkrankungen wie Diabetes mellitus (S. 221) können zwar in jedem Alter auftreten, sind aber verstärkt bei älteren Tiere festzustellen.

**Fütterungsbedingungen:** Kachexien, die durch massive Fehler im Fütterungsregime (S. 216) entstehen, sind außerordentlich selten. Besteht jedoch ein Verdacht in diese Richtung, so muss die exakte Zusammensetzung der Ration erfragt werden, um eine bedarfsgerechte Korrektur vornehmen zu können.

**Futteraufnahmeverhalten:** Eine genaue Beobachtung des Futteraufnahmeverhaltens kann deutliche Hinweise auf die Ursache der Abmagerung liefern. Bei Zahnerkrankungen (S. 218) ist der Appetit in der Regel erhalten. Das betroffene Tier zeigt Interesse am Futter und beschäftigt sich oft lange Zeit damit, im Napf nach geeigneten Komponenten zu suchen. Da bei den Kleinnagern besonders häufig die Schneidezähne von Veränderungen betroffen sind, fällt auf, dass der Patient Schwierigkeiten hat, Körner zu entspelzen und daher weiches Frischfutter bevorzugt. Bei Diabetes mellitus (S. 221) liegt typischerweise zunächst eine Polyphagie vor, die mit Polydipsie vergesellschaftet sein kann. Erst bei weiterem Fortschreiten der Erkrankung und Auftreten von Stoffwechselentgleisungen wird die Nahrungsaufnahme vermindert. Im Rahmen chronischer Organveränderungen wie Herzerkrankungen (S. 220) oder Niereninsuffizienz (S. 220) wird die Futteraufnahme allmählich reduziert. Zu Beginn ist noch Interesse am Futter vorhanden, jedoch wird zunehmend weniger gefressen, bis der Patient sich bei der Gabe von frischem Futter bereits abwendet oder gar nicht erst aus seinem Ruhebereich hervorkommt. Ein ähnlicher Verlauf kann bei chronischen Formen von Infektionskrankheiten wie Leukose (S. 222), Rodentiose (S. 223), Tularämie (S. 224) und Leptospirose (S. 225) beobachtet werden. Bei akuten Ausbrüchen dieser Krankheiten oder bei rasch schwächenden Durchfallerkrankungen wie der Tyzzer's Disease (S. 224) wird die Futteraufnahme hingegen meist sofort vollständig eingestellt.

**Haltungsbedingungen:** Auch auf die Haltungsbedingungen sollte ein Schwerpunkt der Anamnese gelegt werden, da sie die Grundursache für stressbedingte Abmagerung (S. 217) bilden. Zum einen ist der Standort des Käfigs zu erfragen, um Informationen über Zugluft oder starke Temperaturschwankungen zu erhalten, zum anderen ist die Strukturierung des Käfigs und eine genaue Beschreibung des Zusammenlebens der Gruppe wichtig, um Stress durch Rangordnungskämpfe ausschließen zu können.

**Allgemeinbefinden und Mobilität:** Bei alters- (S. 217) und fütterungsbedingter Abmagerung (S. 216) ist das Allgemeinbefinden in der Regel ungestört, lediglich die Mobilität kann bei zunehmender Schwäche evtl. reduziert sein. Patienten mit Zahnerkrankungen (S. 218) sind ebenfalls meist bei gutem Allgemeinbefinden und weisen einen großen Bewegungsradius auf, solange sie zumindest noch kleine Futtermengen aufnehmen können. Die meisten Infektionskrankheiten (S. 222ff) schränken dagegen das Allgemeinbefinden schon frühzeitig ein; sichtbar wird dies meist durch ungepflegt struppiges Fell und Verklebungen um Augen und Nase mit Sekret aus der Harder'schen Drüse. Herzerkrankungen (S. 220) gehen zwar in der Regel mit einem deutlich verminderten Bewegungsdrang einher, beeinträchtigen das Allgemeinbefinden oft aber erst in fortgeschrittenem Zustand.

### Besonderes Augenmerk bei der klinischen Untersuchung

Da verschiedenste Erkrankungen in unterschiedlichen Organsystemen zu Abmagerung führen können, muss die klinische Allgemeinuntersuchung besonders gründlich erfolgen. Auch geringgradig erscheinende Veränderungen sollten berücksichtigt werden, um ein vollständiges Bild der Krankheitsursache zu erhalten.

### Besteht eine Erkrankung der Zähne?

Wird ein Patient aufgrund eines deutlichen Gewichtsverlustes vorgestellt, so ist den Zähnen und der Maulhöhle besondere Aufmerksamkeit zu widmen. Zahnerkrankungen (S. 218) können sehr unterschiedlich ausgeprägt sein, und bereits kleine Veränderungen können Schmerzhaftigkeiten oder die Unfähigkeit, Futterkörner zu entspelzen oder zu kauen, nach sich ziehen. Grundsätzlich treten Erkrankungen der Backenzähne, die vollständige Wurzeln besitzen, bei Kleinnagern erheblich seltener auf als Veränderungen der lebenslang wachsenden Schneidezähne. Bei der Beurteilung der Incisivi ist auf Vollzähligkeit, gleichmäßige Länge und die jeweils tierartspezifische typische dunkelgelb bis orange Farbe zu achten. Eine gewisse Verschieblichkeit der unteren Schneidezähne zueinander ist physiologisch, da die Verbindung der beiden Unterkieferäste lediglich aus Bindegewebe besteht. Bei der Adspektion der Maulhöhle wird die Vollzähligkeit der Backenzähne beurteilt; Veränderungen wie Verfärbungen, Lockerungen, Verletzungen sowie Eiterflocken aus den Alveolen oder im Speichel müssen beachtet werden.

### Sind Veränderungen im Abdomen zu finden?

Knotige Veränderungen im Abdomen oder Organschwellungen treten bei verschiedenen chronischen Infektionskrankheiten auf, die mit Abmagerung einhergehen. Zu differenzieren sind hier insbesondere Hinweise auf eine Leukose (S. 222), die neben tumorösen Veränderungen der Bauchhöhlenorgane u. a. auch Lymphknotenschwellungen im Kopf- und Rumpfbereich hervorrufen kann, sowie auf bakterielle Erkrankungen wie die klinisch oft ähnliche Rodentiose (S. 223) und Tularämie (S. 224), bei denen Vergrößerungen der Darmlymphknoten und Schwellungen der Organgewebe auffallen. Bei Leptospirose (S. 225) kann eine Leberschwellung zu ertasten sein; gleichzeitig weisen betroffene Tiere gelegentlich einen Ikterus auf. Eine Vergrößerung der Leber ist ebenfalls ein typischer Palpationsbefund für die Tyzzer's Disease (S. 224), jedoch stehen hier meist die mit Gas und Flüssigkeit gefüllten Darmschlingen im Vordergrund.

### Bestehen Anzeichen einer Herzerkrankung?

Der Auskultation sollte beim Kleinnager stets besondere Aufmerksamkeit geschenkt werden, da die Befunderhebung durch die physiologisch sehr hohen Herzfrequenzen erschwert wird. Eine ausreichend lange Auskultation, die in einem absolut ruhigen Raum stattfinden sollte, ist daher für eine aussagekräftige Beurteilung der Herzaktion unerlässlich.

Patienten, die aufgrund einer Herzerkrankung (S. 220) abmagern, können sehr unterschiedliche Befunde aufweisen. Es kommen tachykarde Arrhythmien, Bradykardien und Herzgeräusche vor; auch Hinweise auf ein Lungenödem oder einen Perikarderguss lassen sich auskultatorisch erheben.

### Sind Veränderungen im Augenbereich zu finden?

Liegen Katarakte vor, so kann dies ein Hinweis auf Diabetes mellitus (S. 221) sein.

Verklebungen im Augenbereich mit Harder'schem Drüsensekret, die als Hinweis auf ein eingeschränktes Allgemeinbefinden zu interpretieren sind, fallen im Verlauf zahlreicher Erkrankungen auf. Insbesondere bei chronischen Veränderungen wie z. B. einer Niereninsuffizienz (S. 220) ist das Putzverhalten deutlich reduziert und die Verklebungen zum Teil so ausgeprägt, dass ein selbständiges Öffnen der Augen nur schwer möglich ist.

### Diagnosesicherung durch weiterführende Untersuchungen

Eine Harnuntersuchung empfiehlt sich bei Verdacht auf einen Diabetes mellitus (S. 221). Neben einer Glukosurie können durch den Nachweis von Ketonkörpern auch Rückschlüsse auf Stoffwechselentgleisungen gezogen werden. Eine Harnuntersuchung in einem Speziallabor kommt zudem für den Nachweis einer Leptospirose (S. 225) ab dem 10. Tag post infectionem in Frage.

Blutuntersuchungen können zum einen ebenfalls zur Diagnose eines Diabetes mellitus (S. 221) führen, sind aber auch bei Verdacht auf Leukose (S. 222) angezeigt, um eine lymphatische Leukämie nachzuweisen. Zudem gibt die Bestimmung der Serumgehalte von Harnstoff und Kreatinin einen Überblick über den Zustand eines Patienten, bei dem der Verdacht auf Niereninsuffizienz (S. 220) besteht.

Die **Röntgenuntersuchung** des Schädels ist bei lockeren Zähnen oder Eiteransammlungen in der Maulhöhle angezeigt; Röntgenaufnahmen des Thorax müssen bei jedem Verdacht auf eine Herzerkrankung (S. 220) angefertigt werden. Eine Röntgenuntersuchung des Abdomens hilft bei der Zuordnung palpatorisch befundeter Umfangsvermehrungen oder Organveränderungen, genauere Befunde sind hier in der Regel durch **Ultraschalluntersuchung** möglich.

Bei Erkrankungen, die mit hochgradigen Durchfällen einhergehen, wie z. B. Tyzzer's Disease (S. 224), können mit Hilfe einer **Kotuntersuchung** Differenzialdiagnosen wie Parasitosen oder andere bakterielle Infektionen ausgeschlossen werden.

Die **zytologische Untersuchung** von Lymphknotenpunktaten oder von Feinnadelaspiraten aus Umfangsvermehrungen oder Leberschwellungen kann ein wichtiges diagnostisches Hilfsmittel sein, z. B. bei einem Verdacht auf Leukose (S. 222) oder andere Infektionserkrankungen.

### 2.10.3.3 Erkrankungen

#### Fütterungsbedingte Gewichtsverluste

*Außerordentlich selten, nur bei starker Vernachlässigung oder extremer Fehlfütterung.*

##### Ätiologie & Pathogenese

Eine fütterungsbedingte Abmagerung ist bei den als Heimtiere gehaltenen Kleinnagern ausgesprochen selten, eher ist das Gegenteil der Fall: Ein großer Teil der Kleinnager leidet unter Adipositas, da die ohnehin meist sehr reichhaltig konzipierten Futterportionen mit zusätzlichen Leckerbissen wie Nüssen, Sahnequark, gezuckertem Obstjoghurt, handelsüblichen Leckerchen u. Ä. ergänzt werden.

Zu einer fütterungsbedingten Gewichtsabnahme kann es z. B. dann kommen, wenn die Ration in dem Glauben, ein Nager habe immer noch irgendwo Vorräte versteckt, deutlich gekürzt wird. Auch die Verfütterung von deutlich überlagerten Körnermischungen, die von Vorratsschädlingen besiedelt sind, kann zu einem Mangel führen. Eine reine Obst- und Gemüsefütterung wäre ebenfalls nicht adäquat für einen Kleinnager und würde neben Gewichtsverlusten auch Verdauungsstörungen nach sich ziehen.

##### Klinik

Der schlechte Ernährungszustand des Patienten ist in der Regel der einzige auffällige Befund. Bei Gruppenhaltung ist meist auch bei anderen Partnertieren eine mehr oder weniger fortgeschrittene Abmagerung festzustellen. Liegen gleichzeitig Haltungsmängel vor, so zeigen die betroffenen Tiere oft glanzloses, struppiges Fell und weisen Verschmutzungen im Anogenitalbereich auf. Zudem sind auch verschmutzte oder wunde Fußsohlen nicht selten zu beobachten.

##### Diagnose

Bei abgemagerten Tieren sollte grundsätzlich eine sehr exakte Fütterungsanamnese erhoben werden. Sollte das Fütterungsregime verantwortlich für den Zustand des Tieres sein, ergibt sich aus dem anamnestischen Gespräch bereits die Diagnose. Sollten im Rahmen der Allgemeinuntersuchung Hinweise auf andere Erkrankungen zutage treten, so sind diese selbstverständlich differenzialdiagnostisch auszuschließen.

##### Therapie & Prognose

Es muss eine ausführliche Fütterungsberatung erfolgen und ein bedarfsgerechter Futterplan erstellt werden. Im Rahmen dieser Beratung sollte auch das ideale Gewicht des jeweiligen Tieres besprochen werden, damit es nicht durch zu intensive Bemühungen von einer Kachexie zu einer Adipositas kommt. Gewichtszunahmen erfolgen nach Korrektur der Ration meist rasch und gleichmäßig. Der Besitzer sollte alle Tiere dauerhaft ein- bis zweimal wöchentlich wiegen und die Gewichtsentwicklung schriftlich dokumentieren, da deutliche Schwankungen oder Trends nach oben oder unten ggf. auf eine Erkrankung des betroffenen Tieres schließen lassen.

### Stressbedingte Gewichtsverluste

*Gewichtsabnahmen durch verschiedene, überwiegend haltungsbedingte Faktoren.*

#### Ätiologie & Pathogenese

Für stressbedingte Gewichtsverluste gibt es verschiedenste Ursachen. Faktoren können z. B. eine neue Zusammenstellung der Gruppe oder, insbesondere bei Paarhaltung, der Tod des Partnertieres sein. Auch innerhalb einer bestehenden Tiergruppe kann es zu Rangordnungs-Auseinandersetzungen kommen, in deren Folge das oder die rangniedrigeren Tiere erst zuletzt fressen dürfen oder ganz von den Näpfen verjagt werden. Besonders häufig geschieht so etwas nach der Abgabe oder dem Tod eines ranghohen Tieres oder wenn Jungtiere geschlechtsreif werden und ihren Platz in der Gruppe suchen. In beiden Fällen kommt es zu einer Neuordnung der Rangfolge, die sehr harmonisch verlaufen kann, aber in den meisten Fällen doch zumindest für einige Tiere mit erheblichem Stress verbunden ist.

Gewichtsabnahmen resultieren ebenso, wenn z. B. zwei rivalisierende Einzeltiere in getrennten Käfigen nah beieinander in einem Raum untergebracht sind, da auch dies eine permanente Aufregung bedeutet. Abmagerung wird zudem bei weiblichen Tieren beobachtet, die eine sehr hohe Trächtigkeitsfrequenz aufweisen und dadurch körperlich überfordert sind.

Ein weiterer Stress auslösender Faktor kann ein Umzug in einen neuen Käfig oder ein Wechsel des Käfigstandortes sein, insbesondere, wenn dies mit anderen Temperatur- und Lichtbedingungen einhergeht. Auch Lärm, der die Nager zu ihren Ruhezeiten stört, gilt als Stressor und kann Gewichtsverluste nach sich ziehen.

#### Klinik

In der Allgemeinuntersuchung sind meist keine weiteren Symptome neben der Abmagerung festzustellen. Gelegentlich können Bissverletzungen nach Rangordnungskämpfen entdeckt werden. Diese befinden sich bei unterlegenen Tieren meist in der Anogenitalregion oder am Schwanzansatz, bei „gleichberechtigten" Kontrahenten eher im Gesichts-, Kehl- und Schulterbereich.

#### Diagnose

Die Anamnese führt in der Regel bereits zur Diagnose. Dennoch sollte eine gründliche Allgemeinuntersuchung durchgeführt werden, um andere Ursachen für die Abmagerung sicher ausschließen zu können.

#### Therapie & Prognose

Die sich aus der Anamnese ergebenden Stressfaktoren müssen im Gespräch mit dem Besitzer aufgearbeitet und Auswege/Alternativen aufgezeigt werden, um die Haltungsbedingungen zu optimieren. Je nach Art des Stressfaktors kann eine Lösung in der Kastration aller männlichen Tiere, in einer Aufteilung der Gruppe, in einer Umstrukturierung oder Vergrößerung des Käfigs o. Ä. liegen.

Während ihrer natürlichen Ruhezeiten sollten die Tiere nicht geweckt werden und für gleichmäßige moderate Temperaturen muss gesorgt sein.

In der Regel erfolgt nach dem Abstellen der Stressfaktoren eine rasche Gewichtszunahme.

### Altersbedingte Gewichtsverluste

*Durch Umstellungen im Stoffwechsel des alternden Tieres verursachte Gewichtsabnahme.*

#### Ätiologie & Pathogenese

Durch Umstellungen im Stoffwechsel und im Hormonhaushalt, die unter anderem zum Abbau von Muskelmasse und straffem Bindegewebe sowie zu geringerer Dichte des Skeletts führen, kommt es im Alter bei der überwiegenden Anzahl der Kleinnager trotz unverminderter Futteraufnahme zu einem Gewichtsverlust. Das erste Auftreten dieser Veränderungen ist von verschiedenen Faktoren abhängig, generell jedoch an das zu erwartende Lebensalter gekoppelt. Daher können Mongolische Rennmäuse ab ca. drei bis dreieinhalb Jahren, Ratten und Goldhamster ab einem Alter von durchschnittlich zwei Jahren, Chinesische Streifenhamster, Dshungarische und Campbell-Zwerghamster ab etwa 21 Monaten, Mäuse ab ca. 18 Monaten und

Roborowski-Zwerghamster bereits ab 15 Monaten betroffen sein.

### Klinik

Betroffene Nager zeigen meist deutliche Muskelatrophien; neben der Abmagerung können Fellverluste bei unauffälligem Zustand der Haut und Alterskatarakte vorhanden sein. Vorberichtlich werden oft verlängerte Schlafphasen erwähnt.

### Diagnose

Liegt lediglich eine Muskelatrophie mit entsprechendem Gewichtsverlust bei einem alten Tier vor, so kann daraus bereits auf die Diagnose geschlossen werden. Treten jedoch noch andere Faktoren auf wie z. B. Katarakte, Bradykardie oder Alopezie, so müssen die zu berücksichtigenden Differenzialdiagnosen abgeklärt werden.

### Therapie & Prognose

Versuchsweise kann der Energiegehalt in der Nahrung erhöht werden, indem z. B. Haferflocken (Vorsicht beim Hamster: Haferflocken können die Backentaschen verkleben), gehackte Nüsse oder verstärkt fetthaltige Sämereien unter die Körnermischung gegeben werden. Statt Gurke und Salat empfehlen sich gehaltvollere Frischfuttersorten wie z. B. Apfel, Birne und Banane; dem Quark oder Joghurt kann etwas Traubenzucker beigemischt werden. In der Regel kann die Gewichtsreduktion mit diesen Maßnahmen verlangsamt oder aufgehalten, aber nur selten vollständig rückgängig gemacht werden. Zudem ist bei Tieren, die in einer Gruppe von Artgenossen gemischten Alters leben zu berücksichtigen, dass auch jüngere, wohlgenährte Partnertiere Zugang zur „Kraftnahrung" haben, da eine getrennte Fütterung meist nicht realisiert werden kann.

## Zahnerkrankungen

*Häufige Ursache für Gewichtsverluste bei Kleinnagern.*

### Ätiologie & Pathogenese

Bei Kleinnagern spielen vor allem Veränderungen der lebenslang wachsenden Incisivi eine Rolle als Faktor für Gewichtsabnahmen (Abb. 2.137–2.139). Erkrankungen der Backenzähne, die echte Wurzeln besitzen, kommen erheblich seltener vor. Zahnerkrankungen können generell auf sehr unterschiedliche Ursachen zurückzuführen sein: Zahnfehlstellungen können z. B. genetisch bedingt sein. Hier ist insbesondere die Brachygnathia superior zu nennen, bei der durch eine Oberkieferverkürzung die unteren Schneidezähne vor den oberen stehen und so eine Nagetätigkeit nur sehr eingeschränkt möglich ist. Da sich die Incisivi bei dieser Fehlstellung nicht abreiben, müssen sie regelmäßig gekürzt werden, da sie sich ansonsten im Oberkiefer schneckenartig einrollen und in die Kieferwinkel spießen oder im Unterkiefer stoßzahnartig nach vorn-oben wachsen können. Fehlstellungen können aber auch erworben werden, etwa nach einer nicht optimal verheilten Kieferfraktur oder durch mechanischen Druck z. B. beim Gitterna-

**Abb. 2.137** Fehlstellung der Schneidezähne bei einer Ratte.

**Abb. 2.138** Rennmaus nach Verlust der oberen Schneidezähne. Die Incisivi des Unterkiefers wachsen in den Oberkiefer ein.

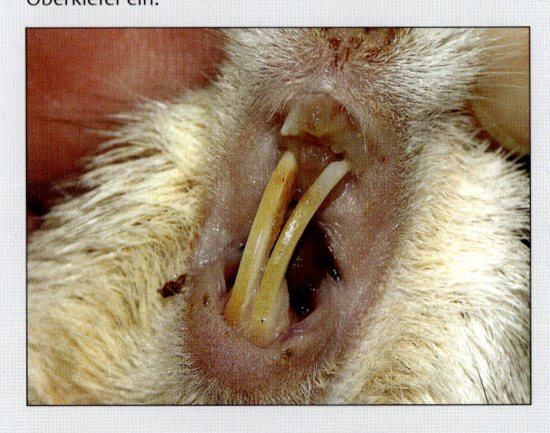

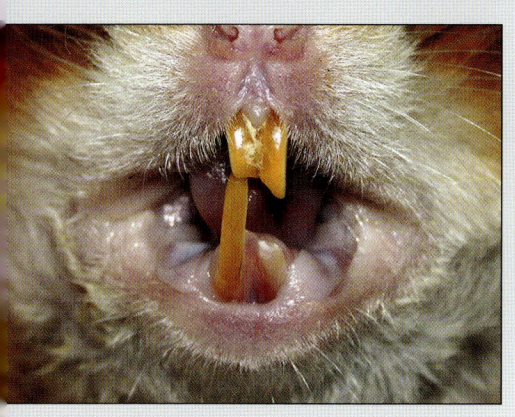

**Abb. 2.139** Abgebrochener Unterkieferincisivus bei einem Goldhamster.

gen. Insbesondere bei Rennmäusen tritt oftmals im Alter ein Verlust der Oberkieferincisivi bisher ungeklärter Ursache auf; auch in diesem Fall ist ein Abrieb der verbliebenen, unteren Incisivi nicht gewährleistet, sodass eine regelmäßige Längenkorrektur erfolgen muss.

Kalziumdefizite in der Nahrung können Verfärbungen, eine Verschlechterung der Zahnqualität und ein Lockern der Zähne zur Folge haben.

Das Einspießen von Fremdkörpern (z. B. Spelzen) in eine Alveole ist als häufigste Ursache für einen insgesamt eher selten vorkommenden Zahnwurzelabszess beim Kleinnager zu nennen.

### Klinik

Symptome für eine Zahnerkrankung sind neben dem Gewichtsverlust oftmals eine Hypersalivation mit Verklebungen des Fells im Gesicht, an der Brust und an den Vorderpfoten, ggf. Auftreibungen am Kiefer und gelegentlich Verdauungsstörungen (v. a. der Absatz sehr kleiner Kotballen). Das betroffene Tier stürzt bei der Fütterung oftmals hungrig herbei, sitzt dann lange am Napf, sucht nach leicht fressbaren Nahrungsbestandteilen und nimmt dann vorzugsweise weiches Futter wie Banane oder Quark zu sich.

### Diagnose

Die Anamnese führt bereits zu einer Verdachtsdiagnose, die im Rahmen der klinischen Untersuchung bestätigt wird. Bei der Exploration der Maulhöhle wird auf Lockerungen, Verfärbungen, Fehlstellungen, Vereiterungen der Zähne und Veränderungen der Zahnqualität geachtet. Darüber hinaus werden Ober- und Unterkiefer palpatorisch auf Auftreibungen überprüft; sind solche Veränderungen festzustellen, so müssen Röntgenaufnahmen des Schädels angefertigt werden, um das Ausmaß und die Art der Veränderung beurteilen zu können.

### Therapie & Prognose

Die Therapie ist abhängig von Art und Ausmaß der vorgefundenen Zahnerkrankung. Fehlgestellte Schneidezähne müssen auf ihre physiologische Länge gekürzt werden.

Bei den sehr kleinen Patienten ist leider das für größere Nager ideale Kürzen und Anschleifen mit der Diamantscheibe in der Regel nicht möglich. Die Korrektur sollte daher mit einer speziellen Zange erfolgen, mit der jeder Schneidezahn einzeln gekürzt wird, um eine möglichst geringe Hebelwirkung auszuüben.

*Diese Zahnkorrekturen sind fast immer ohne Sedation des Tieres möglich!*

Nur bei ausgesprochen unruhigen und panischen Patienten, die nicht sicher fixiert werden können, sollte eine Kurznarkose mit Isofluran erwogen werden. Isolierte Zahnfehlstellungen der Incisivi schränken bei regelmäßiger Korrektur und angepasstem Futterangebot die Lebensqualität des betroffenen Tieres kaum ein. Der Besitzer muss jedoch darüber aufgeklärt werden, dass in der Regel eine lebenslange regelmäßige Kontrolle/Korrektur in gleichmäßigen Abständen notwendig ist.

Liegen Abszedierungen nach Fremdkörpereinspießungen vor, so ist eine gründliche Wundtoilette in Allgemeinanästhesie vorzunehmen; in der Regel muss der Zahn, dessen Alveole als Eintrittspforte diente, extrahiert und der Patient für mindestens zehn Tage mit einem knochengängigen Antibiotikum (z. B. Baytril® 5 ) sowie einem Analgetikum (z. B. Metacam® 100 ) versorgt werden. Ist der Kieferknochen nicht oder nur geringgradig in das entzündliche Geschehen einbezogen, so ist die Prognose für ein Ausheilen als gut einzuschätzen.

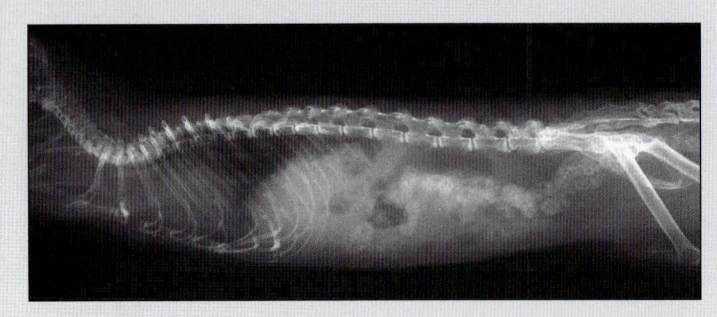

Abb. 2.140 Kardiomegalie bei einer Rennmaus.

### Herzerkrankungen

*Regelmäßig vorkommende Erkrankung unterschiedlicher Ausprägung und Genese.*

#### Ätiologie & Pathogenese

Insbesondere bei älteren Kleinnagern, selten auch bei jüngeren adulten Tieren, fallen bei gründlicher Auskultation Herzgeräusche oder Arrhythmien auf; gelegentlich sind auch Ödemgeräusche auf der Lunge auskultierbar. Über die genaue Inzidenz und über die Genese ist bisher nichts bekannt. Bei Ratten und Mäusen werden Herzbefunde aber z. B. auffallend häufig bei Patienten mit Mykoplasmose erhoben, sodass vermutlich neben altersbedingten Veränderungen auch chronische Infektionen des Respirationstraktes und ein daraus resultierendes Cor pulmonale oder Keimabsiedlungen in den Bereich der Herzklappen eine wichtige Rolle spielen. Bei Jungtieren mit Herzproblemen muss von einer kongenitalen Erkrankung ausgegangen werden.

#### Klinik

Betroffene Tiere werden meist mit unspezifischen Symptomen wie schleichenden Gewichtsverlusten, verminderter Aktivität sowie reduziertem Putzverhalten vorgestellt. Herzkranke Jungtiere sind meist ruhiger und entwickeln sich auch körperlich langsamer als ihre Wurfgeschwister.

Je nach Art und Ausprägungsgrad der Herzerkrankung können zudem Dyspnoe (❶) bedingt durch ein Lungenödem oder einen Thoraxerguss, epileptiforme Anfälle (❼) durch mangelhafte Sauerstoffversorgung bei Arrhythmien oder Paresen (❽) infolge von Thromben oder anderen Durchblutungsstörungen auftreten (Abb. 2.140).

Zur Diagnose und Therapie siehe S. 41 (❶).

### Chronische Niereninsuffizienz

*Erkrankung unterschiedlicher Genese, besonders bei älteren Kleinnagern vorkommend.*

#### Ätiologie & Pathogenese

Niereninsuffizienzen sind bei Kleinnagern keine Seltenheit. Besonders oft scheinen Hamster und Rennmäuse betroffen zu sein. Als Ursachen kommen neben tumorösen Veränderungen, v. a. im Rahmen der Leukose, auch häufig altersbedingte degenerative Veränderungen (Abb. 2.141a und b) als Ursachen vor.

Bei einer Niereninsuffizienz gelangen Eiweißabbauprodukte wie Harnstoff bzw. Ammoniak in größeren Mengen ins Blut und können ab einer bestimmten Konzentration die Blut-Hirn-Schranke überwinden, sodass es zu zentralnervösen Symptomen (❼) kommt.

#### Klinik

Betroffene Tiere magern rasch ab. Auffallend sind neben der reduzierten Nahrungsaufnahme ein struppiges, glanzloses Fell. Polydipsie ist nicht regelmäßig festzustellen. Im Verlaufe der Erkrankung werden die Patienten zunehmend apathisch; sind Stoffwechselprodukte wie Ammoniak ins zentrale Nervensystem gelangt, so entstehen Krämpfe, Ataxien und Bewusstseinstrübungen.

#### Diagnose

Die Diagnose folgt aus der Bestimmung von Kreatinin und Harnstoff im Serum. Röntgenologisch können lediglich tumoröse Erkrankungen nachgewiesen werden, die mit erheblicher Vergrößerung des Organs einhergehen. Mit Hilfe der Sonogra-

**Abb. 2.141** Situs zweier Goldhamster mit chronischer Niereninsuffizienz: (a) die Niere besitzt eine feinhöckerige Oberfläche und ist blass; (b) die Niere ist stark höckerig verändert.

phie können auch feinere Strukturveränderungen diagnostiziert werden.

### Therapie & Prognose

Die Prognose ist infaust. Lediglich bei moderat erhöhten Nierenwerten und fehlender zentralnervöser Symptomatik kann mit einer Infusionstherapie eine kurzfristige Verbesserung des Allgemeinbefindens erreicht werden, das sich jedoch mit Absetzen der Therapie in der Regel rasch wieder verschlechtert.

Liegen tumoröse Entartungen der Nieren vor, so ist grundsätzlich zu einer Euthanasie zu raten.

## Diabetes mellitus

*Endokrine Erkrankung, die oftmals mit der Ausbildung von Katarakten einhergeht.*

### Ätiologie & Pathogenese

Die genaue Ursache eines Diabetes mellitus beim Kleinnager bleibt in vielen Fällen unklar; insbesondere für den Chinesischen Streifenhamster sowie den Dshungarischen Zwerghamster wird neben der vermuteten viralen auch eine mögliche erbliche Genese diskutiert. Bei diesen Hamsterarten treten Symptome eines Diabetes auch bereits im Jugendalter auf, während Mäuse, Ratten, Goldhamster und Rennmäuse vorwiegend in der zweiten Lebenshälfte erkranken. Zudem scheinen zuvor adipöse Tiere deutlich häufiger betroffen zu sein als Tiere, die ein gleichmäßiges Normalgewicht aufweisen.

### Klinik

Patienten mit einem Diabetes mellitus magern ab und zeigen meist typische Symptome wie Polydipsie, Polyurie und Polyphagie. Die Ausbildung diabetischer Katarakte unterschiedlicher Ausprägung wird ebenfalls häufig beobachtet (Abb. 2.142).

Eine Anorexie entsteht erst im weiteren Verlauf der Erkrankung und ist auf Entgleisungen des

**Abb. 2.142** Diabetische Katarakt bei einem Dshungarischen Zwerghamster.

Nieren- und insbesondere des Leberstoffwechsels zurückzuführen.

### Diagnose

Zunächst sollte stets eine Harnprobe untersucht werden. Wird hier wiederholt eine deutliche Glukosurie bei typischem klinischem Bild nachgewiesen, kann die Diagnose mit großer Sicherheit gestellt werden. In Zweifelsfällen erfolgt die Bestätigung der Verdachtsdiagnose durch eine Blutzuckerbestimmung.

Sind in der Urinprobe auch Ketonkörper nachweisbar, so kann von einer bereits länger bestehenden Erkrankung mit Entgleisungen des Stoffwechsels ausgegangen werden.

### Therapie & Prognose

Eine Behandlung mit Insulin 70 ist nicht praktikabel, unter anderem aufgrund der insbesondere während der Einstellungszeit in kurzen Abständen wiederholt notwendigen Blutuntersuchungen. Zudem ist die zweimal tägliche subkutane Applikation in den meisten Fällen nicht vom Besitzer durchführbar.

Durch eine Umstellung der Fütterung kann jedoch oftmals ein gutes Allgemeinbefinden über mehrere Monate gesichert werden. Zuckerhaltige Leckerbissen wie Joghurtdrops und Knabberstangen müssen vom Speiseplan gestrichen, statt Obst sollte Gemüse angeboten werden. Gemüsesorten mit einem sehr hohen Stärkegehalt wie z. B. Mais sind dabei zu meiden.

## Leukose

*Virusinfektion, die maligne Tumoren in verschiedensten Geweben verursacht.*

### Ätiologie & Pathogenese

Leukosen werden durch Oncornaviren hervorgerufen, die überwiegend auf vertikalem Wege, also diaplazentar, oder über die Muttermilch übertragen werden. Betroffen sind besonders häufig Mäuse, aber auch bei Ratten und Hamstern kommt die Erkrankung regelmäßig vor. Viele intrauterin infizierte Tiere entwickeln eine partielle Toleranz gegen das Virus, sodass der Erreger bei ihnen lebenslang persistiert und weitergegeben werden kann, ohne dass zwingend eine Erkrankung erfolgen muss.

### Klinik

Es sind zahlreiche Viren, insbesondere des murinen Leukämie-/Sarkomkomplexes, bekannt, die unterschiedliche Ausprägungsformen der Leukose hervorrufen können. Als erstes klinisches Anzeichen allen gemeinsam ist eine rasche Abmagerung, die von Schwellungen der äußeren Körperlymphknoten, Schwellungen des Thymus und der inneren Körperlymphknoten, Lymphosarkomen bzw. leukotischen Infiltraten in verschiedensten Organgeweben sowie einer lymphatischen Leukämie (Abb. 2.143 und 2.144) begleitet werden kann. Alle diese Ausprägungsformen können einzeln oder kombiniert auftreten. Gleichzeitig kommt es zu einer ausgeprägten Immunsuppression, sodass bakterielle Sekundärinfektionen häufig sind.

### Diagnose

Wird ein abgemagertes Tier vorgestellt, bei dem Lymphknotenschwellungen oder mehrere Umfangsvermehrungen von Körperorganen auffallen, so liegt die Verdachtsdiagnose einer Leukose nahe. Diese kann durch zytologische Beurteilung von Lymphknotenpunktaten bestätigt werden. Veränderungen im Blutbild finden sich nur bei akut leukämischen Verlaufsformen, sodass hier ein Normalbefund die Diagnose „Leukose" nicht ausschließt.

### Therapie & Prognose

Es besteht keine Behandlungsmöglichkeit. Ist die Lebensqualität des erkrankten Tieres bereits eingeschränkt (typische Anzeichen sind Absonderung, vollständig verklebte Augen, Inappetenz, Apathie), so ist dringend zur Euthanasie zu raten.

Der Besitzer muss darüber aufgeklärt werden, dass es sich um eine Erkrankung handelt, die vermutlich noch weitere Tiere des Bestandes betrifft. Handelt es sich um einen Zuchtbestand, so sollte die weitere Vermehrung sofort eingestellt werden. Auch ist von Zukäufen in diesen Bestand abzuraten.

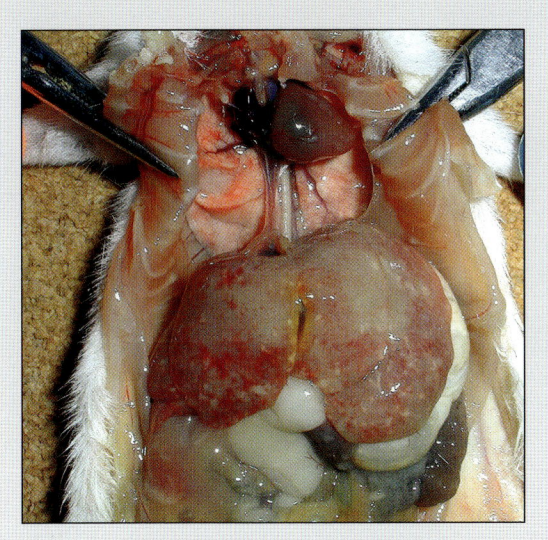

**Abb. 2.143** Situs einer Farbmaus: leukotisch veränderte Lunge und Leber.

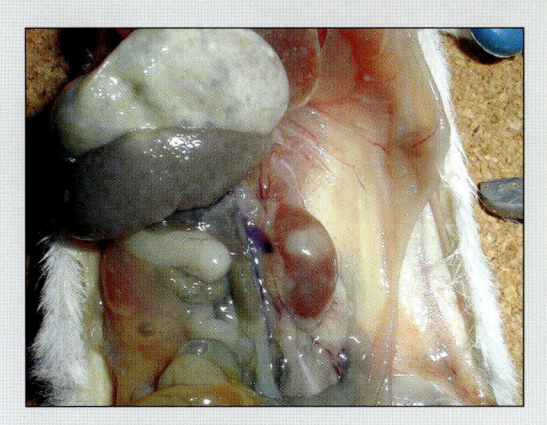

**Abb. 2.144** Situs einer Farbmaus: leukotisch veränderte Niere und Milz.

### Rodentiose (Pseudotuberkulose) ⚠

*Weltweit verbreitete bakterielle Infektionserkrankung hoher Tenazität; bei Heimtieren selten vorkommend.*

#### Ätiologie & Pathogenese

Der Erreger der Rodentiose ist *Yersinia pseudotuberculosis*, ein gramnegatives Stäbchenbakterium, das sehr eng mit dem Erreger der Pest (*Yersinia pestis*) verwandt ist, sodass die Rodentiose auch als „Nagerpest" bezeichnet wird.

Das Erregerreservoir bilden vorwiegend Wildnager, Hasen und Rehe sowie Vögel, die den Erreger mit dem Kot oder Urin ausscheiden. Im Erdboden bleibt *Y. pseudotuberculosis* über Monate pathogen und auch im Wasser weist es eine hohe Überlebensdauer auf. Die seltene Infektion von Heimnagern erfolgt über die Aufnahme von kontaminiertem Futter oder Wasser sowie durch direkten Kontakt mit infizierten Wildnagetieren. Der Infektionsverlauf kann je nach Immunstatus des befallenen Tieres akut, subakut oder chronisch sein, wobei akute Septikämien selten sind.

*Yersinia pseudotuberculosis ist humanpathogen!*

#### Klinik

Bei dem überwiegenden Anteil der infizierten Tiere entwickelt sich eine subakute bis chronische, zyklisch verlaufende Allgemeininfektion, die zunächst mit Abmagerung und Apathie einhergeht. Es kommt zu Schwellungen der Gekröselymphknoten und verschiedener Organe, die nekrotisierend-abszedierende Herde aufweisen, die den typischen Granulomen bei einer Tuberkulose ähneln. Die betroffenen Tiere versterben an allgemeiner Entkräftung; im Zuge der selteneren akuten Verlaufsformen an einer Septikämie.

#### Diagnose

Eine eindeutige Diagnose bzw. ein Erregernachweis ist leider in der Regel am lebenden Tier nicht möglich. In der pathologischen Untersuchung sind jedoch die charakteristischen Nekroseherde und Abszesse in den Darmlymphknoten und zahlreichen Organen auffällig; in Zweifelsfällen kann der Erreger isoliert werden.

#### Therapie & Prognose

Zwar ist das Bakterium in vitro empfindlich gegenüber verschiedenen antibiotischen Wirkstoffen, therapeutisch sind trotzdem höchst selten Erfolge zu erzielen, da der Keim in der Regel im Inneren der Nekroseherde und Abszesse überlebt, wo sich ein Antibiotikum nur schwer anreichern lässt. Die Prognose ist daher immer höchst ungünstig bis infaust zu stellen. Zudem ist aufgrund des Infektionsrisikos für andere Tiere und auch für den Menschen der Sinn eines solchen Therapieversuchs mit äußerst fragwürdigen Erfolgsaussichten kritisch zu hinterfragen, sodass meist zur Euthanasie des Patienten zu raten ist.

### Tularämie ⚠ – MELDEPFLICHTIG

*Infektion mit einem gramnegativen Stäbchenbakterium; bei Heimnagern äußerst selten.*

#### Ätiologie & Pathogenese

Der Erreger der Tularämie ist *Francisella tularensis*, ein sehr widerstandsfähiges Bakterium, das bei verschiedensten Tierarten (Säugetiere, Vögel, Wirbellose) nachgewiesen wurde und auch eine hohe Humanpathogenität aufweist. Die wichtigsten Reservoirwirte in der Natur sind bei den Säugetieren verschiedene Hasenarten, Wühlmausarten und Biber. Bei den Arthropoden sind besonders Zecken wichtig, da sich der Erreger in ihnen vermehren und mehrere Monate überdauern kann. Die Übertragung auf Heimtiere kann durch Kontakt mit Wildnagern erfolgen und ist äußerst selten.

*Francisella tularensis ist humanpathogen!*

#### Klinik

Die Symptome sind unspezifisch. Neben der im Vordergrund stehenden Abmagerung können sich Fieber und Organschwellungen vergleichbar mit der Pseudotuberkulose entwickeln.

#### Diagnose

In vivo ist eine sichere Diagnose nicht möglich. In der Sektion fallen hyperämische bis käsig-nekrotische Veränderungen der geschwollenen Organe auf. Eine Erregerisolierung ermöglicht eine sichere Differenzierung zur Pseudotuberkulose.

#### Therapie & Prognose

Aufgrund der hohen Pathogenität für Mensch und Tiere sowie der äußerst schlechten Prognose für eine Heilung sollte von Therapieversuchen abge-

sehen werden. In vitro sind Chloramphenicol und Tetrazykline wirksam, erreichen in vivo aber keine ausreichenden Wirkspiegel innerhalb der Organveränderungen.

### Tyzzer's Disease

*Bakterielle Infektion, die überwiegend bei Jungtieren auftritt.*

#### Ätiologie & Pathogenese

*Clostridium piliforme* (früher *Bacillus piliformis*), der Erreger der Tyzzer's Disease, ist ein äußerst widerstandsfähiges Bakterium, das aufgrund seiner Fähigkeit zur Sporenbildung Jahre überdauern kann. Es wird auf fäkal-oralem Wege übertragen. Die Infektion betrifft vorwiegend Jungtiere, da diese noch kein belastbares Immunsystem besitzen, sowie immunsupprimierte Adulte.

#### Klinik

Neben der perakuten Form, die plötzlich ohne vorherige Symptome zum Tode führt, sind vorwiegend akute und subakute Verlaufsformen bekannt, die mit Apathie, hochgradigen wässrigen Durchfällen (❷), Exsikkose und Anorexie einhergehen. Der chronische Verlauf ist durch unspezifische Symptome wie reduziertes Allgemeinbefinden, struppiges Fell und starke Abmagerung gekennzeichnet. Latente Infektionen kommen ebenfalls vor.

#### Diagnose

Am lebenden Patienten kann lediglich eine Verdachtsdiagnose gestellt werden. In der Sektion fallen vor allem eine geschwollene Leber mit zahlreichen Nekroseherden, Aszites und Hämorrhagien, Ulzera sowie Ödeme der Darmschleimhäute auf. Der Nachweis der intrazellulär vorliegenden Erreger erfolgt immunhistologisch oder über spezielle Färbeverfahren.

#### Therapie & Prognose

Therapeutisch werden vorwiegend Tetrazykline [12] eingesetzt. Parallel erfolgt eine Flüssigkeitssubstitution mit einer Vollelektrolytlösung [84] ergänzt durch die Applikation von Vitaminpräparaten (z. B. Vitamin B-Komplex [76]) und Paramunitätsinducern (z. B. Zylexis® 115 ). Über die Verabreichung von Probiotika 38 wird versucht, die Darmflora zu stabilisieren.

Trotz aller Bemühungen ist die Prognose jedoch äußerst vorsichtig zu stellen. Meist führen die ausgeprägten Leberschädigungen zum Kümmern und letztlich zum Tod des Tieres.

### Leptospirose ⚠

*Bei Heimnagern seltene Spirochäten-Infektion.*

#### Ätiologie & Pathogenese

Der Erreger der Leptospirose bei den Nagetieren ist das Schraubenbakterium *Leptospira icterohaemorrhagiae*, ein Serovar von *Leptospira interrogans*. Der Keim ist weltweit verbreitet und für zahlreiche Tierarten und den Menschen infektiös. Das Erregerreservoir bilden inapparent infizierte Wildnager, die das in den Nieren angesiedelte Bakterium vorwiegend über den Urin ausscheiden. Da Leptospiren die besten Überlebensmöglichkeiten bei Feuchtigkeit und Wärme vorfinden, findet der Hauptanteil der Infektionen im Sommer über den Kontakt mit kontaminiertem Wasser statt. Durch ihre Beweglichkeit dringen die Keime über sämtliche äußeren Schleimhäute sowie über Wunden in den Körper ein.

Da als Heimtiere gehaltene Kleinnager kaum mit infektiösem Material in Berührung kommen können, ist die Erkrankung äußerst selten.

*Leptospira icterohaemorrhagiae ist humanpathogen!*

#### Klinik

Typisch ist eine chronische Verlaufsform mit Abmagerung, Apathie, Anorexie und gesträubtem Fell. Nur in Einzelfällen treten nach plötzlichem Ikterus perakute Todesfälle auf. Bei Ratten verläuft die Infektion oftmals klinisch inapparent, während Rennmäuse besonders empfindlich zu reagieren scheinen.

#### Diagnose

Die Diagnose kann serologisch mit Hilfe der Mikroagglutinationsreaktion erfolgen. Ab der zweiten Woche post infectionem ist der Erreger im Urin nachweisbar, etwa gleichzeitig gelangen Antikörper ins Blut.

#### Therapie & Prognose

Ein Therapieversuch kann mit Tetracyclinen 12 unternommen werden, die Prognose ist jedoch in der Regel aufgrund der weitreichenden Veränderungen der Leber, z. T. mit hämolytischem Ikterus, und der Tubulusnekrosen der Nieren sehr ungünstig bis infaust. Aufgrund des Infektionsrisikos für andere Tiere und den Menschen ist zu hinterfragen, ob ein Therapieversuch vor diesem Hintergrund sinnvoll ist.

# 2.11 Unspezifische Symptomatik

Die häufigsten unspezifischen Krankheitsanzeichen sind Apathie, Inappetenz, gesträubtes Fell und verklebte Augen.

## 2.11.1 Allgemeines

Ratten, Mäuse, Rennmäuse und Hamster sind Fluchttiere, die in ihren natürlichen Lebensräumen zahlreiche Fressfeinde haben. Sie versuchen, auch bei eingeschränktem Allgemeinbefinden möglichst lange unauffällig zu erscheinen, da in der Natur nur ein solches Verhalten eine Chance auf Überleben sichert.

In der Heimtierhaltung besteht dadurch oftmals die Schwierigkeit für den Besitzer, dass viele Krankheitsanzeichen erst offensichtlich werden, wenn die krankheitsbedingten Veränderungen bereits fortgeschritten sind. Zudem zeigt das erkrankte Tier auch dann meist zunächst nur unspezifische Symptome. Es sondert sich z. B. aus der Gruppe ab, wirkt apathisch und kauert sich mit gesträubtem Fell und rötlich verklebten Augen zusammen. Viele Patienten fressen weniger oder verweigern die Nahrungsaufnahme vollständig. Insbesondere bei den Zwerghamstern ist jedoch auffällig, dass sie oftmals auch bei schlechtestem Allgemeinzustand noch Futter sammeln und einlagern, sodass die tatsächlich gefressene Nahrungsmenge kaum kontrollierbar ist.

Ein ausführliches anamnestisches Gespräch mit genauen Nachfragen an den Besitzer und eine gründliche Allgemeinuntersuchung helfen, weitere Hinweise auf die Grunderkrankung zu finden.

## 2.11.2 Sofortmaßnahmen, Therapiegrundsätze

Als erste Maßnahme stehen bei apathischen und inappetenten Kleinnagern die Stabilisierung des Kreislaufs und eine Stoffwechselanregung im Vordergrund. Dies erfolgt über eine Infusion mit einer Vollelektrolytlösung (z. B. Ringer-Laktat® 84 ), die durch Glukosegaben 82 und Vitaminsubstitution (v. a. Vitamin C 78 und B-Komplex 76 ) bei anorektischen Patienten ergänzt wird.

Gesträubtes Fell und Apathie sind oftmals auch ein Hinweis auf ein stark schmerzhaftes Geschehen, sodass die Applikation eines Analgetikums ebenfalls zu den Sofortmaßnahmen zählen sollte.

Fallen Hinweise auf eine infektiöse Grundursache der Symptome auf, so ist ein Antibiotikum zu verabreichen, das sich zum einen durch ein breites Wirkungsspektrum, zum anderen aber gleichzeitig durch eine gute Verträglichkeit auszeichnen sollte, um z. B. eine Inappetenz nicht noch zu forcieren oder die ohnehin evtl. gestörte Darmflora nicht weiter zu beeinträchtigen (gut geeignet sind z. B. Sulfonamide in Kombination mit Trimethoprim 11 ).

> Erste Maßnahmen bei Inappetenz:
> - Flüssigkeitszufuhr durch Applikation von Vollelektrolytlösung 84 (z. B. Sterofundin®, Ringer-Laktat®), 40 ml/kg i.p., s.c.
> - Glukosezufuhr 82 , 500 mg/kg s.c.
> - Substitution von B-Vitaminen (z. B. Catosal® 77 , Vitamin-B-Komplex 76 ) sowie Vitamin C 78
> - Verabreichung eines Analgetikums, z. B.
>   – Meloxicam 100 (Metacam®), 0,15 mg/kg s.c.
>   – Metamizol 101 (Novalgin®), 10–20 mg/kg s.c.
>   – Carprofen 99 (Rimadyl®), 5 mg/kg s.c.
> - ggf. Applikation eines Antibiotikums, z. B.
>   – Sulfadoxin/Trimethoprim 11 (z. B. Cotrimox-Wolff®), 2 x tägl. 40/8 mg/kg p.o.
>   – Marbofloxacin 9 (Marbocyl®), 1 x tägl. 4 mg/kg s.c., p.o.
>   – Chloramphenicol 2 (Chloramphenicol-Albrecht®, Chloromycetin-Palmitat®), 2 x tägl. 50 mg/kg s.c., p.o.

Inappetente Kleinnager beginnen oftmals bereits kurz nach dem Behandlungsbeginn, insbesondere der Applikation eines Analgetikums, wieder mit der eigenständigen Futteraufnahme. Bevorzugt werden hierbei häufig zunächst besonders schmackhafte, weiche Futtermittel. Liegen Veränderungen der Zähne, insbesondere der Incisivi vor, so ist oftmals ein Entspelzen und Zerkauen der Futterkörner nicht möglich. In diesen Fällen haben sich Nahrungsbreie, die auch zur **Zwangsfütterung** 114 (Abb. 2.145) eingesetzt werden können, bewährt.

Die für Kaninchen und Meerschweinchenverwandte gebräuchlichen Fertigprodukte sind für Kleinnager aufgrund ihres hohen Rohfaser- aber geringen Fett- und Eiweißgehaltes nicht als Alleinfuttermittel zur Zwangsernährung geeignet. Als Grundlage sollten vielmehr in Obst- oder Gemüsebrei gelöste Schmelzflocken oder die für Hamster und Ratten erhältlichen VitaSpezial®-Futterkugeln der Firma Vitakraft dienen. Auch zuckerfreier Quark oder Joghurt können untergemischt werden. CriticalCare® 113 oder RodiCare-Instant® 114 werden dann in geringer Menge dem Brei zugefügt, um den Rohfaseranteil zu erhöhen und Vitamine und Mineralstoffe zu ergänzen. Kalorienreiche Vitaminpasten wie NutriCal® werden von Kleinnagern ebenfalls meist gern genommen und haben oftmals einen appetitanregenden Effekt.

Liegen Aufgasungen im Magen-Darm-Trakt vor, so ist es sinnvoll, drei- bis fünfmal täglich ein Antitympanikum (z. B. Sab Simplex® 35 ) zu verabreichen. Ist im Rahmen von Durchfällen von einer Verschiebung der physiologischen Darmflora auszugehen, so ist ein Probiotikum (z. B. Bene Bac®-Gel oder -Pulver 38 ) zu substituieren.

## 2.11.3 Wichtige Ursachen

Viele Erkrankungen gehen mit einer Störung des Allgemeinbefindens z. B. aufgrund starker Schmerzen einher, sodass Apathie, Inappetenz und verklebte Augen durch nachlassendes Putzverhalten im Zusammenhang mit unterschiedlichsten Veränderungen auftreten.

Eine genaue Anamneseerhebung ist daher unerlässlich, um die ersten Hinweise auf eine mögliche Grundursache zu erhalten und Differenzialdiagnosen ausschließen zu können.

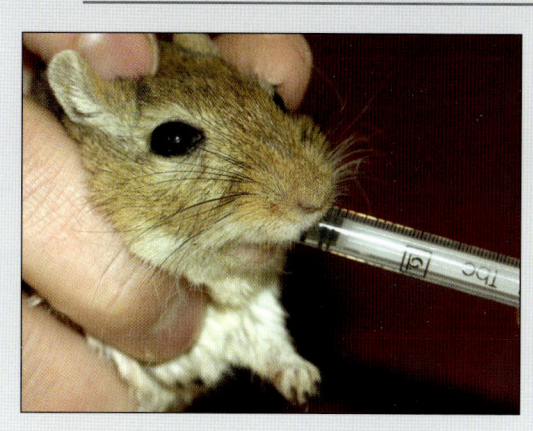

**Abb. 2.145** Zwangsfütterung einer Rennmaus.

Bei Kleinnagern sind oftmals **intraabdominale Umfangsvermehrungen** (5), wie **Tumoren bei leukotischen Erkrankungen** (S. 128), **Ovarialzysten** (Hamster und Rennmaus, S. 124) oder **Leberzysten** (vorwiegend bei Gold- und Zwerghamstern, S. 122) Ursache für eine schmerzhafte Verdrängung anderer Organe und eine deutlich reduzierte Futteraufnahme.

Infektionen mit **Mykoplasmen** (S. 38) können bei Maus und Ratte zu deutlichen Einschränkungen des Allgemeinbefindens führen. Je nach Ausprägungsgrad fallen die typischen „schnatternden" Atemgeräusche bei Lungenmanifestation nicht permanent, sondern nur in Belastungssituationen auf.

Zahlreiche weibliche Kleinnager, die aufgrund von Apathie und verklebten Augen in der Tierarztpraxis vorgestellt werden, weisen eine **Pyometra** (S. 142) auf, wobei insbesondere ältere Hamster häufig betroffen sind. Auch nichtinfektiöse Gebärmuttererkrankungen wie eine **Hämometra** (S. 141) können durch Verdrängung anderer Organe oder Schmerzzustände zu Apathie und Inappetenz führen.

**Obstipationen** (S. 118) sind beim Kleinnager selten, aber ebenfalls zunächst durch zusammengekauerte Haltung mit gesträubtem Fell aufgrund der Schmerzhaftigkeit gekennzeichnet.

**Zahnerkrankungen** (S. 218) können ebenfalls unspezifische Symptome verursachen: Die betroffenen Tiere nehmen zwar meist langsam nach und nach immer weniger Futter auf, dies geschieht oftmals jedoch weitgehend unbemerkt, da sie in der Gruppe leben oder, wie die Hamster, das Futter einsammeln und verstecken. Bei den Kleinnagern sind vorwiegend die Schneidezähne betroffen, die Fehlstellungen aufweisen und Verletzungen verursachen oder abgebrochen sind und dadurch das Entspelzen des Futters erschweren. Erkrankungen der Backenzähne treten vergleichsweise selten auf, müssen jedoch auch immer in Betracht gezogen und abgeklärt werden.

Die Anzeichen einer Herzerkrankung (S. 41) sind ebenfalls als unspezifisch zu bezeichnen. Das betroffene Tier schläft vermehrt, nimmt nur wenig Nahrung auf und stellt seine täglichen Gewohnheiten nach und nach ein (seltenere Nutzung des Laufrades, kein Klettern mehr, u. Ä.). Gelegentlich fällt auch ein unsicherer, schwankender Gang auf. Vielfach sind die Augen und die Nasenöffnungen von rötlichen Krusten umgeben, da das Putzverhalten auf ein Minimum reduziert wird. Ähnliche Symptome werden auch bei chronischen Niereninsuffizienzen (S. 220) beobachtet.

Auch akut auftretende lebensbedrohliche Zustände wie Trächtigkeitstoxikosen (S. 165), Hitzschlag (S. 43) und Septikämie (S. 43) fallen in ihren Anfangsstadien nur durch ausgeprägte Apathie und Inappetenz auf, verlaufen dann aber häufig so rasant, dass ein Eingreifen und Beeinflussen nur selten gelingt.

## 2.11.4 Anamnese

Der ausführlichen Anamneseerhebung kommt bei Patienten, die aufgrund von unspezifischen Symptomen vorgestellt werden, eine besondere Bedeutung zu.

**Tab. 2.15** Beispiele für Erkrankungen, die häufig mit unspezifischen Symptomen einhergehen.

| Ursache | Leitsymptom | siehe Seite | Bemerkungen |
|---|---|---|---|
| Herzerkrankungen | ❶, ❼, ❽, ❿ | S. 41 | |
| Nephropathie | ❼, ❿ | S. 166/S. 220 | |
| Hepatopathie | ❼ | S. 166 | |
| Diabetes mellitus | ❸, ❿ | S. 221 | |
| Septikämie | ❶, ❼ | S. 43/S. 165 | |
| Trächtigkeitstoxikose | ❼ | S. 165 | |
| Hitzschlag | ❶, ❼ | S. 43/S. 164 | |
| Zahnerkrankungen | ❷, ❿ | S. 218 | insbesondere Incisivi betroffen |
| Pyometra/Hämometra | ❺, ❻ | S. 142/S. 141 | |
| Obstipation | ❺ | S. 118 | |
| Mykoplasmose | ❶ | S. 38 | R, M |
| Umfangsvermehrungen im Abdomen | ❺ | S. 110 ff | |
| • Neoplasien bei Leukose | ❹, ❺, ❿ | | |
| • Leberzysten | ❺, ❾ | | H, RM |

Auch kleine Hinweise im Vorbericht sind daher zu registrieren und genauestens zu hinterfragen.

**Vorangegangene Erkrankungen/Dauer der Symptome:**
Die Frage nach vorangegangenen Symptomen und Erkrankungen und deren zeitlicher Abstand zum aktuellen Krankheitsgeschehen kann wertvolle Hinweise liefern.

Hat der Patient in letzter Zeit bereits begonnen, vorzugsweise weichere Nahrungsbestandteile aufzunehmen, so ist dies z. B. als Hinweis auf eine Zahnerkrankung (S. 218) zu werten. Auch ein häufiges Speicheln ist in diese Richtung zu deuten.

Legt das betroffene Tier im Vergleich zur restlichen Gruppe auffallend häufig Ruhepausen ein und nutzt z. B. das Laufrad nicht mehr oder wird selten in den oberen Etagen des Käfigs beobachtet, so kann zum einen eine Leistungsminderung durch eine Herzerkrankung (S. 41), zum anderen aber z. B. auch eine Einschränkung der Lungenfunktion wie bei Mykoplasmose (S. 38) die Ursache sein.

Sehr strenger Geruch eines weiblichen Tieres ist möglicherweise auf Vaginalausfluss im Rahmen einer Pyometra (S. 142) zurückzuführen. Ist bereits in den letzten Tagen oder Wochen gelegentlich ein Blutstropfen im Urin aufgefallen, so kann dies ein Hinweis auf eine Hämometra (S. 141) sein.

Vorangegangene, auch überstanden geglaubte oder latente Infektionen z. B. der Atemwege oder des Verdauungstraktes können zu einer Septikämie (S. 43) führen.

Auffallend kleine, häufig in der Form veränderte Kotballen können zum einen auf eine verminderte Nahrungsaufnahme unterschiedlicher Ursache oder zum anderen auf eine Umfangsvermehrung im Abdomen (❺), die Darmanteile verdrängt, hinweisen. Schwierigkeiten beim Kotabsatz wie intensives, häufiges Pressen, um einzelne, harte Kotballen abzusetzen, sind gelegentlich bereits ein oder zwei Tage vor einer manifesten Obstipation (S. 118) zu beobachten.

**Haltungsbedingungen:**
Stressfaktoren, die in der Haltung begründet liegen, können die Ursache für eine erhöhte Krankheitsanfälligkeit sein. Besonders zu nennen sind hier der Tod eines Partnertieres ebenso wie eine Neuvergesellschaftung. Auch das Umsetzen in einen neuen Käfig und damit ggf. verbundene Rangordnungskämpfe innerhalb bestehender Gruppen führen zu Immunsuppression und können den Ausbruch bisher latent verlaufener Infektionserkrankungen fördern oder zur Dekompensation einer bisher klinisch unauffälligen Herzerkrankung (S. 41) führen.

Im Sommer kann zudem die Haltung in einer überhitzten Dachgeschosswohnung oder ein Käfigstandort an einem sonnigen Fenster zu einem Hitzschlag (S. 43) führen.

**Fütterung:**
Eine ausgewogene, abwechslungsreiche und vitaminreiche Fütterung ist eine der Grundlagen für ein gesundes Immunsystem. Überlagertes Futter oder ein fehlendes Angebot an frischem Obst bzw. Gemüse kann Mangelzustände zur Folge haben, die wiederum eine Immunsuppression nach sich ziehen. Plötzliche Futterumstellungen oder falsch gelagertes Futter können zu Durchfällen (❷) führen. Eine mangelhafte Versorgung mit Nagematerial sowie kalziumarmes Futter können die Ursache für Zahnerkrankungen (S. 218) sein.

## 2.11.5 Klinische Untersuchung

Kleinnager, die aufgrund von Inappetenz, Apathie, verklebten Augen (Abb. 2.146) oder ähnlich unspezifischen Symptomen vorgestellt werden, müssen mit besonderer Gründlichkeit vollständig untersucht werden, denn bereits kleine Abweichungen vom physiologischen Zustand können helfen, eine Diagnose zu stellen oder gezielte weiterführende Untersuchungen einleiten zu können. Ziel sollte es sein, stets schnellstmöglich nicht nur symptomatisch, sondern kausal zu therapieren.

*Kachektische Tiere täuschen oftmals durch gesträubtes Fell mehr Körperfülle vor oder werden vom Besitzer irrtümlich für wohlgenährt gehalten, weil sie ein pralles Abdomen aufweisen.*

**Abb. 2.146** Verklebte Augen bei einem Dshungarischen Zwerghamster mit Allgemeininfektion.

**Abb. 2.147** Apathie und Abmagerung bei einer Rennmaus.

Die Beurteilung des **Ernährungszustandes** sollte daher nicht nur adspektorisch, sondern auch palpatorisch erfolgen. Insbesondere wird hierbei auf das Hervorstehen der Beckenknochen, der Rippen und der Dornfortsätze der Wirbelsäule geachtet. Eine sinnvolle Empfehlung an den Besitzer ist es in diesem Zusammenhang, alle Tiere zweimal wöchentlich zu wiegen und das Gewicht zu notieren, sodass negative Entwicklungen frühzeitig erkannt werden können.

Ist das Tier abgemagert (Abb. 2.147), so muss von einem chronischen Krankheitsgeschehen ausgegangen werden. Zugrunde liegen häufig chronische Infektionen wie z. B. eine Mykoplasmose (S. 38), Herzerkrankungen (S. 41), Niereninsuffizienzen (S. 220), Zahnerkrankungen (S. 218) oder tumorassoziierte Veränderungen wie z. B. die Leukose (S. 222).

Eine **Adspektion** der Schleimhäute kann Auskunft über chronische Blutverluste und Instabilitäten des Kreislaufs geben. Sind die Schleimhäute von Maul und Konjunktiven blass bis porzellanfarben, so kann dies auf eine Anämie aufgrund z. B. eines Milztumors bei Leukose (S. 222) oder einer Hämometra (S. 141) zurückzuführen sein. Eine blasse bis zyanotische Schleimhautfarbe kann auch im Rahmen einer schwerwiegenden Herzerkrankung (S. 41) auftreten. Bei schwach pigmentierten Patienten lassen sich solche Verfärbungen meist auch an der Haut der Pfoten und der Ohren erkennen.

Ist leichter Augen- oder Nasenausfluss vorhanden, so kann dies bereits ein Hinweis auf eine Erkrankung des Respirationstraktes wie z. B. die Mykoplasmose (S. 38) oder eine andere bakterielle Atemwegsinfektion (S. 37) sein. Eine Hypersalivation ist in der Regel mit Zahnerkrankungen (S. 218) vergesellschaftet, sodass sich, wie generell bei Inappetenz, eine gründliche Exploration der Maulhöhle anschließen muss. In diesem Rahmen sind beim Hamster stets auch beide Backentaschen zu untersuchen. Wunden an der Körperoberfläche sollten bei der Adspektion und Palpation besondere Beachtung finden, da sie als Keimeintrittspforte fungieren und ursächlich für verschiedene Entzündungen oder bei geschwächtem Immunsystem sogar für eine Septikämie (S. 43) verantwortlich sein können.

Die **Auskultation** des Herzens muss ebenfalls sehr gründlich und ausreichend lange erfolgen, da es aufgrund der hohen Herzfrequenz von Kleinnagern ansonsten nicht möglich ist, Herzgeräusche oder Arrhythmien festzustellen und somit Herzerkrankungen (S. 41) erkennen zu können.

Im Zuge der **palpatorischen Untersuchung** der Bauchhöhle können Obstipationen (S. 118), Umfangsvermehrungen (❺) unterschiedlicher Genese und Veränderungen des Uterus (S. 125) festgestellt werden.

## 2.11.6 Weiterführende Untersuchungen

Ist auch nach der vollständigen Allgemeinuntersuchung noch keine exakte Diagnosestellung möglich, so ergeben sich doch zumeist ausreichende Hinweise, um gezielte weiterführende Untersuchungen einleiten zu können.

**Kotuntersuchungen** geben bei Verdauungsstörungen Auskunft über den Zustand der physiologischen Darmflora. Die Ursachen (z. B. Parasiten, bakterielle Infektion) oder Folgen (z. B. Hefeüberwucherung der Darmflora) zahlreicher Verdauungsstörungen, die evtl. in einer Enterotoxämie (S. 60 ff) münden, können so festgestellt werden.

Die Einleitung einer **Harnuntersuchung** kann bei der Diagnose eines Diabetes mellitus (S. 221) helfen. Glukosurie ist jedoch auch bei schwerwiegenden Niereninsuffizienzen (S. 220) nachweisbar. Entzündliche Prozesse in den Harnwegen können der Ausgangspunkt für eine Septikämie (S. 43) sein; der Nachweis von Keton weist auf Stoffwechselentgleisungen hin.

**Röntgenologische und sonographische Untersuchungen** liefern z. B. im Rahmen der Tumordiagnostik Aussagen über Größe, genaue Lokalisation oder auch Metastasierung von Neoplasien. Der Verdacht auf Veränderungen der Gebärmutter (S. 125) kann am sichersten sonographisch bestätigt und differenziert werden; das Ausmaß und die genaue Lokalisation von Verdauungsstörungen (❺) oder auch ein Auskultationsbefund der Lunge sollte eher röntgenologisch abgeklärt werden.

Die Anfertigung von Röntgenaufnahmen ist zudem unersetzlich bei der Diagnostik bzw. der Beurteilung des Ausmaßes von Zahnerkrankungen (S. 218).

**Blutuntersuchungen** stehen beim Kleinnager eher etwas abseits, da aufgrund der geringen zu gewinnenden Blutmengen, außer bei der Ratte, in der Regel nur gezielte Einzelwerte bestimmt werden können. Diese können jedoch weitere wertvolle Hinweise liefern, um eine Verdachtsdiagnose zu bestätigen. Das Blutbild gibt Auskunft über akute Entzündungsgeschehen (z. B. bei einer Pyometra [S. 142]) oder auch anämische Veränderungen (z. B. im Rahmen einer endometrialen Hyperplasie oder Hämometra [S. 141]). Leukopenien treten bei chronischen Krankheitsgeschehen auf.

Zur Diagnose von Hepatopathien (S. 166) sollten die Leberwerte im Serum, insbesondere GLDH und GPT, bestimmt werden. Nephropathien (S. 166) werden im Rahmen der Blutchemie durch Bestimmung von Kreatinin und Harnstoff diagnostiziert; die Nierenfunktion kann beispielsweise im Zusammenhang mit einer Septikämie (S. 43) oder einer Nephritis (S. 166) deutlich eingeschränkt sein. Nicht zuletzt kann der durch das Ergebnis einer Harnuntersuchung bereits gefestigte Verdacht auf Endokrinopathien wie Diabetes mellitus (S. 221) durch eine Blutzuckerbestimmung verifiziert werden.

# 2.12 Schock

Als Auslöser für ein Schockgeschehen kommen verschiedene Faktoren infrage. Häufige Ursachen sind Septikämien, Traumata, heftige Schmerzzustände, starke Blutungen mit Hypovolämie, Hitzschlag, Vergiftung oder allergische Reaktionen. Bei Kleinnagern können aber auch extreme Stresssituationen ein Schockgeschehen auslösen.

Ein Schock geht mit folgenden Symptomen einher:
- Apathie/Somnolenz
- Seitenlage/Brust-Bauch-Lage (Abb. 2.148)
- flache, frequente oder verlangsamte Atmung
- porzellanfarbene oder zyanotische Schleimhäute
- flacher Puls
- Hypothermie, bei Hitzschlag Hyperthermie

## 2.12.1 Sofortmaßnahmen

Wird ein Patient im Schock vorgestellt, so ist dies immer als akut lebensbedrohlicher Zustand zu werten. Die schnellstmögliche Stabilisierung des Nagers hat dabei oberste Priorität. Die Feststellung der auslösenden Ursache ist erst zweitrangig, muss dann jedoch gründlich und trotzdem mit äußerster Vorsicht erfolgen.

Folgende Sofortmaßnahmen sind durchzuführen:
1. Sauerstoffzufuhr, ggf. Freilegen der Atemwege
2. Blutungen stillen
3. Substitution von Flüssigkeit und Elektrolyten
   - Vollelektrolytlösung 84, 40–60 ml/kg i.p.
   - ggf. Glukoselösung 82, bis 500 mg/kg
4. Kreislaufstabilisierung
   - Etilefrin 46 (Effortil®), 0,5–1 mg/kg i.m., p.o.
   - Prednisolon 72 (Solu Decortin®), 10 mg/kg i.m., i.p.
5. Analgetikum nach Traumata oder anderen schmerzhaften Zuständen
   - Carprofen 99 (Rimadyl®), 5 mg/kg s.c.
   - Meloxicam 100 (Metacam®), 0,15 mg/kg s.c.
6. Antibiotikum mit breitem Wirkungsspektrum
   - Enrofloxacin 5 (Baytril®), 10 mg/kg s.c., i.p.
   - Marbofloxacin 9 (Marbocyl®), 4 mg/kg s.c., i.p.
7. Wärmezufuhr, Temperaturkontrolle
8. Tier in ruhigen, abgedunkelten Raum verbringen

**Abb. 2.148** Rennmaus in Seitenlage.

## 2.12.2 Therapiegrundsätze

Bei einem Patienten, der im Schock vorgestellt wird, muss zunächst gesichert werden, dass die Atemwege frei sind und das Tier ausreichend mit Sauerstoff versorgt wird, um der Mangeldurchblutung der Körpergewebe, die rasch zu hypoxischen Schäden führt, entgegenzuwirken. Befinden sich noch Futterreste oder größere Mengen schleimigen Sekrets oder Speichels in der Maulhöhle, so sollte diese vorsichtig geleert werden. Der Patient ist idealerweise in einen Sauerstoffkäfig umzusetzen (Abb. 2.149); bei Ratten ist auch eine Sauerstoffzufuhr mit Hilfe einer Nasenmaske möglich und wird meist auf dem Arm des Besitzers sehr gut toleriert.

Da Kleinnager entsprechend ihrer Größe eine sehr geringe absolute Blutmenge aufweisen, müssen Blutungen immer ernst genommen und unverzüglich gestillt werden.

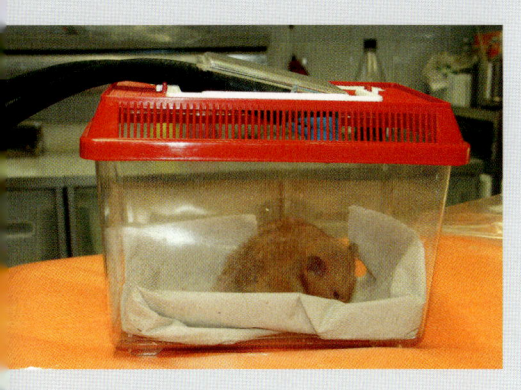

**Abb. 2.149** Goldhamster in einer Transportbox aus Kunststoff, der Sauerstoff zugeleitet wird.

Eine Flüssigkeitszufuhr sollte durch eine Vollelektrolytlösung mit ausreichender Pufferkapazität (z. B. Sterofundin® 84 , Ringer-Laktat-Lösung® 84 ) erfolgen. Hierbei ist zu beachten, dass die Infusionslösung körperwarm sein sollte, um einer Hypothermie, die bei einem Schockgeschehen zu den klassischen Symptomen gehört, entgegenzutreten. Lediglich im Falle eines Hitzschlags müssen etwas kühlere Infusionen verabreicht werden, um eine Normalisierung der zu hohen Körpertemperatur zu unterstützen. Da beim Kleinnager keine Möglichkeit einer intravenösen Flüssigkeitssubstitution besteht und eine Resorption nach subkutaner Applikation im Schock nicht gewährleistet ist, müssen Infusionen im Notfall intraperitoneal verabreicht werden. Hierbei ist zu beachten, dass die linke Seite des Abdomens fast vollständig von Anteilen des Zäkums ausgefüllt wird, sodass sich der Bereich der rechten Flanke als gefahrlosere Injektionsstelle bewährt hat. Intraossäre Infusionen sind ebenfalls beschrieben, im täglichen Praxisgebrauch jedoch eher unüblich.

Geht aus der Anamnese hervor, dass der Patient inappetent war, so sollten zudem Glukoseinfusionen 82 verabreicht werden, um dem Tier Nährstoffe zuzuführen.

Zur weiteren Unterstützung der Kreislauffunktion kommen zum einen ein synthetisches Sympathomimetikum (Etilefrin 46 ), zum anderen rasch wirksame Methylprednisolonester 72 infrage. Letztere werden insbesondere bei einem Endotoxin- oder anaphylaktischen Schock eingesetzt, da ihre Wirkung umgehend eintritt. Aufgrund ihrer kurzen Halbwertszeit und des gleichzeitigen Einsatzes von Breitspektrumantibiotika, kann die oftmals diskutierte potenzielle kurzfristige Immunsupprimierung in diesen Fällen außer Acht gelassen werden.

Ebenfalls Herz und Kreislauf unterstützend wirkt Etilefrin 46 (Effortil®). Als Sympathomimetikum mit Einfluss sowohl auf die $\alpha$- als auch auf die $\beta_1$-Rezeptoren erhöht es zum einen durch Vasokonstriktion den Blutdruck und wirkt zum anderen positiv inotrop und chronotrop.

Die Applikation eines Analgetikums (z. B. Novalgin® 101 , Metacam® 100 , Rimadyl® 99 ) ist bei allen traumatisch ausgelösten oder auf hochgradige Schmerzen zurückzuführenden Schockgeschehen unerlässlich. Ein Schmerzmittel sollte aber auch dann sicherheitshalber verabreicht werden, wenn Schmerzzustände nicht sicher ausgeschlossen werden können. Die Wahl und Dosierung des jeweils einzusetzenden Analgetikums ist von seinen pharmakokinetischen Eigenschaften abhängig, da im Einzelfall potenziell mögliche Einschränkungen der Leber- und/oder Nierenfunktion zu berücksichtigen sind.

Die Verabreichung eines breit wirksamen Antibiotikums (z. B. Baytril® 5 , Marbocyl® 9 ) ist bei Schockgeschehen unerlässlich, da immer ein erhöhtes sekundäres Infektionsrisiko besteht. Sowohl Enrofloxacin als auch Marbofloxacin können in verdünnter Form auch intraperitoneal appliziert werden.

Insbesondere beim Kleinnager mit seiner relativ großen Körperoberfläche im Vergleich zum Volumen ist im Schock stets ein rasches Auskühlen bis hin zur lebensbedrohlichen Hypothermie zu befürchten. Für eine exakte Temperaturkontrolle müssen entsprechend feine Messsonden bereitgehalten werden. Einer Hypothermie kann z. B. mittels einer Wärmeflasche oder durch mit warmem Wasser gefüllten OP-Handschuhen entgegengewirkt werden; der Einsatz einer Rotlichtlampe ist wegen der Gefahr der Überhitzung abzulehnen.

Bei einer Hyperthermie als Folge eines Hitzschlages hilft das Einwickeln in kleine, feuchte Tücher oder die Lagerung auf einer mit kühlem Wasser gefüllten Wärmeflasche bei der Temperaturregulation. Auch hier ist eine Kontrolle der Körpertemperatur unerlässlich.

Besteht Verdacht auf ein Schädeltrauma, so sollte die angestrebte Körpertemperatur zwischen 37 °C und 38 °C liegen. Höhere Temperaturen würden die Ausbildung eines Hirnödems fördern.

Der Patient sollte nach Einleitung der Erstversorgung unbedingt zunächst in einem ruhigen und nach Möglichkeit leicht abgedunkelten Raum untergebracht und beobachtet werden. Sobald sich der Zustand stabilisiert, müssen eine gründliche Allgemeinuntersuchung nachgeholt und ggf. weiterführende Maßnahmen wie eine Röntgenuntersuchung eingeleitet werden, um gezielt therapieren zu können.

# 3 Weiterführende Untersuchungen

## 3.1 Blutuntersuchung

### 3.1.1 Blutentnahme

In der Labormedizin wird die Blutentnahme bei Kleinnagern in der Regel durch Punktion des Herzens, des retrobulbären Venenplexus, der Vena jugularis oder der ventralen Schwanzarterie vorgenommen. Da dies nur in Sedation und auch dann nicht völlig risikolos möglich ist, ist dies keine Option für die Heimtiermedizin. Hier werden in der Regel Blutproben von geschwächten Tieren benötigt, denen keine zusätzliche Kreislaufbelastung durch eine Narkose zugemutet werden sollte.

So ist die Blutuntersuchung beim als Heimtier gehaltenen Kleinnager aufgrund des Stressfaktors für den Patienten und die geringe zu gewinnende Blutmenge auch keine routinemäßige Diagnostik, sondern wird nur gezielt zur Überprüfung ausgewählter Parameter herangezogen. Lediglich bei der Ratte kann die Blutmenge für ein Screening ausreichen. Generell gilt, dass für die Blutentnahme eine sehr gute, sichere Fixation des Tieres die wichtigste Voraussetzung ist.

Bei Ratte, Maus und Rennmaus bietet die laterale Schwanzvene eine Möglichkeit der Blutentnahme. Sie verläuft sehr dicht unter der Haut, sodass sie zumindest bei hellen Ratten und Mäusen sehr gut sichtbar ist. Die Rennmaus weist eine etwas dickere Haut auf, sodass die Vene trotz Rasur der Punktionsstelle meist nicht zu sehen ist. Es hat sich bewährt, den Schwanz zur besseren Durchblutung zunächst zu erwärmen; dies kann durch Rotlichtbestrahlung oder warmes Wasser geschehen. Der Schwanz wird dann an der Wurzel mit einem feinen Gummi angestaut, die Punktionsstelle desinfiziert und die Vene mit einer an die Patientengröße angepassten Kanüle oder besser Butterfly-Kanüle im proximalen Drittel, nicht zu nah der Schwanzwurzel, in einem flachen Winkel punktiert.

Bei allen Kleinnagern ist zudem die Punktion der Vena saphena lateralis möglich. Hierbei wird ein Hinterbein ausgezogen und oberhalb des Knies angestaut. Proximal des Tarsus wird laterokaudal geschoren, um die Vene sichtbar werden zu lassen (Abb. 3.1). Nach der Desinfektion des Hautareals wird die Vene nun in einem 90°-Winkel zur Haut kurz punktiert und das austretende Blut mit einem Mikrokapillarröhrchen aufgezogen. Bei der Ratte oder größeren Goldhamstern ist auch das freie Ablaufenlassen des gewonnenen Blutes möglich; hierzu sollte aber in einem flachen, maximal 45°-Winkel punktiert worden sein. Geeignet sind hier wiederum feine Butterflies oder eine 24-Gauge-Kanüle. Meist kann aus der Vena saphena lateralis nur ein geringeres Blutvolumen als aus der lateralen Schwanzvene gewonnen werden.

Abb. 3.1 Blutentnahme aus der V. saphena lateralis bei einer Ratte.

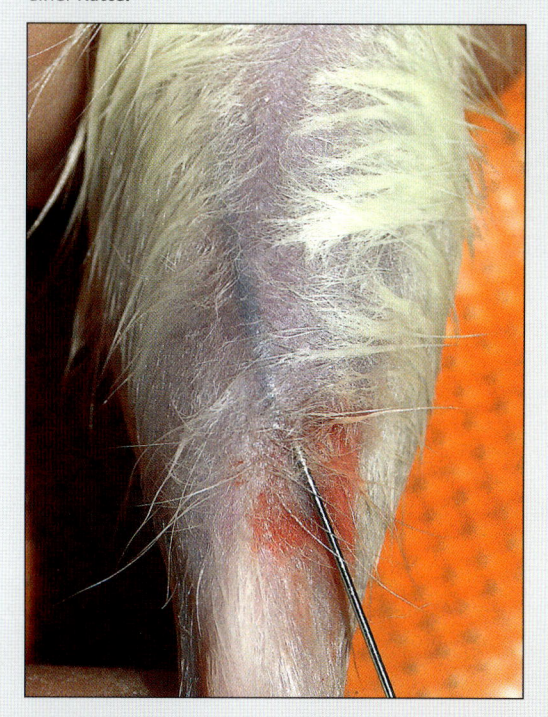

Für adulte Tiere gilt: Einer Ratte sollten größenabhängig nicht mehr als 1,2 ml, einem Goldhamster größenabhängig nicht mehr als 0,6 ml, einer Rennmaus nicht mehr als 0,3 ml und einer Maus oder einem Zwerghamster nicht mehr als 0,1–0,15 ml Blut entnommen werden.

Das Gesamtblutvolumen beträgt für die Ratte 50–65 ml/kg, für die Maus 70–80 ml/kg, für die Rennmaus 60-85 ml/kg und für den Hamster 65–80 ml/kg.

## 3.1.2 Hämatologie

Ein Blutbild kann mit einem modernen hämatologischen Blutanalysegerät erstellt werden, bei dem die jeweilige Tierart eingestellt werden kann. Dringend ist hierbei zuvor das erforderliche Blutvolumen zu überprüfen!

Werden Blutbild oder Differenzialblutbild nicht in der Praxis, sondern von einem auswärtigen Labor erstellt, so ist stets die Tierart deutlich zu vermerken bzw. im Vorfeld Rücksprache zu halten, ob auch eine Untersuchung sehr geringer Blutmengen möglich ist oder ggf. Einzelwerte außerhalb der Standardprogramme erhoben werden können.

**Tab. 3.1** Hämatologische Richtwerte.

| Parameter | Einheit | Richtwert | | | |
|---|---|---|---|---|---|
| | | Ratte | Maus | Rennmaus | Hamster |
| **Hämoglobin** | g/dl | 11,5–16,0 | 10–16 | 12,1–16,2 | 10–16 |
| **Hämatokrit** | % | 37,0–50,6 | 36–49 | 41–52 | 36–52 |
| **Erythrozyten** | $10^6/\mu l$ | 5,4–9,75 | 7–11,5 | 7–10 | 6–10 |
| **Leukozyten** | $10^3/\mu l$ | 5,0–12,0 | 4–12,5 | 4,2–12,2 | 5–11 |
| • neutrophile Granulozyten | % | 9–34 | 10–40 | 5–34 | 10–42 |
| • basophile Granulozyten | % | 0–1,5 | 0–1 | 0–1 | 0–1 |
| • eosinophile Granulozyten | % | 0–6 | 0–4 | 0–4 | 0–4,5 |
| • Lymphozyten | % | 65–85 | 55–95 | 60–95 | 50–95 |
| • Monozyten | % | 0–4 | 0–3 | 0–3 | 0–3 |
| **Thrombozyten** | $10^3/\mu l$ | 450–950 | 400–980 | 400–600 | 300–570 |

**Tab. 3.2** Umrechnungsfaktoren für das Blutbild.

| Parameter | SI-Einheit | Umrechnungsfaktor SI in alte Einheit | Alte Einheit |
|---|---|---|---|
| **Hämoglobin** | mmol/l | 1,61 | g/dl |
| **Hämatokrit** | l/l | 100 | % |
| **Erythrozyten** | $10^{12}/l$ | 1,0 | $10^6/\mu l$ |

**Tab. 3.3** Veränderungen im Blutbild und mögliche Ursachen.

| Blutwert | Veränderung | |
|---|---|---|
| | Erhöhung | Erniedrigung |
| Leukozyten | Infektion, Entzündung, endogene Intoxikation (Enterotoxämie, Urämie, Ketose), Hyperthyreose, Glukokortikoidgaben, leukämische Leukose, ausgedehnte Hämatome; ggr. Veränderungen auch ausgelöst durch Stress oder Anstrengung | chronische Infektion, Schock, iatrogen (Chloramphenicol), Knochenmarkerkrankungen |
| Hämatokrit | relative Erhöhung: Exsikkose, Schock absolute Erhöhung: chron. Lungenerkrankung, chron. Herzinsuffizienz | Blutverluste (über Verletzungen oder auch z. B. Hämangiome/Hämangiosarkome), Hyperinfusion |
| Hämoglobin | Exsikkose, Schock, chronische Herzinsuffizienz und/oder Lungenerkrankung | Blutverluste |
| Erythrozyten | siehe Hämatokrit und Hämoglobin | Blutverluste |
| Thrombozyten | reaktiv nach Blutverlusten, chirurgischen Eingriffen | Bildungsstörung (z. B. bei Leukose, Septikämie), Verteilungsstörung (z. B. Herzinsuffizienz), DIC |

**Tab. 3.4** Veränderungen im Differenzialblutbild und mögliche Ursachen.

| Blutwert | Veränderung | |
|---|---|---|
| | Erhöhung | Erniedrigung |
| Neutrophile Granulozyten | eitrige Entzündungen, Urämie, Azidose, Tumorerkrankungen, Glukokortikoidgabe physiologische Erhöhung bei Stress (Reaktion auf Adrenalinausschüttung) oder Geburt | chronische Infektion, Septikämie, Endotoxinschock, iatrogen (Chloramphenicol), Knochenmarkerkrankungen |
| Lymphozyten | chronische bakterielle Infektionen, Neoplasien, starke Stimulation des Immunsystems | Stresszustände, Immunsuppression, Glukokortikoidtherapie |
| Eosinophile Granulozyten | Allergie, Parasitosen, selten Neoplasien | Stress, Glukokortikoidtherapie |
| Monozyten | chronische Infektionen, maligne Neoplasien, hämolytische Anämie, Glukokortikoidtherapie | aufgrund der ohnehin physiologisch sehr geringen Anzahl ohne Bedeutung |
| Basophile Granulozyten | vereinzelt bei Parasitosen oder Allergien | ohne Bedeutung |

## 3.1.3 Blutchemische Parameter

### 3.1.3.1 Elektrolyte

Ein erhöhter **Natrium**-Spiegel ist bei Wasserverlusten z. B. im Rahmen eines Diabetes mellitus oder bestimmten Formen der Niereninsuffizienz festzustellen; zudem führt auch längeres Dürsten zu einer Hypernatriämie. Die wichtigste Ursache für eine Hyponatriämie bei den Kleinnagern ist ein gesteigerter Elektrolytverlust bei heftigen Durchfallerkrankungen (z. B. Wet Tail Disease beim Hamster). In diesem Zusammenhang sinkt auch der **Kalium**-Spiegel im Serum. Eine Hypokaliämie kann zudem durch längerfristige, hochdosierte Applikation von Schleifendiuretika (z. B. Furosemid) ausgelöst werden. Erhöhte Kaliumspiegel sind z. B. bei Niereninsuffizienz festzustellen.

**Kalzium und Phosphor** sollten idealerweise im Verhältnis 2:1 bis 2,5:1 zueinander stehen. Bei einer ausgewogenen, bedarfsgerechten Fütterung sind Verschiebungen der Serumspiegel eher selten und deuten auf metabolische Störungen wie z. B. eine Osteodystrophie (Hypokalzämie bei Hyperphosphatämie) oder endokrine Erkrankungen wie z. B. einen Hyperparathyreoidismus hin.

### 3.1.3.2 Enzyme

Die **Glutamat-Oxalacetat-Transaminase** (GOT) = Aspartat-Amino-Transferase (AST) ist ein Enzym, das vorwiegend in den Mitochondrien der Hepatozyten, aber auch im Skelettmuskel und in den Erythrozyten sowie in geringer Menge in anderen Geweben vorkommt. Eine Erhöhung der GOT ist daher kein spezifischer Indikator für eine Lebererkrankung, sondern kann auch auf ein Trauma oder auf ein hämolytisches Geschehen hinweisen.

Im Gegensatz dazu ist die **Glutamat-Pyruvat-Transaminase** (GPT) = Alanin-Amino-Transferase (ALT) ein leberspezifisches, im Zytoplasma der Hepatozyten lokalisiertes Enzym, das bei verschiedensten Hepatopathien erhöht ist.

Die **Alkalische Phosphatase** (AP) ist in zahlreichen Körpergeweben vorhanden, in besonders hohen Konzentrationen jedoch im Gallengangsepithel, in Knochenzellen und in den Nieren. Physiologisch sind bei Jungtieren erhöhte Werte festzustellen. Pathologische Erhöhungen fallen bei Hepatopathien, Osteopathien und endokrinen Erkrankungen wie Hyperadrenokortizismus, Diabetes mellitus und Hyperthyreose auf.

Die **Creatinkinase** (CK) ist ein sensitives Enzym, das bei Herz- und Skelettmuskelveränderungen im Serum ansteigt. Erhöhte Werte finden sich jedoch auch nach Traumata wie operativen Eingriffen, bei denen die Narkose gleich zur einfacheren Gewinnung einer Blutprobe genutzt wurde, sodass in diesen Fällen eine Interpretation nur mit Vorsicht erfolgen sollte.

### 3.1.3.3 Weitere blutchemische Werte

Die Bestimmung der **Glukose** ist bei Verdacht auf Diabetes mellitus anzuraten. Erste, weniger invasive Hinweise gibt hier zunächst die Glukosebestimmung im Urin. Diese liefert zwar auch z. B. bei hochgradigen Nierenerkrankungen einen positiven Wert, fällt aber bei Diabetes mellitus in jedem Fall ebenfalls positiv aus.

Da Kleinsäuger in der Natur zahlreiche kleine Mahlzeiten über 24 Stunden verteilt aufnehmen und daher niemals nüchtern sind, ist eine Nahrungskarenz vor der Blutentnahme nicht sinnvoll, da der gemessene Wert nicht realistisch interpretiert werden kann.

**Harnstoff und Kreatinin** sind im Verlauf von Nephropathien in erhöhter Menge im Serum nachweisbar. Leider ist bei einem Anstieg des Kreatinins davon auszugehen, dass bereits mindestens die Hälfte des Nierengewebes geschädigt ist, während eine kurzfristige Erhöhung des Harnstoffwertes auch auf fütterungsbedingte Ursachen zurückzuführen sein kann.

Die **Gesamtbilirubin**-Konzentration im Serum steigt bei verschiedenen Erkrankungen der Leber, bei Obstruktionen des Gallenganges sowie bei allen Veränderungen, die mit Hämolyse einhergehen, an. Bilirubinämie wird beim Kleinsäuger z. B. bei Lebertumoren im Rahmen einer Leukose oder auch bei zystischen Leberkrankungen, die vorwiegend bei Hamstern vorkommen, festgestellt.

Eine Erhöhung des **Cholesterins** im Serum ist nicht nur bei endokrinen Erkrankungen wie Diabetes mellitus, Hyperadrenokortizismus oder Hypothyreose auffällig, sondern kann auch postprandial nach fettreichen Mahlzeiten oder bei adipösen Tieren festgestellt werden und ist daher mit Vorsicht zu interpretieren.

Absenkungen des **Serumproteins** sind vorwiegend bei starken Blutverlusten aus äußerlichen Wunden sowie bei chronischen Darm- und Lebererkrankungen zu erwarten. Insbesondere Albuminverluste treten auch bei Niereninsuffizienzen auf.

**Tab. 3.5** Blutchemische Richtwerte.

| Parameter | Einheit | Richtwert | | | |
|---|---|---|---|---|---|
| | | Ratte | Maus | Rennmaus | Goldhamster |
| **Natrium** | mmol/l | 141–156 | 143–164 | 143–165 | 124–147 |
| **Kalium** | mmol/l | 4,6–7 | 3,8–8 | 3,6–5,9 | 3,9–5,9 |
| **Kalzium** | mmol/l | 2,0–3,4 | 2,8–3,6 | 1,9–3,1 | 2,1–3,6 |
| **Anorganisches Phosphat** | mmol/l | 1,1–3,5 | 2,3–3,6 | 1,2–2,2 | 0,9–2,6 |
| **Glukose** | mg/dl | 75–150 | 62–175 | 55–137 | 60–150 |
| **Harnstoff** | mg/dl | 12–35 | 12–31 | 17–31 | 11–27 |
| **Kreatinin** | mg/dl | 0,2–0,9 | 0,5–1,1 | 0,6–1,4 | 0,8–1,0 |
| **GOT = AST** | U/l | 36–78 | 35–102 | | 37–85 |
| **GPT = ALT** | U/l | 17–40 | 28–87 | | 12–55 |
| **AP** | U/l | 40–128 | 28–94 | 12–39 | 10–115 |
| **CK** | U/l | 111–250 | 100–187 | | 150–270 |
| **Bilirubin** | µmol/l | 3,38–6,78 | 3,1–9,2 | 3,39–9,8 | 4,3–9,7 |
| **Cholesterin** | mg/dl | 44–130 | 26–96 | 90–150 | 55–180 |
| **Gesamteiweiß** | g/l | 56–78 | 35–72 | 43–125 | 52–72 |
| **Albumin** | g/l | 33–48 | 25–48 | 18–58 | 26–41 |

**Tab. 3.6** Umrechnungsfaktoren für die Blutchemie.

| Parameter | SI-Einheit | Umrechnungsfaktor SI in alte Einheit | alte Einheit |
|---|---|---|---|
| Bilirubin gesamt | µmol/l | 0,059 | mg/dl |
| Harnstoff | mmol/l | 6,006 | mg/dl |
| Kreatinin | µmol/l | 0,0113 | mg/dl |
| Glukose | mmol/l | 18,016 | mg/dl |
| Cholesterin | mmol/l | 38,664 | mg/dl |

**Tab. 3.7** Häufige Ursachen für Veränderungen blutchemischer Parameter.

| Blutwert | Veränderung | |
|---|---|---|
| | Erhöhung | Absenkung |
| Natrium | mangelhafte Wasseraufnahme | Durchfallerkrankungen |
| Kalium | Nierenerkrankungen | Durchfallerkrankungen, iatrogen durch Schleifendiuretika mögl. |
| Kalzium | Ca-Überangebot im Futter, Hypervitaminose D → Urolithiasis, Organverkalkung, tumorassoziierte Hyperkalzämie | Ca-Unterversorgung mit dem Futter → Krampfanfälle; Nierenversagen |
| anorg. Phosphat | renaler/alimentärer sek. Hyperparathyreoidismus, Niereninsuffizienz | Hyperadrenokortizismus |
| Glukose | Diabetes mellitus, Hyperthyreose, iatrogen (Glukoseinfusion, Kortison) | längere Inappetenz, Schock |
| Harnstoff | extrarenal: Hungern, Glukokortikoidgabe<br>prärenal: Dehydratation, Schock, Herzinsuffizienz<br>renal: Nephritis, Niereninsuffizienz, Nierentumor (Leukose), Trauma<br>postrenal: Verschluss oder Ruptur der ableitenden Harnwege | |
| Kreatinin | prärenal: Dehydratation, Schock, Herzinsuffizienz (ggr. Erhöhung)<br>renal: Nephritis, Niereninsuffizienz, Nierentumor (Leukose), Trauma<br>postrenal: Verlegung oder Ruptur der ableitenden Harnwege | |
| GOT (AST) | Leber- oder Skelettmuskelerkrankungen, Traumata | |
| GPT (ALT) | akute und chronische Hepatopathien | |
| Alkalische Phosphatase | physiologisch: Wachstum, Trächtigkeit<br>pathologisch: Osteopathien, Hepatopathien, verschiedene endokrine Störungen | |

Tab. 3.7 *Fortsetzung*.

| Blutwert | Veränderung | |
|---|---|---|
| | Erhöhung | Absenkung |
| **Creatinkinase (CK)** | Skelett- und Herzmuskelerkrankungen, Trauma, Schock | |
| **Bilirubin** | Hepatopathien, Hämolyse | |
| **Cholesterin** | Adipositas, Endokrinopathien wie Diabetes mellitus, Hypothyreose, Hyperadrenokortizismus | |
| **Gesamteiweiß** | | chron. Entero- oder Hepatopathien, Blutungen nach außen |
| **Albumin** | Dehydratation | chronische Enteropathien, Niereninsuffizienz, Hyperinfusion |

## 3.2 Harnuntersuchung

Auch bei der Harnuntersuchung muss bereits im Vorfeld berücksichtigt werden, dass evtl. nur ein geringes Probenvolumen gewonnen werden kann. Es muss also genau überlegt werden, welche Untersuchungen in der jeweiligen Krankheitssituation einen besonderen Stellenwert haben und gezielt angestrebt werden sollten.

### 3.2.1 Harngewinnung

**Spontanharn:** Zur Gewinnung von Spontanharn wird der Kleinsäuger kurzfristig allein in eine nicht eingestreute, saubere Transportbox gebracht. Nach dem Urinabsatz wird der Patient sofort herausgenommen und die Probe mit einer sterilen Spritze aufgezogen. Der so gewonnene Harn eignet sich zwar zur Untersuchung mittels Teststreifen und auch zur mikroskopischen Untersuchung, eine bakteriologische Untersuchung ist aber aufgrund der Kontamination aus dem Fell und der Haut nicht sinnvoll.

Die Nachteile dieser Methode sind zum einen, dass der Patient bis zum Harnabsatz permanent beobachtet werden muss und zum anderen, dass die geringe Harnmenge eventuell trotzdem sofort im Fell des Tieres verschmiert, sodass zu wenig Probenmaterial verbleibt.

**Blasenkompression:** Wenn die Urethra frei von Konkrementen ist, kann versucht werden, eine Urinprobe durch vorsichtige Blasenkompression zu erhalten. Dabei wird bei einer Ratte mit einer Hand von unten um den Brustkorb gefasst und mit Daumen und Zeigefinger der zweiten Hand die Blase ausmassiert (Abb. 3.2). Kleinere Heimtiere

Abb. 3.2 Harnentnahme bei der Ratte durch Blasenkompression.

werden sachte in der Art fixiert, dass ihr Körper in der hohlen Hand gestützt wird. Auch hier erfolgt die vorsichtige Blasenkompression mit Daumen und Zeigefinger. Der so erhaltene Urin wird in einer sauberen, möglichst sterilen Schale aufgefangen. Er kann mittels Teststreifen untersucht und auch mikroskopisch beurteilt werden. Wurde der Patient bei der Blasenkompression in einer aufrechten Position oder zumindest mit deutlich abgesenktem Hinterkörper fixiert, so ist davon auszugehen, dass ggf. vorhandene Kristalle Richtung Blasenhals abgesunken sind und in der Probe sicher nachgewiesen werden können.

Für die mikrobiologische Untersuchung ist der durch Blasenkompression gewonnene Urin wiederum nicht optimal geeignet, da auch hier wieder Kontaminationen mit Hautkeimen oder Keimen aus dem Fell vorliegen. Es handelt sich hierbei vorwiegend um Staphylokokken und Streptokokken, deren Relevanz für die Erkrankung daher bei einem Keimnachweis vorsichtig interpretiert werden muss. Trotzdem ist die Blasenkompression die gebräuchlichste und praktikabelste Methode zur Harngewinnung bei Kleinsäugern, da in der Regel ausreichende Informationen ohne belastende, invasive Verfahren erlangt werden können.

**Katheterharn:** Eine Katheterisierung von Kleinnagern ist unter Praxisbedingungen aufgrund der Feinheit der anatomischen Strukturen und unzureichender Katheter/Sonden meist nicht möglich.

**Zystozentese:** Eine Blasenpunktion kann dann notwendig werden, wenn Konkremente die Harnröhre so verschließen, dass kein Urinabsatz mehr möglich ist. Diese Situation tritt bei den hier besprochenen Tierarten erheblich seltener auf als beispielsweise bei den Caviomorpha, bei denen durch die ausschließlich pflanzliche Nahrung ein noch höherer Harn-pH-Wert in der Blase vorherrscht als bei den Kleinnagern, und so die Bildung speziell von kalziumhaltigen Konkrementen stärker begünstigt wird. Eine andere Indikation für eine Zystozentese ist die sterile Gewinnung von Urin für die mikrobiologische Untersuchung. Voraussetzungen für eine sichere Punktion der Blase beim Kleinnager sind eine sehr gute Fixation, eine Ultraschallkontrolle des Eingriffs und ggf. eine kurze Inhalationsnarkose.

## 3.2.2 Harnanalyse

### 3.2.2.1 Makroskopische Untersuchung

Am Anfang einer Urinuntersuchung steht die makroskopische Beurteilung der Farbe und Konsistenz der Probe; eventuelle Beimengungen werden ebenfalls registriert und interpretiert.

Die **Farbe** des Harns kann von hellgelb bis zu kräftigem bernsteinfarben variieren, wobei insbesondere bei Ratten und Hamstern häufig physiologisch eine Trübung festgestellt werden kann (Abb. 3.3).

Die **Konsistenz** des Urins erscheint bei gesunden Goldhamstern oftmals etwas dickflüssig-cremig bis leicht schleimig, während der Urin von Ratten, Mäusen, Rennmäusen und den meisten Zwerghamstern dünnflüssig ist.

Als physiologische **Beimengungen** können Kalziumkristalle im Harn vorhanden sein, die aufgrund des bei den Kleinnagern überwiegend alkalischen Harn-pH-Wertes leicht ausfallen. Durch sie kann der Urin geringgradig eingetrübt sein.

*Fallen bei weiblichen Tieren schlierige oder blutige Beimengungen auf, so sollte genau überprüft werden, ob es sich tatsächlich um Zystitisanzeichen handelt oder ob das veränderte Sekret aus der Vagina oder dem Uterus stammt und lediglich beim Urinabsatz ausgeschieden wurde.*

Da die Urethra- und die außerhalb der Brunst mit einem Schleimpfropf vollständig verschlossene Vaginalöffnung deutlich voneinander getrennt sind, geben häufig bereits kleinere Verkrustun-

**Abb. 3.3** Physiologischer Urin eines Goldhamsters.

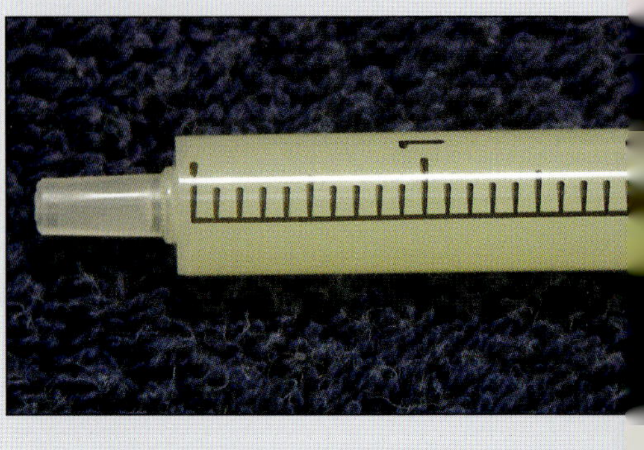

**Tab. 3.8** Physiologischer Urin bei Kleinnagern.

| Farbe | hellgelb-weißlich bis kräftig bernsteinfarben<br>Hamster, Ratte: oft trübe<br>Maus, Rennmaus: meist klar |
|---|---|
| Konsistenz | Goldhamster: schleimig bis dickflüssig<br>andere Kleinnager: dünnflüssig |
| pH-Wert | Ratte, Maus: 7,3–8,5<br>Hamster: 6,9–9,0<br>Rennmaus: 6,5–8,2 |
| Eiweiß | dezente Proteinurie möglich |
| Beimengungen | vereinzelt Epithelzellen,<br>in geringen Mengen Kristalle |

gen erste Hinweise auf die Herkunft der Veränderung. Beim Hamster ist zu beachten, dass das sehr intensiv riechende, cremig-gelbliche Brunstsekret nicht mit Eiter verwechselt wird. In Zweifelsfällen gibt hier eine mikroskopische Untersuchung eines Ausstriches eindeutige Auskunft. Blutige Beimengungen bei männlichen Tieren können ebenfalls aus dem Harn- oder dem Geschlechtstrakt (insbesondere aus den akzessorischen Geschlechtsdrüsen) stammen; eine Unterscheidung ist hier jedoch ungleich schwieriger.

### 3.2.2.2 Sensorische Untersuchung

Der Urin von Ratten, Mäusen, Rennmäusen und Hamstern weist einen artspezifischen Geruch auf. Erscheint der Geruch stechend oder faulig, so liegt meist eine hochgradige Entzündung in der Harnblase vor. Wie bereits erwähnt, kann auch das Brunstsekret beim Hamster einen sehr unangenehmen, intensiven Geruch aufweisen, der jedoch allein keine Rückschlüsse auf eine Erkrankung zulässt.

### 3.2.2.3 Chemische Untersuchung

Die chemische Untersuchung kann mit handelsüblichen Teststreifen erfolgen. Im Vorfeld sollte bestimmt werden, welche Tests bei dem individuellen Patienten die größte Bedeutung haben, sodass diese auch bei nur geringer Probenmenge durch ein Zurechtschneiden des Teststreifens unproblematisch überprüft werden können.

- Der **pH-Wert** des Harns liegt bei gesunden Ratten und Mäusen zwischen 7,3 und 8,5, bei Rennmäusen zwischen 6,5 und 8,2 und bei Gold- und Zwerghamstern zwischen 6,9 und 9,0. Der genaue Wert ist stark fütterungsabhängig. Bei Tieren, die eine überwiegend pflanzliche Nahrung erhalten, liegt der pH-Wert stets im alkalischen Bereich. Je höher der Anteil an tierischen Proteinen ist, desto mehr bewegt sich dieser Wert in den neutralen Bereich. Ein deutlich erniedrigter, saurer Harn-pH ist als unphysiologisch anzusehen. Neben einer Entzündung der Harnblase kommen z. B. massive Fehlfütterungen, metabolische Azidosen, Kachexie oder hochgradige Diarrhö als Ursachen infrage.
- Der Nachweis einer geringen **Protein**menge im Urin ist bei Kleinnagern, insbesondere bei Ratten, als physiologisch anzusehen und regelmäßig anzutreffen. Erst mittel- bis hochgradige Proteinurien sind eindeutige Hinweise auf eine Nephropathie.
- **Glukose** ist bei gesunden Tieren nicht im Urin nachweisbar. Eine Glukosurie ist stets als pathologisch zu bewerten. Sie ist meist ein Anzeichen eines Diabetes mellitus, kann aber auch bei hochgradigen Nephropathien auftreten.
- Der Nachweis von **Ketonkörpern** weist auf eine deutliche Entgleisung des Stoffwechsels wie z. B. bei einem hochgradigen, unbehandelten Diabetes mellitus hin. Auch eine Kachexie unterschiedlicher Ursache kann zu einer Ketonurie führen.
- Das Auftreten von **Nitrit** im Harn deutet auf einen bakteriellen Harnwegsinfekt hin. Im Regelfall sind parallel weitere Entzündungsanzeichen bei der chemischen Untersuchung nachweisbar.
- Eine **Bilirubin**urie ist im Rahmen hämolytischer Anämien oder bei Obstruktionen der Gallengänge, z. B. durch ausgeprägte Leberzysten oder Leukose, festzustellen. Zu berücksichtigen ist bei dieser Untersuchung, noch stärker als bei den vorhergehenden, die Frische und Lagerung der Probe, da Bilirubin bei offener, zimmerwarmer Lagerung des Harns oxidiert und dadurch nicht mehr nachweisbar ist.

- Das Vorhandensein von **Urobilinogen** ist ebenfalls als Hinweis auf eine Hämolyse oder eine hochgradige Hepatopathie zu werten.
- Der Nachweis von **Erythrozyten und Hämoglobin** lässt nicht zwingend auf eine Zystitis oder Urolithiasis schließen. Differenzialdiagnostisch müssen mögliche Blutungen aus dem weiblichen Geschlechtstrakt, z. B. bei Endometritis oder Vaginitis, oder beim männlichen Tier Entzündungen der akzessorischen Geschlechtsdrüsen berücksichtigt werden.
- Das Testfeld für **Leukozyten** zeigt leider häufig falsch positive Resultate an. Von einer Leukozyturie ist daher nur auszugehen, wenn das Testergebnis in der mikroskopischen Untersuchung verifiziert wurde.

### 3.2.2.4 Physikalische Untersuchung

Das spezifische Gewicht des Harns der hier besprochenen Kleinnager unterliegt großen Schwankungen zwischen 1006 und 1080. Dies liegt zum einen an der fütterungs- und vom pH-Wert des Urins abhängigen Kristallurie (vorwiegend fallen Kalziumkristalle aus) und zum anderen an der insbesondere bei Hamstern und Rennmäusen sehr starken Konzentration des Urins, die aus einer geringen Trinkmenge und einem Anpassungsmechanismus des Körpers an den natürlichen Lebensraum resultiert. Das spezifische Gewicht des Harns hat daher beim Kleinnager nur wenig Aussagekraft.

### 3.2.2.5 Mikroskopische Untersuchung

Konnten bereits bei der makroskopischen oder chemischen Untersuchung Abweichungen vom Normalbefund festgestellt werden, so muss sich eine mikroskopische Untersuchung des Urins anschließen.

Da in der Regel nur sehr geringe Probenmengen zu gewinnen sind, die zudem oftmals zahlreiche Kalziumkristalle enthalten, sollte davon abgesehen werden, den Harn zu zentrifugieren. Vielmehr hat es sich bewährt, einen Nativausstrich anzufertigen, der dann mikroskopisch beurteilt wird. Auch eine Schnellfärbung einer solchen Probe zur besseren Beurteilung enthaltener Zellen ist möglich. Da der chemische Leukozytennachweis oftmals falsch positiv ausfällt, kann in der mikroskopischen Untersuchung dieses Ergebnis eindeutig verifiziert werden.

Bei einem Nachweis von **Erythrozyten** oder von **Zellen des weißen Blutbildes** ist von einer Entzündung auszugehen. Hierbei kann es sich um eine Zystitis, jedoch differenzialdiagnostisch auch um ein entzündliches Geschehen im Geschlechtstrakt handeln.

Ein vereinzeltes Vorkommen von **Epithelzellen** ist als physiologischer Befund zu werten. Sind Epithelien jedoch in hohem Maße vorhanden, ist dies ein deutlicher Hinweis z. B. auf Erkrankungen tumoröser Art oder Veränderungen im Rahmen einer Urolithiasis, bei der die Schleimhäute von den Kristallen geschädigt werden.

*Bei weiblichen Tieren in der Brunst ist zu berücksichtigen, dass ein großer Teil der Epithelien aus dem mit Harn vermischten Brunstsekret entstammen kann und dann wiederum als unauffälliger Befund anzusehen ist.*

Der mikroskopische Nachweis von zahlreichen **Bakterien** sollte stets ein Anlass sein, eine mikrobiologische Untersuchung einzuleiten.

**Kristalle** sind mikroskopisch fast immer nachweisbar (Abb. 3.4a und b). Nur in Einzelfällen kann Struvit gefunden werden; überwiegend handelt es sich jedoch um kalziumhaltige Verbindungen (Kalziumkarbonat, Kalziumoxalat-Monohydrat, Kalziumoxalat-Dihydrat). Die Menge der Kalziumkristalle ist stark fütterungsabhängig. Sie werden verstärkt bei Tieren beobachtet, die kalziumhaltige Frischfuttermittel (z. B. Kräuter) oder mineralstoffsupplementierte Pellets erhalten.

### 3.2.2.6 Mikrobiologische Untersuchung

Liegt der Verdacht auf einen bakteriellen Harnwegsinfekt vor, so sollte eine mikrobiologische Untersuchung zur Differenzierung des verursachenden Keimes und Erstellung eines Antibiogrammes eingeleitet werden, da oftmals Resistenzen gegen verschiedene antibiotische Wirkstoffe vorliegen. Gleichzeitig muss jedoch die erstversorgende

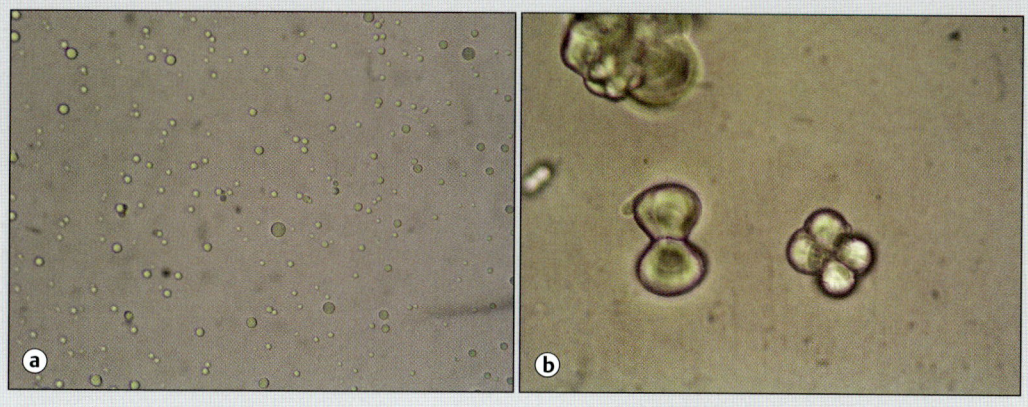

**Abb. 3.4** Harn mikroskopisch: Kalziumkarbonat-Kristalle (a), Kalziumoxalat-Monohydrat-Kristalle (b).

Therapie mit einem Breitbandpräparat eingeleitet werden.

Wie oben bereits ausgeführt, ist die sterile Gewinnung von Urin leider nur in den seltensten Fällen möglich, sodass stets Kontaminanten wie Staphylokokken und bestimmte Streptokokken bei der Interpretation des Untersuchungsergebnisses berücksichtigt werden müssen.

## 3.3 Kotuntersuchung

Kotuntersuchungen gehören zu den diagnostischen Maßnahmen, die auch beim Kleinnager routinemäßig durchgeführt werden können und daher bei allen Verdauungsstörungen eingeleitet werden sollten.

Der physiologische Kot der Kleinnager wird bei überwiegender Fütterung mit Getreide und Sämereien sowie Obst und Gemüse in Form von länglichen Kotballen abgesetzt (Abb. 3.5). Bei erhöhtem Anteil an tierischen Eiweißen an der Ration wird der Kot deutlich weicher und ungeformter.

Ein guter Überblick über relevante Veränderungen auch bei geringen Probenmengen kann durch die Herstellung und Beurteilung eines **Nativausstriches** erzielt werden. Hierzu wird eine kleine Kotmenge mit physiologischer Kochsalzlösung oder Leitungswasser suspendiert und ein bis zwei Tropfen davon auf einen Objektträger aufgebracht. Nach Abdecken mit einem Deckgläschen kann die Probe nun bei 100- oder 400-facher Vergrößerung mikroskopisch untersucht werden und Aufschluss über einen Wurm- oder Kokzidienbefall, eine Hefepilz- oder Bakterienüberwucherung der Darmflora oder eine Besiedlung mit Einzellern geben (Abb. 3.6).

**Abb. 3.5** Physiologischer Kot von Ratte (a), Goldhamster (b), Rennmaus (c) und Farbmaus (d).

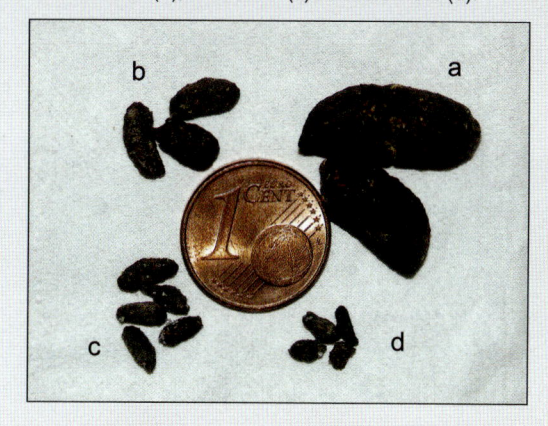

**Abb. 3.6** Kokzidienoozyste im Kotnativausstrich einer Ratte.

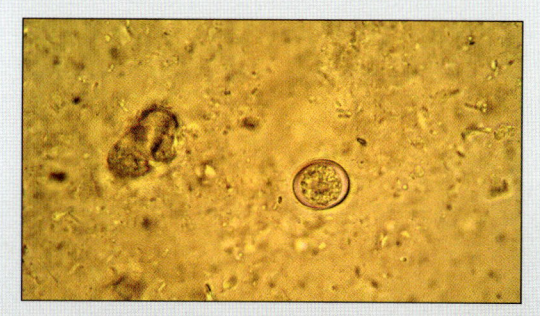

**Gefärbte Kotausstriche** können zusätzliche Informationen erbringen, da die Differenzierung der verschiedenen Amöben und Flagellaten dadurch vereinfacht wird (Abb. 3.7). Hierzu sind oftmals keine komplizierten Spezialfärbungen notwendig, sondern z. B. eine Schnellfärbung mit dem Diff-Quick®-Verfahren ausreichend.

Die zweite, leicht durchzuführende Untersuchungstechnik ist die **Flotationsmethode**. Diese wird wie bei allen anderen Tierarten durchgeführt, wobei auf ein ausreichendes Volumen der Kotprobe zu achten ist. Mit Hilfe der Flotationsmethode lassen sich vor allem Wurmeier und Kokzidien sehr gut darstellen und differenzieren (Abb. 3.8). Die Beurteilung des fertigen Präparates erfolgt wiederum bei 100- oder 400-facher Vergrößerung.

**Abb. 3.7** Gefärbter Kotausstrich eines Goldhamsters (Haema-Schnellfärbung): Pseudozyste von *Trichomonas* sp. (1), vegetative Form von *Trichomonas* sp. (2) und *Candida albicans* (3).

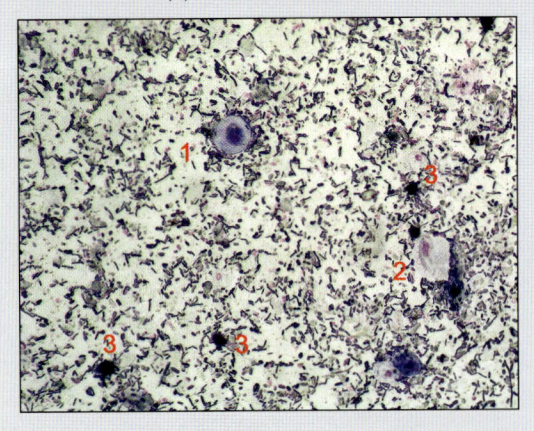

**Abb. 3.8** Flotation: *Aspiculurus tetraptera* aus einem Dshungarischen Zwerghamster.

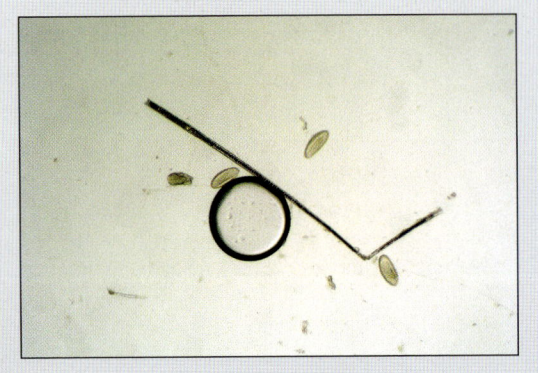

Die Eier von Oxyurenarten (*Syphacia* sp., *Aspiculurus* sp.) lassen sich zudem sehr gut in **Tesa-Abklatsch-Präparaten** vom After- und Perianalbereich nachweisen.

*Nach einem einmalig negativen Ergebnis einer parasitologischen Kotuntersuchung kann nicht grundsätzlich davon ausgegangen werden, dass das betreffende Tier endoparasitenfrei ist, da zahlreiche Wurmeier oder auch Einzeller nur zyklisch ausgeschieden werden. Bei entsprechender Symptomatik sind daher wiederholt Proben zu untersuchen oder Sammelproben der gesamten zusammenlebenden Nagergruppe zu beurteilen.*

**Mikrobiologische Untersuchungen** sind bei allen hochgradig wässrigen Durchfällen (z. B. Wet Tail beim Hamster) oder in den Fällen einzuleiten, bei denen im Nativausstrich bereits eine massive Bakterienüberwucherung des Darminhaltes festgestellt werden konnte. Während im ersteren Fall parallel zur Untersuchung sofort mit der antibiotischen und begleitenden Therapie begonnen werden muss, kann im zweiten Fall das Ergebnis der Untersuchung abgewartet werden, falls der Patient symptomlos ist und es sich um einen Zufallsbefund einer Routineuntersuchung handelt. Unterstützende Maßnahmen für die Darmflora (z. B. Bene Bac® [38]) oder das Immunsystem (z. B. Zylexis® [115] oder PetMun® [117]) sind jedoch auch hier anzuraten.

## 3.4 Röntgendiagnostik

### 3.4.1 Allgemeines

Auch bei Kleinnagern können Röntgenbilder wertvolle Hinweise liefern oder eine Diagnose untermauern. Die Röntgendiagnostik ist daher als wichtiges ergänzendes diagnostisches Mittel anzusehen, ersetzt jedoch niemals eine gründliche klinische Untersuchung.

Die häufigsten Indikationen für das Anfertigen von Röntgenbildern sind:
- Diagnose intraabdominaler Erkrankungen
- Diagnose von Lungen- und Herzerkrankungen
- Diagnose von Skeletterkrankungen
- Diagnose von Zahn- und Kiefererkrankungen

- Darstellung der Früchte in der Trächtigkeitsdiagnostik oder bei Geburtsstörungen
- Auffinden von Metastasen bei Vorliegen eines Primärtumors

## 3.4.2 Technische Voraussetzungen

Alle in der Kleintiermedizin üblichen Röntgengeräte können auch für die Anfertigung von Aufnahmen von Kleinnagern genutzt werden. Zu beachten ist, dass keine Raster einzusetzen sind und der Film-Fokus-Abstand etwa 80 cm betragen sollte. Die Verwendung besonders feinzeichnender Filme (beispielsweise Mammographiefilme) ist als „Muss" anzusehen, da mit für Hund und Katze üblichen Filmen in der Regel auch bei idealen Belichtungswerten keine aussagekräftigen, gut differenzierbaren Detaildarstellungen des Skelettes und der Organe der Kleinnager zu erreichen sind.

## 3.4.3 Lagerung und Durchführung

Der Patient wird auf dem Röntgentisch direkt auf der Kassette gelagert. Insbesondere bei den Kleinnagern ist aufgrund der Feinheit der darzustellenden Strukturen besonderer Wert auf eine ideale Lagerung und Aufnahmen in zwei Ebenen (üblicherweise beim Rumpf laterolateraler und ventrodorsaler bzw. beim Schädel laterolateraler und dorsoventraler Strahlengang) zu legen. Bei Aufnahmen des Thorax oder des Abdomens ist darauf zu achten, die Gliedmaßen so auszuziehen, dass die Organe klar beurteilbar sind. Bei Schädel- und Thoraxaufnahmen von Hamstern oder Zwerghamstern muss zudem sichergestellt werden, dass die Backentaschen zuvor möglichst vollständig entleert wurden, denn auch deren Inhalt führt zu Überlagerungen, die eine genaue Diagnostik erschweren oder vereiteln können.

Aufgrund der geringen Größe und der Quirligkeit des Kleinnagerpatienten kann es sehr schwierig sein, ihn korrekt zu fixieren, sodass gelegentlich eine kurze Inhalationsnarkose erforderlich sein kann, um optimale Röntgenbilder zu erhalten. In solchen Fällen müssen jedoch Nutzen und Risiko sorgfältig überdacht werden. Von einer Injektionsnarkose, nur um eine korrekte Lagerung zu erreichen, sollte in diesem Zusammenhang grundsätzlich abgesehen werden, denn das Narkoserisiko dieser schlecht steuerbaren Narkoseform steht für das erkrankte Tier in der Regel in keinem Verhältnis zum etwaigen Nutzen.

*Beim Röntgen von Kleinnagern muss besonders auf Strahlenschutzmaßnahmen geachtet werden, da der Abstand der das Tier fixierenden Personen zum Zentralstrahl nur gering ist. Handelsübliche Schutzhandschuhe sind jedoch völlig ungeeignet um die kleinen Patienten festhalten zu können. Die Hände müssen daher nach korrekter Lagerung des Tieres mit Bleihandschuhen oder -platten sorgsam abgedeckt werden. Um einen größeren Abstand gewinnen zu können, besteht zudem die Möglichkeit, die Gliedmaßen des Patienten mit Mullbinden oder Gummibändern zu fixieren und dann zu strecken.*

## 3.4.4 Interpretation von Röntgenaufnahmen

### 3.4.4.1 Thorax

Kleinnager besitzen einen vergleichsweise kleinen Thorax, sodass das vollständige Ausziehen der Vordergliedmaßen nach kranial eine absolute Voraussetzung ist, um Lunge und Herz beurteilen zu können (Abb. 3.9–3.12).

#### Herz

Bei laterolateralem Strahlengang liegt das Herz bei Ratte, Maus, Rennmaus und den Hamstern zwischen dem 3.–6. Rippenpaar und erstreckt sich über ca. zweieinhalb Interkostalräume. Es erscheint in der Längsachse leicht nach kranial gekippt und weist eine stumpfkegelige Form auf. Präkardial ist physiologisch meist eine leichte Verschattung sichtbar, sodass die kraniale Herzkontur oftmals nicht ganz exakt abzugrenzen ist. In der ventrodorsalen Projektion liegen der Hauptanteil des Herzens und die Herzspitze in der linken Thoraxhälfte. Die Herzkontur ist oval und gut abgrenzbar.

## 3.4 Röntgendiagnostik

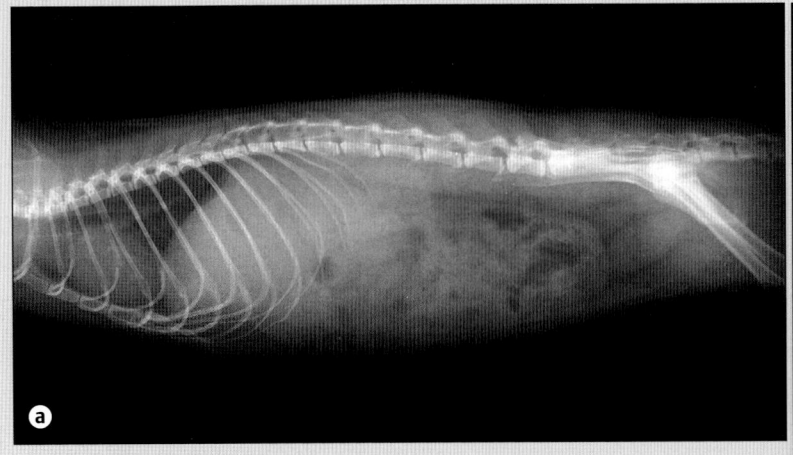

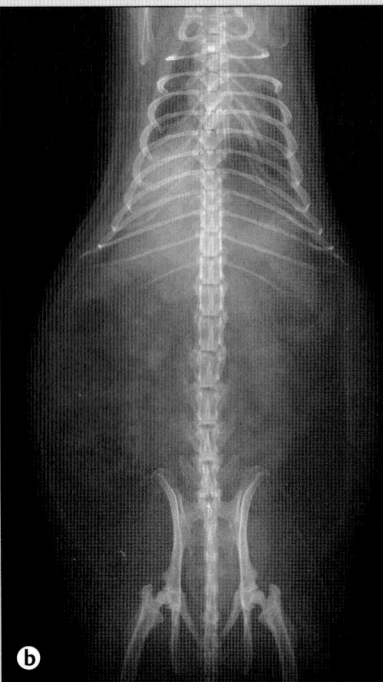

**Abb. 3.9** Übersichtsaufnahme einer Ratte: laterolateraler (a) und ventrodorsaler (b) Strahlengang.

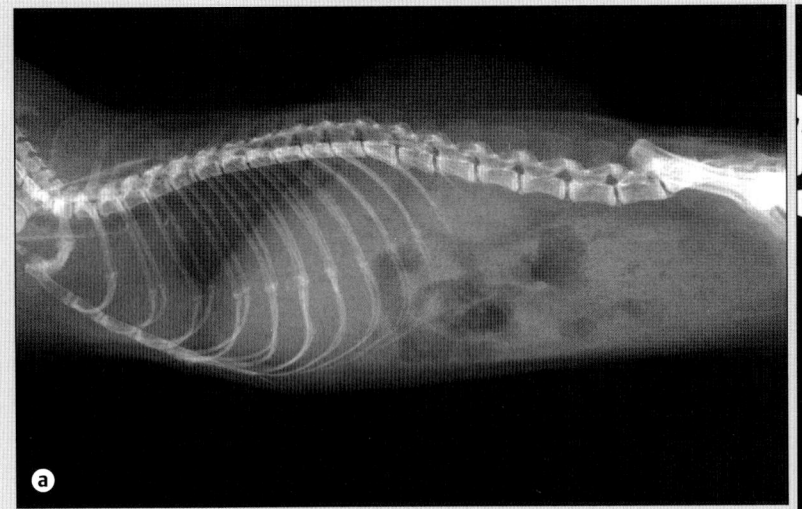

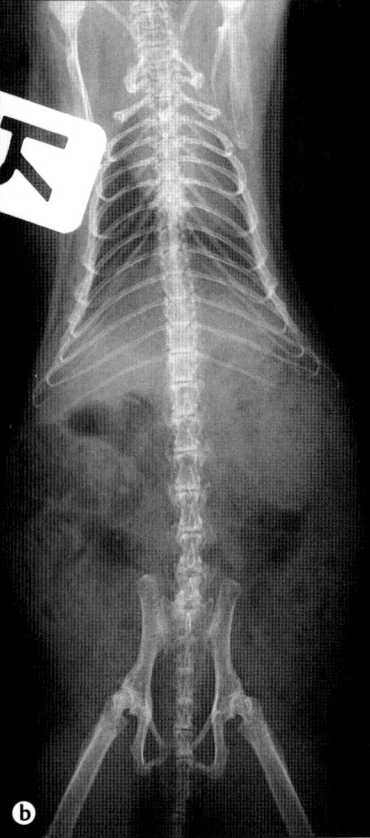

**Abb. 3.10** Übersichtsaufnahme eines Goldhamsters: laterolateraler (a) und ventrodorsaler (b) Strahlengang.

3.4 Röntgendiagnostik 249

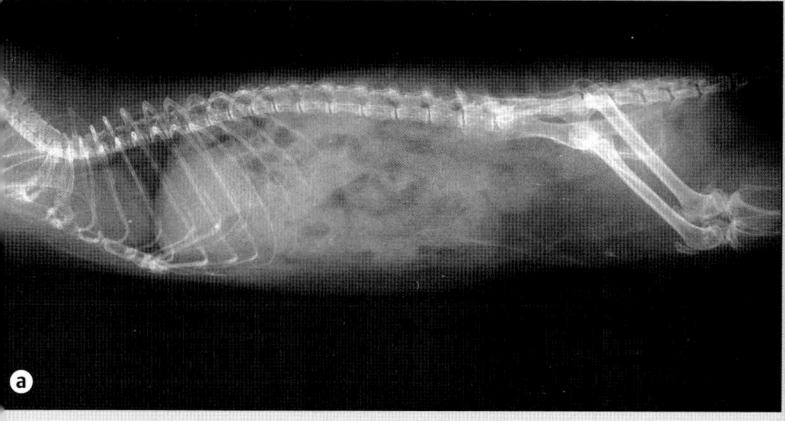

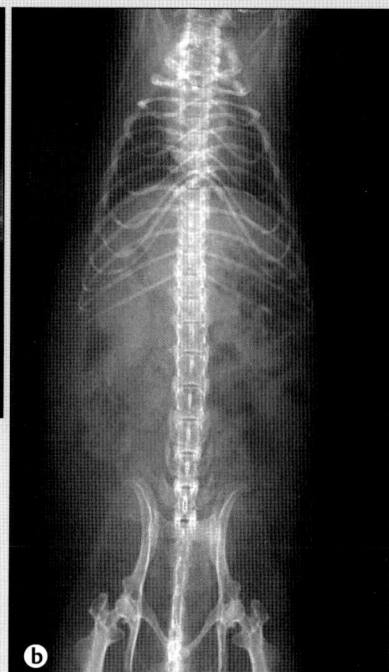

Abb. 3.11 Übersichtsaufnahme einer Rennmaus: laterolateraler (a) und ventrodorsaler (b) Strahlengang.

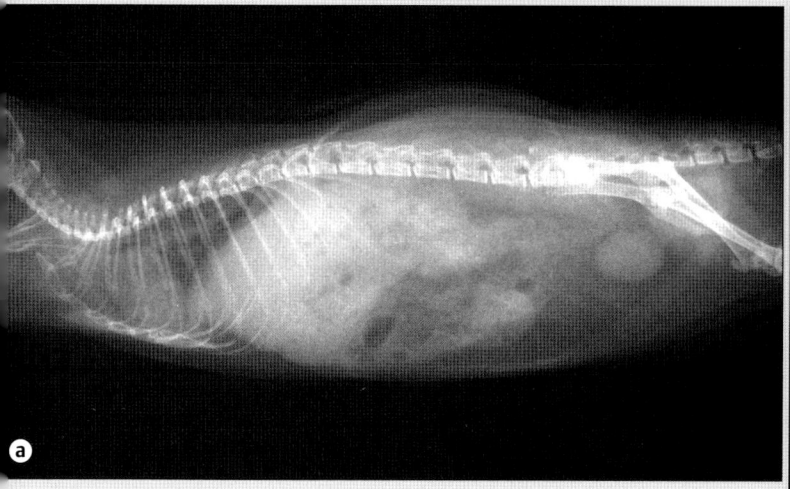

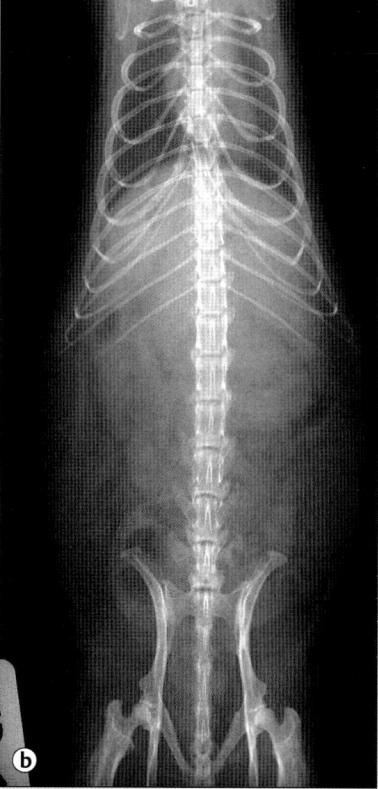

Abb. 3.12 Übersichtsaufnahme einer Farbmaus: laterolateraler (a) und ventrodorsaler (b) Strahlengang.

### Trachea

Die Luftröhre verläuft im spitzen Winkel zur Wirbelsäule. Die Bifurkation liegt etwa auf Höhe des vierten bis fünften Rippenpaares.

### Lunge und Gefäße

Bei Kleinnagern fällt meist eine präkardiale Verschattung auf. Dies resultiert daraus, dass die linke Lunge nur aus einem einzigen, relativ kleinen Lappen besteht, der nicht vollständig bis in die kraniale Thoraxregion reicht. Auf laterolateralen Aufnahmen liegt vor dem Herzen daher nur der rechte kraniale Lungenlappen, sodass dieser Bereich weniger aufgehellt erscheint. Die restlichen Lungenanteile sollten jedoch stets gut belüftet sein. Die Vena cava cranialis sowie die Aorta sollten abgrenzbar sein.

## 3.4.4.2 Abdomen

Besondere Schwierigkeiten bei der Abgrenzung der Bauchhöhlenorgane ergeben sich bei kachektischen Tieren durch das Fehlen des kontrastgebenden Fettgewebes.

Auch bei Jungtieren oder sehr kleinen Patienten wie Mäusen oder Zwerghamstern kann die Differenzierung der Organe problematisch sein. Gut beurteilbare Darstellungen sind in der Regel bei Ratten, Goldhamstern und oft auch bei Rennmäusen möglich, dabei ist ein guter Ernährungszustand für die Abgrenzung der Strukturen von Vorteil (Abb. 3.9–3.12).

### Leber

Das homogene Lebergewebe sollte beim gesunden, nicht adipösen Hamster nicht über den Rippenbogen hinausreichen. Bei Ratte, Maus und Rennmaus besitzt die Leber physiologisch auch bei schlanken Tieren einen extrathorakalen Anteil, ragt also in geringem Maße über den Rippenbogen hinaus.

Abweichende Befunde:
- Hepatomegalie z. B. bei Herz-Kreislauf-Erkrankungen (Stauungsleber), Adipositas (Fettleber), Tumoren (z. B. bei Leukose) und bei Leberzysten (treten v. a. bei Hamstern und Rennmäusen auf)
- Gewebe inhomogen, z. B. bei Tumoren und traubigen Zysten

### Magen-Darm-Trakt

Der Magen-Darm-Trakt ist beim Kleinnager aufgrund der regelmäßigen, häufigen Mahlzeiten immer gleichmäßig gefüllt. Der Inhalt von Magen und Darm erscheint relativ homogen mit kleinen Gaseinschlüssen. Im Enddarm sind teilweise bereits geformte Kotballen sichtbar.

Abweichende Befunde:
- auffallende Gasansammlungen bei Tympanien: Hierbei können sowohl nur der Magen oder Darmanteile als auch der gesamte Magen-Darm-Kanal betroffen sein
- angeschoppte Darmabschnitte mit deutlich verdichtetem Inhalt, oft mit Gasansammlungen kranial und/oder kaudal der Veränderung bei Obstipationen
- mit Gas durchsetzter, wenig dichter Darminhalt bei feinschaumiger Gärung im Rahmen von Durchfällen

### Nieren

Die bohnenförmigen, glatten Nieren sind, insbesondere bei guter Füllung des Magen-Darm-Traktes, oft nicht abzugrenzen. Sie liegen bei Maus, Rennmaus und den Hamstern im Bereich des zweiten bis vierten (rechts) bzw. dritten bis fünften Lendenwirbels (links). Bei der Ratte sind die Nieren nur bei Adipositas durch die starke Fettummantelung oder bei krankheitsbedingter Vergrößerung darstellbar, da sie physiologisch nahezu vollständig im rippengestützten Teil der Bauchhöhle liegen.

Abweichende Befunde:
- vergrößerte, unregelmäßig begrenzte Nieren bei Tumoren (z. B. im Rahmen einer Leukose)
- röntgendichte Verschattungen im Nierenbeckenbereich bei Nephrolithiasis (sehr selten)

### Harnblase

Die Harnblase erscheint rundlich bis tropfenförmig längsoval. Ihre Größe und ihre Röntgendichte variieren zum einen mit dem Füllungszustand, zum anderen mit der Konzentration und dem Kristallgehalt des Urins.

Abweichende Befunde:
- röntgendichte, klar abgegrenzte, meist rundliche Strukturen in der Blase bei Harnsteinen
- unregelmäßige Verschattungen und Ungleichmäßigkeiten in der Blasenwand bei Tumoren
- röntgendichte, griesartige Verschattung in der Blase bei eitriger Zystitis (Cave: leicht mit stark konzentriertem Urin beim Hamster oder kalziumkristallhaltigem Urin zu verwechseln – muss durch eine Harnuntersuchung verifiziert werden, insbesondere, wenn es sich um einen Zufallsbefund bei unauffälligem Palpationsbefund im kaudalen Abdomen handelt)

### Uterus

Bei den Kleinnagern ist der Uterus in physiologischem Zustand nicht darstellbar. Ist die Metra röntgenologisch sichtbar, so müssen verschiedene Differenzialdiagnosen bedacht werden.

Abweichende Befunde:
Uterusschlingen sichtbar bei:
- Trächtigkeit
- extrem adipösen Tieren durch Fetteinlagerung im Ligamentum latum uteri
- entzündlichen Veränderungen mit Flüssigkeitsansammlungen wie Pyometra oder Hämometra
- tumorösen Veränderungen (dabei meist von ungleichmäßigen Verschattungen durchsetzt)

### 3.4.4.3 Schädel

Bei den Kleinnagern wachsen nur die Schneidezähne lebenslang, die Backenzähne besitzen Wurzeln. Dadurch sind Erkrankungen im Backenzahnbereich eher selten, Veränderungen im Zusammenhang mit den Incisivi können jedoch eine röntgenologische Burteilung erforderlich machen. Zudem können auf Röntgenaufnahmen des Kopfes auch die Bullae tympanicae beurteilt werden und so die Verdachtsdiagnose einer Otitis media oder interna absichern.

Röntgenaufnahmen des Schädels müssen stets in laterolateraler und dorsoventraler Projektion angefertigt werden; ist eine einseitig aufgefallene Veränderung besonders herauszustellen, so sollte der Patient für die Aufnahme in der seitlichen Ebene entsprechend verkippt werden. Wie bereits erwähnt, ist bei den Hamstern darauf zu achten, dass die Backentaschen möglichst vollständig entleert sind, um Überlagerungen zu vermeiden (Abb. 3.13–3.16).

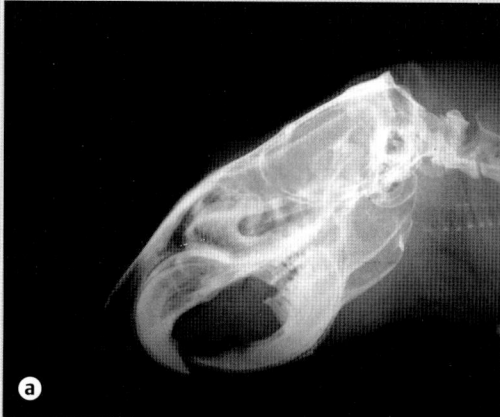

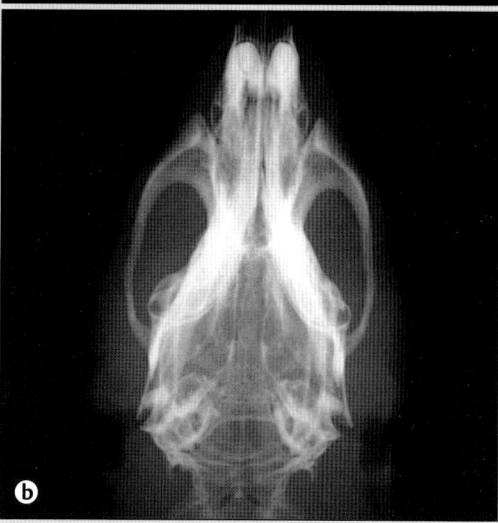

**Abb. 3.13** Schädelaufnahme einer Ratte: laterolateraler (a) und dorsoventraler (b) Strahlengang.

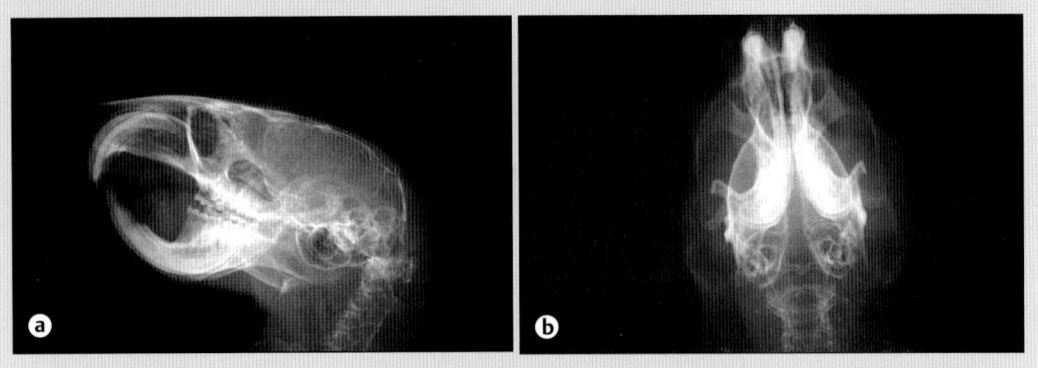

**Abb. 3.14** Schädelaufnahme eines Goldhamsters, laterolateraler (a) und dorsoventraler (b) Strahlengang.

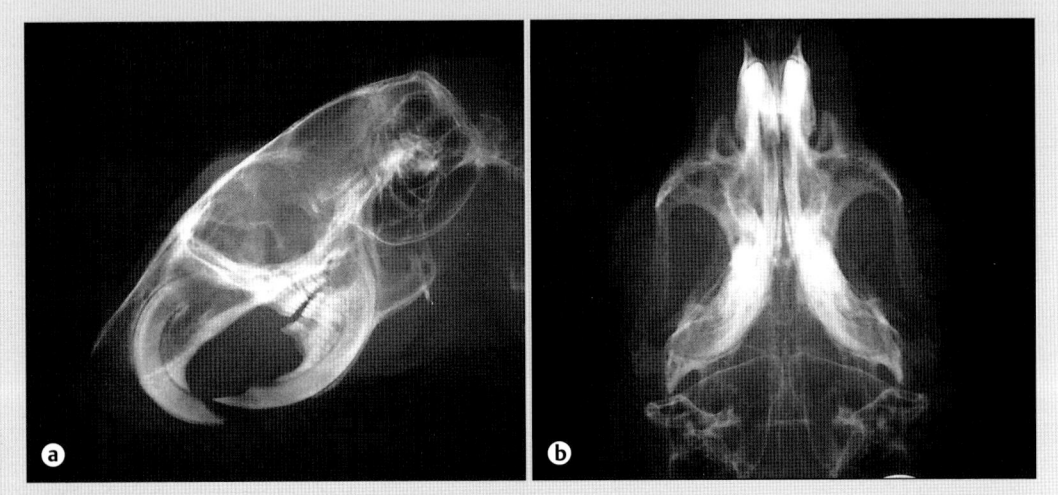

**Abb. 3.15** Schädelaufnahme einer Rennmaus, laterolateraler (a) und dorsoventraler (b) Strahlengang.

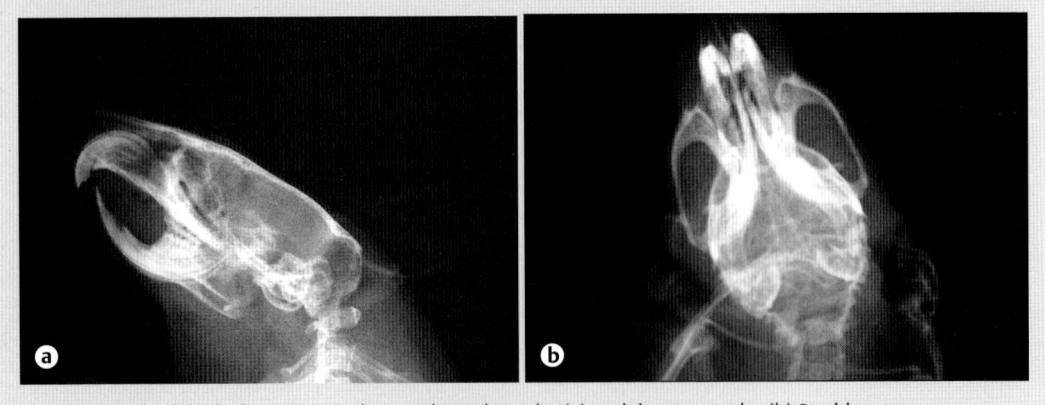

**Abb. 3.16** Schädelaufnahme einer Farbmaus, laterolateraler (a) und dorsoventraler (b) Strahlengang.

### Laterolaterale Aufnahme

Die Schneidezähne sind meißelartig und sichelförmig. Die oberen Incisivi stehen vor den unteren. Das Längenverhältnis der äußerlich liegenden (d. h. in der Maulhöhle sichtbaren) Anteile der unteren zu den oberen Schneidezähnen liegt bei etwa 3:1. Während der apikale Bereich der oberen Incisivi rostral der oberen Backenzähne endet, sind die unteren Schneidezähne tief in der Mandibula verankert und verlaufen ventral der Backenzahnwurzeln bis nahezu zum Übergang des Corpus in den Ramus mandibulae. In Ober- und Unterkiefer sind jeweils drei Molare pro Seite differenzierbar. Die Nasenhöhlen sind jeweils frei und gut belüftet.

### Dorsoventrale Aufnahme

Aufgrund der Stellung der Backenzähne und der Überlagerung durch die apikalen Anteile der Unterkieferincisivi ist eine exakte Beurteilung des Zahnquerschnittes lediglich für die Schneidezähne möglich.

Alle knöchernen Strukturen sind symmetrisch und klar abgegrenzt. Alle Weichteilschatten, die durch die Augen, die Muskulatur und bei Hamstern durch die Backentaschen entstehen, sind ebenfalls symmetrisch. Die Bullae tympanicae sind scharf begrenzt, symmetrisch zueinander und frei von Verschattungen.

## 3.4.5 Kontrastmitteluntersuchung

Eine Kontrastmitteluntersuchung des Magen-Darm-Traktes der Kleinnager ist in den meisten Fällen nicht notwendig oder sinnvoll, da ein Verschlucken von Fremdkörpern, bei Hund und Katze eine der häufigsten Indikationen für diese Untersuchung, bei Kleinnagern in der Regel nicht vorkommt. Zum einen werden Futterbestandteile ausreichend zerkaut, bevor sie abgeschluckt werden, zum anderen verhindert eine Falte der Backenschleimhaut, die im Diastema zwischen Schneide- und Backenzähnen liegt, dass versehentlich Teile von benagtem, nicht genießbarem Material in die Maulhöhle gelangen und abgeschluckt werden.

## 3.5 Ultraschalldiagnostik

Auch bei Kleinnagern ist eine Ultraschalluntersuchung des Bauchraumes möglich. Indikationen hierfür sind neben Erkrankungen der Gebärmutter und Trächtigkeitsuntersuchungen vor allem die Zuordnung und Abgrenzungen von unklaren Umfangsvermehrungen.

Ein Schallkopf mit einer Frequenz von 10 MHz ist optimal für die Untersuchung der sehr kleinen Patienten geeignet; bei Ratten oder größeren Goldhamstern können auch mit einer Frequenz von 7,5 MHz ausreichende Ergebnisse erzielt werden.

Die systematische Beurteilung der Bauchhöhlenorgane erfolgt analog zur Vorgehensweise bei Hund und Katze. Je nach Menge der Gaseinschlüsse im

**Abb. 3.17** Lagerung und Fixierung eines Goldhamsters zur abdominalen Sonografie.

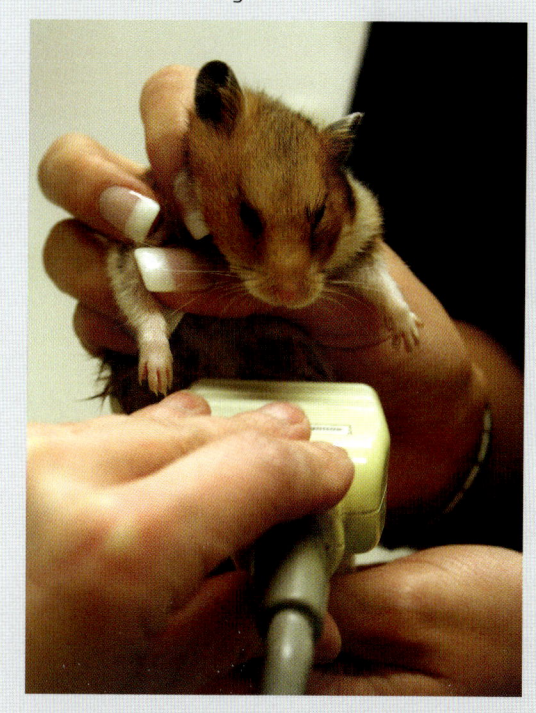

Magen-Darm-Trakt ist jedoch eine vollständige Beurteilung aller Organe nicht immer möglich.

Die Untersuchung erfolgt in vollständig aufrechter oder zumindest kranial leicht erhöhter Position, da die Rückenlage von den Kleinnagern in der Regel nicht geduldet wird (Abb. 3.17).

Aufgrund der Feinheit der Strukturen und fehlender Referenzwerte ist zur Zeit leider noch keine echokardiographische Beurteilung des Herzens der Kleinnager möglich.

## 3.6 Dermatologische Diagnostik

Hauterkrankungen, die durch Parasiten, Bakterien, Pilze oder eine Kombination dieser Faktoren hervorgerufen werden, kommen beim Kleinnager sehr häufig vor und verlangen stets eine sorgfältige Abklärung, um kurzfristig eine genau abgestimmte Therapie einleiten zu können. Grundsätzlich ist zu bedenken, dass insbesondere bei Vorliegen einer Infektion mit Parasiten oder Pilzen die gesamte Tiergruppe eines Käfigs und ggf. auch alle weiteren gehaltenen Tiere behandelt werden müssen. Anamnestisch ist hier daher genau nachzufragen, um wie viele Tiere welcher Arten es sich handelt und inwiefern Kontakte, z. B. auch über abwechselnd gemeinsam genutzte Ausläufe, möglich sind.

### 3.6.1 Parasitologische Untersuchungen

Während ein Befall mit Flöhen oder Läusen bereits mit Hilfe einer starken Lampe und einem Flohkamm mit bloßem Auge zu erkennen ist, werden für die Diagnose der meisten anderen Ektoparasitosen Hilfsuntersuchungen benötigt.

**Tesafilm-Abklatsch-Präparate** stellen die schnellste und einfachste Möglichkeit der ektoparasitologischen Untersuchung dar. Es können sowohl Proben des Fells als auch Abklatschpräparate der Haut angefertigt und unter dem Mikroskop betrachtet werden. Dadurch wird nicht nur die Verifizierung eines vermuteten Läusebefalls, sondern z. B. auch die Differenzierung von Fell- und Haarmilben möglich. Werden vorberichtlich tropische Rattenmilben (*Ornithonyssus bacoti*) vermutet, so sind nur bei einem hochgradigen Befall evtl. auch tagsüber Milben auf dem betroffenen Kleinnager zu finden. In diesem Fall sollten Tesafilm-Abklatsch-Präparate zusätzlich insbesondere von den Unterseiten der Einrichtungsgegenstände und der Schlafhäuschen genommen werden, wo sich die in der Dunkelheit aktiven Milben tagsüber vorwiegend aufhalten.

**Oberflächliche Hautgeschabsel** helfen, einen Befall mit *Sarcoptes* sp. zu diagnostizieren.

**Tiefe Hautgeschabsel** werden zur Diagnose einer Demodikose benötigt. Jedoch bedeutet ein negatives Ergebnis nicht, dass definitiv keine Haarbalgmilben vorhanden sind; nur ein positives Ergebnis verfügt über eine eindeutige Aussagekraft.

### 3.6.2 Mykologische Untersuchungen

Dermatomykosen werden bei Kleinnagern in der Regel von *Trichophyton mentagrophytes* oder verschiedenen Mikrosporum-Arten hervorgerufen.

*Eine alleinige Untersuchung mit der Wood'schen Lampe ist für die Diagnostik als absolut unzureichend einzustufen, da nur ein geringer Anteil der Mikrosporum-canis-Arten auffallend grün fluoresziert und daher viele falsch negative Ergebnisse entstehen.*

Zur Absicherung eines Verdachtes auf einen Pilzbefall bei schuppigen, mit Haarbruch oder Haarverlust einhergehenden und teilweise auch juckenden Hautveränderungen empfiehlt sich eine Probennahme aus den Randbereichen der auffälligen Hautbezirke. Hautschuppen, -krusten und Haare sollten dann auf einem speziellen Pilz-Agar angezüchtet oder zur Kultivierung und genauen Differenzierung in ein entsprechendes Labor eingeschickt werden.

*Da Dermatomykosen oft als Sekundärinfektion bei anderweitig primär geschädigter Haut oder reduziertem Immunsystem einzustufen sind, muss die Allgemeinuntersuchung in dieser Hinsicht besonders gründlich erfolgen.*

## 3.6.3 Bakteriologische Untersuchungen

Eine bakteriologische Untersuchung ist bei allen krustösen, feuchten oder eitrigen Hautveränderungen angezeigt. In Wunden ansässige Keime zeigen meist zahlreiche Resistenzen und die Veränderungen tendieren ohne zielgerichtete Behandlung zu rascher Ausbreitung. Die Probennahme erfolgt mit einem üblichen sterilen Stieltupfer mit Amies-Transportmedium.

*Bakterielle Hautinfektionen sind oftmals als Sekundärinfektionen einzustufen: z. B. ist bei einem Parasitenbefall häufig hochgradiger Juckreiz vorhanden, sodass das betroffene Tier sich Kratzwunden zufügt, die als Eintrittspforten für Keime dienen. Eine gründliche Untersuchung auf Ektoparasiten sollte also in jedem Fall ergänzend vorgenommen werden.*

## 3.6.4 Histologische Untersuchungen

Chronische Hautveränderungen, deren Ursache trotz vorhergegangener ausführlicher Diagnostik unklar ist, können mit Hilfe der Histologie weitergehend untersucht werden. Unter Lokalanästhesie oder kurzer Isofluraninhalation kann eine kleine Hautprobe entnommen und eingesandt werden. Handelsübliche Biopsiestanzen sind zur Probennahme aufgrund der geringen Größen der Kleinnagerpatienten allerdings nicht geeignet.

Besteht der Verdacht auf eine Neoplasie, der erhärtet oder ausgeräumt werden soll, so empfiehlt es sich, nach Möglichkeit das gesamte veränderte Areal mit einem entsprechenden Sicherheitsabstand zu entfernen und histologisch untersuchen zu lassen.

# Anhang

## Medikamentenverzeichnis

1. Antibiotika
2. Antiparasitika
3. Antimykotika
4. Verdauungstrakt
5. Respirationstrakt
6. Herz-Kreislauf-System
7. Auge
8. Hormone, Kortikoide
9. Vitamine, Mineralstoffe
10. Infusionslösungen
11. Wundbehandlung
12. Analgetika
13. Narkotika, Narkoseprämedikation, Euthanasie
14. Künstliche Ernährung
15. Paramunitätsinducer, Immunstimulation

Dieses Medikamentenverzeichnis wurde sorgfältig nach dem derzeitigen Kenntnisstand der Wissenschaft erstellt. Es ist zu beachten, dass nur wenige Medikamente für kleine Heimtiere zugelassen sind. Auch gibt es kaum Studien zur Pharmakokinetik der genannten Wirkstoffe bei diesen Tieren. Die angegebenen Dosierungen entstammen teilweise der Fachliteratur, teilweise wurden für Hund und Katze gebräuchliche Dosierungen auf Kleinsäuger umgerechnet. Bei der Umwidmung von Arzneimitteln sind die geltenden gesetzlichen Bestimmungen einzuhalten.

Um einen möglichst guten Therapieerfolg zu gewährleisten, sind bestimmte Grundsätze zu beachten, die sich besonders auf den Einsatz von Antibiotika beziehen:

- Die Tiere müssen vor Beginn der medikamentösen Therapie auf einer geeigneten Waage gewogen werden, um das Gewicht exakt bestimmen zu können. Nur so ist eine genaue Medikamentendosierung möglich. Unterdosierungen gefährden nicht nur den Behandlungserfolg, sie begünstigen bei Chemotherapeutika auch die Entstehung von Resistenzen.
- Eine antibiotische Behandlung muss auch bei Kleinsäugern ausreichend lange durchgeführt werden. Die Unterschreitung eines einwöchigen Therapieintervalls fördert die Resistenzentstehung und ist in den meisten Fällen therapeutisch unsinnig. In vielen Fällen sind ohnehin deutlich längere Behandlungen erforderlich.
- Kleine Heimtiere besitzen deutlich höhere Stoffwechselraten als Hunde und Katzen. Daher haben viele Medikamente eine kürzere Wirkungsdauer. Dies ist wiederum besonders bei Chemotherapeutika zu beachten. Antibiotische Präparate, die bei Hund und Katze Depotwirkung besitzen (z.B. Marbofloxacin), müssen bei Kleinsäugern täglich appliziert werden.
- Bei der Anwendung von Augenpräparaten ist zu bedenken, dass die Tiere den Wirkstoff durch Putzen oral aufnehmen können. Es sollten daher möglichst Wirkstoffe verwendet werden, die auch bei systemischer Anwendung verträglich sind. Müssen Ophthalmologika eingesetzt werden, die bei oraler Aufnahme zu Instabilitäten der Darmflora führen können, so sind Formulierungen in Tropfen- oder Gelform vorzuziehen, da diese keine Rückstände im Fell hinterlassen. Durch Verklebungen des Fells kann es zu zusätzlichen Irritationen kommen, da Bestandteile des Sandbades haften bleiben.
- Auch bei der Verwendung von Salben zur äußerlichen Anwendung auf der Haut ist zu bedenken, dass die Gefahr der oralen Aufnahme groß ist, sodass unerwünschte Nebenwirkungen auftreten können. Bei jedem Salbeneinsatz ist zu bedenken, dass das Haarkleid langfristig verunreinigt werden kann. Eine Anwendung ist nur sinnvoll, wenn die veränderten Hautstellen der Behandlung gut zugänglich sind und darüberliegendes Fell durch Rasur entfernt wurde.

## 1. Antibiotika (Behandlungsdauer i.d.R. 7–10 d)

| | | | |
|---|---|---|---|
| 1 | **Amikacin**<br>*Biklin®* | 5 mg/kg,<br>2 x tägl. s.c. | Nur als Reserveantibiotikum! Nephro- und ototoxisch! Nur bei intakter Nierenfunktion! |
| 2 | **Chloramphenicol**<br>*Chloromycetin® Palmitat, Paraxin®* | 50 mg/kg,<br>2 x tägl. p.o., s.c. | Liquorgängig, Ausscheidung wird durch Leber-/Nierenfunktionsstörungen verzögert. |
| 3 | **Ciprofloxacin**<br>*Ciprobay®* | 10 mg/kg,<br>2 x tägl. p.o. | Liquorgängig, knochen- und gelenkgängig. Nicht während Laktation, Trächtigkeit oder bei Tieren im Wachstum! |
| 4 | **Doxycyclin**<br>*Doxycyclin-ratiopharm®* | 5–10 mg/kg,<br>1 x tägl. s.c. | Nur bei intakter Leber- und Nierenfunktion! Gefahr von Durchfällen, besonders bei oraler Gabe. |
| 5 | **Enrofloxacin**<br>*Baytril®* | 10 mg/kg,<br>1 x tägl. s.c., p.o. | Liquorgängig, knochen- und gelenkgängig. Nicht während Laktation, Trächtigkeit od. bei Tieren im Wachstum! |
| 6 | **Erythromycin**<br>*Infektomycin Saft®* | 10 mg/kg,<br>2 x tägl. p.o. | Als Reserveantibiotikum v.a. bei Mykoplasmose. |
| 7 | **Gentamicin**<br>*Gentamicin 50®* | 2,5–8 mg/kg,<br>2 x tägl. s.c. | Nur als Reserveantibiotikum! Nephro- und ototoxisch! Nur bei intakter Nierenfunktion! |
| 8 | **Metronidazol**<br>*Clont i.v.®, Flagyl®* | 10–20 mg/kg,<br>2 x tägl. s.c., p.o. | Bei Infektionen mit Anaerobiern und Flagellaten. |
| 9 | **Marbofloxacin**<br>*Marbocyl FD®* | 4 mg/kg,<br>1 x tägl. s.c., p.o. | Liquorgängig. Nicht während Laktation, Trächtigkeit oder bei Tieren im Wachstum. Inj.-Lsg. kann auch oral gegeben werden. |
| 10 | **Oxytetracyclin**<br>*Terramycin LA®* | 10–20 mg/kg,<br>1 x tägl. s.c. | Nur bei intakter Leber- und Nierenfunktion! Gefahr von Durchfällen! |
| 11 | **Sulfadoxin/Trimethoprim**<br>*Borgal® 24%, Cotrim K-ratiopharm®* | 30–40/6–8 mg/kg,<br>2 x tägl. s.c., p.o. | Auf ausreichende Flüssigkeitszufuhr achten! Nicht in der Trächtigkeit! Inj.-Lsg. verdünnen, sonst gewebereizend! |
| 12 | **Tetracyclin**<br>*Tetracyclin 10%®, Tetraseptin mite* | 10–20 mg/kg,<br>2 x tägl. s.c., p.o. | Gefahr von Durchfällen, besonders bei oraler Gabe! Nur bei intakter Leber- und Nierenfunktion! Keine längere Anwendung in der Trächtigkeit. |

## 2. Antiparasitika

| | | | |
|---|---|---|---|
| 13 | **Chlorpyrifos**<br>*Avantgarde–Spray®* | | Zur Umgebungsbehandlung bei Ektoparasitenbefall, durch mikroverkapselten Wirkstoff gut verträglich für Säugetiere. |
| 14 | **Febantel**<br>*Rintal®* | 1 x tägl. 10 mg/kg p.o. über 3 d | Bei Nematodenbefall. |
| 15 | **Fenbendazol**<br>*Panacur®* | 20 mg/kg, 1 x tägl. p.o. über 5 d | Bei Nematodenbefall, Wiederholung nach 2 Wochen. |
| 16 | **Fipronil**<br>*Frontline® Spray* | ca. 3 ml/kg | Bei Haarmilben, Fellmilben, Läusen, Flöhen. |
| 17 | **Imidacloprid**<br>*Advantage®* | 20 mg/kg, einmalig als Spot-on | Gegen Flöhe; Wiederholung alle 4 Wochen. |

| # | Wirkstoff / Präparat | Dosierung | Anwendung |
|---|---|---|---|
| 18 | **Ivermectin**<br>*Ivomec®* | 0,3–0,5(–1) mg/kg, 1 x tägl. s.c. | 2–3 x im Abstand von 7–10 d |
| 19 | **Mebendazol**<br>*Telmin®* | 20–25 mg/kg, 1 x tägl. p.o. über 3–5 d | Bei Nematodenbefall, Wiederholung nach 2 Wochen. |
| 20 | **Nitenpyram**<br>*Capstar®* | 1 mg/kg p.o. einmalig | Bei Befall mit Fliegenmaden. |
| 21 | **Praziquantel**<br>*Droncit®* | 5 mg/kg, einmalig s.c. | Gegen Bandwürmer. Nach 2 Wochen wiederholen. |
| 22 | **Propoxur**<br>*Bolfo®* | äußerliche Anwendung, 1 x wöchentlich | Gegen Läuse, Flöhe (Wirkung bei Hunde- u. Katzenfloh unzureichend), Zecken. |
| 23 | **Selamectin**<br>*Stronghold®* | 15–30 mg/kg, Spot-on, | 2 x im Abstand von 3–4 Wochen, bei Demodikose alle 14 Tage. |
| 24 | **Toltrazuril**<br>*Baycox®* | 10 mg/kg, 1 x tägl. p.o. | Mittel der Wahl bei Kokzidiose. 3 d Behandlung – 3 d Pause – 3 d Behandlung. |

### 3. Antimykotika

| # | Wirkstoff / Präparat | Dosierung | Anwendung |
|---|---|---|---|
| 25 | **Clotrimazol**<br>*Canesten®* | äußerliche Anwendung | Nicht ablecken lassen! Fell vor Anwendung großflächig rasieren. |
| 26 | **Enilkonazol**<br>*Imaverol®* | äußerliche Anwendung (1:50 verdünnt), 1 x tägl. | Bei Dermatomykosen. Über mehrere Wochen im Abstand von 2–4 Tagen. |
| 27 | **Griseofulvin**<br>*Fulcin S-Tabletten®* | 30–40 mg/kg, 1 x tägl. p.o. | Behandlung mind. 4 Wochen. Gefahr von Durchfällen und Leberschädigung! |
| 28 | **Itraconazol**<br>*Itrafungol®* | 10 mg/kg p.o. | 3-malige Behandlung über 7 d, dazwischen je 7 d Behandlungspause. Zusätzliche Waschbehandlung mit Imaverol®. |
| 29 | **Ketokonazol**<br>*Nizoral®* | 20 mg/kg, 1 x tägl. p.o. | Behandlung mind. 3–4 Wochen. Gefahr von Durchfällen und Leberschäden! |
| 30 | **Lufenuron**<br>*Program®* | 100 mg/kg, einmalig p.o. | Bei Dermatomykosen mind. 3 Behandlungen im Abstand von je 2 Wochen. Bei Flohbefall halbe Dosis im Abstand von 4 Wochen. |
| 31 | **Nystatin**<br>*Nystaderm-S®* | 15–20 mg/kg (60.000–90.000 I.E./kg), 2 x tägl. p.o. | Bei Darmmykosen über 7–10 Tage. |

### 4. Verdauungstrakt

| # | Wirkstoff / Präparat | Dosierung | Anwendung |
|---|---|---|---|
| 32 | **Aktivkohle** | 1 g/kg p.o. | Nur bei gesicherter Vergiftung, nicht bei Durchfällen anderer Genese! |
| 33 | **Bariumsulfat**<br>*Micropaque®* | 5–10 ml/kg, einmalig p.o. | Röntgenkontrastmittel. |

| # | Wirkstoff | Dosierung | Bemerkungen |
|---|---|---|---|
| 34 | **Butylscopolamin**<br>*Buscopan®,*<br>*Buscopan compositum®* | 0,5–1 mg/kg,<br>1–2 x tägl. s.c.<br>In Kombination<br>mit Metamizol nur<br>0,4–0,8 mg/kg! | Vor allem bei Spasmen im Harnwegsbereich. Bei wiederholter Anwendung Gefahr der Darmatonie. Nicht bei Tympanien oder Obstipation! |
| 35 | **Dimeticon**<br>*Sab simplex®* | 0,5–1 ml/kg,<br>mehrmals tägl. p.o. | Bei Tympanie, v.a. feinschaumigen Gärungsprozessen. |
| 36 | **Metoclopramid**<br>*MCP-ratiopharm®* | 1–5 mg/kg,<br>2–3 x tägl. s.c., p.o. | Nur über 3–4 Tage, sonst Gefahr der Darmatonie nach Absetzen. |
| 37 | **Paraffinum subliquidum**<br>*Obstinol M®* | 3–5 ml/kg,<br>2–3 x tägl. p.o. | Bei Obstipation. |
| 38 | **Probiotikum**<br>*Bene-Bac® Gel oder Pulver* | nach Bedarf | Zur Stabilisierung der Darmflora. |

## 5. Respirationstrakt

| # | Wirkstoff | Dosierung | Bemerkungen |
|---|---|---|---|
| 39 | **Acetylcystein**<br>*NAC-ratiopharm®* | 3 mg/kg,<br>2 x tägl. p.o., s.c. | Mukolytikum. Inj.-Lsg. kann zur Inhalation verwendet werden. |
| 40 | **Bromhexin**<br>*Bisolvon®* | 0,5 mg/kg,<br>1–2 x tägl. p.o. | Sekretolytikum. |
| 41 | **Dimethylbutyramid**<br>*Respirot®* | 15–30 mg/kg<br>intranasal,<br>sublingual | Atemstimulans. |
| 42 | **Doxapram**<br>*Dopram-V®* | 5–10 mg/kg s.c.,<br>i.m., i.v. | Atemstimulans. In Notfällen auch intralingual! |
| 43 | **Theophyllin**<br>*Solosin Tropfen®,*<br>*Euphylong 200 Inj.-Lsg.®* | 2–3 mg/kg,<br>2–3 x tägl. p.o.,<br>s.c. | Bronchodilatator. |

## 6. Herz-Kreislauf-System

| # | Wirkstoff | Dosierung | Bemerkungen |
|---|---|---|---|
| 44 | **Digoxin**<br>*Lenoxin liquidum®* | 0,005–0,01 mg/kg,<br>1 x tägl. p.o. | Bei dilatativer Kardiomyopathie und tachykarder Arrhythmie. |
| 45 | **Enalapril**<br>*Enacard®* | 0,5–1 mg/kg, 1 x tägl.<br>p.o. | ACE-Hemmer. |
| 46 | **Etilefrin**<br>*Effortil®* | 0,5–1 mg/kg,<br>3–4 x tägl. s.c., i.m., p.o. | Sympathomimetikum; bei Bedarf alle 3–4 h. |
| 47 | **Furosemid**<br>*Dimazon®* | 1–5 mg/kg, 1–2 x tägl.<br>s.c., i.m., p.o. | Bei Ödemen, Thoraxerguss. Bei hochdosierter Daueranwendung gelegentliche Kalium-Kontrollen. |
| 48 | **Imidaprilhydrochlorid**<br>*Prilium®* | 0,125–0,25 mg/kg p.o. | ACE-Hemmer. |
| 49 | **Propentophyllin**<br>*Karsivan®* | 10–25 mg/kg,<br>1–2 x tägl. p.o. | Bei Durchblutungsstörungen, als Geriatrikum. |
| 50 | **Ramipril**<br>*Vasotop®* | 0,125 mg/kg, 1 x tägl.<br>p.o. | ACE-Hemmer. |

## 7. Auge (AT = Augentropfen, AS = Augensalbe)

| | | | |
|---|---|---|---|
| 51 | **Atropinsulfat**<br>*Atropin-POS®* | 2–3 x tägl. | Mydriatikum. Bei schmerzhaften Entzündungen zur Lösung von Ziliarspasmen; zur Lösung von Synechien. |
| 52 | **Azidamfenicol**<br>*Thilocanfol® 1%* | mehrmals tägl. | Bei bakteriellen Infektionen der vorderen Augenabschnitte. |
| 53 | **Carbomer**<br>*ThiloTears®Gel* | mehrmals tägl. | Befeuchtung der Kornea, z.B. bei Exophthalmus oder während der Narkose. |
| 54 | **Chloramphenicol**<br>*Thilocanfol® C1%, Gloveticol®* | mehrmals tägl. | Bei bakteriellen Infektionen der vorderen Augenabschnitte. |
| 55 | **Dexamethason**<br>*Dexagel®, Dexa EDO Augentropfen®* | 2–3 x tägl. | Bei nichtinfektiösen Entzündungen der vorderen Augenabschnitte. Nur bei intakter Kornea! |
| 56 | **Dexpanthenol**<br>*Corneregel® Fluid oder Gel* | 2–3 x tägl. | Bei Haut- und Schleimhautläsionen am Auge. |
| 57 | **Fusidinsäure**<br>*Fucithalmic-Vet® Gel* | mehrmals tägl. | Bei bakteriellen Infektionen der vorderen Augenabschnitte. |
| 58 | **Gentamicin**<br>*Refobacin®* | mehrmals tägl. | Bei bakteriellen Infektionen der vorderen Augenabschnitte. |
| 59 | **Hämodialysat aus Kälberblut**<br>*Actihaemyl® Augengel* | mehrmals tägl. | Bei Hornhautulzera und -verletzungen. |
| 60 | **Norfloxacin**<br>*Chibroxin®* | mehrmals tägl. | Bei bakteriellen Infektionen der vorderen Augenabschnitte. |
| 61 | **Ofloxacin**<br>*Floxal®* | mehrmals tägl. | Bei bakteriellen Infektionen der vorderen Augenabschnitte. |
| 62 | **Oxytetracyclin**<br>*Oxytetracyclin-Jenapharm®* | mehrmals tägl. | Bei bakteriellen Infektionen der vorderen Augenabschnitte. |
| 63 | **Prednisolonacetat**<br>*Ultracortenol®, Inflanefran®(forte)* | mehrmals tägl., ggf. stündlich | Bei schweren nichtinfektösen Entzündungen des Auges. Nur bei intakter Kornea! |
| 64 | **Vitamin A**<br>*Vitagel®* | 3 x tägl. | Bei Hornhauterosionen. |
| 65 | **Vitamin A + Thiamin + Ca-Panthenat**<br>*Regepithel®* | 3 x tägl. | Bei Hornhautdefekten und -erosionen. |
| 66 | **Kombinationspräparate: Antibiotikum + Kortikoid**<br>z.B. *Isopto-Max®, Terracortril®, Dexa-Polyspektran®* | mehrmals tägl. | Bei Konjunktivitis, Dacryocystitis und Entzündungen der vorderen Augenabschnitte. Nur bei intakter Kornea! Bei Dacryocystitis AT verwenden! |

## 8. Hormone, Kortikoide

| | | | |
|---|---|---|---|
| 67 | **Aglepriston**<br>*Alizin®* | 10 mg/kg, 2 x im Abstand von 24 h | Bei Pyometra, Kontrolle des Therapieerfolges per Sonographie. |
| 68 | **Dexamethason**<br>*Dexasel®* | 0,2 mg/kg,<br>1 x tägl. s.c., p.o. | Antiinflammatorische Wirkung. Appetitanregende und Durst steigernde Wirkung. Bei höherer Dosierung Immunsuppression! Antibiotische Abschirmung sinnvoll. |
| 69 | **HCG**<br>*Ovogest®* | 100 I.E./kg s.c. | Bei hormonell aktiven Ovarialzysten. Mind. 3 x im Abstand von 10–14 d. |
| 70 | **Insulin**<br>*Caninsulin®, Insulin monotard®* | 1–3 I.E./kg,<br>1–2 x tägl. s.c. | Anfangsdosis: 1 I.E./kg. |
| 71 | **Oxytocin**<br>*Oxytocin®* | 0,5–1 I.E./kg,<br>einmalig s.c., i.m. | Bei Wehenschwäche. |
| 72 | **Prednisolon**<br>*Medrate solubile®, Solu-Decortin®, Prednisolon 1%®* | 1–2 mg/kg,<br>1 x tägl. s.c., i.m., p.o.<br>10 mg/kg, einmalig bei Schock | Nicht in der Frühträchtigkeit! |

## 9. Vitamine, Mineralstoffe

| | | | |
|---|---|---|---|
| 73 | **Kalziumgluconat**<br>*Calcium Braun®* | bis 50 mg/kg s.c. | Vor allem bei Wehenschwäche. |
| 74 | **Kalium**<br>*Rekawan®* | 20 mg/kg,<br>1 x tägl. p.o. | Evtl. bei Dauereinsatz von Diuretika. Nur bei nachgewiesener Hypokaliämie! |
| 75 | **Mineralstoffgemisch & Vitamine**<br>*Korvimin ZVT®* | 1 Messerspitze/Tier/d | Als Zusatz zur Ersatzmilch bei Handaufzucht. |
| 76 | **Vitamin B-Komplex (B1, B2, B6)**<br>*Be-Komplex®* | ca. 1 ml/kg,<br>1 x tägl. s.c., p.o. | Substitution bei Verdauungsstörungen. Bei ZNS-Störungen. |
| 77 | **Vitamin B12**<br>*Catosal®* | 150 µg/kg,<br>1 x tägl. s.c., p.o. | Substitution bei Verdauungsstörungen, Stoffwechselstimulans. |
| 78 | **Vitamin C**<br>*Vitamin C forte®* | 50 mg/kg,<br>1 x tägl. s.c. | Zur Unterstützung des Immunsystems bei systemischen Erkrankungen. |
| 79 | **Vitamin E**<br>*E-Vicotrat®* | 20 mg/kg,<br>1 x tägl. i.m., p.o. | Substitution evtl. bei schwerwiegenden Resorptionsstörungen nötig. |
| 80 | **Vitamin K**<br>*Konakion®* | 1–5 mg/kg,<br>1–2 x tägl. s.c. | Bei Blutungsneigung, Gerinnungsstörungen. |

## 10. Infusionslösungen

| | | | |
|---|---|---|---|
| 81 | **Aminosäurenlösung**  *Amynin®* | 10–20 ml/kg, 1–2 x tägl. p.o., s.c. | Nicht bei Leberfunktionsstörungen, nur zu deren Prophylaxe! |
| 82 | **Glukose**  *Glukosel®, Glucosteril®* | bis 500 mg/kg 1–2 x tägl. p.o., s.c. | Zur parenteralen Kalorienzufuhr. Nur 5%ige Lösung s.c. anwenden, bei höherer Konzentration gewebereizend! |
| 83 | **Isotone Kochsalzlösung**  *Isotone Kochsalz-Lösung 0,9% Braun®* | 60–100 ml/kg/d s.c. | Vor allem bei chronischer Niereninsuffizienz mit Hyponatriämie u. Hyperkaliämie. |
| 84 | **Vollelektrolytlösung**  *Ringer-Laktat-Lösung®, Sterofundin®* | 60–100 ml/kg/d s.c. | Bei isotoner Dehydratation. |

## 11. Wundbehandlung

| | | | |
|---|---|---|---|
| 85 | **Chlorhexidin-Gluconat**  *Dentisept Gel®* | 2–3 x tägl. | Zur lokalen Behandlung von Schleimhautläsionen in der Maulhöhle. |
| 86 | **Chlortetrazyklin**  *Aureomycin®* | 1 x tägl. | Behandlung von bakteriell infizierten Wunden. |
| 87 | **Enzymhaltige Salbe (Trypsin, Chymotrypsin, Papain)**  *Nekrolyt®* | ein- bis mehrmals tägl. lokal auf Wundflächen | Zur Behandlung von nässenden und ulzerierenden Wunden. |
| 88 | **Dexpanthenol**  *Bepanthen® Wund- und Heilsalbe* | mehrmals tägl. lokal auf Wundflächen | Adjuvans bei Hautläsionen. |
| 89 | **Ethacridinlactat**  *Rivanol®* | 0,01%ig | Lokales Antiseptikum zur Wundbehandlung und Spülung von Wundhöhlen. |
| 90 | **Framycetin/Lidocain**  *Leukase N®-Kegel* | 1 x tägl. | Evtl. pulverisieren; zur Instillation in schmerzhafte, infizierte Wundhöhlen. |
| 91 | **Hämodialysat aus Kälberblut**  *Actihaemyl® Gelee oder Salbe* | mehrmals tägl. lokal auf Wundflächen | Fördert die Reepithelisierung. |
| 92 | **Hexetidin**  *Hexoral®* | 2–3 x tägl. 1 Sprühstoß | Zur lokalen Behandlung von Schleimhautläsionen in der Maulhöhle. |
| 93 | **Lebertran, Zinkoxid**  *Desitin Salbe®* | 1–2 x tägl. | Salbe zur Abdeckung flächiger, entzündlicher Hautveränderungen. |
| 94 | **Neomycinsulfat/ Bacitracin**  *Neobac®* | 1–2 x tägl. | Behandlung von hochgradig infizierten Wunden. |
| 95 | **Polyhexanidum/ Macrogolum**  *Lavasept®* | | Lokales Antiseptikum zur Wundspülung. |
| 96 | **Povidon-Iod**  *Braunol®, Polysept®, Betaisodona®* | mind. 1:5 verdünnt | Lokales Antiseptikum. Bevorzugt wässrige Lösungen verwenden! Wundbehandlung, Spülung von Wundhöhlen. |

| # | Wirkstoff / Präparat | Dosierung | Bemerkung |
|---|---|---|---|
| 97 | **Undecylenamidopropyl-Betain, Polihexamid** *Prontosan®* | 1 x tägl. | Lokales Antiseptikum zur Wundbehandlung und Spülung von Wundhöhlen. |
| 98 | **Wasserstoffperoxid** ($H_2O_2$) | 1–3%ig | Zur Wundbehandlung und zum Spülen von Wundhöhlen. |

## 12. Analgetika

| # | Wirkstoff / Präparat | Dosierung | Bemerkung |
|---|---|---|---|
| 99 | **Carprofen** *Rimadyl®* | 5 mg/kg, 1 x tägl. s.c. | Nur bei intakter Leberfunktion! |
| 100 | **Meloxicam** *Metacam®* | 0,15 mg/kg, 1 x tägl. s.c., p.o. initial bis 0,3 mg/kg | Nur bei intakter Leber- u. Nierenfunktion! Nicht in Laktation od. Trächtigkeit! |
| 101 | **Metamizol** *Novalgin®* | 20 mg/kg, 2–3 x tägl. s.c., p.o. | Bei Dauertherapie Blutbildschäden möglich! Bei Überdosierung Schockgefahr! Nur bei intakter Nierenfunktion! |
| 102 | **Tolfenaminsäure** *Tolfedine®* | 4 mg/kg, 1 x tägl. s.c., p.o. | Über max. 3 d geben. |

## 13. Narkotika, Narkoseprämedikation, Euthanasie

| # | Wirkstoff / Präparat | Dosierung | Bemerkung |
|---|---|---|---|
| 103 | **Atipamezol** *Antisedan®* | **R** 0,75 mg/kg s.c. **M** 2,5 mg/kg s.c. **RM** 0,375 mg/kg s.c. **H** 1,7 mg/kg s.c. | Antagonist für Medetomidin [106] und Xylazin [110]. |
| 104 | **Atropinsulfat** *Atropin-Braun®* | 0,05–0,1 mg/kg s.c., i.m. | Als Prämedikation v.a. vor Inhalationsnarkosen. Vermindert Bronchosekretion. |
| 105 | **Diazepam** *Valium®* | 2,5–5 mg/kg s.c., i.m., i.p. | Bei Anfällen und zur Sedation. |
| 106 | **Fentanyl & Midazolam & Medetomidin** *Fentanyl Janssen® & Dormicum® & Domitor®* | **R** 0,005 & 2,0 & 0,15 mg/kg i.m. **M** 0,05 & 5,0 & 0,5 mg/kg i.p. **RM** 0,03 & 7,5 & 0,15 mg/kg s.c. **H** 0,033 & 3,3 & 0,33 mg/kg s.c. | Vollständig antagonisierbar mit Naloxon [111], Flumazenil [107] und Atipamezol [103]. |
| 107 | **Flumazenil** *Anexate®* | **R** 0,2 mg/kg s.c. **M** 0,5 mg/kg s.c. **RM** 0,4 mg/kg s.c. **H** 0,33 mg/kg s.c. | Antagonist für Midazolam [106] und Diazepam [105]. |
| 108 | **Isofluran** *Isoba®, Isofluran CP®, Isoflo®* | Einleitung: 4–5 Vol%, dann 2–3 Vol% | Erforderliche Konz. abhängig von sedativer Prämedikation. Starke Bronchosekretion! Immer Prämedikation mit Atropin! |

| | | | |
|---|---|---|---|
| 109 | **Ketamin & Medetomidin**<br>*Ketavet® & Domitor®* | R 60–75 & 0,25–0,5 mg/kg i.m., s.c.<br>M 100–150 & 0,25 mg/kg i.p.<br>RM 75 & 0,5 mg/kg s.c.<br>H 100 & 0,25 mg/kg s.c. | Zur Sedation ½ bis ⅔ der Dosierung. Medetomidin antagonisierbar mit Atipamezol 103 . Cave: Ketaminüberhang! Antagonisierung erst ca. 45 min nach Ketamingabe. |
| 110 | **Ketamin & Xylazin**<br>*Ketavet® & Xylazin 2%®* | R 100 & 5 mg/kg i.m. | Zur Sedation ⅓ bis ⅔ der angegebenen Dosierung; extrem lange Nachschlafdauer. |
| 111 | **Naloxon**<br>*Narcanti® Vet* | R 0,12 mg/kg s.c.<br>M 1,2 mg/kg s.c.<br>RM 0,5 mg/kg s.c.<br>H 0,8 mg/kg s.c. | Antagonist für Fentanyl 106 . |
| 112 | **Pentobarbital**<br>*Narcoren®* | 500–800 mg/kg i.p. | Dosierung für Euthanasie! |

## 14. Künstliche Ernährung

| | | | |
|---|---|---|---|
| 113<br>114 | **Critical Care®/**<br>**Rodi Care Instant®** | ca. 60 ml/kg/d | Nur als Ergänzung zu einem Brei aus Schmelzflocken mit Obst- oder Gemüsebrei; tierisches Eiweiß in Form von Quark oder Joghurt ergänzen; evtl. Vitaminpasten (z.B. NutriCal®) zur Supplementierung von Fetten. |

## 15. Paramunitätsinducer, Immunstimulanzien

| | | | |
|---|---|---|---|
| 115 | **Parapoxvirus ovis**<br>*Zylexis®* | 0,5 ml/Tier s.c. | Paramunitätsinducer. 3 x nach dem Schema: 1., 2./3. und 8. Behandlungstag. |
| 116 | **Echinacin**<br>*Echinacea stada®* | 0,2 ml/kg, 2 x tägl. p.o. | Immunstimulans, Anwendung über etwa 2 Wochen. |
| 117 | **Echinacea/Thuja/**<br>**Phosphorus**<br>*PetMun®* | 0,5 ml/Tier s.c. | Immunstimulans, zur Prophylaxe 3 x nach dem Schema 1., 2./3. und 8. Behandlungstag, zur Metaphylaxe bzw. als Begleittherapie alle 1–2 Tage. |

# Abbildungsnachweis

Dr. Barbara Glöckner, Tierarztpraxis Dr. H. Brieger, Anhaltinerstr. 2a, 14163 Berlin:
Abb. 1.3, 1.4, 1.5, 1.6, 2.2, 2.4, 2.14, 2.32, 2.52, 2.67, 2.74, 2.112, 2.114, 2.124, 2.130, 2.131, 2.136, 2.142.

Institut für Parasitologie, FU Berlin, Königsweg 65, 14163 Berlin:
Abb. 2.16, 2.18, 2.21, 2.24, 2.113, 2.117.

Inge Rogalla:
Abb. 1.1, 2.47, 2.143, 2.144.

Dr. Anja Ewringmann, Praxis für kleine Heimtiere, Potsdamer Str. 1, 12205 Berlin:
alle übrigen Abbildungen.

# Sachregister

Rote Seitenzahl = ausführliche Besprechung einer Erkrankung nach Ätiologie, Pathogenese, Klinik, Diagnose, Therapie, Prognose
*Kursive Seitenzahl* = zugehörige Abbildung
**Fette Seitenzahl** = Haupteintrag

## A

Abdomen, raumfordernde Prozesse 43
–, Untersuchung 27
Abszess, Backentaschen 94
–, intraabdominal 128f
–, Kastration 107
–, Kiefer 92f
–, retrobulbär 77
–, Weichteile 92
Acetylcystein 259
Adenokarzinom 100ff
Aglepriston 261
Aktivkohle 258
Alanin-Amino-Transferase 238f
Albumin 239f, 241
Alkalische Phosphatase 238f
Allergie 44
Allgemeinbefinden, Beurteilung 23
ALT s. Alanin-Amino-Transferase
Altersalopezie 202
Amikacin 257
Aminosäurenlösung 262
Amöben-Infektion 54f
Amputation, Gliedmaßen 174
–, Schwanz 208
Analgetikum **263**
Antibiotikaintoxikation 64
Antibiotikum **257**
Antimykotikum **258**
Antiparasitikum **257f**
AP s. Alkalische Phosphatase
Arthritis 177f
Aspartat-Amino-Transferase 238f
*Aspiculurus tetraptera* 56, *246*
AST s. Aspartat-Amino-Transferase
Atemstillstand 30
Atemwegsinfektion, bakterielle 37f
–, virale 36f

Atipamezol 263
Atmungsapparat, Untersuchung 24, 27
–, Medikamente **259**
Atropinsulfat 260, 263
Aufzucht, mutterlose **102f**
Auge, Medikamente **260**
–, Physiologie 67
–, Untersuchung 25
Azidamfenicol 260

## B

*Bacillus piliformis* s. *Clostridium piliforme*
Bacitracin 262
Backentaschen, Abszess 94
–, Entzündung 94
–, Physiologie 45
–, Untersuchung 25f
Bandwurmbefall 58f
Barbering 204
Bariumsulfat 258
Bauchdrüse, Entzündung 206
–, Physiologie 181
–, Tumor 99f
Beckenfraktur 161f
Bewegungsapparat, Untersuchung 23
Bilirubin 238f
Bissverletzung 205
Blutchemie **238ff**
Blutentnahme 235f
Blutuntersuchung **235ff**
*Bordetella bronchiseptica* 38
Bromhexin 259
Bronchopneumonie 37
Brunstschleim 131, 143
Brunstzyklus 131
Bulbusprolaps 77f
Butylscopolamin 259

## C

*Candida* sp. 59, *246*
Carbomer 260

Carprofen 263
*Cataenotaenia* sp. 58
Chloramphenicol 257, 260
Chlorhexidin-Glukonat 262
Chlorpyrifos 257
Chlortetrazyklin 262
Cholesterin 239f
Choriomeningitis, Lymphozytäre 36f, 74, 162
Chromodacryorrhö 81f
Ciprofloxacin 257
*Citrobacter freundii* 62
Citrobakteriose 62f
*Clostridium piliforme* 61, 121, 164, 224
Clotrimazol 258
Coronavirus 63, 95, 121
*Corynebacterium kutscheri* 38, 177
Creatinkinase 238f
*Cryptosporidium* sp. 53
*Ctenocephalides* sp. 197
*Ctenophthalmus assimilis* 197

## D

Darmflora 46
Darmmykose 59f
Demodikose 195f
*Dermanyssus gallinae* 192
Dermatitis, bakterielle 199f
–, parasitäre 190ff
–, ulzerative 200
Dermatomykose 198f
Dexamethason 260, 261
Dexpanthenol 260, 262
Diabetes mellitus 80, 221f
Diazepam 263
Digoxin 259
Dimethylbutyramid 259
Dimeticon 259
Diskopathie 159f
Doxapram 259
Doxycyclin 257

## E

Echinacin 264
Eileiter, Physiologie 130
*Eimeria* sp. 53, *245*
Elektrolyte 238ff
Enalapril 259
Endometriale Hyperplasie 125, 141f
Endometritis 125, 142ff
Enilkonazol 258
Enrofloxacin 257
*Entamoeba muris* 54
Enteritis 144
Entzündung, Atemwege 36ff
–, Backentaschen 94
–, Bauchdrüse 206
–, Darm 53ff
–, Flankendrüse 206f
–, Gebärmutter 142ff
–, Gelenke 177f
–, Gesäuge 102
–, Haut 190ff
–, Hoden 104f
–, Knochen 175
–, Leber 121
Enzephalitis, bakterielle 164
–, virale 162f
Enzyme 238ff
Epilepsie 167
Ernährungszustand, Beurteilung 23, 210
Ersatzmilch 102
Erythromycin 257
Erythrozyten 236f
*Escherichia coli* 60
Ethacridinlactat 262
Etilefrin 259
Euthanasie **40**, 264
Exophthalmus 77f

## F

Febantel 257
Fellmilben-Befall 190f, 200
Fellwechsel 181
Fenbendazol 257
Fentanyl 263
Fettleber 119f
Fibroadenom 100f
Fibrom 98f
Fibrosarkom 98f
Fipronil 257
Fixation 22

Flagellaten-Infektion 54f
Flankendrüse, Entzündung 206f
–, Physiologie 181
–, Tumor 100
Fliegenmadenbefall 144f
Flohbefall 197f
Flumazenil 263
Fraktur, Becken 161f
–, Gliedmaßen 173f
–, Wirbelsäule 159f
Framycetin 262
Furosemid 259
Fusidinsäure 260
Fütterung, bei Durchfall 47
–, Goldhamster 11
–, im Alter 218
–, Laktation 131f
–, Maus 4
–, Ratte 2
–, Rennmaus 8
–, Trächtigkeit 131f
–, Zwerghamster 15
Fütterungsfehler **65**, 176, 216

## G

Gallengangzysten 122f
Gebärmutter, Physiologie 130
Geburt 132
Geburtsgewicht 131
Geburtsstörung 139ff
Gentamicin 257, 260
Gesäuge, Entzündung 102f
–, Physiologie 83
–, Tumor 100f
Geschlechtsbestimmung 17f
Geschlechtsreife 131
Gewichtsverlust, altersbedingt 217f
–, fütterungsbedingt 216
–, stressbedingt 217
*Giardia* sp. 54
Glaukom 77
Glukose, Infusion 262
–, Serum 238f
GOT s. Aspartat-Amino-Transferase
GPT s. Alanin-Amino-Transferase
Granulozyten 236f
Griseofulvin 258

## H

Haarmilben-Befall 191f
Haltung, Goldhamster 10
–, Maus 4
–, Ratte 1
–, Rennmaus 7
–, Zwerghamster 14
Hämatokrit 236f
Hämatologie **236f**
Hämatom 107f
Hämoglobin 236f
Hämometra 125, 141f, 227
Handaufzucht **102f**
Harder'sche Drüsen 67, 81
Harn, physiologischer 242f
–, Probenentnahme 241f
–, Untersuchung **241ff**
Harnstoff 238f
Haut, Physiologie 181
–, Untersuchung 24f, **254f**
Hautturgor 26
HCG s. Humanes Choriongonadotropin
Hepatitis 121
Hepatitisvirus, murines 63
Hepatopathie 166, 228
Herz, Medikamente **259**
–, Untersuchung 27
Herzerkrankung 41f, 120, 167, 220, 228
*Heterakis spumosa* 56
*Hexamita muris* 54
Hexetidin 262
Hirntumor 159
Hitzschlag 43f, 164, 228
Hoden, Entzündung 104f
–, Physiologie 83
Hodentorsion 106f
Hodentumor 105f
Hormone **261**
Humanes Choriongonadotropin 261
*Hymenolepis diminuta* 58, 197
*Hymenolepis microstoma* 58
*Hymenolepis nana* 58, 197
Hyperadrenokortizismus 204
Hyperplasie, endometriale 125, 141f
Hyperplastische Kolitis 62f

## I

Imidacloprid 257
Imidaprilhydrochlorid 259
Immunstimulation **264**
Infusionslösung 262
Insulin 261
Intoxikation, Antibiotika 64
Isofluran 263
Itraconazol 258
Ivermectin 258

## K

Kachexie, altersbedingt 217f
–, fütterungsbedingt 216
–, stressbedingt 217
Kalium 261
–, Serum 238f
Kalzium 238f
Kalziumglukonat 261
Karzinom 100
Kastration, männlich *105*, **106**
–, weiblich **130f**
Kastrationsabszess 107
Katarakt 80f, 221
Keratitis 75f
Ketamin 264
Ketoconazol 258
Kieferabszess 92f
Kochsalzlösung, isotone 262
Kokzidiose 53f
Kolibazillose 60f
Konjunktivitis 74f
Koprophagie 46
Körpertemperatur 28
Kortikoide **261**
Kotuntersuchung **245f**
Kreatinin 238f

## L

Laktation 131f
Läusebefall 196f
*Lawsonia intracellularis* 61
LCM s. Lymphozytäre Choriomeningitis
Leber, Anatomie 110
Leberstauung 120f
Lebertran-Zink-Salbe 262
Lebertumor 122, 166
Leberverfettung 119f
Leberzysten 122f, 166, 203, 227
*Leptopsylla segnis* 197
Leptospirose 225

Leukose 96f, 122, 128, 166, 220, 222, 227
Leukozyten 236f
Lipom 97f
Lufenuron 258
Lungenblutung 40f
Lungentumor 39f
Lymphozytäre Choriomeningitis 36f, 74, 162f
Lymphozyten 236f

## M

Macrogolum 262
Magen-Darm-Trakt, Medikamente **258f**
–, Physiologie 45f
–, Untersuchung 28
Mammatumor 100f
Marbofloxacin 257
Marknagelung 174
Mastitis 102
Maulhöhle, Untersuchung 25
Mäuse-Polio-Enzephalitis 163
Mebendazol 258
Medetomidin 263, 264
Melanom 98f
Meloxicam 263
Metamizol 263
Metoclopramid 259
Metronidazol 257
*Microsporum* sp. 198
Midazolam 263
Milben 190ff
Mineralstoffe **261**
Monozyten 236f
*Murines Hepatitisvirus* 63, 121
*Murines Mammatumor-Virus* 100
Mutterlose Aufzucht **102f**
*Mycoplasma arthritidis* 177
*Mycoplasma pulmonis* 38
Myiasis 144f
Mykoplasmose 38f, 74, 156, 227f
Mykose, Darm 58f
–, Haut 198f
*Myobia musculi* 190
*Myocoptes musculinus* 191

## N

Naloxon 264
Narkoseprämedikation **263f**

Narkotika **263f**
Nase, Untersuchung 25
Natrium 238f
Nematodenbefall 56f
*Nematospiroides dubius* 56
Neomycinsulfat 262
Neoplasie s. Tumor
Nephropathie 166f, 176, 228
Nephrotisches Syndrom 123
Niereninsuffizienz 166f, 228
–, chronische 220f
*Nippostrongylus muris* 56
Nitenpyram 258
Norfloxacin 260
*Nosopsyllus fasciatus* 197
*Notoedres sp.* 193f
Notoedresräude 193ff
Nystatin 258

## O

Obstipation 118f, 227
Ofloxacin 260
Ohren, Untersuchung 25
Oncornavirus 96, 222
Orchitis 104f
*Ornithonyssus bacoti* 192
Osteodystrophie 176
Osteomyelitis 175
Otitis 155f
Ovar, Physiologie 130
Ovarialzyste 124f, 202, 227
Ovariohysterektomie **130**
Oxytetracyclin 257, 260
Oxytocin 261
Oxyuren 56

## P

Papillomatose 96f
Paraffin 259
Paramunitätsinducer **264**
Parapoxvirus ovis 264
*Pasteurella pneumotropica* 37, 38, 164
*Pasteurella* sp. 74, 121, 156
Penis, Physiologie 83
Penisprolaps 104
Pentobarbital 264
Peritonitis 127f
Pflegezustand, Beurteilung 23
Pfriemenschwänze 56
Phosphor 238f

## Sachverzeichnis

Physiologische Daten, Fortpflanzung 131
–, Goldhamster 12
–, Maus 5
–, Ratte 3
–, Rennmaus 9
–, Zwerghamster 16
Picornavirus 163
Plattenepithelkarzinom 98f
Pneumonie, bakterielle 37f
–, virale 36f
Pododermatitis ulcerosa 178ff
Polyarthritis, infektiöse 177f
Polyhexanidum 262
*Polyplax* sp. 196
Povidon-Iod 262
Praziquantel 258
Prednisolon 261
Prednisolonacetat 260
Probiotikum 259
Prolaps, Penis 104
–, Rektum 103
–, Uterus 103
Proliferative Ileitis 61f
Propentophyllin 259
Propoxur 258
Protein, Serum 239f
*Pseudomonas* sp. 74
Pseudotuberkulose 121, 223f
Psorergates-Befall 195
Pyometra 125, 142ff, 227

### R
*Radfordia* sp. 190
Ramipril 259
Rationsgestaltung s. Fütterung
Räude 193ff
Rektumprolaps 103
Reovirus 63
Respirationstrakt, Medikamente **259**
–, Untersuchung 24, 27
Rhinitis 37f
Ring Tail 207
Rodentiose 223f
Röntgendiagnostik **246ff**
–, Beurteilung 247ff
–, Folien 247
–, Kontrastmittel 253
–, Lagerung 247
Rotavirus 63
Rückenmarktrauma 159f

### S
*Salmonella* sp. 60, 121
Salmonellose 60, 121
*Sarcoptes anacanthos* 193
Sarcoptesräude 193
Säugezeit 131
Saugmilben-Befall 192f
Schädeltrauma 157f
Scheinträchtigkeit 132
Schleimhäute, Untersuchung 24
Schockbehandlung **232**
Schwanzhaut, Abriss 207f
Selamectin 258
Sendai-Virus-Infektion 36
Septikämie 43, 165f, 228
Serumprotein 239f
Sialodacryoadenitis 75, 76, 77, 95
Skelett, Anatomie 168
Sore Nose 201
*Spironucleus muris* 54
Spondylarthrose 160
Spritzennekrose 205f
*Staphylococcus* sp. 37, 92, 102, 121, 156, 199, 201
Stauungsleber 120f
*Streptobacillus moniliformis* 177
*Streptococcus pneumoniae* 38
*Streptococcus* sp. 37, 74, 92, 121, 156, 199
*Strongyloides ratti* 56
Sulfadoxin 257
*Syphacia mesocriceti* 56
*Syphacia muris* 56
*Syphacia obvelata* 56

### T
Tetracyclin 257
Theiler-Meningo-Enzephalitis 163
Theophyllin 259
Thrombozyten 236f
Tolfenaminsäure 263
Toltrazuril 258
Trächtigkeitsdauer 131
Trächtigkeitsstörung 139ff
Trächtigkeitstoxikose 165, 228
Trauma, Rückenmark 159f
–, Schädel 157f
–, Weichteile 177
–, Wirbelsäule 159f

*Trichomonas* sp. 54, *246*
*Trichophyton mentagrophytes* 198
*Trichosomoides-crassicauda*-Infektion 139
*Trichosomoides nasalis* 56
Trichotillomanie 204
*Trichuris muris* 56
Trimethoprim 257
*Tritrichomonas muris* 54
*Trixacarus diversus* 193
Tularämie 224
Tumor, Bauchdrüse 99
–, Fettgewebe 97f
–, Flankendrüse 100
–, Gehirn 159, 204
–, Gesäuge 100ff
–, Haut 98f
–, Hoden 105f
–, intraabdominal 227
–, Leber 96, 122, 166
–, Lunge 39f
–, Lymphknoten 96
–, Milz 96
–, Nebenniere 204
–, Ovar 124f
–, Schädel 157f
–, Unterhaut 98f
–, Uterus 125, 141f
Tympanie 117f
Tyzzer's Disease 61, 121, 164, 166, 224f

### U
Ultraschalldiagnostik **253f**
Undecylenamidopropyl-Betain 263
Urolithiasis 124, 138f
Uterus, Physiologie 130
Uterusprolaps 103
Uterustumor 125, 141f
Uveitis 76f

### V
Vaginalsekret, zytologische Untersuchung 143
Vergesellschaftung, Goldhamster 10
–, Maus 4
–, Ratte 2
–, Rennmaus 7
–, Zwerghamster 14

Vergiftung, Antibiotika  64
–, Pflanzen  65f
Virusenteritis  63f
Viruspneumonie  36f
Vitamin A  260
Vitamin B12  261
Vitamin B-Komplex  261
Vitamin C  261
Vitamin E  261
Vitamin K  261
Vitamine  **261**
Vollelektrolytlösung  262

## W
Wasserstoffperoxid  263
Weichteilabszesse  92

Weichteiltrauma  177
Wet Tail Disease  61, 103
Wirbelsäule, degenerative Erkrankung  160f
Wirbelsäulentrauma  159f
Wundbehandlung, Medikamente  **262f**
Wurfgröße  131

## X
*Xenopsylla cheopis*  197
Xylazin  264

## Z
Zähne, Physiologie  45
–, Untersuchung  25f

Zahnerkrankung  64f, 218f, 227
Zuchtreife  131
Zwangsfütterung  **227**, 264
Zykluslänge  131
Zysten, Leber  122f, 166, 203, 227
–, Ovar  124f, 202, 227
Zystitis  124, 137f

# Ihr roter Faden für die Praxis

**kleintier konkret praxisbuch**

Preisänderungen und Irrtum vorbehalten (Stand: 08/07).

A. Ewringmann
**Leitsymptome beim Kaninchen**
Diagnostischer Leitfaden und Therapie

2004, 284 S., 211 Abb., kt.
€ [D] 49,95
Vorzugspreis für kleintier konkret Abonnenten € [D] 44,95
ISBN 978-3-8304-1020-1

Die Strukturierung nach Leitsymptomen sowie Fließdiagramme zu jedem Leitsymptom bieten 100 Prozent Praxisnutzen. Mit konkreten Anleitungen für den Kleintierpraktiker, Schritt für Schritt die richtigen diagnostischen und therapeutischen Wege zu beschreiten.

„Das Werk bringt endlich die Kaninchenmedizin auf den Punkt. Es bietet eine klare, präzise Anleitung für die erfolgreiche Behandlung der Langohren und ist daher für die Kleintierpraxis sehr empfehlenswert." [Deutsches Tierärzteblatt 4/05]

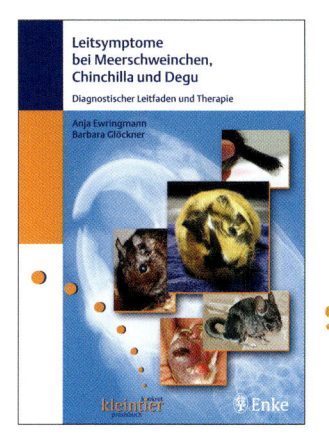

A. Ewringmann, B. Glöckner
**Leitsymptome bei Meerschweinchen, Chinchilla und Degu**
Diagnostischer Leitfaden und Therapie

2005, 300 S., 270 Abb., 32 Tab., kt.
€ [D] 49,95
Vorzugspreis für kleintier konkret Abonnenten € [D] 44,95
ISBN 978-3-8304-1055-3

„Bei dem Buch handelt es sich um ein konzentriertes und für den täglichen Gebrauch ausgelegtes Nachschlagewerk, das der zügigen und sicheren Diagnosestellung vieler Erkrankungen dreier Heimtierspezies dient."
[Deutsches Tierärzteblatt 4/05]

MVS Medizinverlage Stuttgart GmbH & Co. KG
Oswald-Hesse-Str. 50, 70469 Stuttgart
Telefon 0711/8931-900, Fax 0711/8931-901
www.medizinverlage.de, kundenservice@thieme.de

**Enke**

# Sicherheit von der Diagnose bis zur Therapie

## kleintier konkret praxisbuch

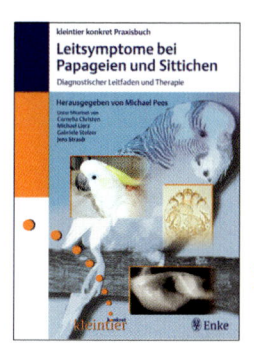

**M. Pees (Hrsg.)**

### Leitsymptome bei Papageien und Sittichen
Diagnostischer Leitfaden und Therapie

Unter Mitarbeit v. C. Christen, M. Lierz, G. Stelzer, J. Straub
2004, 234 S., 262 Abb., 35 Tab., kt.
€ [D] 49,95
Vorzugspreis für kleintier konkret Abonnenten € [D] 44,95
ISBN 978-3-8304-1023-2

„Hochwertiges Bildmaterial, ein ansprechendes Layout sowie didaktisch ausgezeichnete Fließdiagramme machen das Lesen dieses Buches zu einem positiven 'Lernerlebnis'."
[Deutsches Tierärzteblatt 6/04]

**S. Schroll, J. Dehasse**

### Verhaltensmedizin bei der Katze
Leitsymptome, Diagnostik, Therapie und Prävention

2004, 211 S., 38 Abb., kt.
€ [D] 49,95
Vorzugspreis für kleintier konkret Abonnenten € [D] 44,95
ISBN 978-3-8304-1041-6

„Das Werk ist ein äußerst empfehlenswertes Buch für alle Tierärzte, die in ihrer Arbeit mit Verhaltensauffälligkeiten, Verhaltensproblemen oder Verhaltensstörungen von Katzen konfrontiert werden."
[Tierärztliche Praxis 6/04]

**S. Schroll, J. Dehasse**

### Verhaltensmedizin beim Hund
Leitsymptome, Diagnostik, Therapie und Prävention

2007, 317 S., 70 Abb., 14 Tab., kt.
€ [D] 54,95
Vorzugspreis für kleintier konkret Abonnenten € [D] 49,95
ISBN 978-3-8304-1065-2

Die „Verhaltensmedizin beim Hund" liefert alle Informationen, die für die individuelle Ursachenfindung, Beratung und Therapie nötig sind:
- Diagnostisches Vorgehen für viele Leitsymptome
- Tipps zur Durchführung der Konsultation und zum Umgang mit dem Besitzer
- Auswahl der geeigneten Therapie aus dem breiten Spektrum der Möglichkeiten
- Extrakapitel zur Prävention von Problemen

MVS Medizinverlage Stuttgart GmbH & Co. KG
Oswald-Hesse-Str. 50, 70469 Stuttgart
Telefon 0711/8931-900, Fax 0711/8931-901
www.medizinverlage.de, kundenservice@thieme.de

**Enke**